Markus Gabriel
Der Mensch als Tier

Markus Gabriel

Der Mensch als Tier

Warum wir trotzdem nicht in die Natur passen

Ullstein

Wir verpflichten uns zu Nachhaltigkeit

- Klimaneutrales Produkt
- Papiere aus nachhaltiger Waldwirtschaft und anderen kontrollierten Quellen
- ullstein.de/nachhaltigkeit

FSC
MIX
Papier
FSC® C014496

ISBN 978-3-550-20117-2

Lektorat: Uta Rüenauver
Gesetzt aus der Minion Pro
Satz: Pinkuin Satz und Datentechnik, Berlin
Druck und Bindung: GGP Media GmbH, Pößneck
Printed in Germany

Für Leona Maya

Du überstrahlst die Logik mit Leben

und die findigen Tiere merken es schon,
daß wir nicht sehr verläßlich zu Haus sind
in der gedeuteten Welt.

Rainer Maria Rilke

Inhalt

Einleitung

Der Mensch befindet sich in einem komplexen Krisenszenario. Unser Habitat, die Umwelt, droht vor aller Augen unter dem Druck unserer modernen Lebensform zu kollabieren. Dank Naturwissenschaft und Technik haben wir einerseits unsere Überlebensbedingungen rasch verbessert und sie andererseits noch rascher verschlechtert – ein Dilemma, das sich mit jeder modernen Krise weiter verschärft.

Inzwischen hat uns das Zivilisationsmodell der Moderne, das darin besteht, die Ressourcenprobleme des Überlebens unserer Spezies durch Naturwissenschaft und Technik unter Kontrolle zu bringen, an den Rand der Selbstausrottung gebracht. Unsere Instrumente der Natur- und Gesellschaftsbeherrschung (Atomkraft, Automobile, Flugzeuge, Smartphones, Künstliche Intelligenz, Waffensysteme, das Internet usw.) wenden sich gegen uns. Es ist geradezu paradox, dass unser technologisches Wissen, dank dem wir über das Internet, KI und soziale Netzwerke verfügen, zugleich die Grundlage dafür ist, dass sich Fake News, Propaganda und Verschwörungsideologien wie ein Lauffeuer verbreiten. Und durch Automobile, Flugzeuge und unsere fossile Lebensform sind wir einerseits besser denn je miteinander vernetzt und können mit räumlich weit entfernten Kulturen und Menschen interagieren, während wir dadurch andererseits unsere geteilte Umwelt zerstören.

Es ist illusorisch, die komplexe Krisenlage der Spätmoderne, in der wir uns befinden, durch mehr vom Gleichen bewältigen zu wollen.[1] Stattdessen bedürfen wir einer Neuorientierung unseres Menschen- und Naturbildes. Darum geht es in diesem Buch.

Sein Ausgangspunkt ist die Einsicht, dass wir Menschen Tiere sind. Die französische Philosophin Corine Pelluchon spitzt dies in einer Reihe von Büchern mit der konkreten Forderung nach einer Neuen Aufklärung zu, in deren Zentrum der Mensch als Tier steht.[2]

Diese Neue Aufklärung, der inzwischen viele globale Vordenker:innen[3] auf allen Kontinenten verpflichtet sind, setzt nicht bei *der* Natur, sondern bei *unserer* Natur an. Es gilt, uns selbst als geistiges Lebewesen, d.h. den ganzen Menschen (der als geistiges Lebewesen ein Mischwesen aus Natur und Geist ist) wieder ins Zentrum zu rücken, von dem wir uns zu Unrecht zugunsten einer mechanistischen Vorstellung der Welt als letztlich kontrollier- und vorhersagbarem Gefüge entfernt haben.

Dies wiederum wirft eine alte Frage auf, der wir uns erneut stellen müssen: Was bedeutet es eigentlich, den Menschen als Tier zu betrachten?

Diese Frage ist deswegen so wichtig, weil unser Selbstbild als Tier einen wesentlichen Beitrag zu den soziopolitischen Steuerungsmechanismen der Gegenwart und Zukunft liefern kann. Das lässt sich im Umgang mit Pandemien und anderen Naturkatastrophen leicht erkennen: Krankheit und (menschengemachter) Klimawandel werden als prinzipiell vermeidbare Übel wahrgenommen, die sich technisch möglichst zeitnah beheben lassen sollen. Das ist weder im Fall von SARS-CoV-2 noch gar beim Klimawandel gelungen. Beide werden bisher fast ausschließlich *reaktiv* und nicht *proaktiv* behandelt.

Unsere prognostischen Modelle und Lösungsansätze scheitern an der Herausforderung, der wir als Tiere ausgesetzt sind, die ihre ökologische Nische niemals vollständig durchschauen, geschweige denn technisch kontrollieren können. Wir müssen uns daher von der Illusion befreien, unsere Richtlinien für die Krisen- und Katastrophenzeit, in der wir uns befinden, durch eine Kombination aus Naturwissenschaft, Technik und Politik allein zu erhalten.

Wir erfahren durch wissenschaftlichen Fortschritt (das gilt für alle, auch die geistes- und sozialwissenschaftlichen Disziplinen) stets auch mehr darüber, was wir nicht wissen. Die täglich stattfindende Verschiebung der Grenzen des Wissens besteht nicht darin, dass wir uns dem Allwissen nähern. Es gibt kein Allwissen. Und es gibt auch keine sinnvolle Möglichkeit, die Überlebensbedingungen des Menschen in komplexen Systemen technokratisch zu verwalten. Das Leben lässt sich nicht einhegen, es lässt sich auch nicht vorhersagen, wie die Viruspandemie mit ihren vielfältigen Varianten eindrücklich belegt. Wir kennen immer nur Ausschnitte unserer eigenen Lebensform, das Tier Mensch lässt sich nicht durch Technik überwinden, der Homo Deus, den der berühmte Historiker Yuval Noah Harari in seinem gleichnamigen Buch als Mensch der Zukunft entwirft, wird nicht kommen.

Genau das war eigentlich von Sokrates bis Carl von Linné bekannt, denen wir unseren Artnamen als *homo sapiens* verdanken: Weil wir uns nicht vollständig durchschauen können, sind die Selbstmodelle, auf die wir angewiesen sind, fehleranfällig. Linné definiert den Menschen über die Fähigkeit, sich ein Bild von sich selbst zu machen. Der Eintrag *homo*, den Linné in seinem *System der Natur* den Primaten zuordnet, womit er den Menschen eindeutig im Tierreich verortet, ergänzt er durch das Merkmal der Weisheitsfähigkeit, der *sapientia*, die unser *summum attributum*, unsere vorzüglichste Eigenschaft sei. Der Mensch wird auf diese Weise über die Aufforderung definiert, sich selbst zu erkennen. Neben dem Eintrag *homo* in seinem System steht daher lapidar: *nosce te ipsum*, also erkenne dich selbst, womit Linné auf Sokrates anspielt. Die Devise und der Auftrag der Philosophie ist und bleibt Sokrates zufolge das »Erkenne dich selbst (*gnôthi sauton*)« – ein Ausspruch des delphischen Orakels, den Sokrates mit Weisheit (*sophia*) in Verbindung gebracht hat. Linné übersetzt das lediglich ins Lateinische. Weil sie der Liebe zur Weisheit verpflichtet sind, was eine mögliche Übersetzung des griechischen Worts *philo-sophia* ist, sind Philosophinnen und Philosophen überall dort gefragt, wo es darum geht, wer wir, die Menschen, sind.

In der Philosophie geht es um Selbsterkenntnis. Dazu gehört die Einsicht in unsere Freiheit. Als geistige Lebewesen sind wir frei, woraus der Wert der Autonomie, des eigenverantwortlichen Handelns, folgt, der derzeit auch im Herzen Europas unter Druck gerät. Um Werte wie Freiheit, Gleichheit und Solidarität in ein angemessenes Verhältnis zu setzen und damit das Vertrauen in die Lösungskompetenz der *liberalen* Demokratie zurückzugewinnen, muss der Mensch als freies, geistiges Lebewesen wieder ins Zentrum der Gesellschaft rücken. Freiheit ist dabei immer auch *soziale* Freiheit, weil wir prosoziale Lebewesen sind, die nichts tun können, ohne dies im Verbund mit anderen zu tun. Freiheit und Gesellschaft, Individuum und Kollektiv widersprechen sich nicht. Man ist nicht freier, wenn man allein ist, weil wir das meiste dessen, was uns als Menschen interessiert, gar nicht ohne andere tun können. Freiheit ist etwas, was wir gemeinsam realisieren, und nicht etwas, was uns gegeneinander in Stellung bringt.

Es gibt vieles, was Sie und ich gemeinsam haben. Mindestens teilen wir die Eigenschaft, ein Mensch zu sein. Damit haben wir vieles Weitere gemeinsam. Wir haben Wünsche, Hoffnungen und Ängste und sind als endliche, vergängliche Lebewesen verkörpert. *Wir gehören zur Natur.* Die moderne Physik lehrt, dass es Kräfte und Naturgesetze gibt, die alles Materielle bestimmen. Sofern wir materiell, als Tiere verkörpert sind, bilden wir hiervon keine Ausnahme. Die moderne Biologie und Humanmedizin haben uns darüber hinaus gezeigt, dass unsere Körper auf einer elementaren Ebene ›tierisch‹[4] sind und viele Grundstrukturen mit anderen Lebewesen teilen.

Alle uns bekannten Lebewesen bestehen aus Zellen (oder sind, wie Einzeller, mit einer einzigen Zelle identisch), die wiederum aus Bausteinen bestehen, die biochemisch und physikalisch erforschbar sind. Damit befassen sich die heute sogenannten *Lebenswissenschaften* (Medizin, Biochemie, Molekularbiologie, Bioinformatik, Genetik, Pharmakologie, Zoologie, Ernährungswissenschaft, Neurowissenschaften usw.), deren Gegenstand Prozesse und Strukturen des Lebendigen sind.

Im Laufe der Moderne sind zur Physik und den Lebenswissenschaften Erkenntnisse über das Verhalten von Menschen und anderen Lebewesen hinzugekommen, die heute in *Verhaltenswissenschaften* wie der Psychologie, Kognitionswissenschaft, Verhaltensökonomik und Soziobiologie erforscht werden. Dabei stellt sich heraus, dass wir als Menschen auf verschiedenen Ebenen unserer Existenz (von der Zelle bis hin zu sozialen Verbünden wie der Familie, Freundesgruppe oder gar einer gesamten Gesellschaft) bis zu einem gewissen Grad entziffer- und somit auch steuerbar sind. Viele der unzähligen Entscheidungen, die wir jeden Tag bewusst und nicht-bewusst treffen (wann wir frühstücken; mit wem wir uns verabreden; wie lange wir uns die Hände waschen; auf welcher Straßenseite wir gehen; ob wir auf dem Bauch oder dem Rücken einschlafen usw.), lassen sich wissenschaftlich dadurch erklären, dass man in ihnen mehr oder weniger allgemeine Muster erkennt.

Der Mensch ist somit vom **Standpunkt der dritten Person,**[5] wie man dies in der Philosophie bezeichnet, zugänglich, er ist ein Gegenstand natur- und sozialwissenschaftlicher Forschung, ein Forschungsobjekt unter anderen. Auf diese Dimension des Menschseins spielt der Titel dieses Buchs an: *Der Mensch als Tier.*

Doch das ist noch nicht das Ende der Geschichte. Denn trotz der genannten modernen natur-, lebens- und verhaltenswissenschaftlichen Erkenntnisse über den Menschen als Tier empfinden wir, dass wir trotzdem nicht in die Natur passen. *Der Mensch ist nicht* nur *ein Tier.* Darauf spielt der Untertitel des Buchs an.

Wir sind nicht nur Naturphänomene, was man daraus ableiten kann, dass wir Naturphänomene erklären. Die Erklärung der Naturphänomene und damit auch derjenigen Aspekte unseres Lebens, die irrational sind, ist schließlich selbst nicht irrational.

Darauf weist jüngst auch der berühmte Kognitionswissenschaftler Steven Pinker hin, der uns daran erinnert, dass Logik, Mathematik und kritisches Denken rational sind und auch von unseren Vorfahren eingesetzt wurden, um erfolgreich zu jagen, sich zu ernähren und über Tausende von Jahren eine stabile Beziehung zu anderen Menschengruppen und der geteilten Umwelt aufzubauen.

Der Mensch ist und bleibt grundsätzlich rational, was nicht bedeutet, dass er fehlerfrei wäre, was die Erkenntnisse der modernen Verhaltensforschung, Psychologie usw. belegen. Aus ihnen allerdings zu schließen, dass wir leider doch nicht rational sind – ein Schluss, der ja selbst rational wäre –, ist nicht richtig.[6]

Wenn wir in der Moderne entdeckt haben, dass das ›Tier in uns‹ von nicht-rationalen Impulsen, Instinkten, Prozessen und Kräften gesteuert wird, kann dies nicht unsere gesamte Existenz betreffen. Ansonsten träfe dies auch auf die wissenschaftliche Erklärung selbst zu. So wissen wir einerseits, dass unsere Entscheidungen auf kognitiven Verzerrungen (Bias) sowie auf »Lärm (*noise*)« beruhen, also auf Entscheidungsgrundlagen, die nach irrationalen Regeln zustande kommen. Andererseits unterliegt dieses Wissen, diese Selbsterkenntnis, nicht ihrerseits eben diesen kognitiven Verzerrungen, weil wir ansonsten nicht rational Auskunft über die Grenzen unserer Rationalität geben könnten. Dieses Wissen ist vielmehr objektiv, durch wissenschaftliche Methoden abgesichert, eben drittpersonal. Kurzum: Es gibt objektives Wissen über uns als Objekte und Subjekte.

Die Evolutionstheorie, Tiefenpsychologie, Soziologie und Verhaltensforschung, vor allem die Verhaltensökonomik haben in der Tat gezeigt, wie sehr unser Denken, individuelles und kollektives Handeln von Kräften und Gesetzmäßigkeiten bestimmt wird, die wir nicht gänzlich kontrollieren können. Spätestens seit den internationalen Bestsellern des Psychologen und Nobelpreisträgers Daniel Kahneman ist es allgemein bekannt, dass wir jedenfalls nicht ganz so rational und vernünftig sind, wie wir dies gerne meinen.[7] Unsere Impulse, Wünsche und inneren mentalen Zustände sind immer auch Teil der Naturphänomene und damit von Prinzipien geprägt, die wir nicht in der Hand haben. Ein Teil unserer selbst, unser ›Tiersein‹, scheint mithin geradezu von außen – von Naturgesetzen, der Evolution, der Gesellschaft usw. – gesteuert zu werden.

Wir beharren etwa hartnäckig auf Überzeugungen, auch wenn

wir bereits Informationen haben, die ihnen widersprechen, was als Bestätigungsverzerrung (*confirmation bias*) bezeichnet wird. Die Liste kognitiver Illusionen oder Verzerrungen ist lang, und wir wissen alle, dass wir eine Perspektive auf die soziale und natürliche Wirklichkeit haben, die keineswegs automatisch richtig ist und die wir deswegen dauernd korrigieren. Doch können wir unsere Beschränkungen gemeinsam mit anderen und durch Arbeit an uns selbst korrigieren.

Dass wir kognitive Verzerrungen psychologisch, sozialwissenschaftlich und durch alltägliche Praktiken der Entscheidungsfindung korrigieren können, beweist, dass kognitive Verzerrungen keine Naturnotwendigkeit sind. Wir sind und bleiben frei, woran die Tatsache, dass wir uns täuschen können, weil wir immer nur selektiv wahrnehmen und denken können, nichts ändert.

Die Frage, was oder wer der Mensch ist, ist keineswegs endgültig beantwortet. Denn wir wissen heute nicht, worin unser Bewusstsein sowie unser Geist bestehen, dank denen wir uns selbst überhaupt als Naturphänomen betrachten können. Es gibt nicht nur den Standpunkt der dritten Person, die Außenperspektive auf uns, sondern es gibt auch noch: uns (d. h. zum Beispiel Sie und mich). Wir teilen nicht nur biochemische Strukturen wie das menschliche Genom, sondern auch, dass wir Subjekte sind, also jeweils unseren eigenen **Standpunkt der ersten Person (Subjektivität)** einnehmen. Zu diesem gehören die Wirklichkeit unserer Gefühle und Gedanken, aber auch unsere sinnliche Perspektive und unsere Wahrnehmung der Wirklichkeit. Das Rätsel des Menschseins kann nicht rein objektiv im Sinne von drittpersonal gelöst werden. Es gibt keine Außenperspektive auf das Menschsein, die wir einnehmen könnten, um von dort aus den Sinn des Lebens zu ermessen bzw. zu erkennen, dass unser Leben gar keinen Sinn hat.

Selbst die objektivste Naturwissenschaftlerin, sagen wir eine Chirurgin, die am offenen Herzen operiert, hat ihre subjektive Perspektive auf das Geschehen. Die Chirurgin muss schließlich das Herz sehen, an dem sie operiert, und dabei innerlich gefasst und professionell vorgehen, was eine Menge Arbeit an sich selbst erfordert. Die Wissenschaftshistorikerin Lorraine Daston und der Wissenschaftshistoriker Peter Galison haben in ihrem Buch *Objektivität* eindrücklich nachgewiesen, dass die Geschichte der Objektivität darin besteht, ein Verhaltensideal des Wissenschaftlers zu entwerfen, um auf diese Weise die Naturphänomene möglichst neutral erkennen zu können.[8] Keine Objektivität ohne eine zu dieser passenden Subjektivität; Objektivität bleibt ein Ideal, das wir anstreben, ohne es jemals vollständig zu erreichen.

Es soll im Folgenden um nichts Geringeres als darum gehen, das Verhältnis von Natur und Geist anhand der Schnittstelle Mensch-Tier zu untersuchen. Im Menschen als Tier reichen sich Natur und Geist die Hand. Die Selbsterforschung des Menschen nennt man **Anthropologie**; sofern wir uns dabei als Tiere betrachten, spricht man auch von **Anthrozoologie**. Wenn es im Folgenden um den Menschen als Tier geht, lasse ich mich von Auseinandersetzungen mit gegenwärtigen wissenschaftlichen Erkenntnissen ebenso leiten wie von Beiträgen der Gegenwartsphilosophie.

Der Mensch ist das transdisziplinäre Thema schlechthin. Wer wir sind und wer wir sein wollen, kann nicht aus der Perspektive einer einzigen Wissenschaft oder einer einzigen Art von Wissenschaft (etwa den Naturwissenschaften) ermessen werden. Und die Wissenschaften, die wir als akademische Disziplinen in Lehre und Forschung voranbringen, erschöpfen unser Menschsein ebenfalls nicht. Die Künste, die Politik, der gesunde Menschenverstand, die Wirtschaft und die Arbeitswelt, die Medien und unsere Lebenserfahrung sind als menschliche Tätigkeiten allesamt auch Formen der menschlichen Selbsterkenntnis.

Vor diesem Hintergrund richtet sich das Buch aus einer philosophischen Perspektive an alle, die sich fragen, worin das Menschsein und der Sinn des Lebens bestehen und wie unsere Wissensgesellschaft damit vereinbar ist, dass wir vermutlich unendlich weit von Allwissen sind. Ob uns dies gefällt oder nicht, gerade die komplexe Krisenlage, in der sich die Menschheit im 21. Jahrhundert befindet, belegt nicht nur unser Wissen (etwa bezüglich der ökologischen Krise), sondern auch unser Nichtwissen und unsere Ohnmacht. Deswegen müssen wir umdenken und unser Handeln den neuartigen Umständen dieses Jahrhunderts anpassen, was auch voraussetzt, endlich von denjenigen zu lernen, die Opfer des modernen Kontrollwahns und der Naturzerstörung waren und sind. Menschliche Selbsterkenntnis und Rationalität können viele Formen annehmen, von denen wir lernen können, wie etwa Tyson Yunkaporta in seinem bemerkenswerten Buch *Sand Talk* gezeigt hat, in dem er das indigene Wissen der Aborigines (er selbst ist Angehöriger des Apalech-Clans) als dynamisches Modell eines Umgangs mit Komplexität und Krisen empfiehlt.[9]

Die These, dass der Mensch das transdisziplinäre, uns alle betreffende Thema schlechthin ist, wird dabei vom Standpunkt der Geisteswissenschaften aus getroffen, die – so wie ihr Name dies schon ganz richtig sagt – den Geist zum Subjekt und Objekt haben. Hierbei verstehe ich unter »Geist« kein Gespenst oder irgendein Relikt eines angeblich vergangenen und überwundenen metaphysischen oder religiösen Denkens. **Geist** ist vielmehr im Allgemeinen die Fähigkeit, sein Leben im Licht einer Vorstellung davon zu führen, wer oder was man ist. Dass wir geistige Lebewesen sind, ist die **Hauptthese des Neo-Existenzialismus.**[10]

Der Mensch ist das Tier par excellence*: Was wir über das Tiersein wissen, ergibt sich aus unserer Selbsterforschung, weil wir uns für ›die Tiere‹ seit Jahrtausenden vor allem deswegen interessieren, weil unklar ist, wie Mensch und Tier sich zueinander verhalten. Im Nachdenken über ›die Tiere‹ geht es also immer auch um uns. Dank unserer Selbstauffassung als Tier sind wir der Prototyp des Tierseins. Der Tierbegriff, so werde ich argumentieren, sagt mehr über den Menschen als über die ›Tiere‹ aus, von denen wir uns seit Jahrtausenden auf eine falsche Weise unterscheiden.*[11]

Weil wir als Tiere Teil der Natur sind, sind wir mit dem Lebendigen verwoben, sodass unser Handeln immer auch ökologisch, im Zusammenhang mit anderen Lebewesen und unserem geteilten Habitat, dem Planeten Erde, betrachtet werden muss. Wer wir sind und wer wir sein wollen, zeigt uns mithin auch, was wir tun bzw. unterlassen sollen.[12] In der menschlichen Selbsterkenntnis reichen sich Sein und Sollen die Hand.

Offensichtlich stößt das heute wirksame Menschen- und Weltbild an seine planetarischen Grenzen. Inzwischen ist es allgemein bekannt und sogar von Wirtschaftsministern und führenden Ökonomen anerkannt, dass es »Grenzen des Wachstums« gibt, wie der Club of Rome zur Lage der Menschheit und Weltwirtschaft bereits 1972, also vor inzwischen fünfzig Jahren, feststellte.[13]

Wir müssen die Idee überwinden, dass sich der naturwissenschaftlich-technologische Fortschritt als Treiber rein quantitativen Wirtschaftswachstums vom humanen und moralischen Fortschritt entkoppeln lässt. Denn diese irrige Idee führt zur Selbstzerstörung des Menschen. Sie ist Ausdruck eines gestörten Selbstverhältnisses, das es zu durchschauen und zu überwinden gilt.

Wir drücken unser Selbstverhältnis individuell und kollektiv, als Einzelne und als Gesellschaft, in starken Wertungen aus. In jeder Gesellschaft zirkulieren Visionen des guten Lebens. Vor diesem Hintergrund geht es im Folgenden auch um den **Sinn des Lebens**. Weil der Mensch ein ›Tier‹, aber nicht nur ein ›Tier‹ ist, erschöpft sich der Sinn des Lebens nicht in der individuellen und soziopolitischen Planung unseres Überlebens. Leben ist mehr als Überleben.

Ich werde versuchen, den liberalen Pluralismus der individuellen Lebensformen – den ich auch im 21. Jahrhundert für tragfähig halte – mit der Frage nach dem Sinn des Lebens zu verbinden. Dabei hilft die Gegenwartsphilosophie. Die US-amerikanische Philosophin Susan Wolf hat vorgeschlagen, den liberalen Pluralismus (»Ein jeder soll nach seiner eigenen Fasson selig werden«) als eine Suche nach dem Sinn *im* Leben aufzufassen. Dieser kann für jeden anders ausfallen. Allerdings schließt das nicht aus, dass es einen Sinn *des* Lebens gibt, den wir alle teilen und auf dessen Grundlage der liberale Pluralismus steht. Unser Grundgesetz drückt dies mit einem starken Bekenntnis zur Menschenwürde aus, worin die aufklärerische Tradition nachwirkt. Das Nachdenken über unser Tiersein, das Leben und seinen Sinn hat politische Konsequenzen.

Im Rahmen einer Neuen Aufklärung *im Zeitalter des Lebendigen*, wie dies Corine Pelluchon jüngst treffend bezeichnet hat, können wir den Sinn *des* Lebens als unseren moralischen Auftrag verstehen.[14] Das entspricht dem derzeit spürbaren gesellschaftlichen Aufbruch, der mit der Sehnsucht verbunden ist, eine neue Gemeinsamkeit der Menschen zu finden, um die komplexe Krisenlage, in der wir uns befinden, zu bewältigen. Dieselbe Idee eines Auftrags des Menschen kann man mit Yunkaporta daran festmachen, dass wir »Hüter der Wirklichkeit (*custodian of reality*)«[15] sind.

Für die ökologische Transformation, die die Menschheit in diesem Jahrhundert zwangsläufig stemmen muss, bedarf es einer normativen Gestaltung des sozialen Wandels und damit auch der Ethik. Wir können uns nicht mehr auf das falsche moderne Versprechen verlassen, dass die Natur- und Ingenieurswissenschaften gemeinsam mit Ökonomen die grundlegenden politischen Probleme lösen und uns damit die eigentlichen normativen Entscheidungen darüber abnehmen, wer wir sind und sein wollen.

Die Selbstauffassung des Menschen hat politische Konsequenzen. Die spürbare und von vielen Soziologinnen und Politikwissenschaftlern beobachtete Demokratiekrise rührt auch daher, dass Menschen mehr von der Politik verlangen als eine geschickte Ressourcenverteilung. In Krisenzeiten kommt es massiv auf dasjenige an, was man zu unkritisch als »Kommunikation« bezeichnet. Politikerinnen und Politiker sollen nicht nur ihre Entscheidungen klug *kommunizieren*, um die Bevölkerung in Sicherheit zu wiegen, sondern ihre Entscheidungen *begründen* und auf diese Weise die Wertungen explizit machen, die sie vornehmen. So verlangen etwa die von der verheerenden Flutkatastrophe betroffenen Menschen im Ahrtal (aus dem ich selbst stamme) nicht nur, dass man die politischen Entscheidungen im Nachgang der Katastrophe gut kommuniziert, sondern dass gemeinsam nach wertegeleiteten Lösungen gesucht wird. Der Wiederaufbau der zerstörten Regionen soll im Licht ökologisch nachhaltiger Modelle geschehen.

Zur modernen Wissenschaft gehört auch die Erkenntnis der Grenzen wissenschaftlicher Erkenntnis. Wir wissen, dass wir vieles nicht wissen. Die Krisenlagen, in denen wir uns befinden, bestehen auch darin, dass wir mit Komplexität, Unsicherheit und Nichtwissen umgehen müssen. Das erfordert eine *Ethik des Nichtwissens.*

Der Grundgedanke, der sich durch das Buch zieht, ist die Idee, dass wir über die Selbsterforschung unseres Tierseins lernen können, die Natur in uns und außer uns als etwas zutiefst Fremdes anzuerkennen, das wir nicht beherrschen können und auch nicht beherrschen sollen. Wir können die Natur niemals vollständig entziffern und unter unsere Kontrolle bringen. Wir Menschen sind auf Naturprozesse angewiesen, die wir konkret nicht ansatzweise so weit durchschauen können, dass wir ein technokratisches Paradies auf Erden etablieren könnten. Von eitlen Hoffnungen wie der Vorstellung, wir könnten andere Planeten (wie den Mars) besiedeln, um neu anzufangen, oder der noch abwegigeren Fantasie, wir könnten unser Bewusstsein wie in der Fernsehserie *Westworld* als Software auf unkaputtbare Plastikkörper hochladen, müssen wir uns verabschieden. Die Corona-Pandemie hat unsere Verwundbarkeit sowie die soziale Komplexität für uns alle spürbar offengelegt.

Komplexität und Verwundbarkeit bestanden auch schon vor

der Pandemie, waren aber sozusagen »demobürokratisch« (Niklas Luhmann) überdeckt, d. h., sie waren uns nicht bewusst, weil insbesondere unser Gesundheitssystem für die meisten Menschen mehr oder weniger reibungslos funktionierte. Die Erkenntnis, dass der Mensch ein verwundbares Tier ist, das ökologischen Transformationen ausgesetzt ist, die es teils selbst zu verantworten hat, muss der Politik immer innewohnen. Da wir nicht nur Tiere, sondern geistige Lebewesen sind, die über ethische Einsicht in moralische Zusammenhänge verfügen, sind Anthropologie, Ethik und Politik im Menschen untrennbar miteinander verwoben.

Die Neue Aufklärung fordert zwar, dass wir mehr Wissenschaften (vor allem auch die Geistes- und Sozialwissenschaften auf Augenhöhe mit den Natur-, Lebens- und Verhaltenswissenschaften) einsetzen, um ein angemessenes Selbstporträt des Menschen zu erarbeiten. Sie fordert darüber hinaus aber auch eine Ethik des Nichtwissens, die auf der Anerkennung der Tatsache beruht, dass wir nicht einmal näherungsweise in einem Zeitalter der vollständigen Naturerkenntnis und -beherrschung leben. Die fraglos beeindruckenden und teils wünschenswerten Erkenntnis- und Technikfortschritte der Moderne dürfen nicht länger darüber hinwegtäuschen, dass es unbestimmt, vielleicht sogar unendlich vieles gibt, was wir nicht wissen und niemals wissen werden. Wie groß auch immer unser Wissen von der Natur ist, unser Nichtwissen ist noch größer (was wir heute sogar wissen, seit deutlich geworden ist, dass das beobachtbare Universum zu 95 Prozent aus dunkler Materie und dunkler Energie besteht, die wir nicht direkt experimentell erforschen können). Die Wirklichkeit überragt unsere Wissensansprüche. Dies ist keine bloße Vermutung, sondern etwas, was wir wissen. Wir wissen also wirklich, dass es vieles gibt, was wir nicht wissen.

Wie wir sehen werden, hatte Sokrates recht, der allerdings nicht gesagt hat, dass wir nichts wissen, sondern vielmehr, dass wir uns dessen bewusst werden können, dass wir vieles nicht wissen. Sokrates' Weisheit ist eine Form des Wissens und kein skeptischer

Kult der Ignoranz. Der Mensch als Tier kann sich seines eigenen Nichtwissens bewusst werden. Das nannte Sokrates Weisheit. Und darin ist ihm Carl von Linné mit seiner Gattungsbestimmung des Menschen als *homo sapiens* gefolgt. Denn *sapiens* heißt »weisheitsfähig«, nicht »weise«. Der Mensch ist als geistiges Lebewesen das philosophische Tier, das sich und die nicht-menschliche Wirklichkeit dadurch historisch verändern kann, dass es sich ein Bild seiner selbst macht. Machen wir uns also gemeinsam auf den Weg, um unser Mensch- und Tiersein, den Sinn des Lebens und die Tiefe unseres Nichtwissens auszuloten!

Erster Teil
Wir und die anderen (Tiere)

… immer noch drückt uns dieselbe Unbegreiflichkeit, wie zwischen Materie und Geist Zusammenhang möglich sei.
Wir lassen den Menschen zurück, als das sichtbare, herumwandernde Problem aller Philosophie.

Friedrich Wilhelm Joseph Schelling

Seit unvordenklichen Zeiten beschäftigt die Menschen die Frage, wer oder was sie eigentlich sind. Um darauf eine Antwort zu geben, müssen wir uns von irgendetwas unterscheiden. Denn etwas zu definieren besteht darin, es von etwas anderem abzugrenzen. Dabei lautet eine der ältesten bekannten Definitionen des Menschen, wir seien vernunft- und sprachbegabte Tiere. Der Mensch, so Aristoteles, ist das *zôon logon echon*, das Lebewesen, das Logos (Sprache, Vernunft) hat, woraus im Lateinischen das *animal rationale*, das rationale Tier, wurde.[1]

Ehe wir uns dieses Merkmal von Sprache und Rationalität, das den Menschen auszeichnen soll, genauer anschauen, ist es wichtig, festzuhalten, dass die älteste bekannte Selbstdefinition des Menschen, also die älteste **Anthropologie**, den Menschen bereits als Lebewesen bzw. als Tier, als *zôon* bzw. als *animal*, bestimmt. Schon vor Aristoteles, in den Phasen des mythologischen Bewusstseins des Menschen, wird der Mensch in das Tierreich eingereiht.

Das biblische Menschenbild ist dabei eher eine Ausnahme, weil es Mensch und Tier stark voneinander trennt. Nur der Mensch ist als Ebenbild Gottes ein herausgehobener Paradiesbewohner. Zwar wird er als Bewohner eines Gartens, als ein Teil der Natur betrachtet, doch, man denke nur an die Geschichte von der Arche Noah, nicht nur als Krone der Schöpfung, sondern auch als das Wesen, das für die Tiere verantwortlich ist.

Als eine erste Beobachtung können wir festhalten, dass der Mensch damit jedenfalls lange vor den Erkenntnissen der Evolutionstheorie sowie der auf sie folgenden rasant fortschreitenden Ausdifferenzierung der Lebenswissenschaften (Medizin, Biochemie, Molekularbiologie, Bioinformatik, Genetik, Pharmakologie, Zoologie, Ernährungswissenschaft, Neurowissenschaften usw.) schon als Lebewesen bzw. als Tier aufgefasst wurde. Ja, es ist sogar der Normalfall der menschlichen Geistesgeschichte, dass der Mensch sich als Tier definiert.

Im Laufe der Jahrtausende hat sich das Menschenbild dabei vor allem dadurch entwickelt, dass wir unser Tierbild verändert haben. Durch die Fortschritte der Naturwissenschaften und der Technik in der Moderne haben wir erkannt, wie komplex die Naturgeschichte ist. Im 19. Jahrhundert hat sich vor allem im Gefolge der darwinistischen Revolution die Einsicht durchgesetzt, dass die vielfältigen Formen des Lebendigen und damit eben auch die Tierarten Prozessen der natürlichen Auslese unterliegen. Sofern wir Tiere sind, passen wir uns auf den verschiedenen Ebenen unseres Lebens unserer Umwelt an, die wir im selben Atemzug natürlich immer auch gestalten. Die Natur, zu der wir gehören, ist kein statischer Behälter, sondern etwas, das wir durch unsere Lebensprozesse verändern. Und heute wissen wir, dass diese Natur, an die wir angepasst sind, schon seit Milliarden von Jahren von Lebensprozessen anderer Lebensformen modifiziert wird, etwa von den Cyanobakterien, die über Millionen von Jahren den Sauerstoff in der Atmosphäre produziert haben.

Im 19. Jahrhundert hat sich neben dem bahnbrechenden Evolutionsgedanken auch die Auffassung durchgesetzt, dass wir unsere Animalität, unser Tiersein, als etwas verstehen, das uns fremd ist und das uns unbewusst steuert. Die damals neu entstandenen Wissenschaften der Biologie, der Psychologie und Psychiatrie haben uns einen Spiegel vorgehalten, in dem wir keineswegs nur rationale Akteure, sondern auch Tiere zu Gesicht bekamen, die sich alles andere als durchgängig vernünftig verhalten.

Die beeindruckenden Erkenntnisse in den Lebenswissenschaften haben im Laufe der letzten beiden Jahrhunderte dazu geführt, dass wir uns für Marionetten unserer Lebensprozesse halten können. So ist es heute weit verbreitet, zu glauben, unsere Gene, unsere

Instinkte, unsere neuronalen Schaltkreise oder unsere biologisch determinierte Persönlichkeit steuerten unsere Entscheidungen. So glaubt etwa der renommierte, mit dem Nobelpreis ausgezeichnete Neurowissenschaftler Eric Kandel, dass dasjenige, was Freud als das Unbewusste bezeichnet hat, sich inzwischen mit lebenswissenschaftlichen Methoden als ein evolutionäres Erbe verstehen lässt.[2] Wir sind demnach nicht nur, wie Freud mutmaßte, nicht »Herr im eigenen Haus«[3] unseres Seelenlebens, sondern sogar Fremdlinge im eigenen Körper, der unser bewusstes Erleben, unser Ich, allenfalls als Steuerungszentrale produziert, um sich im Idealfall noch besser an die Umwelt anzupassen.

Wohlgemerkt hat Freud den Menschen nur scheinbar entthront. Er identifiziert nur das berühmte Es sozusagen mit dem ›Tier in uns‹ und schreibt uns Menschen darüber hinaus einen komplexen psychischen Apparat zu. Obwohl Freud uns mit Darwin in die »Tierreihe«[4] eingliedern möchte, meint er doch, die anderen Tiere verfügten keineswegs über dasjenige, was er als Ich, ganz zu schweigen von demjenigen, was er als Über-Ich betrachtet. Freuds Auffassung unseres Seelenapparats folgt dem Modell, das Tier in uns (das Es) von unserer Vernünftigkeit (dem Ich und dem Über-Ich) abzugrenzen, die in seinen Augen freilich dauernd von unserem Tiersein, von unseren Trieben, gestört wird, weshalb er bekanntlich mutmaßte, unsere Zivilisation sei von einem Unbehagen geprägt.[5]

An der Geschichte des Natur-, Körper-, Tier- und Menschenbildes, die ich hier nur anreißen kann, erkennt man, dass es einerseits der Normalfall ist, dass sich der Mensch als Tier definiert, mit der jeweiligen Ausgestaltung des Tierbegriffs aber andererseits auch das Menschenbild variiert. Das in jüngster Zeit als *Animal Studies* sowie als **Anthrozoologie** bekannte interdisziplinäre Forschungsfeld befasst sich genau damit. Je nachdem, was man sich unter einem »Tier« vorstellt, verändert sich auch unser Selbst-, d. h. unser Menschenbild, was wiederum ethische Konsequenzen hat. Wenn man etwa zu Recht darauf besteht, dass wir eine Tierethik brauchen, dann aber im Wesentlichen nur an Säugetiere denkt und Insekten ignoriert, weil der Tierbegriff nicht hinreichend weit verstanden wird, wird man ganz anders handeln, als wenn man umgekehrt beinahe alle sich selbst bewegenden, nicht-pflanzlichen Lebensformen (vielleicht sogar Bakterien) schon für Tiere hält, mit denen man ethisch umgehen muss.

Der Satz: »Der Mensch ist ein Tier« hat es deswegen bei genauerer Betrachtung in sich – und darum geht es in diesem Teil des Buchs. Denn einerseits ist es entscheidend, was der Mensch jeweils unter »Lebewesen« bzw. »Tier« versteht, wenn er sich selbst auf diese Weise in ein Naturgeschehen einreiht. Und andererseits ist es mindestens ebenso wichtig, genauer darüber nachzudenken, durch welches weitere Merkmal er sich von den anderen Lebewesen bzw. Tieren unterscheidet, mit denen er seiner eigenen Auskunft gemäß das Tiersein, die Animalität, teilt.

Das Logiktier – Wie der Mensch zum Tier wird

Die Geschichte der Logik wird maßgeblich genau von der Selbstdefinition des Menschen als *animal rationale* vorangetrieben. Wie gesagt, bestimmt Aristoteles den Menschen als dasjenige Lebewesen, das über Logos verfügt, woraus sich die Idee der Logik ableitet.

Die **Logik** ist diejenige Grundlagendisziplin der Philosophie, deren Gegenstand das vernünftige Denken selbst ist. Sie beschäftigt sich mit der Frage, wie wir richtig (d. h. vernünftig) denken (bzw. denken sollen), ihre Vollzugsform ist das Denken über das Denken. Die Pointe von Aristoteles' Definition des Menschen als *Logostier* ist, dass wir damit auch ein *Logiktier* sind: Einen Logos zu haben heißt, imstande zu sein, Dinge und sich selbst ausdrücklich von anderem abzugrenzen, also Wissen von sich selbst und anderem zu erlangen.

Seit Aristoteles lehrt die Logik, dass der Paradefall einer Definition gerade darin besteht, dass man zunächst eine Gattung (griechisch *genos*, lateinisch *genus*) angibt, zu der etwas gehört, um es sodann von anderen Arten (griechisch *eidê*, lateinisch *species*) zu unterscheiden. Der Ursprung der wissenschaftlichen Einteilung des Lebendigen in Gattungen und Arten ist die altgriechische Logik.

Seit den alten Griechen wird der Stammbaum des Lebendigen auf eine höchste Gattung bezogen, die von göttlichen Lebewesen repräsentiert wird, die der Mensch nachahmen soll, um ihnen gleich zu werden. In dieser Tradition wird die Ordnung von Gattung und Spezies als *Hierarchie* betrachtet: Je höher etwas in der Hierarchie steht, desto näher soll es der Spitze der Wertordnung, dem vollendeten Sein oder dem Guten stehen. Hierarchie heißt übrigens wörtlich übersetzt »heilige Ordnung«, und der Gedanke stammt insbesondere aus der Angelologie, also aus der spätantiken und dann mittelalterlichen Diskussion darüber, wie sich der Mensch zu den Engeln und letztlich zu Gott als der Quelle allen Seins und Denkens verhält. Der Klassiker auf diesem Gebiet ist die Schrift *Über die himmlische Hierarchie* des sogenannten Pseudo-Dionysios Areopagita. Sie stammt aus dem 5. oder 6. Jahrhundert und untersucht die Ordnung der Engel. Der in Wirklichkeit unbekannte Autor dieser Schrift hat den Begriff der Hierarchie geprägt, der damit immer auch eine theologische Dimension aufweist. Der Mensch definiert sich seit Jahrtausenden eben nicht nur im Unterschied zum Tier (bzw. zu den anderen Tieren), sondern immer auch im Unterschied zu göttlichen Wesen.

Diesen Aspekt darf man auch heute nicht mit dem naiven Hinweis auf ein weitverbreitetes säkulares Menschenbild beiseiteschieben, das uns als mehr oder weniger normales Element in der Reihe der Naturerscheinungen betrachtet. Denn viele, wenn nicht sogar die meisten Menschen glauben auch in unseren Zeiten, dass wir eine privilegierte Stellung im Tierreich einnehmen, ja sogar, dass wir über eine unsterbliche Seele verfügen oder wiedergeboren werden, dass wir also jedenfalls keineswegs identisch mit unserem Tierkörper sind, der sich vielleicht eines Tages vollständig in der Sprache der heutigen Lebenswissenschaften beschreiben lassen wird.

Der Tierbegriff, der das Reich des Lebendigen in Gattungen und Arten unterteilt, ist seinem historischen Ursprung zufolge also keineswegs wertneutral. Vielmehr enthält er von vornherein Wertungen, die auf verschiedenen Ebenen stattfinden. So wird etwa auch zwischen normalen Exemplaren einer Art und ihren Abweichungen unterschieden, sodass die Begriffe des Menschen, des Löwen, der Taube usw. als Normalformen verstanden werden, von denen mangelhafte Exemplare abweichen – eine Auffassung, die zu Recht von den Gendertheorien oder den *disability studies* kritisiert wird.

Die griechischen Philosophen gingen grundsätzlich davon aus, dass die fundamentalen Prinzipien der Wirklichkeitsordnung in ihrem Wesen mächtiger und auch besser sind als dasjenige, was von diesen Prinzipien abhängt. So wurden etwa Elemente wie Wasser, Feuer und Luft als grundlegend an die Spitze der Seinsordnung gestellt, während die einzelnen Dinge, die man in der Natur vorfindet, als Manifestationen einer tieferen Struktur grundlegender Elemente aufgefasst wurden, die mächtiger ist als wir. Das hallt noch heute in dem Gedanken nach, die Naturgesetze schrieben wie göttliche Gesetze vor, was überhaupt geschehen kann. Schließlich könne sich nichts und niemand der Schwerkraft entziehen. Der griechische Begriff eines Prinzips (*archê*) bedeutet nicht nur Anfang, sondern auch Imperium. Lebenswissenschaftliche Ordnungsbegriffe und Ideen der Macht sind traditionell eng verschränkt. Das ist bis heute tief in unser Denken eingeschrieben, wenn wir uns etwa als Endprodukt der Evolution verstehen und meinen, wir stünden immerhin im negativen Sinne an der Spitze der Entwicklung, weil wir glauben, die Natur insgesamt hänge davon ab, wie wir leben.

Was eine Art von allen anderen Arten innerhalb derselben Gattung unterscheidet, heißt im Allgemeinen die ***spezifische Differenz****. Im Besonderen interessiert uns im Folgenden eine spezifische spezifische*

Differenz (eine typisch philosophische Verschachtelung, kein Druckfehler): die ***anthropologische Differenz****. Sie besteht darin, wie und in was sich der Mensch von anderen Lebewesen unterscheidet.*[6]

Die Ausgangslage dieses Teils des Buchs ist die Auffassung, dass der Mensch dadurch zum Tier wurde, dass er anfing, sich auf eine spezifische Weise von anderen Lebewesen zu unterscheiden, d. h. sich selbst zu definieren. Indem der Mensch sich selbst definiert, führt er die Vorstellung ein, er sei ein Tier + Irgendetwas anderes (sagen wir zum Beispiel: Sprache, Vernunft, Geist, unsterbliche Seele), und werde eben dadurch nicht nur zum Menschen, sondern zu einem aus seiner Sicht besonderen Tier. Der Mensch *ist* somit dadurch ein Tier, dass er sich als Tier auffasst. Um ein Diktum der großen existenzialistischen Philosophin Simone de Beauvoir abzuwandeln, kann man geradezu sagen, dass der Mensch nicht als Tier geboren wird, er wird es.[7]

Anders ist es um uns als Menschen bestellt. Wir müssen nicht erst zu Menschen werden, sondern sind es bereits während unserer Entwicklung im Mutterleib, weil wir eine typisch menschliche DNA haben, die Entwicklungsschritte ermöglicht, die zunächst im Mutterleib und nach der Geburt in größeren Gemeinschaften ausgeführt werden, worin sich unsere biologisch beschreibbare Lebensform ausdrückt. Ob sich dies anhand einer Zellstruktur oder einer Zeitskala festmachen lässt, die bestimmt, ab wann genau eine befruchtete Eizelle zu einem Menschen wird, ist eine schwierige und ethisch bedeutsame Frage, die ich hier nicht weiterverfolgen möchte. Fest steht nur, dass wir jedenfalls viele Monate vor unserer Geburt Menschen sind, sodass Menschsein nicht erst etwas ist, was man lernen kann und woran man demnach auch scheitern könnte. Unser Menschsein ist unveräußerlich und kann auch nicht verloren gehen. Unser Tiersein, d. h. unsere Selbstauffassung als Tier hingegen ist historisch kontingent, d. h. andere Menschenbilder waren und sind möglich.[8]

Das spezifische Etwas

Der Mensch kommt also nicht etwa als Tier zur Welt bzw. entwickelt sich im Mutterleib zum Tier, um sodann durch gesellschaftliches Training Teil der kulturell, geistig geformten Menschengesellschaft zu werden. Vielmehr ist ein Mensch, sobald er überhaupt ein Lebewesen ist, was im Mutterleib beginnt, auch schon im Vollsinne ein Mensch. Der Mensch kommt also nicht als biologische Hardware zur Welt, auf der dann noch eine kulturelle Software durch Erziehung installiert werden muss. Deswegen ist die Menschenwürde auch lediglich an das Menschsein und an keine weitere Bedingung – wie die Ausbildung besonderer Fähigkeiten und höherer Vermögen – gebunden.

Es ist damit genau besehen nicht so, wie Aristoteles sich die Sachlage ausmalte, dass der Mensch von den anderen Tieren durch seine Merkmale der Vernunft und der politischen Organisation (die er neben der Vernunft für kennzeichnend hielt) unterschieden ist.[9] Auch keine andere traditionelle Auffassung, der zufolge wir ein herausragendes Merkmal, ein *Definiens* des Menschen, feststellen können, das uns von allen anderen Tieren eindeutig unterscheidet, trifft den Wesenskern des Menschen.

Der Mensch ist nicht an sich ein Tier, sondern durch seine Selbstdefinition. Im Rahmen seiner Beantwortung der Frage, wer oder was wir sind, spaltet der Mensch einen Teil seiner selbst, die Animalität, ab. Diese Abspaltung ist der Ursprung des irrigen Begriffs von einem Tierreich, aus dem der Mensch durch besondere Merkmale, durch seine spezifische Differenz hervorragt.

Indem der Mensch sich selbst definiert, unterscheidet er sich von anderen Tieren. Er versteht sich als *Tier + Irgendetwas.* Dieses spezifische Etwas, das uns auszeichnet, muss dieser Logik zufolge den anderen Tieren fehlen, weil wir uns ansonsten eben nicht ordentlich von ihnen abgegrenzt hätten.

Die eigentliche Schwierigkeit ist dabei nicht, wie viele heute glauben, dass es in Wirklichkeit kein besonderes Merkmal des Menschseins gibt (es gibt vielmehr ziemlich viele solcher Merkmale), sondern eher, dass wir in uns selbst einen Kern des Tierseins, den Begriff der Animalität, identifizieren. Diese Animalität teilen wir mit den anderen Tieren und sollen uns doch durch das spezifische Etwas dann von ihnen unterscheiden.

Wenn das spezifische Etwas in Sprache und Rationalität besteht, an denen es den anderen Tieren *per definitionem* mangelt, dann müssen diese Vermögen unserer eigenen Animalität auch fehlen. Das ›Tier in uns‹ erscheint deswegen als ein irrationaler Seelenteil, eine Vorstellung, die von Platon, Aristoteles' Lehrer, ausdrücklich vertreten wird.

Nun ist es aber so, dass die Animalität durch die Selbstdefinition des Menschen ihrerseits definiert ist. Denn wir grenzen sie in der Selbstdefinition von unserem besonderen Etwas ab. Das heißt aber, dass die Animalität, über die wir uns auf diese Weise definieren, schon defizient ist, also einen Mangel darstellt, weil sie nicht der ganze Mensch ist. Kurzum, der Tierbegriff, den wir durch die Selbstdefinition des Menschen als Tier + Irgendetwas erhalten, erzeugt die Vorstellung eines Tierreichs, zu dem alle Tiere auf die gleiche Weise gehören, sich aber durch spezifische Merkmale auch von ihm abheben. Damit projizieren wir einen Teil unserer Selbstdefinition, das defiziente Tiersein, auf die anderen Lebewesen. Im Unterschied zum Menschentier werden sozusagen die Tier-Tiere als Mängelwesen definiert, denen dasjenige fehlt, was uns auszeichnet.

Doch damit nicht genug, enthält der Begriff unserer eigenen Animalität im zweiten Schritt bereits eine implizite oder explizite Wertung. Denn dasjenige, was den Menschen auszeichnet und definiert, wird seit Jahrtausenden nicht nur als eine Eigenschaft betrachtet, die wir haben, sondern als eine besondere Wertquelle angesehen. Und durchaus zu Recht, denn es ist richtig, dass wir Menschen zu einer besonderen Art der moralischen Reflexion, d. h. zur Ethik, befähigt sind.

*Im Allgemeinen kann man die **Ethik** als eine Teildisziplin der Philosophie auffassen, die sich mit der Frage beschäftigt, was wir insofern, als wir alle Menschen sind, tun bzw. unterlassen sollen.*[10]

Weil wir zur Einsicht in die Grundlagen unseres Handelns fähig und in der Lage sind zu definieren, wie wir als Menschen sind, können wir uns auch ändern. Wie wir uns als Menschen selbst definieren, bestimmt mit, wer wir sind, sodass die Anthropologie eine entscheidende Quelle der Werterkenntnis ist. Menschen sind wir auch ohne Definition, unsere Menschenwürde hängt daher auch nicht an irgendeiner Definition oder einem Menschenbild. Allerdings gibt es Menschenbilder, die unsere Menschenwürde bezweifeln oder Menschen dehumanisieren, weshalb es wichtig ist, kritisch zu beobachten, wie genau Menschen sich von anderen Dingen oder Lebewesen abgrenzen.

Der US-amerikanische Psychologe Barry Schwartz bringt es auf den Punkt, wenn er in seinem Büchlein *Warum wir arbeiten* feststellt:

> Theorien über die menschliche Natur nehmen in den Wissenschaften einen einzigartigen Platz ein. Es steht nicht zu befürchten, dass unsere Theorien über den Kosmos den Kosmos verändern. Die Planeten kümmern sich herzlich wenig darum, was wir denken und welche Theorien wir über sie aufstellen. Dagegen ist die Sorge, dass unsere Theorien über die menschliche Natur auf Dauer die menschliche Natur verändern könnten, durchaus berechtigt. […] [E]s [liegt] in der Natur des Menschen […], wenn seine Natur weitgehend das Produkt der Gesellschaft um ihn herum [ist].[11]

Es stimmt also durchaus, dass wir Menschen eine besondere Verantwortung für uns selbst und andere Lebewesen haben. Während Löwen nicht erwägen, Vegetarier zu werden, und Schimpansen nicht daran arbeiten, Geschlechtergerechtigkeit herzustellen, indem sie die berechtigten Anliegen des Feminismus institutionell umsetzen, sind wir Menschen zu solchen fundamentalen Revisionen und damit zum moralischen Fortschritt befähigt. Wir sind deshalb auch nicht nur das Problem, das den Klimawandel und die Umweltzerstörung befeuert, sondern die einzige Lösung, die uns retten kann. Die anderen Lebewesen werden nicht an ihrem CO_2-Ausstoß arbeiten oder ihre Konsumwünsche verändern. Es liegt in unserer Hand, es ist unsere Verantwortung, unser Natur-, Tier- und Menschenbild zu revidieren, wenn es uns in der hoch industrialisierten, global vernetzten, technologischen Moderne gelingen soll, gemeinsam daran zu arbeiten, dass möglichst alle Menschen auf diesem Planeten ein menschenwürdiges Leben führen können. Davon sind wir trotz aller modernen Fortschritte weit entfernt, wobei wir immer bedenken müssen, dass eben diese modernen Fortschritte, die viele Menschen von extremer Armut befreien, auch Klimawandel, Umweltzerstörung und Massenvernichtungswaffen und damit eben diese Armut in der Moderne allererst hervorgebracht haben. Moderne Hungersnöte sind auch Ergebnisse des modernen naturwissenschaftlich-technologischen Fortschritts und globaler Lieferketten, die eng mit neoliberalen Vorstellungen verzahnt sind, denen zufolge der globale Handel irgendwie von selbst für humanen Fortschritt sorgt, was schlichtweg falsch ist, wie jüngst einmal mehr der brutale Angriffskrieg Russlands gegen die Ukraine belegt.

Diese unsere Fähigkeit zur Ethik erhebt uns nicht über die anderen Lebewesen. Sie begründet keinen Führungs- oder Machtanspruch auf Planet Erde, sondern ist allenfalls Grundlage dafür, dass wir verantwortungsvoll miteinander und mit anderen Lebewesen umge-

hen, die unser Habitat, d. h. die Oberfläche von Planet Erde, mit uns teilen.

Die anthropologische Differenz, mittels derer wir uns von den ›anderen Tieren‹ unterscheiden, ist selbst nicht biologisch vorgegeben, sondern von uns gesetzt. Die Fähigkeit, solche Unterschiede festzustellen, also ein Selbstbild zu haben, ist uns Menschen hingegen gegeben. Dieser Umstand impliziert zwar, dass wir die Erkenntnisquelle für objektive Werte sind, die andere Lebewesen nicht erfassen, aber daraus folgt gerade, dass wir erkennen können, was wir anderen Lebewesen schuldig sind, d. h. wie wir uns ihnen gegenüber verhalten sollten. Weil wir anders können, sollen wir uns so verhalten, dass wir andere Lebewesen schützen. Die Tierethik folgt automatisch daraus, dass wir zur moralischen Einsicht fähig sind, was auch bedeutet, dass wir uns fragen müssen, ob wir etwa Moskitos nach Belieben töten dürfen (weil sie uns etwa angreifen und gefährden) oder, wie im Herbst 2020 in Dänemark, Millionen Nerze töten dürfen, weil sie mit dem Coronavirus infiziert sind und man sich vor neuen Varianten fürchtet (die vom Menschen und nicht von den Nerzen kamen!). Aber zu unseren Haustieren oder gattungsverwandten Primaten sollten wir bitte schön sehr lieb sein. Unsere alltägliche Tierethik ist weitgehend anthropozentrisch, weil wir mit einigen ›Tieren‹ sympathisieren und mit anderen nicht. Daran sieht man den Projektionsmechanismus, den ich im Folgenden kritisiere. Die Tierethik kann erst dann systematisch voranschreiten, wenn wir den herrschenden Tierbegriff überwinden oder so umgestalten, dass der Anthropozentrismus überwunden wird, der sich darin manifestiert, dass wir mit ›Tieren‹ sympathisieren, mit denen wir in derselben Größenordnung (der mesoskopischen Ebene, auf der wir uns bewegen) zusammenleben, während wir gleichzeitig als Menschheit für das größte Artensterben seit vielen Millionen Jahren verantwortlich sind.

Die Natur ist keine Safari

Der Mensch übersieht im Rahmen seiner Selbstdefinition leicht, dass die anderen Tiere miteinander keineswegs auch nur ansatzweise so viel gemeinsam haben, dass sie im Unterschied zum Menschen im Wesentlichen alle gleich sind. Wir sind nicht in einer Art von der Natur veranstalteter Safari, in der wir uns aus einer mehr oder weniger sicheren Beobachterposition heraus fragen, wie genau wir denn nun ins Tierreich gehören und gleichzeitig über es hinausragen.

Im Gefolge der darwinistischen Revolution, die es erlaubte, die Entstehung der Tierarten nach Prinzipien zu erklären, aus denen später, vor allem dank der mikrobiologischen Durchbrüche, die Lebenswissenschaften entstanden, änderte sich an dieser Sachlage der Selbstdefinition des Menschen merkwürdig wenig. Wer heute die These äußert, der Mensch sei ein Tier, versteht darunter meistens so etwas wie die Behauptung, wir stammten vom Affen ab, bzw. natürlich genauer: es gebe evolutionär verwandte Vorfahren von menschlichen und nicht-menschlichen Primaten. Wir befänden uns demnach auf irgendeinem Ast der Evolution, die insgesamt auf Urformen des Lebendigen zurückführe, aus denen durch Variation von Genotyp und Phänotyp, die man heute mit großer Präzision erforschen könne, alle bekannten Tierarten hervorgegangen seien.

Doch diese Auffassung des Menschen als Tier ist keine naturwissenschaftlich gut belegte Einsicht in unser Wesen. Denn die evolutionsbiologische Erforschung der Animalität erklärt ebenso wenig den Menschen wie die geologische Erforschung des Marmors den *David* von Michelangelo. Was sie erfolgreich erklärt, sind die kausalen Details des Zusammenspiels verschiedener Zellsysteme in denjenigen Organismen, die wir als Exemplare des Menschen identifizieren. Ohne Lebensprozesse auf Zellebene gäbe es keine Menschen. Daraus folgt hingegen nicht, dass wir mit ihnen identisch sind, dass wir also komplexe Zellhaufen sind.

Unsere Animalität, das Tiersein, gründet in denjenigen Prozessen, dank derer wir leben und überleben. Diese biochemischen, physischen Prozesse finden sich auch außerhalb des Menschen. Doch weil wir uns selbst stets definieren müssen, um Tiere zu sein, gehen wir nicht in diesen Prozessen auf. Tiersein und auf eine naturwissenschaftliche Weise erkennbar lebendig zu sein sind zwei verschiedene Paar Schuhe. Das bedeutet natürlich auch, dass Menschenbilder falsch sind, die unser Menschsein von diesen Prozessen und unserer Animalität ablösen wollen, indem sie uns etwa mit einer unsterblichen Seele identifizieren, die sich in einen Menschenkörper verirrt hat.

Es stellt sich die Frage, wie sich unser Bild von uns als Tier zu unserem humanbiologischen Wissen verhält, das keineswegs abgeschlossen und abschließbar ist, weil die biologischen Systeme, die uns zu Menschentieren machen, nicht vollständig erkennbar sind. So ist das menschliche Nervensystem (paradigmatisch das sogenannte Gehirn, das eng mit unseren mentalen Prozessen verwoben ist) an sich schon viel zu komplex und dynamisch, als dass wir jemals ernsthaft hoffen könnten, es in seiner Funktionsweise so genau zu durchschauen, dass wir seine dynamische Entwicklung vorhersagen oder gar kontrollieren könnten.[12]

Die These, dass der Mensch durch seine Selbstdefinition als Tier zum Tier *wird*, heißt dabei natürlich nicht, dass die Evolutionstheorie, die molekularbiologische oder humanmedizinische Forschung einem Irrtum aufsitzt, sondern vielmehr, dass die elementaren Prozesse des Lebendigen, die man lebenswissenschaftlich erforscht, unser Menschsein nicht erschöpfend erfassen. Der Mensch ist (wie andere Lebewesen auch) immer mehr als ein besonders komplex organisierter Zellhaufen; eine Sicht auf das Mensch- und Tiersein, das uns auf zelluläre Prozesse reduziert, ergibt sich immer nur unter Abstraktion davon, dass wir geistige Lebewesen sind, die sich nicht vollständig mit ihrer biologisch vermessbaren organischen Verfasstheit identifizieren lassen.

Aristoteles dachte, dass wir das Wesen der menschlichen Animalität daran festmachen können, dass »ein Mensch einen Menschen zeugt«.[13] Während Menschen und Löwen nicht gekreuzt werden können, weil sie keine gemeinsamen biologischen Nachfahren durch sexuelle Reproduktion hervorbringen können, funktioniert das zwischen Menschen. Für Aristoteles macht die Fortpflanzungsfähigkeit innerhalb einer Art die Animalität aus, durch die wir uns nicht von anderen Tieren unterscheiden. Denn auch Löwen und Giraffen sind bekanntlich (jedenfalls bisher) nicht kreuzbar. Diese Auffassung ist bis heute als Standard zur Definition von Arten verbreitet (»Arten = reproduktive, genetisch isolierte Einheiten«[14]).

Doch schon an dieser Stelle geraten Aristoteles und mit ihm große Teile der modernen, seit der Antike evolutionsbiologisch natürlich viel weiter fortgeschrittenen Humanwissenschaften in die Bredouille. Denn nicht jeder Mensch ist zeugungsfähig (bzw. zeugungswillig). Geht man die Menschenexemplare durch, sind nicht nur Kinder bis zu einem gewissen Alter nicht zeugungsfähig, sondern auch viele erwachsene Menschen. Es ist daher falsch zu glauben, dass unsere Animalität, unsere Zugehörigkeit zu einer Art, darüber definiert werden kann, dass wir Menschen zeugungsfähig sind, zumal das ja auch auf andere Lebewesen zutrifft und den Menschen nicht auszeichnet. Junge Menschen sind nicht zeugungsfähig und viele andere junge Lebewesen ebenfalls nicht. Außerdem gilt für Lebewesen, dass nicht jedes Individuum zeugungswillig bzw. zeugungsfähig ist.

Aristoteles' Auffassung, dass wir Arten im Rahmen einer Theorie der Reproduktion ihrer selbst, also der Fortpflanzung ähnlicher Formen, definieren sollten, wirkt bis heute nach. Aus der *Genealogie*, die sich mit der allgemeinen Herkunft von Formen beschäftigt, wurde später die naturwissenschaftlich beeindruckend gut belegte *Genetik*, dank derer wir die Details der Baupläne von Organismen kennen.

Wohlgemerkt konnte Darwin das **Problem der Speziation**, d.h. der Artbildung, nicht konkret lösen, da er »nichts von Genetik wusste«, wie der US-amerikanische Philosoph Daniel C. Dennett konstatiert.[15] Dennett merkt an, das Kriterium, dass wir es bei zwei Lebensformen mit zwei Spezies zu tun haben, wenn man sie nicht kreuzen kann (wenn sie also keine gemeinsamen Nachfahren durch sexuelle Reproduktion zeugen können), sei »an den Grenzen unscharf«.[16] Das **Kriterium der reproduktiven Isolation** reicht jedenfalls nicht hin zur Lösung des Problems der Speziation. Dennoch gilt es seit der Verbindung von Gregor Mendels Vererbungslehre mit der modernen Genetik (welche die Existenz von Genen schließlich nachgewiesen hat) heutzutage als wesentlicher Baustein des **Neo-Darwinismus** (d.h. Darwinismus plus Genetik). Dieser ist neu insofern, als er genetisch erforschbare Vererbungslinien mit Darwins Idee der natürlichen Auslese verbindet, was heute Mainstream in den Lebenswissenschaften ist.[17] Darüber hinaus ist er umstritten, weil er häufig gepaart mit der überholten Auffassung vom egoistischen Gen auftritt, d.h. mit der Vorstellung, wir seien eigentlich Einzelkämpfer, die nur ihre Gene in die nächste Generation weitergeben wollten. Dagegen hat der Mediziner und Neurowissenschaftler Joachim Bauer jüngst argumentiert, wir könnten womöglich bereits auf der Ebene der Gene von Empathie reden.[18]

Während die Genetik sowie die heute sogenannten Lebenswissenschaften völlig zutreffende Forschungsergebnisse und damit Tatsachenerkenntnisse (Fakten) liefern, lösen sie damit also noch nicht das Rätsel, wie wir uns selbst sinnvoll als Tiere bestimmen können. Denn die nur scheinbar *neutrale Idee*, Tiere seien diejenigen sich selbst organisierenden und reproduzierenden Lebewesen, die in Arten aufgeteilt sind, die miteinander Nachfahren zeugen können, formuliert implizit oder sogar explizit ein *normatives Ideal*. Es besagt, dass unsere Animalität an unserer Zeugungsfähigkeit gemessen wird. Wer sich nicht fortpflanzen kann, wäre demnach kein Tier und kein Mensch bzw. im Einzelfall ein Tier und ein Mensch mit Defizit.

An dieser Stelle kommt ein zentrales Argument der *Gendertheorien* zum Tragen: Die Selbstauffassung des Menschen als zeugungsfähiges Tier einer bestimmten Art drückt direkt oder indirekt ein normatives Ideal der Organisation der menschlichen Gesellschaft aus.[19] Aus der Auffassung des Menschen als zeugungsfähiges Tier sind sozial teils sehr wirksame Formen der Ideologie und eine gesellschaftliche Fortpflanzungsordnung entstanden, die normativ vorgibt, auf welche Weise wir Menschen als Tiere überhaupt erfolgreich sind. Bis heute führt die Definition des Menschen als Tier und Tiersein über Fortpflanzungsfähigkeit zu Ideologien und teilweise aberwitzigen Vorstellungen menschlicher Sexualität – man denke etwa an fundamentalistisch-religiöse Diskussionen über Verhütung.

Dass Verhütung prinzipiell überhaupt als ein moralisches Problem erscheinen kann, ergibt sich nur daraus, dass Fortpflanzungsfähigkeit und -willigkeit zur Definition des Menschentiers herangezogen wird, was ein Fall der im Folgenden beschriebenen ***Projektionsstruktur*** *ist: Erst stellt der Mensch seine eigene Animalität fest und sucht nach Merkmalen, die er mit den anderen Tieren gemeinsam hat. Daraus entsteht dann der Begriff des bloßen Tiers (des Tiers im Allgemeinen). Im nächsten Akt wird das Tiersein dann wieder auf den Menschen selbst angewandt, um es entweder durch Kultur und Zivilisation zu domestizieren oder sich mit ihm normativ zu identifizieren (indem man etwa Verhütungsmittel ablehnt und die Reproduktionsfähigkeit unserer Tierart zu einem Sollensanspruch erhebt).*

Das Anthropozän als Selbstüberschätzung

Die moderne Entwicklung der Biologie als Lebenswissenschaft hat dazu geführt, dass der Mensch sich heute im Licht bestimmter Forschungsergebnisse ins Tierreich einreiht. Spätestens seit Darwin gilt es vielen als ausgemacht, dass wir im selben Sinne Tiere wie all die anderen Lebewesen sind, die wir als solche einstufen.[20] Der Mensch ist eine Spezies unter anderen, und er ist nach denselben naturwissenschaftlich, vor allem molekularbiologisch erforschbaren Prinzipien entstanden wie alle anderen Formen des Lebens. Das ist richtig.

Gleichwohl unterscheidet sich der Mensch von allen anderen Tieren, und zwar nicht nur zoologisch oder genetisch, also nicht nur dadurch, dass Menschen nur mit anderen Menschen Nachkommen zeugen können (was, wie gesagt, ohnehin nicht für alle individuellen Menschen gilt). Menschen tun vieles, wozu kein anderes uns bekanntes Lebewesen imstande ist: Wir reisen in Flugzeugen, um Strandurlaub zu machen; bauen Wein an; betreiben Natur- und Geisteswissenschaften; arbeiten in Großraumbüros; beuten Menschen aus, um unsere Konsumgier zu befriedigen; schreiben Romane; verteidigen den Feminismus und die Rechte von Transpersonen; halten Bundestagswahlen ab; programmieren Computer; lernen Fremdsprachen und lesen dieses Buch.

Der Mensch ist auf schier unendlich viele Weisen von den anderen Lebewesen verschieden. Diese sind wiederum unter sich ebenso verschieden. Bakterien, Pilze, Giraffen, Delfine, Fledermäuse, Bäume usw. lassen sich keineswegs einfach in eine homogene Pflanzen- und Tierwelt einordnen. Bakterien und Fledermäuse tun ebenso verschiedene Dinge, haben ebenso verschiedene Fähigkeiten wie Menschen und Wiesen. Bakterien können an heißen Quellen in der Tiefsee existieren und erzeugen Sauerstoff; Fledermäuse nehmen die Wirklichkeit völlig anders wahr als wir. Unsere Intelligenz und Problemlösungsfähigkeiten sind auf unsere Umwelt angepasst, woraus wir nicht ableiten dürfen, dass sie irgendeine absolute Norm darstellen. Flechten, die ziemlich weit verbreitet und langlebig sind, passen ebenso wenig in das Schema ›Pflanze, Tier, Mensch‹ wie Bakterien – ganz zu schweigen von den Viren, die eine wesentliche Rolle im Reich des Lebendigen spielen, ohne scheinbar so richtig dazuzugehören.

Deswegen sollten wir die Vorstellung infrage stellen, irgendein Lebewesen sei *nur* ein Tier, also ein instinktgesteuertes Naturgeschehen, das ausschließlich am eigenen Überleben oder dem Überleben seiner Artgenossen interessiert sei. Dass der Mensch also keineswegs *nur* ein Tier ist, ist daher ebenso eine Erkenntnis der modernen Evolutionsbiologie wie diejenige, dass sich unser Organismus nach molekulargenetischen Bauplänen entwickelt, die denjenigen einiger anderer Lebewesen ziemlich ähnlich sind.

Die Debatte darüber, wodurch sich der Mensch von anderen Tieren unterscheidet, obwohl er sich ins Tierreich einreiht, ist keineswegs abgeschlossen. Vielmehr war es keinem Geringeren als Charles Darwin höchstpersönlich sogar besonders wichtig, den Unterschied des Menschen von anderen Tieren herauszuarbeiten, ohne seine neu gewonnene Einsicht über die Entstehung der Arten zu kompromittieren. In seinem Werk über *Die Abstammung des Menschen* behandelt er im vierten Kapitel ausführlich »die geistigen Fähigkeiten des Menschen und der Tiere« und eröffnet seine Überlegungen folgendermaßen:

> Ich unterschreibe vollständig die Meinung derjenigen Schriftsteller, welche behaupten, daß von allen Unterschieden zwischen dem Menschen und den Tieren das moralische Gefühl oder das Gewissen der weitaus bedeutungsvollste sei. Dieses Gefühl […] wird in jenem bedeutungsvollen, kurzen, aber gebieterischen Wörtchen »du sollst!« zusammengefaßt. Es ist das edelste aller Attribute des Menschen; es treibt ihn an, sein Leben ohne Zögern für ein Mitgeschöpf zu wagen, oder nach sorgfältiger Überlegung, einfach durch das tiefe Gefühl des Rechts oder der Pflicht, irgendeiner großen Sache zu opfern.[21]

Direkt im Anschluss an diesen Passus fährt Darwin mit einem Kant-Zitat aus der *Kritik der praktischen Vernunft* fort.[22] Damit steht er, einigermaßen überraschend, ausdrücklich in der kantischen Tradition, die den Menschen als moralisches Lebewesen auffasst, das für den kategorischen Imperativ empfänglich ist. Dieser besagt, dass wir stets so handeln sollen, dass unsere Handlung eine absolute Regel, ein Gesetz werden könnte, das für alle gilt. Die verschiedenen Formulierungen, die Kant für diesen Imperativ gefunden hat, laufen auf die Grundüberzeugung hinaus, dass moralisch gutes Handeln universell gültig, also unabhängig von den Einzelinteressen einer Person sein muss. Moral geht damit weit über Altruismus hinaus, weil man an diesem immer noch interessiert sein kann, während die Moral für Kant fordert, dass wir völlig ohne Eigeninteressen das objektiv Richtige tun können.

Darwin nun meint, dass es Vorformen moralischer Normativität, also eines unbedingten Sollens, auch bei anderen Lebewesen, den Tieren, gebe, doch hebt er den Menschen eindeutig von diesen ab. Er behauptet etwa, Hunde besäßen »etwas dem Gewissen sehr Ähnliches«,[23] und im Allgemeinen habe »das sogenannte moralische Gefühl ursprünglich sich von den sozialen Instinkten abgezweigt«.[24] Darwin teilt überdies rassistische Urteile seiner Zeit gegenüber den »Wilden«, die sich durch das gesamte Werk ziehen. Die »Wilden« rechnet er nur eingeschränkt zu den Menschen, und sie kommen auf eine bestimmte Weise sogar schlechter weg als die Tiere, doch das steht auf einem anderen Blatt.

Wenn jedenfalls selbst Darwin, der Begründer der Evolutionstheorie, der Auffassung ist, dass der Mensch nicht so richtig ins Tierreich passe, dann zeigt dies mindestens, dass das Verhältnis unseres Menschenbilds zu unserem Tierbild nicht einfach unter Hinweis auf Darwin und die Evolutionstheorie als geklärt gelten kann. Denn Darwin hat uns keineswegs eindeutig ins Tierreich eingeordnet, wie man sich dies heute vorstellt.

Wie der Komplexitätsforscher Dirk Brockmann betont, kommt erschwerend hinzu, dass Darwins Tier- und Pflanzenbegriff auf Beobachtungen beruht, die »nur einen kleinen Ausschnitt der Natur«[25] betreffen:

> Seine Argumentationsketten beziehen sich auf Phänomene, die man bei »großen« Tieren und Pflanzen beobachtet. Die gesamte mikro-

biologische Welt blieb Darwin verborgen. Und wenn wir uns daran erinnern, dass die Artenvielfalt unter den Mikroorganismen (Bakterien und Archeen) etwa 100 000-fach größer ist als bei allen Pflanzen und Tieren, fußt die Theorie auf einer Randgruppe der Lebensformen.[26]

Die Erkenntnis, dass der Mensch ein Tier ist, scheint heutzutage somit einerseits völlig selbstverständlich, sie gehört zum Allgemeinwissen. Andererseits wird diese scheinbare Selbstverständlichkeit teils implizit, teils explizit durch die lebenswissenschaftliche Forschung infrage gestellt, die den Tierbegriff bei genauerer Betrachtung auflöst.

Eher implizit oder versteckt wird die Erkenntnis unseres Tierseins schon dadurch wieder eingeschränkt, dass sich der Mensch als besonders wichtiger Faktor der planetaren Zustände oder als Spitze eines Stammbaums vorstellt. So ist im Zeitalter der Klimakrise die auf den Chemiker und Nobelpreisträger Paul Crutzen (der 2021 verstorben ist) zurückgehende Rede vom »Anthropozän« in aller Munde. Im Zeitalter des **Anthropozäns** sei der Mensch zum entscheidenden geologischen Faktor geworden, was sich unter anderem in der längst für die meisten Menschen spürbaren Wucht des menschengemachten Klimawandels ausdrücke.

Durch die Tätigkeiten des Menschen sterben seit Jahrtausenden Arten aus, die Biodiversität nimmt also ab, und damit verändern sich Prozesse auf vielen Ebenen der Evolution des Lebendigen. Zwar ist es natürlich völlig richtig, dass wir für die massive Beschädigung unserer eigenen Lebensgrundlagen verantwortlich sind, weil wir den menschengemachten Klimawandel tagein, tagaus mit unserer Lebensweise, unserem Verkehr, unserer Industrie und leider auch mit unseren furchtbaren Kriegen befeuern. Häufig merken wir dies nicht einmal. Wer etwa eine Dokumentation über den Klimawandel auf einem Streaming-Dienst anschaut, stößt dabei in einer halben Stunde in etwa so viel CO_2 aus wie jemand, der sechs bis sieben Kilometer mit seinem Benziner fährt (so jedenfalls einige Berechnungen).[27] Klick für Klick, Like für Like, Suchanfrage für Suchanfrage tragen wir zur Erderwärmung bei, ganz zu schweigen von der gigantischen Energiemenge, die wir für die Server brauchen, dank derer die Menschheit heute global im Internet vernetzt ist.

Es ist somit eine bittere Ironie, dass sich die vermeintlich am höchsten entwickelte Spezies auf dem Weg ihrer Selbstausrottung befindet und dies sogar weiß. Doch die Pointe der Evolutionstheorie lautet an dieser Stelle, dass keine Spezies die Spitze eines Stammbaums bildet, weil die Evolution keine Linie ist, sondern ein komplexes Gewebe verschiedener Entwicklungen, die wir keineswegs kontrollieren. Es ist deswegen schon eine menschliche Selbstüberschätzung, zu glauben, wir lebten im Anthropozän. Der Mensch ist für den Planeten nicht wichtig. Der Planet selbst bemerkt es jedenfalls nicht, falls wir im Anthropozän leben, und der sogenannten Natur ist es völlig gleichgültig, welche Arten von Biodiversität es gibt. Genau genommen sind bereits Formulierungen wie »der Natur sind wir gleichgültig« oder »die Natur ist grausam, weil sie sich nicht für uns interessiert« falsch anthropozentrisch, weil der Natur weder etwas gleichgültig noch nicht gleichgültig ist. Der menschengemachte Klimawandel ist ein Problem für Menschen und für viele andere Lebewesen, er ist aber weder Naturzerstörung noch gar der Anfang vom Ende des Lebens. Wir können die Natur nicht zerstören, und wir sind weder der Anfang noch das Ende der Geschichte des Lebens.

Daher hat der Begriff des Anthropozäns bisher auch nicht Eingang in die offiziellen erdwissenschaftlichen Erkenntnisse gefunden. Er ist ein zwar populärer, aber keineswegs geologisch anerkannter Begriff. Der postmoderne französische Wissenssoziologe Bruno Latour sieht darin wiederum ein Versäumnis, in dem sich eine rückständige Auffassung von der Erde ausdrücke.[28]

Das mit dem Ausdruck »Anthropozän« verbundene Bild von der geologischen Schlüsselstellung des Menschen denkt immer noch in den Bahnen einer Ausnahmestellung des Menschen. Indem wir uns die Fähigkeit zuschreiben, eine Gefahr für den Planeten insgesamt sowie für alle Lebewesen darzustellen, überschätzen wir uns maßlos und zeichnen ein Bild der Biosphäre, in dem wir immer noch die – wenn auch diabolische – Krone der Schöpfung sind. Die vom Menschen befeuerte Erderwärmung, an der seit vielen Jahrzehnten nicht sinnvoll gezweifelt werden kann, sollte also nicht als Grundlage für ein verkehrtes Narrativ missbraucht werden. Der Mensch ist weder die Krone der Schöpfung noch ihr Zerstörer. Damit soll natürlich nicht die Tatsache bestritten werden, dass wir unsere und die Lebensgrundlagen vieler Lebewesen massiv gefährden bzw. vollständig zerstören und für ein Massenaussterben unzähliger Arten ganz und gar verantwortlich sind.

Ebenso verbreitet ist die Vorstellung, es gebe letztlich eine einzige Evolutionskette der Arten, an deren bisherigem Ende der Mensch steht. Es gibt aber nicht eine einzige Abstammungslinie der Evolution, sondern viele Abzweigungen und Variationen, die allesamt keinem übergeordneten Prinzip zu folgen scheinen. Die Evolutionswege der vielen Lebensformen, die wir aktuell vorfinden, können biologisch betrachtet allenfalls daran bemessen werden, wie erfolgreich, d.h. wie widerstandsfähig Lebensformen sind. Ordnet man sie nach einem solchen Kriterium, ist der Mensch sicherlich kein besonders erfolgreiches Lebewesen. Viele der heute existierenden Lebewesen, etwa Bakterien, Pilze und Pflanzen, wird es vermutlich auch lange nach dem Aussterben des Menschen noch geben. Wenn also überhaupt etwas oder jemand als Krone der Schöpfung oder Spitze der Evolution zu betrachten wäre, handelte es sich dabei eher um mikrobiologische Lebensformen als um irgendeins jener Lebewesen, die wir landläufig als Tiere einstufen.

Jedenfalls ist es sicherlich noch nicht ausgemacht, ob die Epoche, in der es Menschen gibt, biologisch betrachtet auch nur ansatzweise so bedeutsam ist, wie sie uns erscheint. Gleichwohl steht der Mensch, wie wir noch sehen werden, im Zentrum, nämlich im Zentrum des geistigen Lebens. Unsere Fähigkeiten der geistigen

Selbstbestimmung und damit auch der Selbstdefinition sind eine Ausnahmeerscheinung. Deshalb sollten wir auch die Frage nach dem Sinn des Lebens neu stellen und nicht versuchen, sie ausschließlich oder primär lebenswissenschaftlich zu beantworten. Darum wird es im zweiten Teil dieses Buchs gehen.

Das Geflecht: Pflanzen, Fledermäuse, Pilze

Um die irrige Vorstellung, der Mensch sei einerseits im biologischen Sinne des Wortes ein Tier und andererseits von besonderer (positiver oder negativer) Bedeutung für unseren Planeten, aus dem Weg zu räumen, kann man ein einfaches Gedankenexperiment anstellen. Fragen wir uns einfach einmal, mit welcher Lebensform eine außerirdische intelligente Zivilisation in Kontakt träte, die unseren Planeten beobachtet. Vorausgesetzt, dass die Außerirdischen nicht zufällig in etwa so geformt sind wie wir Menschen (was sich die allermeisten Science-Fiction-Fantasien ziemlich naiv so ausmalen), könnten sie bei genauerer Analyse der Lebensformen, die sie bei uns vorfinden, auf den Gedanken kommen, dass sie eher mit den Pflanzen als mit den Tieren kommunizieren sollten. Denn die Pflanzen machen eine beeindruckende Biomasse aus, und auf vielen Ebenen, die uns in der Regel nicht zu Bewusstsein kommen, sind sie die eigentlichen Gestalter der Prozesse des Lebendigen – ein Thema, das in der philosophischen und biologischen Betrachtung eine zunehmend wichtigere Rolle spielt.[29] Vielleicht würden die Aliens auch eher mit den Bakterien oder Pilzen kommunizieren, weil diese überall, sogar in der Tiefsee oder in der Stratosphäre, vorkommen und einen wesentlichen Beitrag zur Naturgeschichte des Lebendigen leisten.

Versetzen wir uns in den Standpunkt des nicht-animalischen Lebens, relativiert sich die menschliche Hybris, wir seien im positiven oder negativen Sinne die Spitze der Evolution. Vielmehr ist es so, dass die verschiedenen Lebensformen, die wir auf unserem Planeten vorfinden, ein Geflecht bilden, in dem es keine biologischen Hierarchien gibt. Die Wirklichkeit des Lebens besteht darin, dass es vor Leben nur so wimmelt, was den Philosophen Gilles Deleuze und den Psychoanalytiker Félix Guattari schon in den 1970er-Jahren dazu bewegt hat, von *Rhizomen*, also von unterirdischen Geflechten, anstatt von Stammbäumen auszugehen, um die Entwicklungen des Lebendigen zu beschreiben.[30] Das Leben wuchert und produziert dabei Verflechtungen, die so komplex sein können wie das menschliche Nervensystem, das immer komplexer erscheint, je genauer die Neurowissenschaften es unter die Lupe nehmen.

Die Lebewesen bilden ein Geflecht – eine Einsicht, die übrigens in der Philosophie mindestens so alt ist wie Platons berühmte Ideenlehre. In seinem Dialog *Sophistes*, in dem Platon der Frage nachgeht, wie Schein, Irrtum und Nichtsein eigentlich denkbar und durch Philosophie überwindbar sind, stellt er die These auf, unsere Gedankengebilde – für die er folgenreich das Wort »Idee (ἰδέα, εἶδος)« geprägt hat – bildeten ein lebendiges Geflecht, eine *symplokê* (συμπλοκή). Das macht Platon nicht nur zum Vordenker des Internets, sondern weist insbesondere darauf hin, dass er das Leben (ζωή) als Wildwuchs erkannt hat, aus dem Formen sprießen.[31]

In diesem Geflecht kommt dem Menschen eine wichtige Stellung zu, weil wir diejenigen Lebewesen sind, in denen das Geflecht zur Selbsterkenntnis gelangt: Die Natur weiß von sich selbst, indem wir von ihr wissen. Der Mensch ist das einzige uns bisher bekannte Lebewesen, in dem sich die Natur bzw. das Universum selbst erkennt.

Eine andere naheliegende Art und Weise, die menschliche Selbstüberschätzung, die durch die Evolutionstheorie allein noch längst nicht überwunden ist, infrage zu stellen, besteht darin, sich in die Perspektive von Lebewesen zu versetzen, die über andere bzw. feiner angepasste Sinnesorgane verfügen. Aus der Sicht eines Delfins oder einer Fledermaus oder auch einer Ratte sind die Menschen doch ziemlich erbärmliche Kreaturen – können sie doch weder fliegen noch gescheit schwimmen und auch nicht per Sonar kommunizieren, haben keine stabile Gemeinschaft und einen armseligen Geruchssinn. Wer weiß, ob unsere Haustiere, allen voran die Hunde und Katzen, nicht sogar Mitleid mit uns haben und uns deswegen Stöckchen oder hin und wieder eine Maus bringen, die sie nachts auf ihren Streifzügen und Abenteuern gejagt haben. Andere Lebewesen orten Beute oder Mitglieder ihrer Spezies über Ebenen der Wirklichkeit, die uns allenfalls durch technologische Verbesserung unserer Sinne zugänglich geworden sind. Sofern es ihnen einfällt, sich mit uns zu vergleichen, könnten sie Opfer derselben Selbstverblendung und Selbstüberschätzung werden, unter der die Menschen leiden. Ja, sie könnten sogar **speziesistische Vorurteile** hegen, also glauben, dass ihre Spezies aufgrund ihrer Eigenheiten (etwa ein besonders guter Gesichtssinn bei Vögeln oder der Sonarsinn der Fledermäuse) den doch sehr beschränkten Menschen weit überlegen ist, noch dazu, weil diese so dumm sind, ihre eigene Umwelt zu verpesten und zu zerstören, und sich dabei auch noch besonders intelligent vorkommen.

Es sollte als die eigentlich radikale Einsicht in die evolutionär rekonstruierbare Entstehung der Arten gelten, dass die Natur nicht hierarchisch organisiert ist: Die Lebensformen, die zeitlich der Existenz des Menschen vorangehen, stehen nicht in irgendeinem Sinne in einer Linie mit dem Menschen und kulminieren mehr oder weniger zufällig in diesem. Wir sind im bunten Reich des Lebens genau so eine randständige Erscheinung wie im Gefüge des astrophysikalisch beschreibbaren Universums. Unsere Position in der Milchstraße befindet sich an irgendeinem Punkt in irgendeiner von unzähligen Galaxien, der nur dadurch aus unserer Sicht besonders ausgezeichnet ist, weil wir uns dort befinden. Genau genommen ist auch dies eine Übertreibung, weil die Begriffe eines Zentrums und einer Peripherie im Universum oder der Evolution keine sinnvolle Anwendung haben. Deswegen sagt die Annahme, wir seien nur ein peripherisches Tier auf einem randständigen Planeten, mehr über uns als über unsere faktische Stellung im Universum aus, wie wir im zweiten Teil des Buchs sehen werden.

Die Vorstellung eines alle Arten umfassenden Stammbaums, der von sehr einfachen Lebewesen seinen Ausgang nimmt und sich dann mehr oder weniger übersichtlich verzweigt, verdeckt die radikale Einsicht der modernen Lebenswissenschaften, dass der Planet auf allen Ebenen nur so von Leben wimmelt. Die unzähligen Lebensformen sind biologisch betrachtet nicht nach einer Hierarchie angeordnet, es gibt keine zielgerichtete Entwicklung. Außerdem haben wir längst nicht alle Arten entdeckt und sind meilenweit davon entfernt zu verstehen, wie all diese Lebensformen evolutionär genau miteinander vernetzt sind. Gerade dies ist eine wichtige Erkenntnis der modernen Lebenswissenschaften, die im Einzelnen zwar immer mehr wissen, dabei aber erkennen müssen, dass sie keinen Überblick über das Leben als Ganzes erlangen können.

Jeder einzelne Mensch ist genau betrachtet ein ganzer Zoo von Lebewesen, die in unserem Organismus sozusagen symbiotisch verschmolzen sind, also so zusammenleben, dass sie davon alle in ihrem Überleben profitieren. Ohne dieses Zusammenleben, also ohne Symbiose, gäbe es uns nicht. Das Mikrobiom eines Menschen, d. h. die Viren, Bakterien und Pilze, die uns besiedeln, umfasst dabei erheblich mehr Zellen als der Mensch ohne Mikrobiom, der ohne diese Verbindung mit anderen Lebewesen nicht überleben könnte.

Wir sind somit in einem viel radikaleren Sinn Teil der Natur, als uns dies alltäglich deutlich wird. Denn in unserem Alltag als geistige Lebewesen sind wir bemüht, unsere eigene Körperlichkeit zu domestizieren, indem wir viele kulturelle Schichten (von der Kleidung bis hin zu höheren Formen der Kunst, von organisierten Kleingruppen wie Familien bis hin zu Staaten) aufbauen, dank derer wir die Natur in und außer uns scheinbar auf Abstand halten und unter Kontrolle bringen.[32]

Kontinuität, Diskontinuität oder doch irgendwie beides?

Obwohl die meisten Menschen evolutionsbiologisch von einer verzweigten Geschichte der Tier-Mensch-Entwicklung ausgehen, glauben dennoch viele weiterhin, dass sie überhaupt keine Tiere sind, sondern aufgrund ihrer Vernunft, ihres Verstandes, ihres Geistes oder irgendeines anderen besonderen Vermögens, das uns Menschen tatsächlich ausmacht, eigentlich ganz und gar nicht ins Tierreich gehören. Vor allem moderne Kreationisten (die glauben, dass Gott das Universum erst vor ein paar Tausend Jahren mitsamt allen Lebewesen geschaffen hat) wenden sich mit ihrer unberechtigten Kritik an der Evolutionstheorie als Ganzer von der in der Tat unzulässig vereinfachten Vorstellung ab, der Mensch stamme vom Affen bzw. von einem Vorfahren ab, den wir mit anderen Primaten teilen. Doch auch unabhängig von dem Streit zwischen solchen, die in den Bauplänen des Lebens eine Spur göttlicher Absicht erkennen wollen, und solchen, die glauben, dass alle Lebensformen nur zufällige Mutationen sind, die sich letztlich erschöpfend mittels evolutionärer Mechanismen erklären lassen, ist es nicht ausgemacht, wie genau wir eigentlich in die Natur passen. Man muss nun wirklich kein Kreationist sein, um einzusehen, dass unsere geistigen Vermögen nicht sinnvoll in der Sprache der Evolutionsbiologie bzw. der evolutionären Psychologie erklärbar sind.[33] Um einzusehen, dass die Evolutionstheorie kein Allwissen über den Menschen liefert, reicht es anzuerkennen, dass die Geistes- und Sozialwissenschaften sowie unsere menschliche Selbsterkenntnis uns ebenso Aufschluss über den Menschen geben wie naturwissenschaftliche Erklärungen.

In Bezug auf das Mensch-Tier-Verhältnis lassen sich bis heute zwei grobe Denktraditionen unterscheiden: die Kontinuitäts- und die Diskontinuitätsthese.

Die **Kontinuitätsthese** *besagt, dass der Mensch erstens im selben Sinne ein Tier ist wie alle anderen Tiere und dass zweitens jedes Merkmal, das uns von anderen Tieren vermeintlich prinzipiell unterscheidet (Moral, Sprache, Kultur, Selbstbewusstsein, aufrechter Gang oder was auch immer angeführt worden ist), letztlich in einer nur anders ausgeprägten Form auch andernorts im Tierreich beobachtet werden kann. Wenn überhaupt, unterscheidet sich der Mensch demnach* graduell, *nicht aber* prinzipiell *von anderen Tierarten.*
Die **Diskontinuitätsthese** *hingegen behauptet, dass der Mensch sich von den anderen Tieren prinzipiell durch eine Reihe von Merkmalen unterscheidet (durch Sprache, Vernunft, höhere Moral, Wissenschaft, Technik oder was auch immer).*

Die Diskontinuitätsthese reiht den Menschen zwar durchaus auch ins Tierreich ein, eröffnet ihm aber aufgrund spezifischer, meist als intellektuell bestimmter Vermögen ein eigenes Reich, das die Animalität transzendiert. Das wirft dann die Frage auf, wie unsere höheren geistigen Vermögen mit unserer Animalität verbunden sind. Diese Frage ist für die Diskontinuitäts-, aber auch für die Kontinuitätstheoretiker nicht leicht zu beantworten, wie wir sehen werden.

In diesem Zusammenhang lautet eine weitverbreitete Diagnose der Kontinuitätstheoretiker, dass die Vorstellung der Diskontinuitätstheoretiker, der Mensch sei etwas Besonderes, ein Lebewesen, das radikal vom Tiersein zu unterscheiden sei, ein wesentlicher Grund für unsere verheerende Tendenz ist, andere Lebensformen auszurotten und ›die Umwelt‹ insgesamt zu zerstören. Aus dieser Perspektive wirft man dann häufig religiösen Menschen vor, die sich mit ihrem Tiersein nicht abfinden wollen, der Monotheismus habe mit seiner Vorstellung vom Menschen als Krone der Schöpfung furchtbaren Schaden für die anderen Tiere angerichtet.[34] Doch dieser Vorwurf ist ziemlich abwegig, wenn man bedenkt, dass die Menschheit in ihren langen Phasen religiös begründeter Gesellschaften erheblich nachhaltiger und sogar respektvoller mit der Umwelt umgegangen ist, als dies seit der Industrialisierung der Fall ist. Und als die Industrialisierung einsetzte, die uns im welthistorisch rasanten Tempo von inzwischen etwas mehr als zweihundert Jahren in eine verheerende Klimakrise verstrickt hat, verloren die religiösen Welterklärungen gleichzeitig an Bedeutung und wurden durch ein technokratisches Weltbild ersetzt. In seiner Koppelung mit einem Wirtschaftssystem, das auf der Illusion grenzenlosen Wachstums basiert, hat dieses moderne Weltbild mehr Schaden angerichtet als alle Religionen zusammen (womit nicht bestritten werden soll, dass alle Religionen – auch der scheinbar friedliebende Buddhismus und Hinduismus – ebenfalls Gewalt und Irrglauben hervorgebracht haben).

Die Industrialisierung wurde jedenfalls nicht dadurch vorangetrieben, dass Monotheisten sich für die Krone der Schöpfung halten, sondern vielmehr dadurch, dass naturwissenschaftlich-technologischer Fortschritt von der Frage der »Stellung des Menschen im Kosmos« entkoppelt wurde, wie der Philosoph Max Scheler dies genannt hat.[35] Die monotheistischen Vorstellungen vom Verhältnis zwischen Mensch, Tier und Gott sind weder verantwortlich für die Industrialisierung noch dafür, dass wir in der Moderne auf allen Ebenen des menschlichen Zusammenlebens in eine Krise der Nachhaltigkeit geraten sind. Wenn überhaupt, trifft die Kritik auf das heute einflussreiche, auf der Kontinuitätstheorie fußende Welt-, Menschen- und Naturbild des **Naturalismus** und **Szientismus** zu, denen zufolge die Welt oder Wirklichkeit insgesamt restlos erklärt und kontrolliert werden kann, indem man den Menschen als eine Naturerscheinung auffasst, als ein Element eines gigantischen materiell-energetischen Systems, in dem Subsysteme verschiedener Komplexität (von Elementarteilchen über Festkörper bis hin zu Galaxien und dem Universum als Ganzem) interagieren. Kombiniert man diese Auffassung mit der verhaltenswissenschaftlichen Managementperspektive, der zufolge wir

Gesellschaften rein ökonomisch steuern sollten, um Wohlstand zu generieren, der ökonomisch messbar ist, erhält man die Formel für die moderne Selbstzerstörung.

Die Metapher von der Welt und dem Menschen als Maschine oder in jüngeren Zeiten als Computer ist nicht nur eine einseitige Verzerrung der Wirklichkeit.[36] Sie trägt überdies zur Sinnentleerung unserer Begriffe von Mensch, Natur, Leben und Umwelt bei, die eine Grundlage dafür ist, dass die Industrienationen bis zum heutigen Zeitpunkt offensichtlich nicht bereit sind, ihre Lebensform grundlegend zu überdenken und den naturwissenschaftlich-technologischen Fortschritt endlich an humanen und damit immer auch moralischen Fortschritt rückzukoppeln. Für eine solche Rückkopplung setzen sich auch der Ökonom Dennis Snower und die Ökonomin Katharina Lima de Miranda ein, die neue Indikatoren (neben dem inzwischen als problematisch durchschauten Bruttoinlandsprodukt) entwickelt haben, an denen sich wirtschaftliches Handeln in seinen sozialen und ökologischen Konsequenzen messen lässt.[37] Und der schon erwähnte Tyson Yunkaporta – um nur einige Entwicklungen anzureißen – arbeitet in Australien mit Schülerinnen und Studierenden an der Frage, wie man indigenes Wissen zur Korrektur der Schieflagen unseres monetären Systems einsetzen könnte. Sieht man Fortschritt ausschließlich darin, naturwissenschaftliche Einzelerkenntnisse zu sammeln, um diese dann technologisch nutzbar zu machen, übersieht man die ethisch-philosophische Dimension der menschlichen Geschichte. Um zu wissen, wer wir sind, brauchen wir selbstverständlich möglichst viel wissenschaftlichen Überblick und Tatsachenerkenntnisse, doch folgt aus diesen niemals lückenlos, wer wir sein wollen und sein sollen. Die Natur ist als solche keine Wertequelle, sie schreibt uns nicht vor, was wir tun sollen, wenn ihre Erforschung uns auch durchaus Erkenntnisse bezüglich unseres grundlegenden prosozialen (auch am Wohl anderer orientierten) Verhaltens liefert, aus denen sich die Ethik aber weder begründen noch ableiten lässt.

Im Folgenden schlage ich gegen die Annahme, der Mensch sei ein Tier und reihe sich damit nahtlos in die Naturerscheinungen ein, eine Gegenposition vor. Denn die Vorstellung, der Mensch sei im selben Sinne Tier wie all die anderen nicht-menschlichen Lebewesen, die wir heute als ›Tiere‹ betrachten, ist ein Grund dafür, dass wir die moderne Dominanz- und Kontrollhaltung gegenüber der Natur eingenommen haben, die uns an den Rand der Selbstausrottung geführt hat.

Spiegelfechterei

Zugespitzt formuliert, behaupte ich, dass sich der Begriff des Tiers und damit der Animalität bei genauerem Hinsehen als eine menschliche Projektionsfläche entpuppt. Wir erzeugen den Gedanken eines einheitlichen Tierreichs auf der Grundlage einer menschlich-allzumenschlichen Vorstellung vom Tier, die sich als weitgehend indirekter Ausdruck eines gestörten Verhältnisses des Menschen zu seiner eigenen ›Animalität‹ durchschauen lässt.

Das ist die ***Projektionsthese****: Der Mensch macht sich ein Bild seiner selbst, in dem das Tiersein ein Mangelbegriff ist, weil es durch die menschliche Besonderheit ergänzt werden muss. Sodann stellt er sich vor, dass die anderen Tiere damit Menschen ohne diese Besonderheit und mithin Mängelwesen sind. Doch genau damit verfehlt man die Besonderheit der anderen Lebewesen und beginnt, die menschliche Nische, unsere Umwelt, mit der Natur an sich zu identifizieren.*

Unterhalb der Oberfläche dieser Projektion schlummert ein Bewusstsein dafür, dass wir in der Natur eine gigantische Bandbreite von Lebensformen vorfinden, die uns tatsächlich zutiefst fremd sind und die wir uns dadurch sozusagen näherbringen und verständlicher machen, dass wir viele dieser Lebensformen unter den problematischen Begriff des Tiers als Mängelwesen zusammenfassen. Damit stellt sich dann allererst die Frage, wie wir selbst in dieses Tierreich passen – eine Frage, die irreführend ist, weil es dieses vermeintlich einheitliche Tierreich gar nicht unabhängig von unserer menschlichen Projektion gibt. Auf dieser Ebene ist unsere Auseinandersetzung mit den (anderen) Tieren und unserer geteilten Umwelt, der Natur, eine Art *Spiegelfechterei.*

Natürlich gibt es eine Vielzahl von Lebensformen. Wir sind weit davon entfernt, sie alle klassifiziert zu haben. Man kann nur mehr oder weniger genau schätzen, wie bunt das Reich des Lebendigen auf unserem Planeten ist, vieles ist uns verborgen, weil es für unsere Messgeräte schwer zugänglich ist. Diese vielfältigen Lebensformen lassen sich nicht einfach in Pflanzen, Tiere und Menschen einteilen, weil auch die nicht-menschlichen Tiere untereinander prinzipiell verschieden sind. Das übersieht der Tierbegriff insofern, als er so beschaffen ist, dass die Tiere zu einer Art ununterscheidbarer Masse werden, von der wir Menschen uns durch irgendein Merkmal oder durch einige wenige Merkmale unterscheiden.

Typisch für unseren Blick auf die Tiere ist, dass wir immer auf den Unterschied zum Menschen bzw. auf die Ähnlichkeit zu uns fokussiert sind: Schimpansen sind uns nah, Bonobos noch näher, mit Säugetieren fühlen wir mit – wenn wir sie nicht gerade verwursten –, mit Amphibien weniger, und Insekten töten auch die meisten Tierschützer ohne schlechtes Gewissen. Nach einer im Februar 2021 gescheiterten Volksabstimmung, in der es um Rechte für nicht-menschliche Primaten ging, kommentierte das Schweizer Radio und Fernsehen den negativen Ausgang geradezu zynisch mit dem Hinweis, die Primaten-Initiative sei »eine interessante philosophische Frage – mehr nicht«,[38] was angesichts des massiven Leids, das wir Menschen anderen Lebewesen zufügen, ein ethisch bedenklich niedriges Reflexionsniveau zeigt. Was wir anderen Lebewesen antun (von der Massentierhaltung bis hin zu teils extrem brutalen Tierversuchen oder durch keine Ethikkommission untersuchten Massenmorden an Lebewesen, etwa Nerzen, um uns vor Gefahren zu schützen), ist sicherlich ethisch nicht zu rechtfertigen. Dass wir anderen Lebewesen gegenüber radikal böse handeln, ist eine unbequeme Tatsache, die man sich nicht dadurch schönreden sollte, dass man unsere grausamen Verbrechen als »eine interessante philosophische Frage« verniedlicht. Der Mensch verhält sich faktisch weiterhin so, als ob er der Maßstab aller Dinge sei, wie die griechischen Denker Xenophanes und Protagoras schon vor Jahrtausenden kritisierten.

Allerdings wissen wir nicht, was genau die Tierethik von uns verlangt, obwohl wir natürlich sehr wohl wissen, dass die Massentierhaltung, um das offensichtlichste Beispiel zu wählen, in der gegenwärtigen industrialisierten Form moralisch verwerflich, ja radikal böse ist.

Wohlgemerkt verteidigt niemand eine Ethik des Fußpilzes, den wir ohne schlechtes Gewissen mit geeigneten Medikamenten bekämpfen, weil unsere Tierethik (wie wichtig sie auch angesichts der ethisch absolut verwerflichen heutigen Massentierhaltung ist) auf Lebensformen beschränkt ist, die unserem Selbstbild als Tiere hinreichend ähneln. Wir machen auf diese Weise die Tiere sozusagen zu Ebenbildern unserer eigenen Animalität, worin sicherlich auch ein theologisches Erbe des Monotheismus mitschwingt. Denn schließlich nimmt auch Noah nicht die Bakterien, Pilze und Lebensformen, die zur Parthenogenese, zur eingeschlechtlichen Fortpflanzung, fähig sind, mit auf seine Arche … Wie gesagt, das ist kein Einwand gegen Tierethik, sondern vielmehr ein Hinweis darauf, dass sich in unserer bisherigen Form auch menschlich-allzumenschliche Projektionen ausdrücken.

Wenn wir annehmen, es gebe verschiedene Tierarten, dann unterstellt dies, dass es eine Gattung namens »Tier« dergestalt gibt, dass sich die verschiedenen Tiere sodann voneinander durch spezifische Merkmale unterscheiden. Doch gibt es kein Kriterium dafür, wann etwas ein Tier ist, dessen Merkmale alle Tiere, die es gibt, teilen, sodass wir in allen Tieren zunächst einmal ihre generische, allgemeine Animalität erkennen könnten, um diese sodann im Einzelnen zu spezifizieren. Wenn die Zoologie heutzutage Tiere als vielzellige Lebensformen auffasst, die weder Pflanzen noch Pilze sind (und über ihren Stoffwechsel definiert werden), werden Einzeller vom Tierreich ausgeschlossen. Natürlich kann man annehmen, dass Tiere (die zoologisch üblicherweise als *Animalia* oder *Metazoa* bezeichnet werden) diejenigen vielzelligen Organismen sind, die andere Organismen essen, die sich bewegen können, die sich embryonisch auf eine bestimmte Weise entwickeln usw. Solche Bestimmungen findet man in den Handbüchern der Zoologie, die sich mit der Frage beschäftigen, wie man wissenschaftlich »zwischen NATÜRLICHEN GRUPPEN bzw. TAXA (Taxa als Produkte der Natur und Taxa im Sinne von MENSCHLICHEN KONSTRUKTEN)« unterscheidet. Dabei erfährt man, dass »die Einteilung in ›Tiere‹ einschließlich einzelliger ›Tiere‹ und ›Pflanzen‹« gerade keine solche »systematische Beziehung« widerspiegelt, also ein menschliches Konstrukt ist. »Hingegen geht man davon aus, dass alle Eukarya ein monophyletisches Taxon sind, ebenso die vielzelligen Tiere (= Animalia oder Metazoa).«[39] Das heißt in der technischen Sprache der heutigen Zoologie so viel wie, dass alle vielzelligen Organismen auf eine Urform zurückgehen, aus der sie sich entwickelt haben.

Gleichzeitig wissen wir, dass es wahrscheinlich Millionen von bisher unentdeckten Lebensformen gibt. Dabei ist unsere Taxonomie, also unsere Einteilung der Lebensformen, eigentlich dort wissenschaftlich am besten abgesichert, wo man mittels moderner molekularer Methoden (also im Wesentlichen genetisch) Zusammenhänge feststellen kann. Doch all dies betrifft zunächst unsere klassifikatorischen Interessen und zeigt noch lange nicht, dass alle Lebewesen, die es überhaupt gibt, wirklich objektiv so eingeteilt sind, dass sie entweder als Pflanzen, als Pilze oder als vielzellige Tiere gelten sollten. Die Hypothese, dass die Vielzeller zusammenhängen, gilt zwar derzeit als abgesichert, doch ist sie natürlich eine fehlbare wissenschaftliche Hypothese.

Es gibt natürlich alles dasjenige, was die Lebenswissenschaften, zu denen auch die Zoologie gehört, vorfinden. Auf der Analyseebene der Lebenswissenschaften erkennt man unzählige kausale Systeme (den Blutkreislauf, die Verdauung usw.), die in einem komplexen Organismus wie einem menschlichen Körper miteinander verwoben sind. Und alle Lebensformen, die wir kennen, sind ihrerseits Teil ökologischer Systeme, die aus Organismen verschiedener Komplexitätsstufen bestehen. Je weiter die Lebenswissenschaften fortschreiten, desto besser sind wir imstande, die vielen Teilsysteme, die wir in Organismen vorfinden, in ihrem Zusammenwirken zu erklären. Dabei wissen wir natürlich, dass es eine Vielzahl von Lebensformen gibt, von Bakterien bis zu Elefanten, von Algen bis zu Bonobos usw.

Dank der mikrobiologischen Erkenntnisse der modernen Biologie (die im Wesentlichen in den letzten hundertfünfzig Jahren zusammengetragen wurden) können wir Lebewesen heute als komplexe Systeme auffassen, die sich durch bestimmte biochemisch und damit immer auch physikalisch beschreibbare Prozesse gegen ihre Auflösung in die Umwelt, also gegen die Entropie wehren.[40] Deswegen liegt es nahe, Leben und damit Lebewesen über beobachtbare Prozesse der Selbsterhaltung und Selbstreproduktion (wozu das Wachstum durch Zellteilung gehört, das für komplexe Organismen kennzeichnend ist) zu verstehen und weitere Kriterien für Leben wie Stoffwechsel und Informationsaustausch mit einer Umwelt zu definieren.

Wie jedes Lehrbuch der modernen Biologie konzediert, verfügen wir über keine Definition von »Leben«, sondern nur über »praktische LISTEN VON EIGENSCHAFTEN« des Lebens, zu denen Stoffwechsel, niedrige Entropie, Wachstum, Fortpflanzung und Informationsverarbeitung gehören. Dies sind jedoch Eigenschaften, die »auch bei nicht lebenden Systemen vorkommen«,[41] etwa bei Verbrennungsprozessen, Kristallen, Computerviren und technischen Systemen wie Handykameras.[42]

Bei der Definition dessen, was Leben überhaupt ist, stoßen wir rasch auf Grenzbereiche und Zonen des Nichtwissens. So lässt sich etwa nicht leicht beantworten, ob Viren lebendig sind und wie sich lebendige Systeme überhaupt aus nicht-lebendiger Materie entwickelt haben. Ich habe während der langen Zeit der Corona-Pandemie mit vielen lebenswissenschaftlichen Expert:innen gesprochen. Sie alle erklärten, der Ausschluss der Viren aus dem Reich des Lebendigen sei allenfalls durch die willkürliche Festlegung plausibel, dass Viren sich nur in einem Wirt vermehren können. Doch das ist ja kein Beweis dafür, dass sie nicht lebendig sind, sondern nur ein Beharren auf einer bestimmten Auffassung des Lebens. Da Viren jedenfalls evolutionär und damit lebenswissenschaftlich erforschbar sind (worüber die Öffentlichkeit beinahe täglich in den medialen Virologie- und Epidemiologiedebatten informiert wird), scheint es naheliegend, sie zum Reich des Lebendigen zu zählen, was einige renommierte Virologen und Immunologen in diesen Gesprächen bestätigten.

Wenn es, wie oben gesagt, fragwürdig ist, ob die Kriterien, die man für lebendige Systeme benennt, nicht ebenso auf Systeme zutreffen, die auf den ersten Blick keine Lebewesen zu sein scheinen und die jedenfalls überhaupt nicht aus organischer Materie bestehen, warum gelten dann aber diejenigen Systeme, die wir für lebendig halten, als lebendig, nicht aber diejenigen Systeme, die dieselben Kriterien erfüllen (etwa Kristalle oder gar Steine), die wir jedoch nur ungern als lebendig einstufen wollen? Verfügt man über keine Definition von »Leben«, sondern nur über Merkmalslisten, lässt sich dies nicht beantworten. Damit steht der Verdacht im Raum, dass wir letztlich gar nicht wissen, was Leben ist.

Betrachten wir Simulationen des Lebendigen wie das Computerspiel *Spiel des Lebens*, das der Mathematiker John Horton Conway in den 1970er-Jahren entwickelt hat. Es basiert auf einer Theorie zellulärer Automaten, die bestimmten mathematischen Mustern und Spielregeln unterliegen, was dazu führt, dass die Spieler den Eindruck haben, dass vor ihren Augen aus einfachen Formen lebendige Muster entstehen.[43] Daher glauben einige Wissenschaftler wie etwa der am Massachusetts Institute of Technology (MIT) forschende Physiker Max Tegmark, Leben sei nicht einmal wesentlich an organische Materie gebunden, sondern an formale Muster der Selbstreplikation (also der Wiederholung ähnlicher Muster etwa durch Zellteilung), womit die vermeintlich offensichtliche Grenze zwischen anorganischen Naturerscheinungen wie Meteoren auf der einen und Pflanzen und Tieren auf der anderen Seite auf einer hohen Abstraktionsstufe verwischt wird.[44] Damit wirft Tegmark die Frage auf, ob Systeme des künstlichen Lebens (*artificial life*), die man programmieren kann, lebendig sind, d. h. ob eine bestimmte Form der (organischen) Materie für Leben überhaupt notwendig ist.

Wohlgemerkt habe ich an anderer Stelle selbst dafür argumentiert, dass Leben wesentlich über Jahrmillionen entstehen musste und eine geeignete materielle Grundlage brauchte (wozu etwa Kohlenstoff und andere Moleküle gehören, die aus implodierten Sternen stammen).[45] Doch lassen sich diese grundlegenden Fragen eben nicht einfach unter Hinweis auf lebenswissenschaftliche Ergebnisse und Merkmalslisten des Lebendigen klären. Die Frage, was Leben ist, lässt sich nicht ausschließlich natur- und lebenswissenschaftlich beantworten, eine Erkenntnis, die in der Lebensphilosophie wieder im Zentrum der Diskussion steht.[46] Die Lebenswissenschaften operieren in ihrer Erkenntnisgewinnung längst nicht mehr mit der Vorstellung, die Wirklichkeit ließe sich sozusagen einteilen in nicht-lebendige Objekte, Pflanzen und Tiere. Wir halten aus unserer menschlichen Perspektive an dieser Einteilung fest und sind überrascht, wenn wir irgendwann in unserem Leben erfahren, dass es keineswegs so einfach ist.

Was heißt es eigentlich, sich selbst als Tier zu verstehen?

Es ist von vornherein ein Irrtum, den Menschen im Unterschied zum Tier zu verstehen, um dann ein Urteil darüber zu fällen, wie weit der Unterschied reicht und worin genau er besteht. Vielmehr sollten wir auf der Basis der scheinbaren Selbstverständlichkeit, dass wir Tiere sind, zunächst verstehen, dass wir deswegen noch lange nicht *nur* Tiere sind. Genau genommen ist keine einzige Lebensform, die wir vorfinden, *nur* Tier, sondern jede Lebensform unterscheidet sich von jeder anderen. Dabei können wir freilich lebenswissenschaftlich Muster feststellen, die z. B. Reproduktionswahrscheinlichkeiten und -wege beschreiben, ohne dass wir daraus einen Kriterienkatalog ableiten können, der einen Menschen etwa dadurch zu einem Menschen macht, dass er nur mit Menschen Nachkommen zeugen kann (was, wie wir schon gesehen haben, die aristotelische Uridee der Spezifikation von Arten ist). Doch Menschen, Esel und Delfine sind nicht dadurch Tiere, dass sie sich durch sexuelle Reproduktion fortpflanzen, weil sich erstens nicht alle Lebensformen durch sexuelle Reproduktion weiterentwickeln (einige Lebewesen können sich durch Parthenogenese, also durch eingeschlechtliche Fortpflanzung, reproduzieren, etwa Blattläuse) und weil zweitens ohnehin nicht alle Individuen einer vermeintlich einheitlichen Art zeugungsfähig bzw. -willig sind. Man denke nur an die Bienen, bei denen nur einige wenige Exemplare die sexuelle Reproduktion des Kollektivs aufrechterhalten.

Wenn nun der Mensch ein Tier oder, wie ich sagen werde, sogar *das* Tier schlechthin ist, geht es bei unserer Selbstbestimmung als Tier einer bestimmten Art um den Zusammenhang unserer Animalität mit unserer Humanität, durch die wir uns offensichtlich von anderen Lebewesen massiv unterscheiden. Doch wird damit der Unterschied zwischen Menschen und anderen Lebensformen nicht mehr entlang einer Differenz von Mensch- und Tiersein rekonstruiert. Auf diese Weise werden die anderen Lebensformen vom Joch des Tierseins befreit, indem wir sie nicht mehr als *bloße* (etwa instinktgetriebene) Tiere im Unterschied zum besonderen Menschentier verstehen. Diejenigen Lebensformen, die wir als Tiere ansprechen, sind also nicht mehr defizitäre Menschen, die über Stoffwechsel und Instinkt, aber nicht über Verstand und Sprache verfügen, womit die sogenannten nicht-menschlichen Tiere von ihrer zu engen Verbindung zu unserem Selbstbild als Tier befreit und in ihrem Eigenrecht anerkannt werden können.

Die Fragestellung, auf die sowohl die Kontinuitäts- als auch die Diskontinuitätsthese antworten (Ist der Mensch graduell oder prinzipiell vom Tier unterschieden?), erweist sich daher als verfehlt, weil sie voraussetzt, dass es *die* Tiere gibt, zu denen der Mensch entweder gehört oder nicht gehört.

Dass die Zoologie durch präzise Beobachtung von Naturerscheinungen, gepaart mit modernen lebenswissenschaftlichen Methoden und Erkenntnissen, systematische Klassifikationen der Metazoa (d. h. der vielzelligen, komplexen lebendigen Systeme) erstellt, bedeutet nicht, dass es ein Tierreich gibt, zu dem der Mensch gehört oder eben nicht gehört. Die zoologische Klassifikation ist dank der modernen lebenswissenschaftlichen Erkenntnisse heute nicht mehr auf den Begriff der Tiere (der animalia*) angewiesen, sondern kann vielmehr Gewebeformen auf elementarer zellbiologischer Ebene in Muster einteilen. Die Einteilung der Naturereignisse in lebendig und nicht-lebendig braucht den Tierbegriff nicht.*

Somit teilt der Mensch freilich auf organischer Ebene viele Eigenschaften mit anderen Lebewesen, unterscheidet sich aber auch organisch und durch seine vielfältigen Fähigkeiten von vielen anderen Lebewesen, ohne dass sich daraus eine Definition im klassischen Sinne ableiten ließe. Darüber hinaus sind wir in so vielen

Hinsichten besonders, d. h. von anderen Lebewesen verschieden, dass es eigentlich absurd sein sollte, ein einziges spezifisches Merkmal oder eine kleine Menge von Merkmalen zu suchen, durch die sich der Mensch von anderen Lebewesen unterscheiden soll. Man braucht keine umfassenden wissenschaftlichen Studien, um festzustellen, dass auf unserem Planeten nur Menschen Mathematik als Wissenschaft treiben, Filme drehen, Badeanzüge kaufen, sich für den Feminismus engagieren oder für den Tierschutz eintreten. Genauso wie Katzen und Fledermäuse Dinge tun, die uns nicht möglich wären.

Ebenso wie es eigentlich selbstverständlich ist, dass wir Tiere sind, ist es eigentlich offensichtlich, dass wir durch einen »Abgrund«, wie der französische Philosoph Jacques Derrida zu Recht gesagt hat, von den anderen Lebensformen unterschieden sind, die wir in Abgrenzung zum Menschen gerne als »die Tiere« bezeichnen und betrachten.[47]

Wenn der Tierbegriff nun dadurch entsteht, dass der Mensch sich selbst als Tier betrachtet und dieses Tiersein dann auf andere Lebewesen projiziert, kann man sogar behaupten, dass der Mensch das paradigmatische Tier, also Vorbild dafür ist, wie wir uns die anderen Tiere vorstellen.

Nennen wir dies die ***erste anthropologische Hauptthese****: Unser Tierbegriff wird immer in Anbetracht des Menschen entworfen, von dem wir in unserer Untersuchung des Tierreichs unseren Ausgangspunkt nehmen. Was uns als tierisch erscheint, entnehmen wir demnach bewusst oder unbewusst unserer eigenen Natur und projizieren dies dann mehr oder weniger unkritisch auf die anderen Lebensformen. An die Stelle der Frage, wie sich der Mensch zum Tier verhält, tritt die Frage, wie sich der Mensch als Tier bestimmt. Damit errichtet er einen Zerrspiegel, in dem er sich und die anderen Lebewesen nicht mehr richtig erkennt.*

Die Kontinuitäts- und die Diskontinuitätsthese sind demnach beide teilweise wahr, wenn sie auch auf einer letztlich verfehlten Fragestellung beruhen: Sofern wir lebendig sind, besteht in der Tat eine Kontinuität mit anderen Lebensformen. Diese Kontinuität lässt sich mit den geeigneten Verfahren der modernen Lebenswissenschaften besser als jemals zuvor erforschen. Wir wissen heute über den Menschen als Tier mehr als die gesamte Menschheit vor dem 20. Jahrhundert. Das ist beeindruckend. Doch genau diese beeindruckende wissenschaftliche Leistung ist unmittelbarer Beleg für die Diskontinuitätsthese, weil offensichtlich nur Menschen daran interessiert und imstande sind, naturwissenschaftliche Theorien über den Menschen als Tier sowie über die Bausteine des Lebendigen zu entwickeln, die wir mit allen uns bekannten Lebensformen teilen.

Dabei ist der Mensch das einzige bekannte Lebewesen, dem sichtlich daran gelegen ist, sich mit anderen Tieren zu vergleichen, um sich zugleich radikal von ihnen zu unterscheiden. Der Mensch ist demnach dasjenige Tier, das ausgehend von seiner Selbstbetrachtung einen Tierbegriff entwirft und diesen dann den anderen Lebensformen überstülpt. Auf diese Weise erscheinen sie als defizitär, als Mängelwesen, weil sie wie Menschen (d. h. Tiere) sind, denen etwas fehlt, namentlich dasjenige, worüber wir unsere Sonderstellung definieren.[48]

Dies drückt die ***zweite anthropologische Hauptthese*** *aus, die lautet, dass der Mensch das Tier ist, das keines sein will.*[49] *Indem der Mensch seine eigene ›Animalität‹ feststellt, ist er zugleich bestrebt, sie abzustreifen und sich mit demjenigen Teil seiner selbst zu identifizieren, durch den er sich von den anderen Tieren unterscheidet.*

In diesem Zusammenhang stellt sich heraus, dass die anderen Tiere aus Sicht des Menschen traditionell zu einer Art Biomasse oder einem großen undifferenzierten Tierklumpen verschmelzen. Es ist letztlich Unsinn, die Formen des Lebendigen in Menschen einerseits und Tiere andererseits zu unterscheiden. Wohlgemerkt ist es ebenso unsinnig, den Menschen sozusagen selbstverständlich in ein sogenanntes Tierreich einzureihen. Es gibt zwar eine bis heute niemandem in ihrer Gänze bekannte Vielfalt zellulärer Muster und elementarer Lebensformen, von denen unser Planet nur so wimmelt, aber kein Tierreich, das aus baumartig gegliederten Abstammungslinien besteht – eine letztlich antike Vorstellungsweise, die wir bis heute jedoch nicht gänzlich abgelegt haben.

Der Grund, weswegen wir den Menschen von den nichtmenschlichen Tieren unterscheiden sollten, müsste eigentlich mit der Erkenntnis einhergehen, dass die vielen Organismen und Lebensformen, die wir außer dem Menschen vorfinden – von Bakterien über Eintagsfliegen bis hin zu Schoßhündchen –, ebenso wenig wie Menschen darauf reduziert werden dürfen, bloß Tiere, also instinktgesteuerte Produkte der Evolution zu sein. Daraus folgt, dass genau genommen kein Tier *nur* ein Tier ist, weil eben der Gedanke des Tierseins eine falsche Abstraktion und Projektion unseres eigenen gespaltenen Selbstverhältnisses ist.

Sofern der Mensch das paradigmatische Tier ist (also dasjenige Lebewesen, von dem wir den Tierbegriff ableiten), können wir an uns selbst studieren, zu welchen Schieflagen, Verfallsformen und Pathologien wir Anlass geben, indem wir uns selbst nach dem Muster eines undifferenzierten Tierbegriffs auffassen und damit ein letztlich gestörtes Selbstbild auf die anderen Tiere projizieren, die uns in Wahrheit zutiefst fremd sind.

Etwas paradox formuliert, kann man damit eine ***dritte anthropologische Hauptthese*** *wagen: Der Mensch ist das einzige uns bekannte Tier.*

Anstatt der Vorstellung, unser Menschsein sei im Tierreich zu verorten, möchte ich die umgekehrte Auffassung vertreten, dass nämlich das Tierreich in uns, in unserer biologischen Struktur, unseren Gedanken und Selbstbildern zu entdecken sei. Das Ziel der folgenden anthropologischen Selbsterkundung besteht darin, zunächst die Fremdheit der anderen ›Tiere‹ zu erkennen, um sodann in den folgenden beiden Buchteilen einzusehen, dass wir uns selbst aufgrund unserer Animalität ebenso fremd sind.

Die Natur befindet sich nicht nur ›da draußen‹, ›in der Wildnis‹, sie ist kein ›Fremdkörper‹, den man durch Wissenschaft und Technik erklären und in den Griff bekommen muss. Vielmehr ist die Natur in und außer uns wesentlich etwas, das wir immer nur unzureichend und unvollständig zur Kenntnis nehmen können. Die Phänomene unserer Animalität, zu denen wir unsere Begierden, Gefühle, unsere Verletzlichkeit und Sterblichkeit zählen, reichen bis in den Wesenskern des Menschen. Das sollte die Quelle einer angemessenen Demut angesichts der schier unendlichen Übermacht einer zutiefst fremden Natur über unsere durchaus beeindruckende Fähigkeit sein, diese fremde Natur in und außer uns teilweise zu verstehen und zu kontrollieren. Doch dieses Verständnis und diese Kontrolle machen uns weder zu Herren noch zu Frauen der Schöpfung, sondern vielmehr zu Teilnehmern an einem komplexen Geschehen, das unsere Fassungskraft letztlich immer übersteigt.

Warum wir keine Amphibien sind

Daran ändert sich auch nichts, wenn wir uns der anderen Seite der Medaille, der Vernunft, zuwenden. Wie in Goethes *Faust* Mephistopheles in seinem Zwiegespräch mit Gott im »Prolog im Himmel« feststellt:

Der kleine Gott der Welt bleibt stets von gleichem Schlag,
Und ist so wunderlich als wie am ersten Tag.
Ein wenig besser würd er leben,
Hättst du ihm nicht den Schein des Himmelslichts gegeben;
Er nennt's Vernunft und braucht's allein,
Nur tierischer als jedes Tier zu sein.[50]

Mephistopheles formuliert hier eine tiefe Einsicht, wenn er dies auch nicht ganz so ernst meint. Diese Einsicht besagt, dass die Zusatzannahme über den Menschen, dass er neben seiner Animalität außerdem noch über eine spezifische Differenz zum Tier, die Vernunft, verfügt, uns keineswegs automatisch über die Natur erhebt. Damit lehnt Mephistopheles (in diesem Punkt ist Goethe mit seiner Figur wohl einig gewesen) die Amphibientheorie ab, wie ich sie nenne.

Die ***Amphibientheorie*** *(eine Variante der Diskontinuitätsthese) besagt, dass der Mensch zwei Lebensformen hat (von griechisch* amphi-bios = *doppellebig). Auf der einen Seite sind wir Tiere wie alle anderen Tiere; auf der anderen Seite leben wir das höhere Leben der Vernunft.*

Zu dieser auf die antiken Griechen zurückgehenden Theorie passt, dass Aristoteles sich seinerzeit auf den Umstand stützen konnte, dass es im Altgriechischen mindestens zwei Wortgruppen für das Leben gibt: *bios* und *zoê*. Der philologische und philosophische Befund dieser Unterscheidung ist an dieser Stelle, genau besehen, kompliziert.[51] Dennoch kann man im Allgemeinen feststellen, dass selbst der höchste Gott, den Aristoteles sich als den unbewegten Beweger des Kosmos vorstellte, an dem sich alles orientiert, ein Lebewesen (*zôon*) ist. Das bedeutet nicht, Gott als Tier aufzufassen, sondern vielmehr, eine Seite unseres Lebens auszuzeichnen, diejenige nämlich, die uns wirklich oder vermeintlich mit dem Göttlichen in Berührung bringt. Mephistopheles bezeichnet das – absichtlich doppelzüngig – als den »Schein des Himmelslichts«. Denn für Mephistopheles ist der Mensch letztlich *nur* ein Tier, weshalb er sich den Doktor Faust vorknöpft, um gegen Gott zu beweisen, dass selbst ein reiner Forschergeist von irdischen Begierden getrieben ist.

Zwar verliert Mephistopheles nach etwas über zehntausend Versen seine Wette am Ende von *Faust. Der Tragödie zweiter Teil*, indem deutlich wird, dass das Himmlische und das Menschlich-Geschlechtliche ineinander verwoben sind. Dennoch hat Mephistopheles in einem entscheidenden Punkt recht: Der menschliche Vernunftgebrauch überschreibt unsere Animalität nicht, sondern verändert sie lediglich.

Die philosophische Anthropologie befasst sich mit der Frage, wer oder was der Mensch ist. Jede konkrete Antwort auf diese Hauptfrage der Anthropologie liefert ein Menschenbild. Ein **Menschenbild** *ist im Allgemeinen eine Selbstbestimmung des Menschen, d. h. eine konkrete Auffassung davon, worin das Menschsein eigentlich besteht.*

Die Amphibientheorie ist hierbei eine einflussreiche Auffassung des Menschseins, ein Menschenbild. Dieses Menschenbild findet man in vielen Traditionen. Besonders deutlich kommt es aber bei Platon und Aristoteles zum Ausdruck, die mit jeweils etwas anderem Akzent drei Arten der Lebendigkeit oder des Beseeltseins unterscheiden.

An unterster Stelle steht bei Platon das Vermögen des Begehrens (*to epithymêtikon*). Dieses Begehren drückt sich in unserem Leben als elementares Streben nach Lust und Vermeiden von Unlust aus. Paradigmatisch ist es an Nahrungsaufnahme und Fortpflanzung gebunden. Aus diesem Vermögen entwickeln sich über die Jahrtausende die Theorie des Unbewussten und in der heutigen Gestalt die Erforschung elementarer animalischer Impulse, die wir mit anderen Tieren teilen.

Den mittleren Rang nimmt das *thymoeides* ein, mit dem Platon sich auf die Impulse der Aufregung und Empörung bezieht. Das *thymoeides* ist diejenige Dimension unseres Lebens, Denkens und Fühlens, die heute paradigmatisch von den sozialen Netzwerken und Online-Medien in Anspruch genommen wird. Die mittlere Ebene des menschlichen Tiers ist dasjenige, was der Manipulation, Ideologie und Propaganda dadurch ausgesetzt ist, dass es sich, ohne lange zu fackeln, von einer Meinung zur nächsten hinreißen lässt.

Der höchste Punkt des menschlichen Lebens überschreitet sodann die animalischen Vollzüge des Begehrens und impulsiven Meinens. Platon spricht vom *logistikon*, also dem vernunftförmigen Teil unserer selbst. In der Antike wurde im Gefolge Platons über Jahrhunderte mit der Frage gerungen, ob der vernünftige Teil eines Menschen unsterblich ist oder nicht – ein Thema, das man nicht voreilig ad acta legen sollte. Denn von Platon bis in die moderne Aufklärung bei Moses Mendelssohn und darüber hinaus wurden ernsthafte philosophische Überlegungen zur Unsterblichkeit der Seele angestellt.[52] Doch das steht auf einem anderen Blatt und wird uns an anderer Stelle weiter beschäftigen (vgl. S. 157 ff.).

Wichtig ist, dass Platon sowie sein Schüler Aristoteles und daran anschließend mehrere Tausend Jahre der europäischen Geistesgeschichte eine Amphibientheorie vertreten haben.[53] Dieser Theorie zufolge ist der Mensch einerseits ein Tier wie alle anderen, andererseits aber ein besonderes Tier. Das besondere Merkmal des Menschen, seine spezifische, anthropologische Differenz, erhebt ihn dabei teilweise über das Tierreich und verbindet den Menschen mit der Dimension des Göttlichen. Damit lebt der Mensch mindestens zwei Leben, das Leben eines Tiers und das Leben eines gottgleichen Wesens, über dessen Unsterblichkeit man sich dann im Einzelnen weiter unterhalten kann – woraus in der jüngeren Anthropologie und Tierphilosophie der Einwand der zwei Leben wurde.

*Der **Einwand der zwei Leben** besagt, dass ein Mensch nicht zwei Leben auf einmal führen kann, das Leben eines Exemplars der Tiergattung* homo sapiens *und das Leben einer denkenden Person, die niemals gänzlich mit ihrem Körper identisch ist.*[54]

Die Amphibientheorie muss dabei überhaupt nicht religiös und schon gar nicht monotheistisch eingefärbt werden. Man findet sie auch keineswegs nur in der europäischen Geistesgeschichte. Überall dort, wo etwa wie im alten Ägypten, im Hinduismus oder Buddhismus der Glaube auftaucht, der Mensch könne wiedergeboren werden oder in andere Sphären der Existenz aufsteigen, stößt man auf Spurenelemente des amphibischen Denkens.

Das Tierwort – Warum es den Zoo nicht gibt

Die Amphibientheorie wird in unserem Jahrhundert von einigen Denkrichtungen der Tierphilosophie und Anthropologie infrage gestellt. An dieser Stelle ist zunächst die Tierphilosophie des französischen Philosophen Jacques Derrida von größter Bedeutung, die in vielen Hinsichten an die umfangreichen, in Deutschland bisher zu wenig bekannten Werke der französischen Philosophin Élisabeth de Fontenay anknüpft.[55]

In seinem Spätwerk *Das Tier, das ich also bin* (2010) hat Derrida den Gedanken entwickelt, dass der Begriff des Tiers die Wirklichkeit der vielfältigen Lebensformen, die man als »die Tiere« bezeichnet, radikal verzerrt. Denn was man unter den Begriff des »Tiers« alles zusammenfasse, führe zwangsläufig zu einer Verwirrung, die er als Chimäre bezeichnet. Hierbei ist eine Chimäre im Allgemeinen der Name für eine Illusion und andererseits eine Anspielung auf die griechische Mythologie, in der die Chímaira ein Feuer speiendes Mischwesen ist, von dem in den archaischen Epen Hesiods und Homers die Rede ist. Die Chímaira ist eine Verschmelzung aus Löwe, Ziege und Drache und damit eines der berühmtesten Mischwesen der Geschichte.

Derrida arbeitet nun heraus, dass der Begriff des Tiers eigentlich auf ein solches Mischwesen, auf ein buntes Tierreich verweist, das allerdings in Wirklichkeit aus so vielen Lebensformen besteht, dass es sich unserem Klassifikationsstreben letztlich entzieht.

> *Ecce animot.* Weder eine Art noch eine Gattung noch ein Individuum, das ist eine irreduzible lebendige Vielfalt von Sterblichen, und, eher als ein doppelter Klon oder ein Kofferwort, eine Art monströser Hybrid, eine Chimäre, die darauf wartet, von ihrem Bellerophon getötet zu werden.[56]

Derrida hat erkannt, dass der Begriff des Tiers Ausdruck einer »Tierheit bestimmter Tiere [*animalité de certains animaux*]«,[57] letztlich eine Projektion unserer eigenen Animalität auf das Tierreich ist, das uns in Wirklichkeit zutiefst fremd ist und bleibt. Doch damit will Derrida gerade nicht auf den Gedanken hinaus, dass wir seit Darwin gelernt hätten, uns ins Tierreich einzureihen. Ganz im Gegenteil geht es ihm darum, die radikale Heterogenität der Tiere auf der Grundlage einer »Aufmerksamkeit eher der Differenz, den Differenzen, den Heterogenitäten und den abgründigen Brüchen [...] als dem Homogenen und dem Kontinuierlichen«[58] hervorzuheben: »Ich habe also nie an irgendeine homogene Kontinuität geglaubt zwischen dem, was *sich* Mensch nennt, und dem, was *er* Tier nennt.«[59]

Unabhängig von unserer Klassifikation des Tierreichs, die bis ins 20. Jahrhundert hinein überwiegend anhand von Phänotypen vorgenommen wurde, weil die Genetik noch nicht in Besitz der heute verfügbaren technologischen Möglichkeiten war, gibt es – so ***Derridas tierphilosophische Einsicht*** *– in der Wirklichkeit nichts, was unserem konfusen Tierbegriff entspricht.*

Derrida spitzt diesen Gedanken in einer Reihe von Wortspielen zu. Das wichtigste ist in unserem Zusammenhang *l'animot.* Dieses Wort klingt ausgesprochen so wie der französische Plural zu *animal* = Tier, also *animaux.* Das Wort besteht aus *ani* und *mot*, dem französischen Wort für »Wort«. Damit bezieht sich Derrida auf seine philosophische Ausgangslage der **linguistischen Wende**, der zufolge die Methode der Philosophie darin besteht, die Sprache und damit die Zeichen zu analysieren, mittels derer wir uns die Wirklichkeit überhaupt verständlich machen. Und in diesem Rahmen kommt Derrida zu der Erkenntnis, dass es kein Zufall ist, dass sich der Mensch über seine Selbstbezeichnung als vernünftiges und sprachbegabtes Lebewesen von anderen Lebensformen unterscheidet, die er undifferenziert zu einer Chimäre bzw. einem Bioklumpen verschmilzt, was in dem fragwürdigen Begriff der »Biomasse« gipfelt.

Nennen wir die **Zootheorie** die Vorstellung, dass wir wie in einem Zoo die Lebensformen, die uns begegnen, nach unserem Gutdünken und nach unseren Kategorien in Gehege stecken, wozu die zoologischen Klassifikationen gehören, die aus der Biomasse wieder eine Vielzahl verschiedener ›Tiere‹ machen. Den Zoo gibt es nicht unabhängig davon, dass wir ihn einrichten, und es gibt ein eigenes historisches Forschungsfeld, das sich mit der Frage beschäftigt, wie Zoos eigentlich im Zuge der modernen wissenschaftlichen Revolution und der Aufklärung eingeführt wurden, um innerhalb der Menschenstädte ein sichtbares Zeichen für die erfolgreiche Naturbeherrschung zu setzen.

Allerdings hat der Mensch hier die Rechnung ohne den Wirt gemacht. Denn die Tiere kann man nicht einhegen, weil die vielfältigen Lebensformen, die wir heute kennen, keineswegs nur »da draußen«, in der »Wildnis«, vorkommen, sondern auch unsere Körper bewohnen und immer um uns herum sowie in uns anzutreffen sind. Der Mensch lebt nicht in einem gesicherten Bereich, in den hin und wieder einmal Viren, Pilze und Bakterien eindringen. Vielmehr befinden sich überall Mikroorganismen und kleine Lebewesen, ohne die wir nicht überleben könnten. Der Mensch existiert in vielen Symbiosen, unser Leben setzt voraus, dass wir mit anderen Lebewesen verschränkt sind und diese gleichzeitig mit beinahe jedem Atemzug auch töten.

Animalismus, *Prestige* und *Die Anomalie*

Seit einigen Jahren hat sich in der Philosophie der Ausdruck »Animalismus« als die Gegenthese zur Amphibientheorie eingebürgert.[60] Folgt man der Begriffsbestimmung Stephan Blattis und Paul F. Snowdons, die 2016 einen wegweisenden Sammelband über den Animalismus publiziert haben, können wir zunächst festhalten:

***Animalismus** ist »die These, dass wir, jeder von uns, identisch sind mit, ein und dasselbe sind wie ein Tier einer bestimmten Art. Diese Art bezeichnet man als* Homo sapiens. *Weniger technisch ausgedrückt, ist jeder von uns ein menschliches Tier. Diesem Vorschlag zufolge können wir sagen, dass sich an verschiedenen Orten zugleich ein Tier und jeweils einer von uns aufhält und dass diese beiden Dinge eben tatsächlich dasselbe Ding sind.«*[61]

Im Unterschied zur Amphibientheorie behauptet der Animalismus also, dass wir durch und durch Tiere sind, dass es also zwar einen spezifischen Unterschied zwischen menschlichen und nichtmenschlichen Tieren, nicht aber einen Unterschied zwischen unserer animalischen und unserer nicht-animalischen Seite gibt. Der Mensch ist demnach ganz und gar ein Tier.

Manchen Lesern wird der Animalismus als eine solche Selbstverständlichkeit erscheinen, dass sie sich kaum vorstellen können, wie man ernsthaft irgendeine andere Position vertreten könnte. Dafür könnte man sich auf den ersten Blick auf die einfachsten Erkenntnisse der modernen Biologie seit Darwin stützen wollen: Sofern der Mensch eben Teil der Evolution ist, ist er natürlich ein Tier, was auch sonst? Doch so einfach ist es beileibe nicht, wie die Kritiker des Animalismus zeigen. Der US-amerikanische Philosoph Eric Olson (der freilich selbst eine Spielart des Animalismus verteidigt) bringt es auf den Punkt, wenn er schreibt:

> Was sind wir eigentlich? Beginnen wir unsere Untersuchung von Antworten auf diese Frage mit der Ansicht, dass wir Tiere sind: biologische Organismen, Mitglieder der Primatenspezies *Homo sapiens.* Dies hat eine gewisse unmittelbare Anziehungskraft. Wir *scheinen* Tiere zu sein. Wenn du isst oder schläfst oder redest, isst, schläft oder redet ein Menschentier. Wenn du in einen Spiegel schaust, schaut ein Tier zurück. Die meisten gewöhnlichen Leute nehmen an, dass wir Tiere sind. […] Aber so einfach ist es nicht. […] Der Eindruck, dass wir Tiere sind, könnte darauf zurückgehen, dass wir auf eine innige Weise mit Tieren verbunden sind – weil wir etwa Tierkörper haben –, und nicht daher rühren, dass wir wirklich Tiere sind. Das Gewicht der Autorität spricht auf überwältigende Weise gegen die These, dass wir Tiere sind. So gut wie jede große Figur der Geschichte der westlichen Philosophie bestritt dies, von Plato und Augustinus bis zu Descartes, Leibniz, Locke, Berkeley, Hume und Kant. (Aristoteles und seine Anhänger sind eine wichtige Ausnahme.) Die Annahme ist keineswegs populärer in der nicht-westlichen Philosophie, und die Mehrheit

derjenigen, die sich heutzutage mit personaler Identität befassen, bestreitet entweder eindeutig, dass wir Tiere sind, oder behauptet etwas, was mit Tiersein unvereinbar ist.[62]

Schauen wir uns ein prominentes gegenwärtiges Beispiel der Animalismus-Kritik an, den Beitrag des bedeutenden, 2017 verstorbenen britischen Philosophen Derek Parfit im besagten Animalismus-Band. Parfit wurde über Fachkreise hinaus durch seine Gedankenexperimente über personale Identität bekannt, die man anhand von Filmen wie *Star Trek* oder dem großartigen *Prestige – Die Meister der Magie* (2006) von Christopher Nolan illustrieren kann.[63] Ausgangspunkt von Parfits Kritik am Animalismus ist die Frage, ob eine exakte, in jeder Hinsicht qualitativ ununterscheidbare Kopie meines Organismus, die an einer anderen Stelle des Universums entsteht, identisch mit mir ist. Genau dieser Fall tritt in *Prestige* ein. In Nolans Film entwickelt ein Magier namens Angier mithilfe einer Apparatur Nikola Teslas (gespielt von David Bowie) einen Zaubertrick, der darin besteht, dass derjenige, der in einen Wassertank steigt, dort qualvoll ertrinkt, während ein exakter Klon erstellt wird, der nach dem Tod des Originals als dieses auftritt und den Ruhm erntet. Der Klon ist vom Original ununterscheidbar, auch aus der Innenansicht. Er weiß selbst nicht, ob er nun der Klon oder das Original ist, weil er genau in dem Augenblick mit all den inneren, mentalen Zuständen des Originals erzeugt wird, in dem dieses stirbt. Parfit spielt diesen Zaubertrick in seinen Werken gedanklich mit einem sogenannten Teletransporter durch, mittels dessen man an einer beliebigen Stelle des Universums neu entstehen kann, um den Preis allerdings, dass das Original, das in den Transporter steigt, vernichtet wird.

Dieselbe Idee exerziert auch Hervé Le Tellier in seinem Roman *Die Anomalie* durch. In dem Buch landet dieselbe Air-France-Maschine im Abstand von drei Monaten mit denselben Passagieren ein zweites Mal in New York, sodass die Mitreisenden plötzlich verdoppelt sind und sich im Laufe des Romans begegnen. Der

Roman schildert einige der Episoden des Aufeinandertreffens der paradoxen Zwillinge, ohne eine Auflösung der Frage anzubieten, wie es überhaupt zu der Verdoppelung gekommen ist. Bedauerlicherweise favorisiert der Roman allerdings die sogenannte Simulationshypothese, die auf den Philosophen Nick Bostrom zurückgeht und die ich an anderer Stelle dargestellt (und zurückgewiesen) habe.[64] Dieser Hypothese zufolge ist es wahrscheinlicher, dass wir Figuren in einer Computersimulation sind, die eine weitaus intelligentere Zivilisation der Zukunft erzeugt hat, als dass wir diejenigen Lebewesen aus Fleisch und Blut sind, für die sich viele halten.

Allerdings wirft diese Hypothese das Problem unserer wahren Identität auf: Sind wir vielleicht doch nur Sims in einer Simulation, sind wir Tiere, oder sind wir identisch mit unseren Bewusstseinsströmen, sodass es womöglich eine untergeordnete Rolle spielt, ob wir kohlenstoffbasiert oder auf Siliziumchips gespeichert sind?

Diese filmisch und literarisch reizvollen einfachen Gedankenexperimente illustrieren in aller Schärfe das **Problem der zeitlichen personalen Identität**. *Dieses besteht darin, dass man nicht ohne Weiteres sagen kann, ob und in welcher Hinsicht ich etwa derselbe bin wie vor fünfundzwanzig Jahren. Wenn alle Zellen meines Körpers durch andere Zellen, die aber genauso organisiert wären wie meine, ersetzt würden (was faktisch für viele Körperzellen und ganze Organe wie die Haut mehrmals im Leben geschieht), wäre das daraus resultierende Tier dann mit mir identisch oder nicht?*

Der Animalismus bejaht dies und vertritt die These, dass die Kontinuität meiner Person, also mein Selbst, über verschiedene Lebensabschnitte hinweg *biologisch* ist, weshalb man hier von **biologischer Kontinuität** spricht. Davon unterscheidet sich ein anderer, besonders prominent von Parfit verteidigter Ansatz, der die personale Identität über die Zeit hinweg in einer **psychologischen Kontinuität** sieht: Demnach bin ich derselbe wie vor fünfundzwanzig Jahren, weil es eine geistige Verbindung zwischen meinem heutigen und meinem damaligen Selbst gibt. Einschlägig für diese Auffassung ist das Werk des britischen Philosophen John Locke, der unter einer Person das Folgende versteht:

> [E]in denkendes, vernünftiges Wesen mit Verstand und Überlegung, was sich als sich selbst und als dasselbe denkende Wesen zu verschiedenen Zeiten und Orten auffassen kann.[65]

Selbst wenn man weder an eine biologische noch an eine psychologische Kontinuität glaubt, kann man in diesen Annahmen nicht ohne Weiteres einen substanziellen Fehler entdecken. Der Grund, warum man sich für etwas halten kann, was nicht mit einem Tier identisch ist, liegt tatsächlich darin, dass wir uns ausmalen können, dass die animalische, äußerlich sichtbar Hülle eines Menschen weiterlebt, während wir der festen Überzeugung sind, dass die Person bereits verstorben ist. Parfit erinnert an den heftig diskutierten Fall des Unfallopfers Nancy Cruzan, deren Hirnstamm ihren Körper für viele Jahre am Leben erhalten hat, während festgestellt wurde, dass ihr Großhirn gestorben war und sie daher (vermutlich) nicht mehr als Person fortexistierte. Auf dieser Grundlage ermöglichte es der Supreme Court 1990 jedenfalls, dass ihre Eltern berechtigt wurden, die künstliche Ernährung der sterblichen Hülle ihrer Tochter einzustellen. Parfit kommentiert diesen ethisch schwierigen Fall folgendermaßen:

> Als Cruzans Großhirn starb, überzeugten sich ihre Eltern davon, dass die Person Cruzan ihren Körper verlassen hatte, während das menschliche Tier mit einem schlagenden Herzen und einer atmenden Lunge weiterexistierte, bis schlussendlich die Magensonde entfernt wurde, das Herz stoppte und das Tier in Frieden dahinging.[66]

Diese Überlegung ist Ausdruck einer ziemlich kruden dualistischen Definition von Tier. Wenn man sich vorstellt, ein Dalmatiner wäre hirntot, würde aber künstlich beatmet, wäre er nach dieser Logik weiterhin ein Dalmatiner, und nicht nur dessen Hülle. Bewusstsein haben aber viele Tiere, sodass Parfit hier implizit lediglich zwischen Lebewesen mit und ohne Bewusstsein unterscheidet, was aber kein Licht auf die Frage wirft, inwiefern Menschen Tiere sind.

Ein weiteres Gedankenexperiment, das in der Diskussion um die Tragweite des Animalismus eine entscheidende Rolle spielt, dreht sich um die Frage, ob man noch man selbst wäre, wenn das eigene Großhirn in einen anderen Körper verpflanzt würde (man kann berechtigte Zweifel daran hegen, ob dies überhaupt möglich wäre; klinisch machbar ist es jedenfalls bisher nicht). Hier urteilt Parfit, man wäre immer noch man selbst, wenn man eines Tages im Körper einer anderen Person aufwachte, woraus er schließt, dass man auf keinen Fall mit einem ganzen Tier, sondern allenfalls mit einem Teil eines Tiers (dem Großhirn) identisch ist. Doch selbst dagegen spricht in seinen Augen, dass es allemal nicht völlig von der Hand zu weisen ist, dass man auch dann noch man selbst wäre, wenn man spontan an einer anderen Stelle als exakte körperliche und psychologische Kopie seiner selbst auftauchte. Aber auch hier führt Parfits Überlegung nicht zu einer Selbsterkenntnis der menschlichen Lebensform, weil man dieselbe Frage auch anhand der Hirntransplantation und der vollständigen Kopie eines Dalmatiners stellen könnte.

Parfit unterscheidet drei widerstreitende Theoriestränge, die man dennoch ernst nehmen sollte: den *Immaterialismus*, den *Lockeanismus* und den *Animalismus*:

---

*Unsere personale Identität über verschiedene Zeitintervalle (und soziale Rollen) hinweg besteht demnach entweder darin, dass wir eine immaterielle denkende Substanz sind (**Immaterialismus**), dass wir uns für dieselbe Person halten, die sich als sich selbst erkennt (**Lo-***

***ckeanismus**), oder dass wir derselbe Organismus sind, der sich eine Zeit lang gegen die Entropie, also die Auflösungstendenz von Strukturen im physikalischen Universum, zur Wehr setzt (**Animalismus**).*

Neben den im engeren Sinne philosophischen Streitigkeiten, die diese Positionen voneinander trennen, ist für unseren Kontext etwas anderes von Bedeutung. Sowohl die Animalisten als auch ihre Gegner stützen sich auf eine Auffassung der Animalität, die sie nicht hinterfragen. Während die Animalisten der Meinung sind, die moderne Biologie habe uns gelehrt, dass wir uns mehr oder weniger unproblematisch ins Tierreich einreihen können, halten die Anti-Animalisten dagegen, dass wir nicht nur Tiere einer bestimmten Art und damit Gegenstände naturwissenschaftlicher Forschung, sondern außerdem Personen mit geistigem Vermögen sind. Hierbei wird unter **Person** seit Locke vor allem ein Rechtsbegriff verstanden: Eine Person ist demnach ein Selbst, das bestimmte Rechte und Pflichten hat, die sich daraus ableiten, dass wir mit Vernunft ausgestattet sind.[67] Eine Person wird durch soziale und moralische Beziehungen definiert und geht nicht im Gefüge der materiell-energetischen Prozesse der Selbsterhaltung auf, durch die sich ein Tier als Organismus gegen den Umweltdruck erhält. Freilich haben nicht nur Menschen, sondern auch andere Lebewesen Rechte, was eine Errungenschaft des Rechtsstaats ist, dank derer wir zumindest einige unnötige und moralisch verwerfliche Grausamkeiten gegenüber anderen Lebewesen rechtlich unterbinden können. Doch ist es schwierig, aus diesen sogenannten Tierrechten Tierpflichten abzuleiten und Delfine oder Gorillas aufzufordern, an der Gleichstellung der Geschlechter zu arbeiten.

Der Mensch als Tier als Maschine?

Animalisten und Anti-Animalisten teilen die Annahme, dass wir unter einem »Tier« etwas verstehen sollten, was Gegenstand der Lebenswissenschaften ist. Doch die Lebenswissenschaften sind ihrerseits aus guten methodischen Gründen dem Mechanismus, also einer bestimmten Denkform verpflichtet. Und diese Denkform stößt an ihre Grenzen, wenn wir versuchen, uns selbst als Menschen mit einem komplexen zellulären Automaten zu identifizieren. Der **Mechanismus** als Denkform besteht darin, ein System von Elementen (etwa Zellen), die auf eine bestimmte Weise angeordnet sind und zusammenhängen, aus einer möglichst einfachen Interaktion zwischen seinen Teilen zu verstehen. Der Mechanismus löst ein komplexes lebendiges System wie ein ganzes Menschentier in viele Teilsysteme auf, die man wiederum bis in ihre kleinsten Details studieren kann, um auf diese Weise indirekt die Funktionsweise des Gesamtsystems zu verstehen und zu beeinflussen.

Wir verdanken der mechanistischen Denkform die moderne Humanmedizin und konnten etwa jüngst mit beeindruckender Geschwindigkeit eine ganze Bandbreite von Impfstoffen gegen SARS-CoV-2 entwickeln. Geht man zum Arzt, ist es sichtlich besser, dass dieser in der Regel eine weitgehend mechanistische Ausbildung genossen hat und den Patienten zunächst einmal in Teilsysteme auflöst, für die es dann einzelne Spezialistinnen gibt, die hoffentlich auf dem aktuellen Stand der Forschung sind. Insofern ist gegen den Mechanismus als Methode nichts einzuwenden. Doch das bedeutet nicht, dass der Mechanismus ein sinnvolles oder gar richtiges Menschenbild darstellt, sondern nur, dass mechanistisches Denken wichtige naturwissenschaftliche Methoden und Modelle hervorbringt.

Dem Mechanismus steht der **Holismus** entgegen, der zu Recht darauf pocht, dass ein Lebewesen letztlich nur als ein Ganzes ein Organismus ist. Ein Herz schlägt als Teil von Systemen, die zusammengenommen allererst dazu führen, dass ich als Mensch ein (hoffentlich langes und gesundes) Leben führen kann. Der Holismus versteht Teilsysteme des Organismus also aus ihrer Funktionsstelle in einem Ganzen heraus, das in der Erklärungslogik den Teilen vorangeht. Gerade in den Lebenswissenschaften spielt holistisches, systemisches Denken in jüngster Zeit eine ernst zu nehmende Rolle, wie etwa der renommierte, in Oxford lehrende britische Physiologe Denis Noble in seinen empfehlenswerten Büchern *The Music of Life* sowie *Dance to the Tune of Life* zeigt.[68]

Faktisch ist es so, dass wir das biologische Gesamtsystem Mensch heute nur in einigen seiner Teile verstehen, wofür es eine Reihe von Gründen gibt. Insgesamt ist der Mensch schlichtweg zu komplex, um mechanistisch vollständig erklärbar zu sein. In diesem Zusammenhang bedeutet **Komplexität** mindestens, dass wir ein gegebenes Ganzes nur erklären und verstehen können, indem wir es in Teilsysteme zerlegen, wobei diese Zerlegung wiederum wesentliche Eigenschaften eben dieses Gesamtsystems auflöst bzw. verändert. Komplexe Systeme lassen sich nicht vollständig dadurch verstehen, dass man sie in Teile zerlegt, die man besser versteht, weil diese Zerlegung wesentliche Eigenschaften des Systems verändert, das man verstehen möchte. Komplexe Systeme sind nicht vorhersagbar, sie verhalten sich niemals so, dass wir sie insgesamt steuern könnten.[69]

Ein konkretes Beispiel aus der Alltagswirklichkeit der Corona-Pandemie, die uns das Phänomen der Komplexität drastisch vor Augen geführt hat: Indem man durch den epidemiologisch empfehlenswerten Lockdown von Teilsystemen der Gesellschaft (etwa die Schulschließungen) einen Beitrag zur Kontaktbeschränkung leistet, erzeugt man genau dadurch an anderer Stelle neue Kontakte. Denn Personen ziehen sich in kleinen Gruppen in Privathaushalte zurück, da eine komplette Isolation gar nicht möglich und keineswegs wünschenswert wäre, gerade für Kinder nicht. In den Grauzonen der Lockdowns verbreitet sich sodann das Virus auf eine politisch nicht mehr kontrollierbare Weise weiter, sodass sich die Pandemie in abgeschwächter Form verlagert. Das komplexe System »Pandemie« kann man deswegen nicht einfach in möglichst kleine Einheiten – einzelne Infektionen oder gar einzelne Viruspartikel – zerlegen, ohne es dadurch auf unkontrollierbare Weise zu verändern. Denn zur Pandemie gehört auch die gesellschaftliche Reaktion.

Durch Maßnahmen der Pandemiebekämpfung erzeugt man also paradoxerweise neue Infektionswahrscheinlichkeiten, die man zwar wiederum durch weitere Kontaktbeschränkungen eindämmen kann, bis man an eine Grenze stößt, die sich jedenfalls in liberalen Demokratien (zum Glück!) nicht mehr weiter verschieben lassen, ohne gegen elementare Menschenrechte zu verstoßen. Die Grundrechtseingriffe, die zur Bewältigung der Pandemie vorgenommen wurden, waren bereits drastisch, doch auch sie vermochten die Pandemie nicht schnell zu beenden und erzeugten darüber hinaus unberechenbare Kollateral- und Folgeschäden an anderer Stelle des maximal komplexen Systems »Gesellschaft«.

Das Virus selbst zehrt von der Komplexität des menschlichen Organismus. Es macht sich in vielen Teilsystemen breit und stört dadurch in einigen Fällen deren Zusammenspiel und Gleichgewicht derart, dass es zu all den furchtbaren und schweren Verläufen von COVID-19 kommt – die nicht im Interesse des Virus liegen, da es mit dem Tod des Wirts seine eigene Existenzgrundlage verliert.

Eine Überbetonung des Mechanismus hat in der Moderne vor allem seit René Descartes berüchtigterweise zu der Auffassung geführt, Tiere seien Maschinen, d. h. Systeme, die letztlich aus vielen Teilen bestehen, mit deren Verhalten das Gesamtsystem identisch ist. Descartes sieht die Tiere ausdrücklich als Ansammlung von Organen. Menschen, so Descartes, handeln »aus Einsicht«, Tiere »nur zufolge der Einrichtung ihrer Organe«.[70] Der wesentliche Unterschied zwischen uns und den Tieren besteht ihm zufolge darin, dass wir über Vernunft und Sprache als »Universalinstrument« verfügen,

> das bei allen Gelegenheiten zu Diensten steht, während diese Organe für jede besondere Handlung einer besonderen Einrichtung bedürfen; was es unwahrscheinlich macht, daß es in einer einzigen Maschine genügend verschiedene Organe gibt, die sie in allen Lebensfällen so handeln ließen, wie uns unsere Vernunft handeln läßt.[71]

Descartes reduziert die Tiere auf eine Ansammlung von Organen, auf einen Organismus, den er als Maschine versteht, deren Teile bestimmte Wirkungen hervorbringen. Deswegen spricht man in diesem Zusammenhang auch von **Reduktionismus**, worunter grundsätzlich die Zurückführung eines Ganzen auf seine Teile zu verstehen ist. Wer etwa das Verhalten eines Menschen vollständig durch neurowissenschaftliche Erforschung seiner neuronalen Muster erklärt, denkt ebenso reduktionistisch wie jemand, der die Identität einer Person über verschiedene Zeitintervalle hinweg auf die biologische Kontinuität eines organisierten Zellhaufens, eines Menschentiers, zurückführt.

Im Gefolge von Descartes ist im 18. Jahrhundert Julien Offray de La Mettrie – der für seine Thesen verfolgt wurde und beim Philosophenkönig Friedrich dem Großen in Potsdam Unterschlupf fand – mit der Brechstange an das Menschsein herangegangen. In seiner Kampfschrift *Die Maschine Mensch* (*L'Homme-Machine*) hat er unmissverständlich dafür argumentiert, dass alle Tiere und damit auch der Mensch seelenlose Maschinen seien.[72] Seine Ausgangsthese ist dabei, dass das gesamte Universum nur eine einzige gigantische Maschine sei, die vollständig aus dem Zusammenwirken ihrer Teile erklärt werden könne, sodass auch der Mensch als Tier ganz und gar in diesem Gefüge aufgehe. Für La Mettrie ist alles, was es überhaupt gibt, maschinell, aus der Interaktion einzelner Teile erklärbar. Daher können auch die Tiere und folglich die Menschen keine Ausnahme sein.

La Mettrie ist damit der Kronzeuge für die massive Projektion eines Irrtums über den Menschen auf die Wirklichkeit im Ganzen. Sein Irrtum besteht darin, dass er seine eigene Animalität für ein

Räderwerk kleiner Teilchen hält, das im Spiegel so aussieht wie La Mettrie. Sodann überträgt er dieses Zerrbild seiner selbst auf die anderen Tiere, woraufhin er im letzten Akt einen Salto mortale vollzieht und die Wirklichkeit insgesamt für eine Maschine hält.

Einer der schwerwiegendsten Irrtümer des Mechanismus und damit auch des handelsüblichen Reduktionismus besteht in einer Verwechslung von zwei Arten von Gesamtheiten: *Summen* einerseits und *Ganzheiten* andererseits, was besonders deutlich von dem zu Unrecht in Vergessenheit geratenen Biologen und Lebensphilosophen Hans Driesch erkannt wurde, der ein wichtiger Vertreter des Holismus war.[73] Eine bloße Summe bildet eine Gesamtheit, aber keine Ganzheit. Dabei ist es so, wie Driesch bemerkt, dass eine

> gewisse *Einheit* [...] bei *Natur*gegenständen, welche summenhafte Gesamtheiten sind, insofern freilich stets bestehen [wird], als unter ihren Teilen die Beziehung der wechselseitigen Attraktion, praktisch vielleicht nicht nachweisbar, besteht. Eine »Wirkungseinheit« ist also da.[74]

Was Driesch hier etwas gewunden formuliert, ist der Gedanke, dass Prozesse und Gegenstände im naturwissenschaftlich beobachtbaren Universum stets mit teils entfernten Prozessen in Wechselwirkung stehen, was schon deswegen der Fall ist, weil sie zu denselben physikalischen Feldern gehören. Mein Schreibtisch und meine Kaffeetasse wirken aufeinander (die Tasse steht gerade vor mir auf dem Schreibtisch). Dennoch bilden die beiden lediglich eine Summe, weil ihre Wirkungseinheit (auf meinem Schreibtisch) aufgelöst werden kann, ohne dass die Gegenstände aufhören zu existieren. Anders ist es mit einem Lebewesen. Wenn ich einen Frosch in zwei Hälften schneide (bitte, tun Sie es nicht!), hört er auf, ein Frosch zu sein. Ein Frosch ist deswegen kein summarischer Zellhaufen, sondern ein Organismus.

In der summenhaften Betrachtung der Natur hängt alles mindestens dann mit etwas anderem zusammen, wenn irgendein kausaler

Kontakt zwischen Teilen besteht. Auf diese Weise findet man in der Natur sozusagen die abenteuerlichsten strukturellen Verbindungen. In dieser Perspektive bildet auch meine Nasenspitze eine Gesamtheit mit dem Eiffelturm, weil beide kausal miteinander vernetzt sind (ich könnte den Eiffelturm beispielsweise mit meiner Nasenspitze berühren). Auch zwei Personen bilden eine solche kausale Summe, wenn sie sich die Hände schütteln oder sich küssen. Doch in diesem Fall verschmelzen die beiden Personen nicht vollständig.

Wir brauchen noch einen anderen, nicht bloß summenhaften, additiven Begriff einer Gesamtheit, den Driesch als *Ganzheit* bezeichnet. Ganzheiten sind

> Gesamtheiten, welche der Betrachtung einen anderen Begriff als den der bloßen Summe aufdrängen. Ich nenne vorläufig wahllos: Tisch, Frosch, Partitur, Willensinhalt, Sinngebilde.[75]

Als zwingendes Beispiel für den Unterschied zwischen Summe und Ganzheit nennt Driesch den Unterschied zwischen der bloßen Wortsumme »Weil obgleich Hund mit das ohne« und dem Satz »Griechenland gebar viele große Denker«. Die erste Wortfolge hat keinen Sinn, wenn sie auch eine Ordnung aufweist, die durch die Summe ihrer Teile gegeben ist. Die zweite Wortfolge hat hingegen einen Sinn und weist damit eine Einheit auf, welche die Teile des Satzes zu einem Ganzen verschweißt, das offensichtlich nicht mit einer bloßen Summe seiner Teile identisch ist. Man kann dies auch anhand des Unterschieds zwischen zwei Menschen beschreiben, die sich küssen und damit für die Dauer des Kusses zu einer Sinneinheit verschmelzen, und zwei Menschen, die zufällig im Bus nebeneinandersitzen und keine Sinneinheit bilden.

Driesch vertritt nun die These, dass Organismen wesentlich aus einer »Ganzheitskausalität«[76] heraus verstanden werden müssen, eine Auffassung, die in seiner viel gescholtenen, aber von den meisten gar nicht erst durch Lektüre zur Kenntnis genommenen

Lehre des Vitalismus Ausdruck findet – eine Denktradition, die in der gegenwärtigen Natur- und Umweltphilosophie, etwa von der US-amerikanischen Politikwissenschaftlerin Jane Bennett, revitalisiert wird.[77]

*Der **Vitalismus** ist die holistische These, dass Lebewesen, die wir als Organismen einstufen, Ganzheiten bilden, die mehr als die Summe ihrer Teile sind. Das Ganze ist damit der entscheidende Träger der Kausalität des Gefüges, d. h. wir können das Verhalten der Teile eines Organismus besser aus dem Gefüge und damit aus Funktionen heraus erklären als umgekehrt.*

Diese These ist keineswegs obsolet oder gar naturwissenschaftlich widerlegt, wie häufig ohne Belege und historische Auseinandersetzung mit den großen vitalistischen Ansätzen Drieschs oder des berühmten vitalistischen Philosophen Henri Bergson behauptet wird, der ein Zeitgenosse Drieschs und Nobelpreisträger für Literatur war.[78] In der gegenwärtigen Physik, Biologie, Informatik, Wissenschaftstheorie und Metaphysik spricht man von »Top-down-Verursachung« (das Ganze bestimmt das Verhalten der Teile), die prominent etwa der Kosmologe und Mathematiker George Francis Rayner Ellis sogar in rein physikalischen, noch nicht lebendigen Systemen verortet.[79] Damit wird der eigentliche Vitalismus wiederbelebt, der keineswegs postuliert, es gäbe eine mysteriöse Lebenskraft, sondern vielmehr darauf hinweist, dass lebendige Systeme als Ganzheiten verstanden werden müssen, in denen Teile und Ganzes in einer Wechselwirkung stehen, die man nicht alleine durch Analyse der Mechanik der Teile verstehen kann.

Der Streit, den seinerzeit einige reduktionistische Philosophen aus dem sogenannten Wiener Kreis mit Driesch ausfochten, wurde in der Sache keineswegs zugunsten des Mechanismus und Reduktionismus entschieden. Vielmehr ist es so, dass den heutigen

Lebenswissenschaften auf molekularer Ebene Effekte unserer Ernährung bekannt sind, was bedeutet, dass unsere Gene auch durch dasjenige bestimmt werden, was wir als Ganzheiten tun.[80] Es gibt eben doch Wirkungen des Ganzen auf seine Teile, und nichts weiter hat der Vitalismus vertreten. Jedenfalls wäre es eine wilde Übertreibung, aus dem heutigen Wissen über die elementaren, kleinteiligen Prozesse, die in einem Tier stattfinden, zu schließen, ein Tier sei nichts weiter als die Summe seiner Teile. Das stimmt schlichtweg nicht.

Der Mechanismus, den Descartes und nach ihm La Mettrie geradezu für selbstverständlich halten, verfehlt somit seinen Gegenstandsbereich, das Lebendige. Die Anwendung der These vom Tier als Maschine auf den Menschen, die Offray de La Mettrie vorgenommen hat, ist dabei insofern interessant, als sie konsequent dem Muster folgt, das im Zentrum dieses Buchteils steht: Zunächst projiziert der Mensch zur Abgrenzung von seinem eigenen Selbstverständnis den mechanistischen Tierbegriff auf ihm fremde Lebensformen, um sich sodann mit eben dieser verzerrten Animalität selbst zu identifizieren: Das Tier wird als Maschine gesehen, dann werden wir als Tiere aufgefasst, und damit werden wir auch zu Maschinen. Der Mechanismus war dabei so erfolgreich, weil er die Illusion von Übersichtlichkeit und Beherrschbarkeit der Natur nährt.

Tiere wie wir? Korsgaards Werte

Die an der Harvard University lehrende praktische Philosophin Christine M. Korsgaard hat jüngst einen viel beachteten Ansatz zur Begründung einer Tierethik vorgelegt, an dem man zeigen kann, wie vernetzt unsere Begriffe von Tier, Mensch und Natur sind.[81] Korsgaard versteht Menschen als diejenigen Tiere, die zu Wissenschaft und Ethik imstande sind und deswegen eine Perspektive einnehmen können, die für alle Tiere gültig sein soll. Sie versucht also, aus unserem höheren Erkenntnisvermögen moralische Pflichten gegenüber nicht-menschlichen Tieren, unseren *fellow creatures*, abzuleiten, wie sie sie nennt.

Dabei hat ihr Ansatz eine offene Flanke, die es zu schließen gilt. Diese rührt daher, dass Korsgaard nicht weit genug mit ihrer Einsicht geht, dass der Mensch mit den anderen Tieren verwoben ist. Ihr Versuch, den Menschen als Tier zu bestimmen, scheitert daran – ein typisches, uns bereits bekanntes Muster –, dass sie den Tieren zu wenig zutraut, weil sie sie sozusagen als Mängelwesen, als Menschen betrachtet, denen etwas wesentlich Menschliches (in ihrem Fall Wissenschaft und Ethik) fehlt. Dies ist eine Variante dessen, was die französische Philosophin Corine Pelluchon als »privative Zoologie«[82] bezeichnet.

***Privative Zoologie** (von lateinisch* privare *= berauben) ist eine Theorie, die nicht-menschliche Tiere im selben Sinn als Tiere versteht, wie wir uns selbst als Tiere auffassen, dabei bei den anderen Tieren allerdings einen Mangel erkennt, weil ihnen genau dasjenige fehlt, was uns von ihnen unterscheidet (Wissenschaft, Vernunft, Moral, Sprache, Mathematik oder was auch immer).*

Korsgaards Ausgangspunkt ist die These, dass Lebewesen – oder, wie sie sagt: Geschöpfe (*creatures*) – »in keiner absoluten Rangordnung ihrer Bedeutung«[83] stehen. Menschen sind demnach nicht mehr wert als Löwen. Doch sie schränkt dies sogleich ein wenig ein: »Oder genauer: Es gibt […] *fast* keinen Standort, von dem aus wir ein solches Urteil fällen können.«[84]

Dass Menschen nicht mehr (oder weniger) wert sind als die anderen Geschöpfe, leitet Korsgaard daraus ab, dass jeder Wert, den ein Lebewesen registrieren kann, also jeglicher Sinn einer Handlung oder gar des Lebens insgesamt, davon abhängt, dass das Geschöpf diesen Wert empfindet. Werte seien also, wie man landläufig sagt, subjektiv oder, wie sie sich ausdrückt, »gebunden (*tethered*)«. Dass ich persönlich lieber Wein als Bier trinke, ist in diesem Sinne ein gebundener Wert. Aufgrund meiner Vorlieben verleihe ich dem Wein einen Wert, einen Sinn in meinem Leben, den er im Leben anderer Menschen oder gar anderer Lebewesen nicht zu haben braucht.

Unsere Umwelt ist in der Tat dadurch geprägt, dass wir sie als Lebewesen zu einer ökologischen Nische umformen. Wir finden uns nicht einfach in einer Natur vor, sondern verändern den Ort, an dem wir uns vorfinden, auf vielen Ebenen – nicht zuletzt dadurch, dass wir die Atmosphäre durch unseren Atem und leider noch viel mehr durch unsere Autos, Kohlekraftwerke usw. Einfluss nehmen. Korsgaard betrachtet dabei unsere Wertungen insgesamt als Projektionen, von denen in Wirklichkeit nichts übrig bleibt als die Dinge in ihrer bloßen Materialität, denen wir aus der subjektiven Perspektive unseres Lebens einen Wert verleihen, den sie an sich nicht haben.

> Stühle und Tische gibt es nur aus der Perspektive von Geschöpfen, die Möbel brauchen oder gebrauchen. Ohne sie gäbe es womöglich weiterhin, sagen wir: so und so geformte hölzerne Dinge, aber es gäbe keine Möbel. Wären wir oval und schwämmen durch die Atmosphäre wie Fische, gäbe es in unserer Welt keine Tische und Stühle. Entsprechend existieren Werte nur aus dem Blickwinkel einer bestimmten Art von Geschöpf, das Dinge bewertet, das heißt eine wertende oder wertgebundene Einstellung gegenüber Dingen hat.[85]

Damit glaubt Korsgaard, dass alle Lebensformen ihre spezifischen Werte haben, wobei Individuen einer Spezies im Einzelnen wiederum zu individuellen Wertungen kommen. Doch die Natur selbst, so Korsgaard, hat keinen Wert. Erst die Lebewesen verleihen ihr aus ihrer je eigenen Perspektive Werte, wenn sie die Natur schätzen. Werte kommen für Korsgaard dadurch in die Welt, dass Lebewesen etwas schätzen. Und damit steht ihr auch zugleich eine Definition von Tier zur Verfügung:

> Ein Tier ist – zumindest in dem Sinne, in dem ich den Begriff hier verwende – eine besondere Art von lebendem Organismus. Es ist ein Organismus, der sich durch seine Sinne zumindest teilweise seiner Umwelt bewusst ist, um dann im Lichte dieses Bewusstseins zu handeln. Er lässt sich durch seine Vorstellungen leiten, um im funktionalen Sinne des »gut für« und »schlecht für« zu bekommen, was für ihn gut ist, und zu vermeiden, was schlecht für ihn ist. Damit das Repräsentationssystem auf diese Weise seinen Dienst tun kann, muss es freilich besitzen, was ich einen »wertgebundenen« Charakter nennen werde.[86]

Diese Überlegungen klingen allesamt so, als stellte Korsgaard den Menschen damit konsequent auf eine Stufe mit allen Lebensformen. Damit wäre der Mensch ein Tier wie alle anderen, und das heißt für Korsgaard, ein Lebewesen, das von seinem Standpunkt aus die Wirklichkeit bewertet und damit seine Interessen verfolgt, allen voran sein Überleben sichert.

Doch Korsgaard wäre nicht diejenige, wofür sie als Ethikerin berühmt wurde, nämlich eine Vertreterin eines (scheinbar) Kantischen Standpunkts, wenn sie nicht doch irgendwie Raum für den Gedanken hätte, dass unsere Fähigkeit zum moralischen Denken und Handeln zentral ist und über die bloß relativen Wertsetzungen der anderen Geschöpfe hinausgeht. Denn Korsgaard glaubt, dass nur Menschen imstande sind, »Wissenschaft und Ethik«[87] auszubilden, weil nur wir »zu einer bestürzenden Erkenntnis über die natürliche Welt befähigt«[88] seien:

> Sie [die natürliche Welt] existiert vollkommen unabhängig von unseren eigenen Interessen, sie ist das Werk mechanisch waltender Kräfte, die sich um uns und die anderen Tiere nicht scheren. Sie ist eine Welt, in der es keinerlei Garantie gibt, dass die Dinge für uns oder andere Menschen oder Tiere oder das Leben überhaupt gut ausgehen.[89]

Nun möchte Korsgaard ausgerechnet von diesem modernen nihilistischen Standpunkt aus die Ethik im Allgemeinen und die Tierethik im Besonderen ableiten, was wiederum deswegen interessant ist, weil es die Verwobenheit von Welt-, Menschen- und Tierbild im Menschenbild zeigt.

Der ***moderne Nihilismus*** *ist die These, dass die Natur an sich keinerlei Wert, Sinn und Bedeutung hat. Sie schert sich nicht um uns und unsere Bedürfnisse, sondern ist einfach nur eine materiell-energetische Gesamtstruktur, in der irgendwann Lebewesen entstanden sind, die ihre Umwelt bewerten, was der Ursprung aller Werte ist.*

Korsgaard macht eben diesen Nihilismus zur Grundlage der Ethik insofern, als sie diese an unsere Fähigkeit bindet, von unseren egoistischen Interessen abzusehen und zu erkennen, dass das, was wir als Individuum oder als Rudel schätzen, an sich keinen objektiven Wert hat. Damit bestehe Raum für die Anerkennung der Wertsetzungen anderer Menschen und Lebewesen sowie für die Erkenntnis, dass jene nicht »zu *unserem* Gebrauch in der Welt«[90] seien.

Unter Rückgriff auf tierphilosophische Überlegungen geht Korsgaard – analog zu Kants kategorischem Imperativ – davon aus, dass nur Lebewesen, die sich fragen können, was vom Standpunkt aller Betroffenen aus richtig wäre, imstande sind, ethische Fragen zu beantworten.

Ethische Fragen befassen sich – darin ist Korsgaard beizupflichten – damit, was wir schlechthin, also nur deswegen, tun bzw. unterlassen sollen, weil wir Menschen sind. Die Fähigkeit, ethische Fragen zu formulieren und zu beantworten, setzt voraus, dass man von seinen eigenen Interessen zugunsten anderer absehen kann.

An dieser Stelle startet Korsgaard nun ein Manöver, das aus der Kantischen Tradition geläufig ist. Ich meine die folgende Überlegung, die man auch ohne komplizierte Kant-Forschung nachvollziehen kann: Sofern wir irgendetwas wertschätzen, weil es zu unseren Interessen passt, teilen wir immer eine formale Eigenschaft mit allen anderen Lebewesen, denen auch an etwas – an ihren Nachfahren, an Futterquellen, Sexualität oder woran auch immer – gelegen ist. Alle, denen an etwas gelegen ist, sind ein Selbst, d. h. sie verorten sich in einem Gefüge, das aus ihnen sowie aus etwas besteht, das nicht sie selbst sind. Jemand, also man selbst zu sein setzt voraus, dass man sein Leben einerseits als Selbstvollzug und andererseits als Fremdereignis erlebt. Oder noch kürzer: Jemand zu sein heißt, zwischen Ich und Nicht-Ich unterscheiden zu können. Korsgaard nennt dies in traditioneller philosophischer Sprache: Selbstbewusstsein.[91]

Doch damit ist noch längst nicht die Frage beantwortet, warum jemand überhaupt zwischen Gut und Böse und damit zwischen etwas unterscheiden kann, was jeder tun bzw. jeder unterlassen sollte. Deshalb bedarf es der reflexiven Zusatzkomponente, dass Lebewesen, die sich selbst als selbstbewusste Wertquelle erfassen können, Zwecke an sich selbst sind. Das wird in Korsgaards Lesart von Kant in etwa so begründet, dass uns als Menschen deswegen Würde und damit ein unbedingter, mit nichts verrechenbarer Wert zukommt, weil wir uns als Wertquelle auffassen können, ohne die es keine absoluten, unbedingt geltenden Werte wie die Menschenwürde gäbe.

Wir bringen, so Korsgaard, durch unsere Struktur als selbstbewusste Wertquellen den absoluten Wert des Wertenkönnens hervor. Damit ziehen wir die Ethik dank unserer Existenz wie der Baron von Münchhausen am eigenen Schopfe aus dem Sumpf einer an sich noch nicht moralisch ausgerüsteten Animalität. Korsgaard meint dabei, aus der Tatsache, dass Lebewesen relative Werte setzen (indem sie etwa hungrig sind und Käse wertschätzen), folge, dass die Wertquelle ihrerseits einen unbedingten und nicht nur relativen Wert aufweist.

Dieses Manöver ist an vielen Stellen löcherig. Vor allem führt es zu zwei schwer haltbaren Konsequenzen, deren Benennung uns weiterbringen wird.

Erstens läuft diese Konstruktion bei Korsgaard auf einen scharfen Anti-Realismus zu, den sie in der folgenden, diesen Begriff bestens illustrierenden Textpassage formuliert:

Scharfer Anti-Realismus nach Korsgaard: *»Moralische Maßstäbe sind nichts anderes als die Verhaltensstandards, von denen wir alle wollen können, dass Menschen sich an sie halten. Aber anders, als Sie vielleicht gedacht haben, können nicht etwa alle diesem Verhalten zustimmen, weil es moralisch richtig ist. Sondern es ist moralisch richtig, weil alle ihm zustimmen können.«*[92]

Realismus wäre die Auffassung, dass es objektive, durch uns erkennbare Werte gibt, die unabhängig von unserer Anerkennung bestehen, während der Anti-Realismus behauptet, dass Werte nur bestehen, weil wir sie anerkennen.

Der Anti-Realismus hat einige Schwachstellen, weil er vor allem nicht erklären kann, wie man mit ihm konkrete Handlungen und Entscheidungen bewertet und begründet. Denken Sie an die vielen ethischen Problemstellungen, die während der Corona-Pandemie eine wichtige Rolle in unserem Alltag gespielt haben. Kann jeder einer Maskenpflicht an Grundschulen ab einem gegebenen Inzidenzwert, einer Ausgangssperre ab 22 Uhr oder gar einem Triage-Verfahren im Fall der Knappheit medizinischer Güter zustimmen? Die ethisch komplexe Lage im konkreten Handlungsfall wird man kaum unter Erhebung eines Konsenses lösen können, an dem sich alle beteiligen. Daher ist die Auffassung, es gebe in konkreten Fällen etwas, dem alle zustimmen können, eine Überdehnung der Vorstellung, moralische Werte seien konstitutiv, also begrifflich an Konsens gebunden. Diese Vorstellung übertreibt die richtige und wichtige Beobachtung, dass es viele Fälle gibt, in denen wir uns ethisch einigen und dieselben moralischen Tatsachen als Selbstverständlichkeiten anerkennen (z. B. dass wir niemanden umbringen sollen). Daraus, dass ethischer Konsens möglich ist, folgt natürlich nicht, dass Ethik in Konsens aufgeht, dass es also keine objektiven Werte gibt, um die es in der ethischen Diskussion geht.

Doch unabhängig davon, ob die Ethik in der Konstruktion von idealen Konsensen (die es in schwierigen Fragen niemals wirklich gibt!) begründet werden kann, führt Korsgaards Version eines scharfen Anti-Realismus ausgerechnet in eine unbegründet anthropozentrische Position. Denn warum sollten wir Korsgaards Position zufolge nicht etwa die Biodiversität radikal reduzieren, wenn dies dem Menschen zugutekäme? Wenn wir einige andere Tierarten ausrotten müssten, um gesünder, länger und glücklicher zu leben, wäre dies doch nicht dadurch moralisch gerechtfertigt, dass sich alle Menschen darauf einigten. Zwar würden wir einige menschliche Tode verhindern, indem wir alle Bienen und Wespen töten, doch folgt daraus nicht, dass es moralisch richtig wäre, dies zu tun, wenn alle Menschen dafür wären, die Allergiker unter uns (zu denen auch ich gehöre) zu schützen. Obwohl Bienen und Wespen für mich und für viele andere Menschen besonders gefährlich sind, hielte ich es für einen moralischen Fehler, ja für eine geradezu böse Idee, die Bienen und Wespen auszurotten, um Menschenleben zu schützen. Und selbst wenn alle – Allergiker und Nicht-Allergiker – sich einig wären, dass die Bienen und Wespen vernichtet werden sollten, um die Menschen zu schützen, wäre es immer noch ein moralischer Fehler, einen solchen Genozid an diesen Insekten zu vollziehen.

Natürlich hat Korsgaard darauf eine Antwort, indem sie annimmt, dass wir den Standpunkt anderer Lebewesen mit in Betracht ziehen müssen, wenn wir uns fragen, was im Interesse aller ist. Doch die Tiere – ganz zu schweigen von unserer geteilten Umwelt – kommen ethisch für Korsgaard nicht unabhängig von uns als alleiniger absoluter Wertquelle in Betracht, sie werden also nicht zur Mitsprache im »Parlament der Dinge« geladen, wie dies der postmoderne französische Soziologe Bruno Latour ausdrückt.[93]

All dies ist ein Ergebnis von Korsgaards Ausgangspunkt: Indem der Mensch als Krone der Schöpfung angesehen wird, der sich von allen anderen Tieren durch seine höhere Einsicht unterscheidet und damit neben plumpen Überlebensinteressen universal teilbare, moralische Werte durch Konsens hervorbringt, werden die anderen Lebewesen zu »Mitgeschöpfen«, wie die deutsche Übersetzung von Korsgaards *fellow creatures* dies nennt.

Dabei handelt es sich insofern um eine Degradierung, als die anderen Tiere vom Standpunkt des Menschen aus wieder einmal als Mängelwesen, also als Menschentiere ohne das spezifische Menschliche von Wissenschaft und Ethik aufgefasst werden – ein klarer Fall von privativer Zoologie (vgl. S. 93). Damit taucht erst gar nicht die Frage auf, inwiefern wir Menschen vielleicht von anderen, ebenfalls prosozialen Lebewesen auch in moralischen Fragen etwas lernen können. Vielmehr erscheint das Tierreich als reiner Naturzustand, in dem lediglich knallharte Interessen gelten, ohne dass die Akteure jemals zu wirklicher moralischer Einsicht fähig wären.

Doch wie kann Korsgaard sich so sicher sein, dass nicht einige der anderen Lebewesen imstande sind, das Gute und das Böse zu erkennen? Zwar diskutieren wir Menschen in unseren Sprachen darüber, was wir tun bzw. unterlassen sollten, und können deshalb unsere Gründe für unser Tun anders kommunizieren und formulieren, als uns dies jedenfalls bisher bei anderen Lebensformen bekannt ist (wer weiß schon, was Wale, Bienen oder Wälder miteinander besprechen?). Doch folgt aus dem »Schweigen der Tiere«, wie die französische Tierphilosophin Élisabeth de Fontenay dies nennt, nicht notwendig, dass sie außerstande sind, moralische Urteile zu fällen.[94]

An genau dieser Stelle kommen wir mithilfe eines aus meiner Sicht bahnbrechenden Ansatzes weiter, der auf die New Yorker Philosophin Alice Crary zurückgeht. In ihrem Buch *Inside Ethics* zeigt sie, dass ethisches Denken prinzipiell nicht »von außen (*from outside*)« gelingt.[95] Damit meint sie, dass die Frage, was wir in einer konkreten Handlungssituation, die wir stets mit anderen Menschen und nicht-menschlichen Lebewesen teilen, aus moralischen Gründen tun sollen, niemals nur dadurch angegangen werden kann, dass wir die Wirklichkeit vom weitgehend standpunktfreien Standpunkt einer empirischen Untersuchung betrachten.

Wer sieht, wie ein Hund vor Schmerzen jault, weil ihm jemand auf die Pfoten getreten ist, braucht keine Studie, um festzustellen, dass man dem Hund ein Übel zugefügt hat, das man vermeiden sollte. Wer einem Hund aus Spaß auf die Pfote tritt, begeht damit einen moralischen Fehler und tut etwas, was in den Bereich des Bösen fällt. Und genauso, wie man menschlichen Eltern nicht ihr Kind rauben sollte, um es zu verspeisen, ist es wohl moralisch um das Wiener Kalbsschnitzel bestellt, weil eben auch Kälber Eltern haben, denen es wichtig ist, dass ihr Kind nicht auf den Teller einer anderen Spezies kommt.

Diese Argumentation setzt freilich voraus, dass das unvorstellbare, furchtbare Leid, das menschlichen Eltern und Erziehungspersonen im Allgemeinen angetan wird, wenn man sie von ihren Kindern trennt (ich möchte mir als Vater an dieser Stelle nicht ausmalen, welche Übel Kindern und denjenigen, die für sie verantwortlich sind, tagtäglich angetan werden!), in einer analogen Form auch bei anderen Lebewesen vorkommt. Wie ich jüngst bei einem Besuch auf einem Bauernhof gelernt habe, unterscheiden Stiere in ihrem sexuellen Begehren und aggressiven Verhalten häufig keineswegs zwischen ihrem eigenen und dem Nachwuchs anderer Artgenossen, was eine der Rechtfertigungen dafür ist, dass man

Kälber von ihren Eltern trennt. Das rechtfertigt natürlich noch lange nicht den Verzehr der Kälber, sondern ist nur ein Hinweis darauf, dass unsere Verwandtschaftsbeziehungen und sozialen Kategorien ungleich komplexer und insbesondere ethisch durchdachter sind als diejenigen vieler anderer Lebewesen, mit denen wir uns intuitiv leicht identifizieren. Wie wir noch sehen werden, müssen wir natürlich anerkennen, dass Menschen von den anderen Lebewesen auf vielfältige Weise radikal verschieden sind, weshalb der Tierbegriff traditionell eben auch ein Begriff für Lebensformen ist, die uns zutiefst fremd sind – weshalb viele Kulturen und Religionen sie sozusagen vorsichtshalber vergöttlicht haben.

Wir erleben die Wirklichkeit als moralisch aufgeladen, also so, dass wir unmittelbar empfinden, dass wir einiges tun bzw. unterlassen sollten. Wir haben keinen Grund zu glauben, dass andere Lebewesen, die ebenfalls normativ urteilen, die also ihre Umwelt in erfreuliche und nicht-erfreuliche Umstände einteilen, sich außerhalb der Ethik befinden und sozusagen reines Naturgeschehen sind, das keinen intrinsischen Wert aufweist. Ganz im Gegenteil spricht alles, was wir heute über das Leben wissen, dafür, dass andere Lebewesen ebenfalls Werte erleben, also Wertvorstellungen haben (indem sie etwa bestimmte Landschaften anderen aus ästhetischen Gründen vorziehen), die sie allerdings nicht schriftlich niederlegen oder auf andere Weise überliefern und im Hinblick auf moralischen Fortschritt verändern.

Wie auch immer es sich genau anfühlen mag, ein Hund, eine Biene, ein Oktopus oder eine Fledermaus zu sein, alles weist darauf hin, dass die Wirklichkeit auch von diesen Lebewesen nicht einfach nur als ein anonymes Geschehen, sondern als etwas empfunden wird, das werthaft ist. Das eindeutig prosoziale Verhalten, das wir außerhalb des Menschlichen (und bereits auf mikrobiologischer Ebene) feststellen, kann als Indiz für Werterkenntnis eingestuft werden. Daraus folgt nicht, dass die Bienen eine explizite Ethik besitzen und auf dieser gar einen Staat aufbauen, wohl aber, dass sie imstande sind, die Werthaftigkeit der Wirklichkeit zu erfassen. So wie Bienen und andere Lebewesen sicherlich erkennen, ob auf einer Wiese viele oder wenige Blumen stehen, ohne deswegen imstande zu sein, eine mathematische Theorie der Zahlen oder Größen zu entwickeln.

Daher lehnt Crary zu Recht den modernen Nihilismus ab, d. h. die »enorm weitgehend akzeptierte Weltanschauung, der zufolge der wirkliche Materialaufbau der Welt in sich bar moralischen Werts ist«.[96] Sofern Menschen und andere Lebewesen dem modernen Nihilismus zufolge als Körper zu einer wertfreien Schicht der Wirklichkeit gehören, befinden wir uns damit weitgehend – und die anderen Lebewesen fast gänzlich – außerhalb der Ethik, sodass es einer Begründung bedarf, warum wir uns überhaupt moralisch richtig verhalten sollten. Diese ist Korsgaard zufolge, wie gesehen, mit unserem reflexiven Vermögen gegeben, uns selbst als Wertquelle aufzufassen, woraus aber umgehend folgt, dass nur unser rationales, reflexives und selbstbewusstes Urteilen eine echte Wertquelle darstellt. So setzt sich bei Korsgaard die antike Urspaltung des Menschen in eine tierische und eine rationale Seite fort, die dann in der Folge dafür sorgt, dass die anderen Lebewesen als bloße Tiere angesehen werden.

*Der **anthropologische Dualismus** ist die These, dass ein Mensch aus zwei Bestandteilen, einem tierischen, unvernünftigen Teil und einem spezifisch menschlichen, meist als höherwertig betrachteten Teil besteht. Das Hauptproblem an dieser These tritt in Erscheinung, wenn der unvernünftige Teil als wertfrei oder sogar als minderwertig, eben als bloßes ›Tier in uns‹ missverstanden wird.*

Crary vermeidet diesen anthropologischen Dualismus von vornherein, indem sie die Vorstellung verabschiedet, die Wirklichkeit sei an sich wertfrei. Gegen diese Auffassung spricht, dass wir alltäglich keineswegs davon ausgehen, wir befänden uns in einem eigentlich wertfreien, ethisch neutralen Naturraum, den wir sozusagen mental, durch unsere Wertvorstellungen einfärben. Diese Konzeption einer an sich wertfreien, allenfalls grausamen Natur, die sich einen Dreck um uns alle schert, entpuppt sich bei genauerer Betrachtung selbst als eine Wertsetzung, also als eine wertende Auffassung der Wirklichkeit.

An die Stelle des modernen Nihilismus tritt bei Crary eine Auffassung der Wirklichkeit, der zufolge wir uns nicht erst durch komplizierte Argumentationen gegen den Nihilismus zur Wehr setzen müssen, weil wir vielmehr immer schon »inside ethics«, also innerhalb von Werturteilen existieren, die seit Menschengedenken andere Lebewesen mit einbeziehen:

> Die Welt ist voll von Dingen, die mit objektivem moralischem Wert ausgestattet sind, nämlich Menschen und Tiere. Folglich liegen wir richtig, wenn wir unser natürliches Verständnis moralischer Urteile ernst nehmen und sie als welt-geführte Einschätzungen der angemessenen Verantwortlichkeit gegenüber diesen Werten auffassen.[97]

Crary greift mit ihrem Ansatz an der richtigen Stelle ein. Wenn es um Fragen der Ethik im Allgemeinen und der Tierethik im Besonderen geht, steht das Verhältnis von Mensch, Tier, Natur und Wirklichkeit auf dem Prüfstand. Einer der Gründe dafür, dass wir uns mit der Hochgeschwindigkeit des modernen Kapitalismus auf dem Pfad einer offensichtlich nicht nachhaltigen Selbstausrottung befinden, liegt darin, dass wir eine falsche Auffassung unserer selbst haben, die den Menschen primär als Zuschauer, als Teil einer Wirklichkeit versteht, die von der Natur entkoppelt ist. Dadurch werden wir blind für die unzähligen Interaktionen, die zwischen unseren Aktivitäten und der sogenannten Umwelt stattfinden, die uns wohlgemerkt nicht umgibt, sondern durchzieht. Die Umwelt ist nicht um uns herum, sondern in uns (man denke nur an die vielen Organismen, die uns bevölkern, oder den schieren Umstand, dass wir selbst Teile physikalischer Felder sind). So greifen wir unmerklich in die Natur ein, indem wir uns etwa online darüber ärgern, dass zu wenig für Naturschutz getan wird, weil jeder Klick, jede Google-Suche, jeder Post, jedes Like, jede Nachricht, jede Videokonferenz Daten erzeugt und verwendet, die es ohne gigantische, gewaltige Energiemengen verschlingende Serverlandschaften nicht gäbe. In diesem Sinne ähnelt unsere digitale Lebenswelt heute leider tatsächlich der Matrix, wie sie in der jüngsten Episode *Matrix – Resurrections* geschildert wird. Die Menschen haben sich buchstäblich im Maschinenraum einer dystopischen Zukunft eingenistet, in der ihr mentales Leben weitgehend digital verläuft, während sie versuchen, das eine oder andere Pflänzlein zu züchten.

Subjektivität und Objektivität – Warum wir keine Fremdlinge in der Natur sind

Heute ist die Vorstellung weit verbreitet, *die* Wissenschaft sei das Paradigma einer objektiven Feststellung von Fakten, an denen wir unsere gesellschaftlichen Verhältnisse ausrichten müssen – wenn etwa aktuell gegen ›Querdenker‹ und Fake-News die Forderung erhoben wird, *die* Wissenschaft müsse eine größere politische Rolle spielen. Aber es gibt nicht so etwas wie eine einheitliche, allumfassende Wissenschaft, sondern im Einzelnen sehr verschiedene Disziplinen, die mit ausdifferenzierten Methoden Wissen erlangen. Um es mit den Worten des Begründers der Ökologie (dem wir den Begriff der Umwelt verdanken), Jakob Johann von Uexküll, zu sagen:

> Mit dem Wort »Wissenschaft« wird heutzutage ein lächerlicher Fetischismus getrieben. Deshalb ist es wohl angezeigt, darauf hinzuweisen, daß die Wissenschaft nichts anderes ist als die Summe der Meinungen der heutelebenden Forscher.[98]

Daraus folgt natürlich nicht, dass es keine Tatsachen oder Fakten gibt, die wir dank wissenschaftlicher Methoden feststellen und zu einem gegebenen Zeitpunkt nicht sinnvoll bestreiten können. Das gilt selbstverständlich auch für die komplexen Krisenphänomene, mit denen wir zu ringen haben. Natürlich gibt es einen objektiv feststellbaren menschengemachten Klimawandel, der mit unserer naturwissenschaftlich-technologischen Zivilisation zusammenhängt, die uns in ein fossiles Zeitalter mit gigantischem Energieverbrauch katapultiert hat. Dies wissen wir dank verschiedener naturwissenschaftlicher Disziplinen, ohne die es freilich wiederum den menschengemachten Klimawandel im heutigen katastrophalen Ausmaß gar nicht gäbe. Ohne moderne Physik, Chemie und Geologie gäbe es keine fossilen Brennstoffe, Motoren, Atom- und Biowaffen. Der Wissenschaft und Technik zuzutrauen, diejenigen Probleme allein zu lösen, die sie maßgeblich zu verantworten haben, ist ein naiver Irrtum, von dem wir uns dringend befreien müssen.

Viele wissenschaftliche Disziplinen (von Teildisziplinen der angewandten Physik bis hin zur Biologie) erforschen mittels naturwissenschaftlicher Methoden die Auswirkungen und Folgen des Klimawandels und können, ja müssen eingesetzt werden, um zu versuchen, nachhaltigere Formen der Mobilität zu entwickeln. Doch ohne soziologische, historische, politik- und kulturwissenschaftliche Forschungen und Methoden können wir das Klimathema nicht sinnvoll angehen. So muss man etwa Indien oder China als komplexe historische und soziale Gebilde erforschen, will man verstehen, welche Form der Nachhaltigkeit mit welcher Gesellschaftsformation vereinbar ist. Es reicht nicht, sich auf das nicht sinnvoll bestreitbare Faktum zu stützen, dass wir den CO_2-Ausstoß der Menschheit reduzieren müssen. Gleichzeitig müssen historische, kulturelle, soziale und auch religiöse Dimensionen des menschlichen Lebens berücksichtigt werden, die sich naturwissenschaftlich nicht sinnvoll erforschen lassen. Kurzum: Es gibt eine Vielzahl von Wissenschaften, die allenfalls gemeinsam haben, dass sie mittels historisch entwickelter, objektiver Methoden Wissensansprüche erheben und dabei auch Erfolge verzeichnen, also Wissen erlangen. Und natürlich werden nicht nur die Wissenschaften die Klimakrise bewältigen, weil es vielmehr auch neuer Praktiken und sozial organisierter Formen des Lebens und Erlebens bedarf, die sich nicht wissenschaftlich erzeugen lassen. Warum sollten wir beispielsweise Weine aus allen Himmelsrichtungen importieren, wenn doch inzwischen überall in der Nähe gute Weine produziert werden? Wir sollten wieder lernen, Regionalprodukte zu schätzen, statt jederzeit auf globale Waren zugreifen zu wollen. Das sind keine wissenschaftlichen Fragen, sondern Fragen der Ästhetik, des Begehrens, der Werbung usw.

Die Forderung, wir sollten uns hinter *die* Wissenschaft stellen, die angesichts der komplexen Krisenlage, in der wir uns befinden, als Orientierungsanker attraktiv erscheint, übersieht, dass diejenigen Probleme, die man nun mit Wirtschaft, Wissenschaft und Technik lösen möchte, dadurch entstanden sind, dass der moralische, menschliche Fortschritt vom naturwissenschaftlich-technischen wenige Jahrzehnte nach der Französischen Revolution entkoppelt wurde.[99] In diesem Zuge hat sich die erkenntnis- und wissenschaftstheoretisch unhaltbare Vorstellung durchgesetzt, Objektivität bestehe darin, die Wirklichkeit in der Form mathematischer Modelle zu beschreiben, um sie in diesem Rahmen vorhersagbar und kontrollierbar zu machen. Doch genau dieses instrumentelle Naturverständnis hat es der modernen Kombination von Naturwissenschaft und Technik erlaubt, Produkte herzustellen, die unseren Planeten verwüsten. Weit davon entfernt, die Menschheit zu erlösen und uns zu erklären, wie wir insgesamt ein richtiges Leben führen können, hat die viel beschworene Wissenschaft im eminenten Singular (*die* Wissenschaft) die moderne Energie- und Konsumgesellschaft möglich gemacht, die man nun mit noch mehr Wissenschaft irgendwie wieder unter Kontrolle bringen will.

Hinter der Idee, wir bräuchten einfach nur mehr Wissenschaft und Technik, um unsere Krisen zu lösen, verbirgt sich eine ganze Reihe von Irrtümern, allen voran ein Irrtum über Objektivität, wie unter anderem Alice Crary deutlich gemacht hat. Als objektiv gilt dem instrumentellen Naturverständnis primär dasjenige, was ohne unser subjektives Erleben, d.h. ohne unsere je individuelle Perspektive der Fall ist.

Diese Auffassung der Objektivität kann man als ***metaphysischen Szientismus*** *beschreiben. Dieser behauptet, Objektivität bestehe wesentlich darin, dass wir unsere Subjektivität abstreifen und in Form von Studien, Messdaten und mathematischen Modellen ein Weltbild entwickeln, das die Wirklichkeit so erfasst, wie sie an sich ist.*

Der metaphysische Szientismus hat sich erst im Laufe der Moderne als eine wegweisende Vorstellung durchgesetzt, wie die Wissenschaftshistoriker Lorraine Daston und Peter Galison in ihrem Buch *Objektivität* gezeigt haben.[100] Er ist keine Selbstverständlichkeit, sondern eine einseitige Auffassung unserer menschlichen Erkenntnisfähigkeit.

Unsere Erkenntnisfähigkeit besteht nicht darin, dass wir unsere Subjektivität (und damit unsere Werturteile) abstreifen, um die an sich wertfreie Wirklichkeit objektiv zu erkennen, sondern vielmehr darin, vom Standpunkt eines Menschen aus zu erkennen, wie die Wirklichkeit ist. Dabei verfälscht unser Standpunkt die Wirklichkeit nicht, sondern gehört vielmehr integral zu ihr: Wir können die Wirklichkeit nämlich überhaupt nur deshalb erkennen, weil wir ein Teil von ihr sind.

Bisweilen hört man, die Quantenphysik hätte das hier kritisierte, falsche Bild der Objektivität im 20. Jahrhundert dadurch ins Wanken gebracht, dass sie die Rolle des Beobachters oder, weniger missverständlich formuliert, den nicht zu vernachlässigenden Beitrag unseres Eingriffs in jedes physikalische System entdeckt hat, über das wir überhaupt zu physikalischem Wissen gelangen können. Dieser Auffassung zufolge soll die Quantenphysik den menschlichen Standpunkt bereits vor über hundert Jahren physikalisch erfasst haben. Doch das ist genau besehen nicht richtig bzw. ergibt sich dieser allererst aus einigen Deutungen der Quantenphysik, nicht aber aus ihren beeindruckenden und präzisen mathematischen Erkenntnissen. Die Quantenphysik verabschiedet (zum Glück!) keineswegs die epistemischen Grundsätze (von griechisch *epistêmê* = Wissen), d.h. die Wissensstandards der modernen Physik, sondern ist durch bahnbrechende mathematisch-physikalische Pionierleistungen entstanden, die unsere Auffassung von der Funktionsweise des von uns unabhängigen Universums beeinflusst haben. Aber sie ist nicht imstande, den subjektiven Standpunkt oder das Bewusstsein zu erfassen, worum es bei ihr auch eigentlich nicht geht.

Gerade weil die Physik die Aufgabe hat, eine Wirklichkeit zu erforschen, die nicht von unserem Erleben gefärbt ist, sondern von mathematischen Parametern strukturiert wird, die sich tatsächlich nicht um unsere individuellen Interessen und Standpunkte scheren, konnte es in der Moderne zu der irrigen Auffassung kommen, wir gehörten als erlebende, geistige Lebewesen nicht so recht zur Wirklichkeit. Weil man Gedanken nicht messen kann, treten die Messung von Hirnströmen und damit der Irrglaube an ihre Stelle, Gedanken seien letztlich mit Hirnströmen identisch. Der Mensch wurde durch die Errungenschaften der modernen Naturwissenschaften zunehmend zum Fremdling im Universum.

Dagegen wendet sich Alice Crary mit dem treffenden Hinweis darauf, dass wir die Wirklichkeit als werthaft erleben. Sie knüpft damit an die philosophische Denkrichtung der sogenannten Phänomenologie an, die maßgeblich von dem großen Mathematiker und Philosophen Edmund Husserl entwickelt wurde und bis heute zu den einflussreichsten Erkenntnissen der Philosophie des 20. Jahrhunderts zählt. Vereinfacht kann man sagen:

*Die **Phänomenologie** untersucht die Art und Weise, wie uns die Wirklichkeit erscheint. Dabei versucht sie zunächst einmal nicht, von unserer Erlebnisweise der Wirklichkeit, von unserer Subjektivität zu abstrahieren, sondern geht umgekehrt davon aus, dass es keinen Sinn hat, nach einer vom Menschen unabhängigen Wirklichkeit zu fragen, in der wir dennoch vorkommen.*

Die Wirklichkeiten, in denen wir leben, sind immer von unserer Mitanwesenheit geprägt.[101] Deswegen schließen sich Subjektivität und Objektivität nicht aus, sondern interagieren in unserer menschlichen Perspektive. Subjektivität und Objektivität sind im Geist verschränkt: Die Wirklichkeit, die wir erleben, schließt uns immer mit ein.

Genau deshalb können wir sie zerlegen und analytisch feststellen, dass viele Tatsachen in jeder relevanten Hinsicht so wären, wie wir sie vorfinden, auch wenn wir uns ihnen niemals zugewandt hätten. Dass es etwa viele Millionen Galaxien gibt, ist ja kein Produkt unserer Astronomie, sondern vielmehr etwas, was wir wissenschaftlich entdeckt haben. Es gibt natürlich unendlich viele Fakten, die von uns ganz und gar unabhängig sind. Doch daraus folgt, anders als der metaphysische Szientismus behauptet, überhaupt nicht, dass es zur Definition von Objektivität und Wirklichkeit gehört, dass sie von uns unabhängig sind.

Aus diesem Grund hat sich in der Gegenwartsphilosophie ein Neuer Realismus entwickelt, dessen zentralen Gedanken man für unseren Kontext folgendermaßen zusammenfassen kann.

*Der **Neue Realismus** geht davon aus, dass unser Erleben der Wirklichkeit, der Geist bzw. die Subjektivität gleichrangig zur Wirklichkeit gehört wie dasjenige, was wir berechtigterweise als von uns unabhängig einstufen. Objektivität besteht demnach nicht paradigmatisch darin, dass wir von der Subjektivität abstrahieren.*[102]

Damit ist der Weg frei zu einem *neuen moralischen Realismus*, d. h. zu der Einsicht, dass die Wirklichkeit unseres Werterlebens und damit die Grundlage unserer moralischen Urteilspraxis keine Illusion sind, sondern vielmehr eine Erkenntnisform, die es uns erlaubt, diejenigen normativen Vorgaben, die die Menschheit dringend benötigt, anzugehen, ohne der irrigen Vorstellung aufzusitzen, *die* Wissenschaft müsse nur bezüglich der harten Fakten (etwa des menschengemachten Klimawandels) befragt werden, damit wir als Gesellschaft sowie als Individuen wissen, was wir tun sollen. Die harten Fakten des Klimawandels, die wir in Temperaturangaben ausdrücken und in leider ziemlich realistischen Zukunftsszenarien durchspielen, lehren uns als solche nichts bezüglich der Frage, welche moralische Haltung und damit welches Menschen-, Natur- und Lebensverständnis notwendig ist, um unsere individuelle und kollektive Lebensführung umzustellen. Nachhaltigkeit ergibt sich nicht nur aus technologischen Lösungen, sondern hat viel damit zu tun, wie wir überhaupt leben wollen, welches Leben wir als sinnvoll erachten.

Was die Naturwissenschaften im Rahmen der beeindruckenden Methoden, die sie in den letzten Jahrhunderten entwickelt haben, auf längst nicht mehr sinnvoll bestreitbare Weise herausgefunden haben, hat nicht umgehend normative Konsequenzen, schreibt uns also noch nicht vor, was wir tun sollen. Denn der Gegenstand der Naturwissenschaften ist zunächst einmal wertfrei: Die Natur-

wissenschaften erforschen die Struktur der nicht-moralischen Tatsachen.

Deshalb kommt es darauf an, um noch einmal Crary zurück ins Gespräch zu bringen, dass »wir unsere Konzeption des Reichs des Objektiven ›erweitern‹, sodass es moralisch bedeutsame Angelegenheiten enthält«.[103]

Es ist Unsinn, zu fordern, dass wir uns »hinter der Wissenschaft vereinigen (*unite behind the science*)«, denn das tun auch technokratische Regimes, Militärdiktaturen und die von vielen inzwischen für das Übel schlechthin gehaltene Automobilindustrie. Die Naturwissenschaften haben zwar eindeutig gezeigt, dass es einen brandgefährlichen menschengemachten Beitrag zum Klimawandel gibt, der große Gefahren und Ungerechtigkeiten birgt, die uns längst um die Ohren schlagen (in Deutschland spätestens für alle spürbar geworden durch die Flutkatastrophe im Sommer 2021). Doch folgt daraus nicht, wie und ob wir überhaupt den Klimawandel abwenden sollten. Das (richtige!) Werturteil, dass wir unsere sozialen und wirtschaftlichen Systeme radikal überdenken müssen, um eine neue Lebensform anzustreben, die es der Menschheit im Zusammenleben mit anderen Lebewesen erlaubt, auf unserem Planeten ein würdiges Leben zu führen, folgt nicht aus den naturwissenschaftlich bekannten Tatsachen. Diese sind seit Jahrzehnten bekannt, ohne dass wir unser Leben bisher angemessen verändert hätten, um ein nachhaltigeres, ruhigeres und letztlich auch spirituelleres Leben zu führen, in dem Selbsterkenntnis und das Streben nach Weisheit wichtiger als kurzfristiger Konsum von letztlich zum Schrott verurteilten Waren wären.

Werte sind ein eigener Teil der Wirklichkeit, sie bilden irreduzible, d. h. durch keine wertfreie Schicht ersetzbare Sinnfelder, wie ich dies nenne. Die Sinnfelder der Werte sind dabei für Lebewesen erfassbar, die das Universum nicht nur in Farben, Formen, Gerüchen, Tönen, Sonareindrücken usw., sondern eben auch werthaft erleben, indem sie dasjenige, was ist, geschieht und getan wird, als gut, böse oder neutral erfahren. Dabei sind Werte ebenso wenig Illusionen wie Farben und Gerüche, wenn sie auch nur erfassbar sind, wenn wir unsere eigene Anwesenheit in der Wirklichkeit mit in Rechnung stellen.

Neue Aufklärung im Zeitalter des Lebendigen

Im Zuge der komplexen Krisenlage, in der sich der Mensch heute befindet, ertönt seit einiger Zeit der Ruf nach einer Neuen Aufklärung. Corine Pelluchon hebt hervor:

> Diese muss einen positiven Inhalt haben und auf der Basis einer Anthropologie und einer Ontologie, die die Herausforderungen des 21. Jahrhunderts berücksichtigt, ein Emanzipationsprojekt präsentieren – und diese Herausforderungen sind zugleich politischer und ökologischer Natur sowie mit unserem Zusammenleben mit anderen, menschlichen wie nichtmenschlichen, Lebewesen verknüpft.[104]

Diese Neue Aufklärung, die aus verschiedenen Traditionen, auf verschiedenen Kontinenten weltweit entwickelt wird, basiert auf drei Annahmen: moralischer Realismus, Universalismus und Humanismus.[105]

---

*Der **moralische Realismus** ist die Annahme, dass es, lediglich insofern wir Menschen sind, objektiv richtige Überzeugungen darüber gibt, was wir tun bzw. unterlassen sollen.*
*Der **Universalismus** ist die Idee, dass dasjenige, was wir aus moralischen Gründen tun bzw. unterlassen sollen, für alle Menschen gilt, mithin kulturübergreifend und prinzipiell auch für alle Menschen in ihrem jeweilig verschiedenen Kontext erkennbar ist.*

*Der **Humanismus** besagt, dass die Ethik als das Nachdenken darüber, was wir tun bzw. unterlassen sollen, anthropogen ist, also aus der menschlichen Lebensform entspringt, ohne deswegen anthropozentriert zu sein, also sich nur auf den Menschen zu richten.*

Die Neue Aufklärung ist angesichts der Herausforderungen unserer Zeit – zu denen zentral diejenigen Phänomene zählen, die wir heutzutage als Klimakrise bezeichnen – der Überzeugung, dass wir nach ethischen Lösungen für komplexe Probleme suchen müssen.

Was wir durch naturwissenschaftlich-technologische Forschung über die Natur herausfinden, ist dabei richtig, es richtet sich nach den Tatsachen und entdeckt damit, wie sich die Natur unter den Bedingungen verhält, die man in der Form von Experiment und theoretischer Konstruktion feststellt. Dank dieser Haltung gegenüber der Natur wissen wir seit Jahrzehnten, dass unsere einseitig konsum- und wachstumsorientierte Auffassung von gelingendem Wirtschaften planetare Grenzen überschreitet und den Menschen mit seiner eigenen Selbstausrottung bedroht.[106]

Daran ist nichts auszusetzen. Welche Lösung eine bestimmte partielle Differentialgleichung hat, wie schnell wir bei welchem CO_2-Ausstoß welchen Kipppunkt erreichen oder wie Nervenzellen aufgebaut sind, betrifft Tatsachen, kann aber normativ – ethisch, politisch, sozial, ökonomisch, religiös, ästhetisch usw. – verschieden eingestuft werden.

Deshalb lehnt die Neue Aufklärung den reduktionistischen Gedanken ab, dass wir die komplexe Krisenlage des 21. Jahrhunderts dadurch überwinden können, dass wir uns »hinter der Wissenschaft (*unite behind the science*)« versammeln oder gar für sie marschieren (*march for science*). Es ist sicherlich brandgefährlich, dass es viele Menschen gibt, die faktische wissenschaftliche Erkenntnisse leugnen. Dafür gibt es viele Ursachen (wozu neben Fake News, sozialen Netzwerken und anderen medialen Verfallsformen eine

Vielzahl komplexer sozio-kultureller und psychologischer Faktoren gehört). Doch eben diese Ursachen für das verbreitete Syndrom des *Denialismus* (von englisch *deny* = bestreiten, leugnen), d. h. der Leugnung faktischer, gesicherter Wissensbestände, lassen sich nicht naturwissenschaftlich-technologisch, sondern nur sozial und psychologisch lösen.

Mit meiner Kritik an der Einseitigkeit des Wissenschaftsbegriffs, der im englischen Ausdruck *science* steckt, ist keineswegs die irrige Vorstellung verbunden, naturwissenschaftliche Erkenntnisse seien falsch oder für normative Fragen unerheblich. Doch können sie normativ verschieden be- und verwertet werden, was man anhand der technikethischen Paradediskussion über die Atomkraft oder die Digitalisierung lernen kann. Sofern der naturwissenschaftlich-technologische Fortschritt von normativen Fragen entkoppelt abläuft, bringt es nichts, sich hinter der Fiktion einer singulären Wissenschaft zu vereinen. Um wiederum Pelluchon zu zitieren, die an dieser Stelle zu Recht die klassische Aufklärungskritik von Max Horkheimer und Theodor W. Adorno aufgreift:[107]

> Es wäre naiv zu glauben, die Wissenschaftsentwicklung sei eine hinreichende Bedingung für globalen Fortschritt, der sich dann auch auf moralischem und politischem Gebiet manifestieren würde. Die Aufklärung sah nicht voraus, dass das objektivierende Denken das Risiko eines Abdriftens der Vernunft barg, das sich in der Instrumentalisierung der zur Technowissenschaft verkommenen Wissenschaft durch die Wirtschaft und in einer Entmenschlichung infolge eines Kontaktverlusts zur Lebenswelt äußerte.[108]

Das Denken der Komplexität, das Pelluchon vorschlägt, ist wesentlich ökologisch, indem es die Integration unserer Lebensprozesse in eine Umwelt zur Folge hat, durch die wir verletzlich, sterblich, aber auch imstande sind, diese Tatsachen über uns selbst als Tiere für moralischen Fortschritt einzusetzen.

Es gibt **moralische Tatsachen**, die darin bestehen, dass Antworten auf ethisch relevante Fragestellungen wahr bzw. falsch sein können. So lautet die Antwort auf die Frage: »Soll ich das Kleinkind, das vor mir in den Pool gestürzt ist, vor dem Ertrinken retten?« eindeutig »Ja«. Sie ist eine moralische Tatsache. Weitere Beispiele für moralische Tatsachen sind all die Kriegsverbrechen, die stattfinden, während Sie diese Zeilen lesen: etwa der Beschuss von Krankenhäusern. Solche Handlungen sind eindeutig böse.

Es gibt also wirklich etwas, was wir unbedingt tun bzw. unbedingt unterlassen sollen (das Gute und das Böse), sowie eine Grauzone, in der wir nach Orientierung suchen. Wir sind weit davon entfernt, alle relevanten ethischen Fragen unseres Zeitalters beantwortet zu haben. Ein Grund dafür, dass wir uns in einer Krisenlage befinden, besteht gerade darin, dass wir normative Fragen gesellschaftlich nicht als solche behandeln, sondern denselben Fehler auf höherer Stufe wiederholen, der uns in die moderne Schieflage gebracht hat: Durch die Entkoppelung des ethischen und damit immer philosophischen Nachdenkens über uns selbst als Menschen vom technowissenschaftlichen Fortschritt wurden allererst die Grundlagen unserer drohenden Selbstausrottung geschaffen.

Mehr Wissenschaft und Technik allein werden die Probleme nicht lösen, sondern allenfalls verlagern, wie etwa die Digitalisierung zeigt. Diese leistet einerseits einen (eher oberflächlichen) Beitrag zur CO_2-Reduktion. Durch Videokonferenzen wird weniger geflogen, es wird wieder weniger gedruckt, und dank moderner Hochleistungscomputer sammeln wir Wissen über diejenigen klimatologischen Zusammenhänge, die wir möglichst genau verstehen müssen, um uns vor den anstehenden Katastrophen zu schützen. Doch gleichzeitig produzieren die Daten, die auf immer größeren Servern verarbeitet und gespeichert werden müssen, ihrerseits gefährlichen Dreck und CO_2. Damit nicht genug, es gäbe ohne den an sich begrüßenswerten Fortschritt der modernen Informatik nicht diejenigen Systeme – allen voran die sozialen Medien –, die Fake News und andere Formen der Desinformation produzieren. Im Allgemeinen entsteht paradoxerweise dank der modernen Wissensgesellschaft eine Überproduktion an Wissen, sodass es gar nicht möglich ist, das naturwissenschaftliche Faktenwissen insgesamt zu überblicken und anzunehmen, es gebe so etwas wie *die* Wissenschaft, der man nur gut genug zuhören müsse, um unsere normativen Probleme anzupacken.

Der ***Szientismus*** *ist die falsche Vorstellung, dass es eine singuläre, letztlich irgendwann einmal allwissende Wissenschaft gibt, die sich durch Experiment, rationale Theoriekonstruktion und Expertise sozioökonomisch durchsetzt und die Menschheit endlich von allen Übeln – vor allem von Krankheit, Tod und politischer Unsicherheit – befreit.*

Die Neue Aufklärung richtet sich im Namen des moralischen und damit des humanen Fortschritts gegen den Szientismus, ohne deswegen den Fehler zu begehen, wissenschaftliche Erkenntnisse zu bestreiten. Ganz im Gegenteil beruht das Projekt einer Neuen Aufklärung auf massiver transdisziplinärer und transsektoraler Kooperation: Die verschiedenen Wissenschaften (zu denen selbstverständlich die Geistes- und Sozialwissenschaften im selben Rang und Sinn wie die Natur- und Technowissenschaften gehören) müssen mit den anderen Teilsystemen der Gesellschaft – wie Wirtschaft, Politik und Zivilgesellschaft – gemeinsam daran arbeiten, ein Menschenbild zu entwickeln, das möglichst auf der Höhe der Wissensbestände des 21. Jahrhunderts ist.

Dabei gilt es auch, unsere Bedürfnisstruktur und unsere Sicht auf das Verhältnis von Mensch, Natur und Animalität zu verändern, das Pelluchon das »Schema (*le schème*)« nennt.[109] Sie bestimmt das Schema als eine Matrix von Produktions- und Reproduktionsweisen unserer menschlichen Lebensform, die sozioökonomisch orchestriert wird. Die Schwäche unserer heutigen, szientistischen Matrix besteht ihr zufolge darin, dass ausschließlich nach technokratischen Lösungen unserer Krisen gesucht wird, ohne dass deren spirituelle, existenzielle, psychosoziale Gründe erforscht und durch Praktiken verändert werden. Unser Selbst- und Fremdverhältnis ist gestört, weil wir die falsche, bzw. genauer, weil wir im Grunde genommen gar keine gesellschaftlich geteilte Zielvorstellung, keine Vision des Guten haben.

Kants vier Fragen – Der Mensch als Frage-Antwort

Der Mensch ist ein Lebewesen, das sich selbst bestimmt. Diese Selbstbestimmung besteht grundsätzlich darin, dass wir als Individuen, aber auch als Kollektive, unser Leben im Licht einer Vorstellung dessen führen, wer wir sind und wer wir sein wollen. Unsere Animalität ist Teil dieser Selbstbestimmung, weil wir nicht einfach nur Tiere und außerdem noch etwas anderes (vernünftig, sprachbegabt usw.) sind. Es ist konstitutiv für uns als Menschen, dass wir uns die Frage stellen, was eigentlich der Sinn unseres Lebens ist, um auf diese Frage dann durch unsere konkreten Einzelentscheidungen sowie durch die Einrichtung gesellschaftlicher Verhältnisse zu antworten. Wie Menschen zu irgendeinem Zeitpunkt ihrer geschichtlichen Selbstbestimmung leben, hängt also davon ab, wie sie sich selbst sehen. In diesem Sinne sind Menschen Antworten auf die Frage, wer oder was der Mensch ist.

Dabei vollzieht sich unsere Selbstbestimmung im Raum von Tatsachen und nicht nur auf der Grundlage von Gefühlen. Wir leben keineswegs in einem postfaktischen Zeitalter, das Angela Merkel 2016 einmal so definierte: »Das soll wohl heißen, die Menschen interessieren sich nicht mehr für Fakten, sie folgen allein den Gefühlen.«[110] Unsere Selbstbestimmung ist deswegen fehleranfällig, was bedeutet, dass wir Wahrheiten über uns selbst erfassen oder eben auch verfehlen können. Sich selbst zu bestimmen ist deswegen kein fehlerfreies Projekt. Menschen sind dabei überdies wesentlich sozial: Wir korrigieren einander, indem wir uns wechselseitig beobachten und informieren, um auf diese Weise eine Gesellschaft aufrechtzuerhalten, in der es diverse Projekte der Selbstbestimmung gibt, die allerdings keineswegs alle richtig und zutreffend sind.

Ein einfaches, aber gewichtiges Beispiel illustriert diesen Gedanken: Wir haben entweder eine unsterbliche Seele oder nicht. Unabhängig von der Tatsachenlage glauben einige Menschen, sie hätten eine, während andere dies bezweifeln. Damit ist klar, dass einige Mitglieder des Menschengeschlechts sich hinsichtlich ihrer selbst täuschen – womit leider noch nicht gesagt ist, wer richtigliegt. Weil unsere Menschenbilder fehleranfällig sind, ist es entscheidend, dass wir alle gemeinsam am menschlichen Selbstbild arbeiten, was voraussetzt, anzuerkennen, dass es eine große Bandbreite menschlicher Selbstbestimmung gibt, die niemand überblickt.

Die Neue Aufklärung ist ein kosmopolitisches Projekt. Sie funktioniert daher nicht ohne transkulturelle Verständigung. Ihr universalistischer Anspruch kann nur eingelöst werden, wenn wir die Frage stellen, wie verschiedene Traditionen, verschiedene Kollektive (Kulturen) und Individuen sich selbst als Menschen verstehen. Das setzt voraus, dass wir kulturelle Differenzen im Menschen-, Natur- und Tierbild erforschen und abgleichen, um auf diese Weise eine möglichst komplexe Antwort auf die zentrale Frage der Philosophie zu geben: Was ist der Mensch?

An dieser Stelle ist es unerlässlich, an Immanuel Kant zu erinnern, der nicht nur einen maßgeblichen (keineswegs nur positiven) Beitrag zur Aufklärung des 18. Jahrhunderts geleistet hat, den viele heute geradezu mit *der* Aufklärung gleichsetzen.[111] Kant hat, wie die meisten Philsoph:innen vor und nach ihm, die gesellschaftlich gewirkt haben, nicht nur akademische Schriften verfasst, in denen er eine theoretische und praktische Philosophie der Vernunft entwickelt. Er hat darüber hinaus gesellschaftliches Engagement gezeigt und sich an das Publikum, die Öffentlichkeit gewandt. Sofern die Philosophie die Aufgabe hat, ihre Ergebnisse und Fragestellungen außerhalb von Fachkreisen auf den Prüfstand zu stellen, spricht Kant vom »Weltbegriff« der Philosophie, den er für »weltbürgerlich« hält, weil es um den Menschen als solchen, d.h. um alle Menschen geht, der – anders, als Kant leider selbst aufgrund teils massiver rassistischer Vorurteile und Verirrungen dachte – nicht in geschlossene Kulturen oder sogar »Rassen« eingeteilt werden kann.[112] An einer bemerkenswerten Stelle, die sich außerhalb seiner berühmten Hauptwerke in einer Logik-Vorlesung findet, heißt es:

> Das Feld der Philosophie in dieser weltbürgerlichen Bedeutung läßt sich auf folgende Fragen bringen:
>
> 1) Was kann ich wissen?
> 2) Was soll ich thun?
> 3) Was darf ich hoffen?
> 4) Was ist der Mensch?
>
> Die erste Frage beantwortet die Metaphysik, die zweite die Moral, die dritte die Religion und die vierte die Anthropologie. Im Grunde könnte man aber alles dieses zur Anthropologie rechnen, weil sich die drei ersten Fragen auf die letzte beziehen.[113]

Welche kognitiven und sonstigen Fähigkeiten wir uns als Individuen bzw. als Menschen zuschreiben, hängt davon ab, welches menschliche Selbstporträt wir bevorzugen. Das Menschenbild bestimmt daher über die weitere Entwicklung unserer Fähigkeiten, die nicht ein für alle Mal vorgegeben sind. Wir wissen nicht, wozu der Mensch alles fähig ist.

Natürlich ist Kant nicht als Erster auf die Idee gekommen, dass der Mensch dank seiner Fähigkeit zur Selbstbestimmung ein offenes, freies Lebewesen ist, das zu vielem, insbesondere zur Naturzerstörung, imstande ist. In den berühmten Versen des Chors in der Tragödie *Antigone* des altgriechischen Dichters Sophokles steht bereits:

Zahlreich ist das Ungeheure, doch nichts
ungeheurer als der Mensch:
Dieses Wesen fährt auch über das graue
Meer im Sturm des winterlichen Süd
und schlägt sich durch unter
rings verschlingendem Wogenschwall,
und der Götter Höchste, die Erde,
die unerschöpfliche, unermüdliche beutet er aus,
wenn seine Pflüge sich drehen Jahr um Jahr
und er sie durchfurcht mit dem Rossegeschlecht.

Der leicht-sinnigen Vögel Volk
fängt er, es umgarnend,
und der wilden Tiere Geschlecht
und die Brut des salzigen Meeres,
mit des Netzes engmaschigen Schlingen:
der überaus kluge Mann. Er bezwingt
mit List und Kunst das frei schweifende,
bergdurchwandelnde Wildtier, und das langmähnige
Ross zügelt er mit dem Joch um den Nacken
und auch den unermüdlichen Bergstier.

Auch die Sprache und windschnelles Denken und den Trieb, Städte
zu ordnen, brachte er sich bei, und unwirtlicher
Fröste unter freiem Himmel und
üblen Regens Geschosse zu meiden,
allbewandert. Unbewandert in nichts geht er
ins Künftige. Vor dem Tod allein
wird er kein Entrinnen gewinnen.
Aus früher unbezwinglichen Krankheiten aber
entsann er sich ein Entrinnen.

Die Erfindungsgabe der Kunst als Geschicklichkeit
über die Hoffnung hinaus besitzend,
schreitet er bald zum Bösen, bald zum Guten.[114]

Wir Menschen sind zum Guten und Bösen befähigt. Das macht uns gefährlich, für uns selbst und für andere Lebewesen. Weil wir mit den anderen Lebewesen zusammenleben und weil wir das paradigmatische Tier sind, ist die Tierethik in jeder Ethik mitzudenken. Wären wir keine Tiere, sondern körperlose Geister oder Engel (wobei die Theologen sich nicht einig in der Frage sind, ob Engel Körper haben), bräuchten wir auch keine Tier- und Naturethik.

Deswegen ist es wichtig, das menschliche Selbstverhältnis im Hinblick auf unsere eigene Animalität zu erforschen, die zu unserem Menschenbild gehört. Tier- und Umweltschutz lassen sich nämlich nicht dadurch begründen, dass wir unsere eigenen Bedürfnisse zurückstellen.

Der heute bei manchen beliebte ***Ökozentrismus****, dem zufolge die Umwelt (was auch immer das sein soll) der eigentliche Grund für ein dringend notwendiges menschliches Handeln, ja gar für eine völlige Transformation unserer Gesellschaften ist, ist eine irrige Auffassung. Denn weder die Umwelt noch die Natur kann alleine eine Vorgabe für die Ethik sein, also für dasjenige, was wir tun sollen, weil wir es als Menschen können.*

Deswegen bedarf es auch keiner Dezentrierung oder gar einer Überwindung des Menschen im Sinne des heute verbreiteten Post- und Transhumanismus, um Tier- und Umweltschutz ethisch zu begründen. Ethik ist ohne Menschen nicht denkbar. Grundsätzlich kann man diese beiden anti-ethischen Tendenzen folgendermaßen umreißen.

*Der **Posthumanismus** geht davon aus, dass jeglicher Unterschied von Mensch und Natur letztlich überholt ist und sich veralteten Denkformen verdankt, die den Menschen von seiner Umwelt abheben und damit direkt oder indirekt als Krone der Schöpfung sehen.*

An die Stelle einer solchen privilegierten Positionierung tritt die etwa vom französischen Soziologen Bruno Latour prominent vertretene Auffassung der *Gaia*, der zufolge wir die Natur als ein komplexes Geflecht von Akteuren verstehen sollten, die zusammen ein lebendiges Netzwerk bilden, in dem wir allenfalls Knotenpunkte, aber kein zentrales Ereignis sind.[115]

*Der **Transhumanismus** hingegen ist mit der Idee verbunden, dass wir den Menschen zugunsten einer höheren, womöglich technologisch hervorgebrachten Lebensform überwinden sollten.*

Diese Vorstellung wird gerne mit Science-Fiction-Fantasien von einer kommenden Superintelligenz oder jedenfalls einer künstlichen Intelligenz verbunden, die wir hervorbringen, um von ihr in der Vorrangstellung auf dem Planeten abgelöst zu werden.

Genau gegen solche anti-aufklärerischen Projekte der Selbstabschaffung des Menschen richtet sich der Humanismus der Neuen Aufklärung. Er ist mit den aufklärerischen Traditionen verbunden, in deren Zentrum der Gedanke der Menschenwürde steht, den Kant betont hat, der aber freilich schon lange vor ihm – etwa in der Renaissance – sowie natürlich auch an anderen Orten des Planeten aufkam, lange bevor es Europa gab. Die Idee der Menschenwürde wird von uns deswegen erfasst und als Richtschnur unseres Handelns erkannt, weil der Mensch zwar etwas Besonderes, ein geistiges Lebewesen ist, das sich seiner Verantwortung gegenüber anderen Menschen und Lebewesen bewusst werden kann. Doch wird daraus gerade nicht geschlossen, dass wir berechtigt wären, die Biodiversität zu reduzieren oder gar den gesamten Planeten zu verwüsten. Ganz im Gegenteil verpflichtet sich jeder Humanismus auf den Hauptgedanken der modernen Umweltethik, den vor allem Hans Jonas als Vordenker einer Ethik des Lebendigen in seinem Hauptwerk *Das Prinzip Verantwortung*[116] formuliert hat.

Weil wir zur moralischen Einsicht sowie zur technologischen Überlegenheit gegenüber anderen Lebewesen befähigt sind, bestehen ihnen gegenüber moralische Verpflichtungen – eine Idee, die freilich genau besehen nicht spezifisch ›modern‹ (man denke nur an die Tierethik im Hinduismus oder Buddhismus), sondern vielmehr zutiefst menschlich ist.

Der Mensch als das Tier, das keines sein will

Dass der Mensch ein Tier ist, ist, wie inzwischen deutlich geworden sein sollte, keine offensichtliche Tatsache, die man heute dank der Evolutionsbiologie feststellen kann. Denn die These, der Mensch sei ein Tier, ist mit einer Vielzahl von Theorien und Vorstellungen verbunden, von denen einige abzulehnen sind. Insbesondere trifft es nicht zu, dass der Mensch *nur* ein Tier ist.

Konkret bedeutet dies, dass ein Mensch nicht damit identisch ist, nicht darin aufgeht, dass ein bestimmter Tierkörper bzw. ein bestimmter Organismus sich an einem Ort aufhält. Das Lebewesen, das ich im Spiegel sehe, ist nicht mein ganzes Selbst, sondern ein – fraglos ziemlicher wichtiger – Teil von mir. Das, was ich bin (und darin unterscheide ich mich nicht von Ihnen), ist ein Denker von Gedanken, der einen bestimmten Standpunkt einnimmt.

Zu diesem Standpunkt gehören natürlich Gefühle und Erlebnisse verschiedener Art. Die Denker:innen von Gedanken sind keine gefühlskalten Mister Spocks oder rein rationale Denkmaschinen, sondern wesentlich Lebewesen. Unser Denken und unser Leben sind aber nicht in unserem physikalisch oder medizinisch vermessbaren Körper verbunden, sondern in demjenigen, was traditionell als »Geist« bezeichnet wird.

Im Allgemeinen ist **Geist** *das Vermögen, sein Leben im Licht einer Vorstellung davon zu führen, wer oder was man ist. Dabei ist es für das Vorliegen des Vermögens des Geistes unerheblich, ob er sich richtig, also als Geist, auffasst oder sich fälschlicherweise mit etwas identifiziert, was wir nicht sind.*[117]

Der Geist kann dabei als ein Ganzes beschrieben werden. Dieses Ganze hat Teile, zu denen unsere begrifflichen oder intellektuellen Vermögen gehören. Als geistige Lebewesen sind wir intelligent, aufmerksam, bewusst, vernünftig, rational und verfügen über viele weitere Fähigkeiten, die es uns erlauben, die Wirklichkeiten, in denen wir leben, zu erkennen, zu verstehen und zu erklären. Vom Standpunkt des Geistes aus ordnen wir unsere individuellen Fähigkeiten, bewerten und pflegen sie, worin unsere Kultur besteht. Auf diese Weise spielen unsere Fähigkeiten eine Rolle in unserem Selbstbild, das wesentlich davon geprägt ist, dass der menschliche Geist sozial ist.

Geist im skizzierten Sinne ist dabei wohlgemerkt keine spezifische Differenz, durch die sich der Mensch von den ›Tieren‹ unterscheidet, weil dieser Vergleich als irrig abzulehnen ist. Denn es gibt eben nicht so etwas wie die Tiere, die zunächst jeweils nur Tiere und dann überdies noch etwas anderes sind. Daher handelt es sich bei der Frage, ob die Geistigkeit des Lebewesens namens »Mensch« uns ins Tierreich einreiht oder uns über es erhebt, um einen Kategorienfehler.

*Ein **Kategorienfehler** ist eine unzulässige Übertragung eines Sinnbereichs auf Gegenstände, die nicht in ihm vorkommen. Konkret bedeutet dies etwa, dass Geist, Bewusstsein, Seele (oder mit welchem Ausdruck auch immer wir auf diese Dimension unseres Lebens hinweisen möchten) nicht direkt, mit den üblichen Methoden der Naturwissenschaften, im Universum nachweisbar sind. Gleichwohl wäre es ein weiterer Kategorienfehler, den Geist deswegen in ein Jenseits zu verbannen, sodass man nicht mehr erklären könnte, wie er kausale Spuren im Universum hinterlässt.*

Diese etwas abstrakte Überlegung kann man folgendermaßen erläutern: Wenn man erklären möchte, warum bestimmte physikalisch oder biochemisch messbare Naturerscheinungen an einem bestimmten Ort auftreten (etwa ein Verdauungsvorgang), involviert dies häufig eine sogenannte Handlungserklärung. Das heißt, man beantwortet die Frage, warum jemand etwas getan hat (etwa einen Bratling gegessen hat). Was man dabei anführt (etwa die vegetarischen Überzeugungen der Person), um die Handlung zu erklären, ist Teil der Gesamtursache für den Ablauf der Naturerscheinungen. Einige Naturerscheinungen, die uns als geistige Lebewesen involvieren (etwa komplexe Handlungsformationen wie eine Bundestagswahl, die auch massive Spuren im kausalen Gewebe des Universums hinterlässt), lassen sich schlichtweg nicht sinnvoll erklären, wenn man die geistigen Akte der Selbstbestimmung außer Acht lässt.[118] Andere Vorgänge, etwa die Verdauung eines Bratlings, laufen weitgehend unabhängig davon ab, welche Intention jemand gehabt haben mag, der den Bratling verzehrt hat. Deswegen folgt daraus, dass der Geist nicht einfach nur ein Teil der Natur ist, nicht, dass wir körperlose Subjekte, unsterbliche Seelen sind. Es folgt aber aus unserer Geistigkeit auch nicht, dass wir notwendigerweise verkörpert oder gar identisch mit unserem Organismus sind.

Zu unserem Selbstbild gehören freilich nicht nur unsere geistigen Fähigkeiten im engeren Sinne, sondern auch diejenigen Dimensionen unseres Lebens, die wir dem Tiersein zurechnen. So gehören dank der Erkenntnisse der modernen Lebenswissenschaften auch anonym ablaufende biologische Prozesse und damit unser Körper als Teile zu unserem Geist. Der Körper ist aus der Sicht des Geistes somit im Geist – und nicht, wie dies heute viele Menschen meinen, die dies gar für wissenschaftlich gesichert halten, umgekehrt. Im Allgemeinen manifestiert sich Geist in der Ausübung der Selbstbildfähigkeit des Menschen: Menschenbilder sind wesentlich dafür, wer wir sind.

Diese auf den ersten Blick sicherlich merkwürdige These kann man mit einem kurzen Ausflug in die **Mereologie**, die Lehre von Ganzen und ihren Teilen, besser verstehen.[119] Beziehungen zwischen Ganzen und Teilen beschränken sich, logisch betrachtet, nicht auf Anordnungen körperlicher Dinge. Der Gedanke 2+2=4 hat auch Teile (etwa die Zahlen, die in ihm vorkommen), ohne dass der Gedanke (oder gar die in ihm vorkommenden Zahlen) deswegen körperlich wäre. Napoleon ist Teil der europäischen Geschichte, ohne dass er deswegen derzeit ein Körperding wäre.

Aus mereologischer Sicht spricht nichts dagegen, etwas Körperliches als Teil von etwas Nicht-Körperlichem aufzufassen. Mein Gedanke, dass es gerade in Zürich (wo ich diese Zeilen abtippe) nieselt, ist etwas Nicht-Körperliches. In diesem Gedanken kommt Zürich ebenso wie der Nieselregen vor. Zwar streitet sich die Sprachphilosophie seit geraumer Zeit über die Frage, ob körperliche Dinge wie etwa der Montblanc Teile von Gedanken sind oder nicht vielmehr sprachförmige oder neuronale Stellvertreter dieser Dinge. Allerdings führt es zu Absurditäten, anzunehmen, dass wir nicht direkt über Zürich, Nieselregen oder den Montblanc nachdenken können, sondern stattdessen mit sprachlichen, neuronalen oder sonstigen Bildern solcher Dinge vorliebnehmen müssen. Wenn ich nur dann über den Nieselregen nachdenken kann, wenn ich ein neuronales oder sonstiges Bild (eine Repräsentation) des Nieselregens habe, woher weiß ich dann überhaupt, dass es Nieselregen gibt? Denn ich könnte den Nieselregen an sich nicht mit meiner Repräsentation vergleichen, ohne damit wiederum nur eine Repräsentation mit einer anderen Repräsentation zu vergleichen. Der Logiker, Mathematiker und Philosoph Gottlob Frege bringt dies in seinem berühmten Aufsatz »Der Gedanke. Eine logische Untersuchung« auf den Punkt:

> Wenn ich nicht weiß, dass ein Bild den Kölner Dom darstellen solle, weiß ich nicht, womit ich das Bild vergleichen müsste, um über seine Wahrheit zu entscheiden. Auch kann eine Übereinstimmung ja nur dann vollkommen sein, wenn die übereinstimmenden Dinge zusammenfallen, also gar nicht verschiedene Dinge sind. Man soll die Echtheit einer Banknote prüfen können, indem man sie mit einer echten stereoskopisch zur Deckung zu bringen sucht. Aber der Versuch, ein Goldstück mit einem Zwanzigmarkschein stereoskopisch zur Deckung zu bringen, wäre lächerlich. Eine Vorstellung mit einem Dinge zur Deckung zu bringen, wäre nur möglich, wenn auch das Ding eine Vorstellung wäre.[120]

Aus mereologischer Sicht spricht jedenfalls nichts dagegen, dass die körperliche Wirklichkeit Teil von Gedanken sein kann, die selbst nicht körperlich sind. Genau genommen spricht dafür sogar die beeindruckende Erfolgsgeschichte der modernen mathematisierten Naturwissenschaften, allen voran der Physik. Zwar weiß niemand so recht, warum es eigentlich überhaupt möglich ist, die Natur zumindest teilweise in mathematischen Modellen zu erfassen und durch reine mathematische Forschung etwa im Rahmen der theoretischen Physik zu neuen Erkenntnissen über die Natur zu gelangen. Der Nobelpreisträger für Physik Eugene Wigner spricht in diesem Zusammenhang gar von einer geradezu unvernünftigen Effizienz der Mathematik (*unreasonable effectiveness of mathematics*).[121] Doch wie auch immer die Lösung dieses Rätsels lautet, fest steht, dass wir dank unserer logisch-mathematischen Fähigkeiten imstande sind, das Universum beeindruckend weitgehend zu erforschen, und gedanklich dank der Sprache der Mathematik unendlich weit über den Tellerrand unseres Horizonts blicken können.[122]

Wenn also im Allgemeinen keine guten Gründe gegen die Annahme sprechen, dass die körperliche Wirklichkeit mereologisch gesehen Teil nicht-körperlicher Ganzheiten sein kann, warum sollten wir diese Idee nicht zum Einsatz bringen, wenn es um das Verhältnis von Geist und Natur geht?

Und genau darin liegt ein Schlüssel zur Erkenntnis unserer Animalität. Denn als geistige Lebewesen ist unser Körper in vielfältiger Weise Teil unseres Geistes, unseres Selbstbilds. Das ist natürlich aus der Psychologie, Psychiatrie, Neuro- und Kognitionsforschung insofern vertraut, als bekannt ist, dass jede:r von uns über ein Körperschema, d. h. ein Bild davon verfügt, wie unser eigener Körper aussieht. Wir empfinden unseren Körper deswegen immer auf eine bestimmte Weise und stellen uns vor, wie wir in etwa für andere aussehen, wie unsere Stimme klingt usw. Dieses Selbstbild ist dabei ausgesprochen fehleranfällig und verzerrt, was jede:r aus der Erfahrung kennt, sich selbst im Spiegel oder auf Fotos zu sehen oder die eigene Stimme zu hören.

Doch neben diesem Körperschema, das eher einem Bild unseres Körpers als diesem selbst gleicht, kann man noch weiter gehen und sagen, dass unser Körper selbst Teil unseres Geistes ist. Diese Teilhabe zeigt sich darin, dass wir unseren Körper pflegen und bewusst bearbeiten bzw. dies unterlassen und uns gehen lassen können. Der menschliche Körper ist nicht einfach nur ein Teil der Umwelt des Geistes, sondern, wie Ludwig Wittgenstein dies einmal ausgedrückt hat: »das beste Bild der menschlichen Seele«.[123]

Unser Körper ist nicht etwa eine dunkle Seite, die wir in uns tragen, weil unsere Organismen von Jahrmillionen der Evolution geprägt sind und deshalb auch heute noch tiefe Reiz-Reaktions-Muster und grundlegende Emotionen wie Furcht, Aggression, Zuneigung, Zufriedenheit usw. zeigen. Es ist nicht so, dass evolutionär ältere Schichten unseres Organismus wie der Hirnstamm oder das Mikrobiom, das unsere Darmflora bewohnt, uns sozusagen wie tierische Instinkte steuern, die man mit Mühe und Not zivilisatorisch und halbwegs rational in den Griff kriegt. Vielmehr eignen wir uns als geistige Lebewesen unseren Körper an und machen ihn zum Teil unseres Geistes – bis er spätestens durch Krankheit und Tod die Regie übernimmt und den Geist bis zur völligen Erlöschung trüben kann. Die Aneignung unseres Körpers durch unser geistiges Körperbild wirkt sich auch in Dimensionen unseres Körpers aus, die wir nicht genau kennen. Und viele Prozesse in unserem Körper verlaufen tatsächlich autopoietisch, d. h. durch Selbstorganisation von Teilsystemen, auf die wir keinerlei bewussten Zugriff haben (man denke an den Hirnstamm oder die Bakterien im Darm).

Dass der Körper Teil des Geistes ist, impliziert keineswegs, dass wir deswegen eine unsterbliche Seele haben. Der Glaube, wir hätten eine unsterbliche Seele, ist vielmehr eine mögliche Antwort darauf, was Geist ist. Doch daraus, dass wir geistige Lebewesen sind, folgt nicht, dass wir unser Leben sozusagen überleben können und nach dem Tod des Körpers fortbestehen. Ob der körperliche Tod das Ende des Lebens ist, wissen wir schlichtweg nicht.

Zweiter Teil
Der Sinn des (Über-)Lebens

Die eigentliche Bestimmung des Menschen besteht darin, zu leben, nicht zu existieren. Ich werde meine Tage nicht mit dem Versuch vergeuden, mein Leben zu verlängern. Ich will die ganze Zeit über brennen.

Jack London

Die Biologie allein kann uns keinen Aufschluss über den Sinn des Lebens geben, was kein Manko ist. Denn sie verfügt nicht über diejenigen Begriffe, die es erlauben, im menschlichen Leben und Überleben irgendeinen besonderen Rang, einen Sinn, einen Wert oder eine besondere Würde zu erkennen.

Biologisch betrachtet, verkörpern wir tatsächlich nur eine Form, die das Leben annimmt, eine Form unter vielen anderen – wobei heute niemand weiß, ob es außerhalb der Erde ebenfalls zu einer Evolution von Lebewesen gekommen ist, die derjenigen auf Planet Erde ähnelt, oder ob das Leben selbst (wenn dieses denn überhaupt ein einheitliches Phänomen ist) ein lokales Ausnahmephänomen der Natur ist.

Wie gesehen, gibt es bis heute keine verbindliche Definition des Lebens, sondern nur mehr oder weniger gut gesicherte Kriterien dafür, woran wir Leben erkennen, die meistens auf der Annahme basieren, dass Zellen die Grundbausteine des Lebens sind. Doch bereits dies trifft so nicht ohne Weiteres zu, weil viele Zellarten aus Teilsystemen (wie den Organellen) bestehen, denen man nicht unbedingt das Leben absprechen kann.

Die Vorstellung, wir lebten im geologischen Zeitalter des Menschen, im Anthropozän, ist fehl am Platze. Denn im Naturgeschehen sind wir nicht einmal ansatzweise so zentral, wie unsere gegenwärtige, nicht sinnvoll zu bezweifelnde Selbstgefährdung durch die von Menschen befeuerte Erderwärmung uns vorgaukelt. Als Lebewesen ist der Mensch biologisch betrachtet keine Ausnahmeerscheinung.

In diesem Teil des Buchs werden wir sehen, dass dies im Umkehrschluss nicht bedeutet, dass wir nur armseliger Sternenstaub oder ein planetarischer »Schimmelüberzug«[1] des Planeten sind, wie der pessimistische, meist übel gelaunte Philosoph Arthur Schopenhauer meinte. Es ist ein Irrtum, ein Kategorienfehler, den Sinn des menschlichen Lebens allein an biologischen Parametern festzumachen.

Im ersten Teil ging es um die Frage, inwiefern der Mensch ein Tier ist. Dabei hat sich herausgestellt, dass der Tierbegriff eine versteckte anthropozentrische Projektion enthält: Er sagt mehr darüber aus, wie wir Menschen uns von anderen ›Tieren‹ (oder gar ›den Tieren‹ insgesamt) abgrenzen, als darüber, wie Tiere in Wirklichkeit sind.

Dabei habe ich vorgeschlagen, dass wir uns in unserer überlieferten Selbstbestimmung als Tier noch mehr an den Lebenswissenschaften orientieren und anerkennen, dass es zwar unzählige Lebewesen und Lebensformen gibt, diese aber nicht sinnvoll unter die Kategorie des Tieres subsumiert werden können. Die wohl mehr als eine Billion Arten umfassende Bandbreite des Lebens, zu der unzählige Mikroorganismen gehören, ist viel zu komplex, um einfachen Einteilungen wie Pflanze, Tier und Mensch zu entsprechen.[2]

Im Folgenden beschäftigen wir uns nun mit dem Problem des Sinns des Lebens. Die Frage nach dem Sinn des Lebens ist eng damit verbunden, dass wir sterblich und verwundbar sind. Ob und wie wir den Menschen als Tier verstehen, ist untrennbar mit unserer Bewertung des Lebens verwoben. Doch hat es überhaupt einen Sinn, nach dem Sinn des Lebens zu fragen, oder müssen wir metaphysisch ernüchtert davon ausgehen, dass das Leben eine mehr oder weniger zufällige Abfolge von Formen ist, die auf unserem Planeten »wie ein Schimmelüberzug« entstanden sind?

Dabei wird es auch um den Zusammenhang der Frage nach dem Sinn des Lebens mit unseren Vorstellungen vom nackten Überleben gehen. Und es wird sich herausstellen, dass diese Fragen zutiefst politisch sind, weil sie unsere Vorstellungen vom Gemeinwesen betreffen. Dass die Biopolitik einen zentralen Platz in der Politik des 21. Jahrhunderts einnimmt, dürfte seit Beginn der Corona-Pandemie jedem aufgefallen sein.[3]

Der Sinn des Lebens erschöpft sich nicht im schieren organischen Überleben. Denn das Überleben kann seinen Sinn verlieren; und es ist nicht immer und für jeden möglich, ihn wiederzufinden. Das Leben kann zur Tragödie werden, was für unfassbar viele Menschen zutrifft, denen furchtbare Dinge zustoßen. Neben natürlichen Toden und zufälligen Unfällen, die uns aus dem Leben reißen, gibt es sozio-ökonomisch produziertes Leid, von dem unzählige Menschen betroffen sind. Solches teils natürlich, teils zufällig, teils sozial produziertes tragisches Leid hat keinen tieferen Sinn, es ist auf eine schmerzliche Weise sinnlos.

Umgekehrt erleben wir Menschen es als erfüllend und sinnvoll, wenn wir durch unsere Tätigkeiten einen Beitrag dazu leisten, dass sich unser Leben gemeinsam mit dem Leben anderer weiterentwickelt. Daran zu arbeiten, dass Tragödien unwahrscheinlicher werden, dass möglichst viele Menschen in Würde leben und sterben können, dass wir durch Prinzipien sozialer Gerechtigkeit gemeinsam dafür Sorge tragen, in Gesellschaften zu leben, die es möglichst allen erlauben, einen Sinn in ihrem Leben zu finden, ohne anderen dadurch zu schaden – all dies erscheint uns sinnvoll.

Die Grundidee des liberalen Pluralismus

Im Folgenden werde ich vor diesem Hintergrund den Gedanken entfalten, dass der Sinn des Lebens das gute Leben ist und dass dieses darin besteht, dass wir gemeinsam am humanen, moralischen Fortschritt arbeiten. Ziel und Sinn unseres irdischen Lebens ist es, dass wir Spielräume der sozialen Freiheit abstecken, die es jedem Menschen erlauben, einen Sinn im Leben zu finden, worin auch immer dieser dann im Einzelnen bestehen mag. Das ist die **Grundidee des liberalen Pluralismus**. Freiheit ist dabei kein individualistischer Begriff, d. h. kein Begriff, der uns Menschen voneinander unterscheidet oder gar unsere Interessen gegeneinander in Stellung bringt, sondern vielmehr etwas, was uns verbindet. Der liberale Pluralismus darf daher nicht mit dem entfesselten Neoliberalismus verwechselt werden, der die Freiheit der Einzelnen darin sieht, dass wir Präferenzen haben, die wir in losen strategischen Kooperationen mit anderen verfolgen und gegen die Präferenzen anderer durchsetzen. Vielmehr sind wir Menschen derart eng miteinander verwoben, dass keine Ausübung unserer Freiheit jemals vollkommen a-sozial ist.

Der liberale Pluralismus hat damit ein ethisches Fundament. Der Sinn des liberalen Pluralismus besteht nicht darin, die derzeit herrschende, global gesehen moralisch verwerfliche Arbeitsteilung moderner Gesellschaften zu rechtfertigen, bei der Wohlstand und Ressourcen so verteilt sind, dass zu viele Menschen direkt und indirekt unter den Konsumbedürfnissen reicher Industrienationen leiden. Das gute Leben setzt voraus, dass wir daran arbeiten, dass möglichst alle Menschen in seinen Genuss kommen. Wir empfinden das Leid anderer, weil wir Menschen miteinander verwoben sind. Das ist einer der Gründe, warum es traumatisch ist, eine Pandemie oder sogar einen Angriffskrieg zu erleben, auch wenn man selbst nicht unmittelbar betroffen ist.

Die individuelle Freiheit, einen Sinn im Leben zu finden, so werde ich argumentieren, ist wesentlich sozial. Das meiste dessen, was wir gerne tun, tun wir schließlich mit anderen. Die Freiheit, Tennis zu spielen, jemanden zu küssen, Wein zu trinken oder vegane Kochbücher zu lesen, steht niemandem zur Verfügung, ohne dass andere Personen eine moralisch relevante Rolle dabei spielen. Beim Tennis soll man nicht schummeln, man soll nur Menschen küssen, die dies auch akzeptieren, man soll beim Autofahren keinen Wein trinken, und man soll keine veganen Kochbücher kaufen, deren Tantiemen Attila Hildmanns Hetze, Ausländerfeindlichkeit und Antisemitismus verbreitenden Medienkanälen zugutekommen.

Menschliche Freiheit ist immer soziale Freiheit. Selbst die Freiheit, sich zurückzuziehen und mit möglichst wenig Menschen in Kontakt zu treten, ist sozial reguliert, weil es sich etwa nicht gehört, Eremiten in ihren Berghöhlen zu stören oder Menschen, die gerne alleine leben, zu einer Zwangsheirat zu nötigen.

Wie im ersten Teil gesehen, ist der Mensch nicht nur ein Tier. Vielmehr sind wir geistige Lebewesen, die unter anderem zu höherer Moralität, zu expliziter ethischer Erkenntnis imstande sind. Wir werden Stiere nicht davon überzeugen, dass Inzest für ihre Familienstruktur schädlich ist, Menschen hingegen schon; wir werden Löwen nicht zu Vegetariern machen, um die armen Gazellen zu schützen; wir werden Schimpansen nicht vom Feminismus überzeugen usw. Aber wir muten uns als Menschen wechselseitig zu, gemeinsam am moralischen Fortschritt mitzuwirken. Zwar haben verschiedene Menschengruppen verschiedene Vorstellungen davon, worin dieser besteht. Es gibt mehrere moralische Wertvorstellungen, die an der einen oder anderen Stelle miteinander unvereinbar sind. Aber bei alledem sind eben nur Menschen imstande, explizite ethische Werturteile zu formulieren und sie zu fehleranfälligen und revidierbaren Erkenntnisansprüchen zu erheben.

Das ist kein Einwand gegen, sondern ein Argument für Tier- und Umweltethik. Wir sind aufgrund unserer moralischen Erkenntnisfähigkeiten für andere Lebewesen und unsere geteilte Umwelt auf eine Weise verantwortlich, die für Schweine, Schlangen, Wälder, Pilze und Bakterien so nicht gilt. Es gibt einen kategorialen Unterschied zwischen dem prosozialen Verhalten anderer Lebewesen, die ebenfalls mit Artgenossen sowie in der Form der Symbiose über vermeintlich geschlossene Artgrenzen hinweg kooperieren, und der menschlichen Ethik. Denn diese durchläuft historisch komplexe Fortschritts- und Rückschrittsprozesse, die durch sprachliche, institutionelle und kulturelle Faktoren ermöglicht werden, die nicht sinnvoll in den Sprachen der Lebenswissenschaften abbildbar sind.

Der Mensch existiert sozusagen an der Schnittstelle von Geist und Natur. Wir kennen beides und wissen gleichzeitig, dass wir beides nicht vollständig kennen – ganz zu schweigen davon, dass wir den genauen Zusammenhang von Geist und Natur ebenfalls nicht erfassen können. Wir wissen nicht, worin Bewusstsein besteht und welche Aspekte unseres mentalen Innenlebens letztlich mit Hirnströmen oder Neuronengewittern identisch sind.[4] Es gehört zum Sinn des Lebens, dass wir ihn niemals ganz erfassen und als Katalog von Anweisungen und Lebensregeln zur Grundlage unserer Gesellschaften machen können. In dieser Hinsicht ist der liberale Pluralismus säkular, also politisch möglichst neutral gegenüber spezifischen religiösen und weltanschaulichen Auffassungen des Sinns des Lebens, was ihn aber nicht etwa zu einer atheistischen Haltung macht. Unsere Auffassung vom Leben ist niemals völlig un-metaphysisch und damit einfach nur säkular, weil bereits unser Selbstporträt als Tier auf Wertsetzungen beruht, die weit über dasjenige hinausgehen, was wir lebenswissenschaftlich über uns wissen. Daher sind Biologismus und Kreationismus, die sich feindselig gegenüberstehen, beide metaphysische Positionen, die innerhalb des liberalen Pluralismus als Extreme existieren.

---

*Der **Biologismus** ist die These, der Sinn des menschlichen Lebens in all seinen sozialen, historischen, kulturellen und institutionellen Ausprägungen und damit unsere soziale Freiheit könnten letztlich auf den Umstand zurückgeführt werden, dass wir Tiere sind, deren Lebensform sich biologisch vollständig entziffern lässt. Diese Auffassung ist ebenso weltanschaulich (und damit falsch) wie ihr extremes Gegenteil, der **Kreationismus**, der meint, alle Lebensprozesse würden direkt von Gott verursacht und gesteuert, sodass die Biologie auf fundamental falschen Prämissen beruhe.*

Allerdings ist auch der liberale Pluralismus nicht einmal ansatzweise so bescheiden und metaphysisch säkular, wie er sich bisweilen geriert. Wir können nämlich nicht einfach nur annehmen, dass jede und jeder den Sinn des eigenen Lebens selbst bestimmt. Die Selbstbestimmung ist eine Forderung, die historisch aus der Aufklärung hervorgegangen ist. Diese plädiert dafür, dass wir unsere Selbstbestimmung, unsere Autonomie, unabhängig von der Frage ausüben können, welche metaphysische Weltanschauung letztlich richtig ist, übersieht damit aber, dass eben diese Auffassung der Selbstbestimmung ebenfalls auf einem Wahrheitsanspruch beruht. Der liberale Pluralismus erhebt dagegen einen ethischen Anspruch, der unser aller soziales Leben bestimmt, denn er fordert uns dazu auf, die Selbstbestimmung anderer als legitim anzuerkennen, auch wenn sie uns gegen den Strich geht. Er ist demnach nicht gerade bescheiden, auch wenn er aus meiner Sicht auf einem völlig richtigen ethischen Fundament beruht.

Gänzlich säkular ist er ebenfalls nicht, weil er auf metaphysischen Auffassungen davon beruht, wie menschliche Selbstbestimmung, d. h. wie Autonomie funktioniert. Das hat jüngst der berühmte, in Stanford lehrende Politikwissenschaftler Francis Fukuyama in einem wegweisenden Buch über den Liberalismus überzeugend dargelegt.[5] Wie unsere Autonomie in die Wirklichkeit passt, so argumentiert er, lässt sich nicht ausschließlich naturwissenschaftlich-technologisch beantworten; dafür sind zu viele Fragen offen (etwa, was Bewusstsein ist und wie der freie Wille mit den Naturgesetzen vereinbar ist). Dennoch sind wir berechtigt, an unserer Autonomie festzuhalten und den liberalen Pluralismus als eine Wertsetzung zu verteidigen, eben weil er im Begriff der Menschenwürde und damit des unendlichen Werts eines jeden Menschen in seiner Individualität ethisch begründet ist.

Liberale Auffassungen, die die Grundlage der liberalen Demokratie sind, sind – das hat etwa der kanadische Philosoph Charles Taylor in seinen Büchern herausgearbeitet[6] – das Erbe einer Vielzahl religiöser Traditionen. Der liberale Pluralismus hat deswegen

Raum für die Entfaltung von Metaphysik, d.h. in diesem Zusammenhang für konkrete Vorstellungen davon, welche Bereiche der Wirklichkeit nicht empirisch erforschbar, sondern nur durch spekulative Konzepte erfassbar sind.

Aufklärungsprozesse sind moralisch ambivalent, weil sie einerseits moralischen Fortschritt ermöglicht haben, dabei aber auch mit kolonialen Ausbeutungsstrukturen, Misogynie (das Frauenwahlrecht ist eine sehr späte Erfindung der Moderne) sowie implizitem und explizitem Rassismus verbunden auftraten, worauf Kritikerinnen und Kritiker der eurozentrischen Schieflagen der neuzeitlichen Aufklärung hingewiesen haben. Doch sind diese Phänomene den Ideen der Aufklärung nicht inhärent, zumal sie in viel schärferer Form vor der modernen europäischen Aufklärung sowie auch völlig unabhängig von der Aufklärung stattfanden und stattfinden. Aber die Aufklärung bedarf weiterer Aufklärung – ein Vorgang, der nicht abgeschlossen ist und auch gar nicht abgeschlossen werden kann, weil die Menschheit immer wieder mit anderen Herausforderungen konfrontiert ist, auf die wir moralisch richtig und moralisch falsch, also irgendwo auf dem Spektrum zwischen Gut und Böse reagieren können.[7]

Der liberale Pluralismus beruht auf einer Konzeption des Sinns des Lebens, die es erlaubt, der sozialen Freiheit eine politische Gestalt zu geben. Ziel der sozialen Freiheit ist es, möglichst viele Lebensentwürfe zuzulassen und sogar zu fördern. Jede:r soll die Sinnsuche auf eigene Weise durchlaufen können, ohne dadurch anderen in ihren Fähigkeiten zur Entfaltung des Sinns im Leben zu schaden. Der liberale Pluralismus schafft Spielräume zur Entfaltung sozialer Freiheit mit dem ethischen Ziel, moralischen Fortschritt zu begünstigen.

Das dadurch geforderte Gleichgewicht zwischen einer offenen Vielfalt an Lebensentwürfen wird in der modernen, auf die Französische Revolution zurückgehenden Trias Freiheit / Gleichheit / Solidarität *ausgedrückt, die ein Wertideal bezeichnet, das wir in konkreten Handlungs- und Entscheidungssituationen immer wieder aufs Neue realisieren müssen.*

Das setzt voraus, dass wir einerseits Werturteile fällen, uns also entscheiden, wer wir sind und wer wir sein wollen. Andererseits sind diese Werturteile aber revidierbar und fehleranfällig, weil wir niemals genug über uns selbst, die anderen und die Natur wissen, zu der wir alle gehören, um in komplexen Situationen insgesamt fehlerfrei zu urteilen.

Beliebig viele einzelne Urteile sind freilich wahr und in diesem Sinne fehlerfrei. So urteile ich jetzt, dass ich diese Zeilen in einem Flugzeug von San Francisco nach Frankfurt schreibe, was wahr ist. Außerdem urteile ich, dass ich meinen Bildschirm vor mir sehe; dass ich diesen Satz innerhalb der nächsten Minute zu Ende schreiben werde; dass ich zehn Finger habe usw. Wir verfehlen die Wirklichkeit niemals insgesamt und sind daher durchaus imstande, sie so zu erkennen, wie sie ist. In komplexen Situationen sind allerdings zu viele Urteile nötig, um sichergehen zu können, dass wir die Situation insgesamt und damit auch in ihrer dynamischen Entwicklung erkennen. Deswegen ist unser Erkenntnisleben stets *noisy*, unordentlich und auf nicht vorhersagbare Weise fehleranfällig, wie Daniel Kahneman, Olivier Sibony und Cass R. Sunstein in ihrem Buch *Noise* mit vielen Belegen gezeigt haben.[8]

Doch darf man diese Komplexität nicht als Ausrede verwenden, um die Existenz objektiv gültiger Werturteile zu leugnen. Ganz im Gegenteil sind komplexe ethische Problemlagen Anzeichen dafür, dass es objektiv gültige Werte gibt, die uns in schwierige Entscheidungssituationen bringen. Komplexe ethische Probleme, vor denen jede:r von uns an irgendeinem Punkt steht, setzen voraus, dass es geteilte und weitgehend offensichtlich richtige Werturteile gibt, die Grundlagen dafür sind, komplexe Probleme zu behandeln. Ein leider allzu aktuelles Beispiel ist das einfache und wahre

Werturteil, dass es moralisch verwerflich, ja sogar böse ist, dass die russische Armee zivile Einrichtungen wie Kindergärten, Theater, Krankenhäuser und so weiter bombardiert und damit völlig unschuldige und am Krieg unbeteiligte Menschen auf grausame Weise hinrichtet. Komplexer wird es, wenn wir uns fragen, was wir als Individuen und Entscheidungsträger:innen tun sollen, um den furchtbaren Angriffskrieg in der Ukraine zu beenden. Das sind harte und komplexe Fragen, die sich in diesen Wochen etwa unser Bundeskanzler oder unsere Außenministerin stellen und die sie mit Handlungen, Strategien, Aussagen usw. beantworten, in denen sich Werturteile ausdrücken. Diese stehen dabei auf einem guten Fundament, weil sie vom richtigen Werturteil ausgehen, dass man diesen Krieg nicht einfach laufen lassen darf. Doch ist damit allein noch lange nicht die Frage beantwortet, ob man eine Flugverbotszone über die Ukraine einrichten oder gar direkt in den Krieg eingreifen soll. Ganz zu schweigen von der sowohl strategisch als auch ethisch komplexen Frage eines Energie-Handelsembargos, die auch die klimapolitische Problematik der fossilen Energieversorgung berührt.

Das Leben selbst ist komplex. Daher sollte es nicht verwundern, dass der Sinn des Lebens keine einfache Angelegenheit ist.

Die Geschichte des Lebens

Der Begriff des Lebens hat eine lange und verwobene Geschichte. Er hat sogar mehrere Geschichten. In Afrika und Indien, in China oder in den westlichen Hochkulturen wurde und wird auf sehr unterschiedliche Weise über das Leben nachgedacht. So gilt vielen Kulturen beinahe alles als lebendig, wozu auch Steine und Himmelskörper gehören können, was etwa der bereits erwähnte Aborigines-Denker Tyson Yunkaporta in seinem Buch *Sand Talk* schildert. Die Vorstellung, nur solche Wesenheiten seien lebendig, die aus Zellen bestehen, ist menschheitsgeschichtlich sehr jung, da wir überhaupt erst seit wenigen Jahrhunderten wissen, dass es Zellen gibt. Die Auffassung, Leben sei ausschließlich eine Eigenschaft von Zellen oder von Systemen, die aus Zellen bestehen, ist dabei bis heute nicht wirklich begründet worden, sie ist ein modernes Dogma, worauf mich der späte Humberto Maturana bei einem Besuch in Santiago de Chile im Frühjahr 2018 hingewiesen hat. Der Biologe und Philosoph, der berühmt damit geworden war, dass er die Lebendigkeit der Zelle mit dem Begriff der **Autopoiese**, d. h. der Selbsterzeugung und -erhaltung eines Systems verband, hat sich in seinen letzten Lebensjahren darauf konzentriert, die Biologie der Liebe zu erforschen.[9] Ich erinnere mich noch sehr genau, wie er den Raum betrat, in dem ich bei ihm zu Hause auf ihn wartete, und mir umgehend mitteilte, er sei zu der Erkenntnis gelangt, dass letztlich der gesamte Kosmos lebendig und es ein Irrtum gewesen sei, die autopoietische Struktur der Zelle als ausschlaggebendes, notwendiges Kriterium des Lebens zu betrachten. Vielmehr seien die Verbindungen zwischen Systemen – und damit auch die Liebe als eine herausgehobene, wertvolle Verbindung zwischen mehreren Lebewesen – entscheidend dafür, wie wir Leben verstehen sollten.

Aber nicht nur der Begriff des Lebens, sondern auch das Leben selbst hat eine lange Geschichte. Deren genauen Anfang kennen wir nicht.[10] Es gibt nur mehr oder weniger gut begründete Spekulationen darüber, wie in unserem Universum aus materiell-energetischen Systemen, die noch nicht lebendig waren, irgendwann einmal solche entstanden sind, die man als lebendig einstufte. Vielleicht ist die Frage aber auch verfehlt, was davon abhängt, welche Systeme man als lebendig betrachtet. Sollten indigene Menschengruppen, die Steine oder Galaxien für lebendig halten, richtigliegen, wäre die Vorstellung falsch, das Leben sei irgendwann auf unserem Planeten entstanden.

In jedem Fall reicht die Geschichte der Bausteine des Lebens mindestens zurück bis zur Bildung von Kohlenstoff, ohne den es keine Lebensform gäbe, die wir auf Planet Erde kennen. Allein dieser Vorgang wirft physikalische Rätsel auf, die unter anderem auf ein mathematisch-physikalisches Problem bei der Berechnung des sogenannten »Hoyle-Zustands« verweisen. Dieser Zustand ist nach Sir Fred Hoyle benannt, der übrigens auch den Ausdruck »Big Bang« geprägt hat. Beim Hoyle-Zustand handelt es sich um

> eine energiereiche Form des Kohlenstoffkerns. Er ist der Bergpass, über den man von einem Tal ins andere gelangt: von drei Kernen des Gases Helium zum sehr viel größeren Kohlenstoffkern. [...] Ohne diese Art von Kohlenstoffkern wäre daher vermutlich auch kein Leben möglich gewesen.[11]

Die genauere Erforschung der Struktur dieses Zustands hat selbst metaphysisch enthaltsame Physiker wie meinen Bonner Kollegen Ulf-G. Meißner oder den Nobelpreisträger Steven Weinberg dazu bewegt, ein schwaches anthropisches Prinzip in der physikalischen Forschung ernsthaft in Erwägung zu ziehen.[12] Ein anthropisches Prinzip (von griechisch *anthrôpos* = Mensch) besagt, dass der Mensch für die Erkenntnis bzw. Beschaffenheit des Universums wesentlich ist, dass wir also kein kosmischer Zufall sind.

Das ***schwache anthropische Prinzip*** *besagt, dass die Messwerte, die Physikerinnen im Universum feststellen, davon abhängen, dass sie von Lebewesen erhoben werden, die kohlenstoffbasiert sind. Unsere faktische Präsenz im Universum findet sich in dessen Grundstrukturen wieder, weil es uns ansonsten nicht gäbe. Das Universum kann deswegen kein Ort sein, der uns ganz und gar fremd ist. Es ist vielmehr mindestens insofern für uns erkenn- und erforschbar, als es auf den Prinzipien beruht, aus denen irgendwann auch erkennende Lebewesen entstanden sind, die Physik betreiben.*

Die Physiker Barrow und Tipler fügen dem hinzu, dieses schwache Prinzip könne nicht umstritten sein, besage es doch nur, dass das Universum, das wir beobachten können, sich so verhält, wie es sich verhält, weil wir es erkennen können. Sonst gäbe es uns schließlich nicht. Und das beinhaltet nun einmal die Bildung von Kohlenstoff unter komplexen Bedingungen. Erkennende Lebewesen, die nicht kohlenstoffbasiert sind, sähen dies für sich vermutlich anders.[13]

Die Frage, ob man aus den komplizierten physikalischen Voraussetzungen der Entstehung derjenigen Form der Materie, ohne die es kein kohlenstoffbasiertes Leben geben könnte, irgendetwas über die Bedeutsamkeit des erkennenden Lebens für das Universum schließen kann, ist damit natürlich nicht beantwortet. Außerdem ist damit nicht gesagt, ob auch ein **starkes anthropisches Prinzip** angenommen werden kann, dem zufolge das Universum notwendig auf seine Selbsterkenntnis in erkennenden Lebewesen wie dem Menschen zuläuft. Das können wir wohl schon deswegen nicht entscheiden, weil wir keine anderen Universen kennen und somit nicht wissen, ob in allen Universen erkennendes Leben entstehen kann. Wenn es aber Universen gibt, in denen kein erkennendes Leben entsteht, ist dessen Existenz jedenfalls nicht notwendig.

Unter welchen Bedingungen sich Leben entwickelt, steht auf einem anderen Blatt, da wir letztlich derzeit nicht genügend naturwissenschaftliches Wissen haben, um die Entstehungsgeschichte des Lebens nachzuzeichnen. Ich führe diese Aspekte nur als gewichtige Beispiele für die Reichweite unseres faktischen weitreichenden Nichtwissens an, was die physikalischen und biologischen Grundlagen unserer verkörperten Existenz betrifft.

Dabei ist die Sachlage dadurch, dass einerseits der Begriff des Lebens und andererseits das Leben selbst eine Geschichte haben, noch einmal um einiges komplexer als die Frage nach dem naturwissenschaftlich rekonstruierbaren Ursprung des Lebens. Denn je nachdem, wie wir den Begriff des Lebens bestimmen, werden wir nach anderen Anfängen des Lebens suchen und auf andere Weise fündig werden.

Als wäre all dies nicht schon Anlass genug, dem Leben gegenüber erkenntnistheoretisch ziemlich bescheiden zu sein, besteht beim Phänomen des Lebens das hartnäckige Zusatzproblem, dass wir heute schlichtweg nicht wissen, ob es auf anderen Planeten oder sogar außerhalb von Planeten Leben gibt, sodass wir auch nicht wissen, ob die heute bekannten allgemeinen Naturgesetze, die faktisch überall im Universum gelten, dazu führen, dass unter ähnlichen Bedingungen immer auch Leben entsteht (etwa auf allen bewohnbaren Planeten).

Kurzum: Sowohl der Begriff des Lebens als auch das Leben selbst werfen unzählige Probleme auf, die heute nicht gelöst sind. Doch folgt daraus nicht, dass das Leben an sich ein Rätsel oder Mysterium ist, sondern nur, dass es Unzähliges gibt, was wir über das Leben und seine Geschichte nicht wissen. Wir wissen auch nicht insgesamt, was wir alles nicht über das Leben wissen, nur einige Wissenslücken sind uns bewusst. Deswegen sind angesichts des Lebens erkenntnistheoretische Bescheidenheit und ethische Demut geboten. Denn das Leben ist eindeutig eine gewichtige Wertquelle.

Die Idee des Lebens

Obwohl das Leben also in verschiedenen Hinsichten eine komplexe Angelegenheit ist, über die wir vieles nicht wissen, ist zumindest eine prominente Geschichte des Lebens aufschlussreich, wenn wir uns in diesem Teil nun der Frage widmen wollen, was denn der Sinn des Lebens ist. Diese Geschichte ist eng mit der Idee verwoben, überhaupt eine Naturwissenschaft zu entwickeln – ein Einfall, der, soweit wir wissen, auf die alten Griechen zurückgeht. Diese haben nicht nur Physik und Mathematik, sondern eben auch die Biologie als Wissenschaft erfunden, weil sie wissen wollten, wie die verschiedenen Naturphänomene, die sie beobachteten, zusammenhängen.

Dabei sind sie auf den fraglos genialen Gedanken gekommen, dass die Naturphänomene bestimmten Mustern folgen, die zeitlich so angeordnet sind, dass man in den Naturabläufen Regelmäßigkeiten feststellen kann, die sich logisch-mathematisch erfassen lassen. Dieser heute allen Studierenden der Naturwissenschaften vertraute Gedanke war seinerzeit eine ziemlich radikale Innovation.[14]

Für unseren Zusammenhang ist bedeutsam, dass die Griechen diejenigen Phänomene als Leben betrachteten, die darin bestehen, dass ein allgemeines Muster, eine Gattung (ein *genos*, lateinisch: *genus*), sich in einzelnen Fällen wiederholt, also etwa das ungefähre Aussehen eines Pferdes im Unterschied zu einem Elefanten. Das griechische Wort für Gattung ist mit dem Wort für das Werden (*genesis*) verbunden. Eine Gattung ist etwas, das sich in den Naturprozessen durchhält, ein Muster, das sich im Wandel gleich bleibt.

Nun ist es so, dass in der Wirklichkeit nicht Gattungen, sondern nur Individuen existieren, die dasjenige gemeinsam haben, was der Gattungsbegriff erfasst. Nach heutiger Auffassung lässt sich dies etwa molekulargenetisch (die *Gene*tik enthält ja den Ausdruck für Gattung nicht zufällig in sich) feststellen. Hält man demnach auf der Ebene der Zellbaupläne nach Gattungsmustern Ausschau, so kann man etwa die Familie der Primaten zusammenstellen, was dazu führt, dass wir derer derzeit vier lebende Gattungen unterscheiden: Gorillas, Menschen, Orang-Utans und Schimpansen.

Diese Gattungen gehören aufgrund ihrer Abstammungslinien, die man genetisch feststellt, zur selben Familie. Konkret bedeutet dies, dass in jedem Individuum, das zu einer Gattung gehört, bestimmte genetische Muster erkennbar sind, dank derer wir das Individuum einer Gattung zuordnen können.

Arten (griechisch *eidê*, lateinisch *species*) bilden dem griechischen Urgedanken zufolge eine Unterordnung innerhalb einer Gattung. Die Exemplare einer Art weisen ein ähnliches Aussehen auf, was eine mögliche Übersetzung von *eidos* bzw. *species* ist. Alle

Menschen ähneln äußerlich allen Menschen, alle Schimpansen allen Schimpansen. Der Artbegriff entspricht auf dieser Ebene in etwa demjenigen, was man heute als Phänotyp bezeichnet, d. h. die äußere Erscheinungsweise eines Lebewesens. Arten teilen Klassen von Lebewesen, die einander ähneln (Gattungen), noch einmal auf. Sie sind feinkörniger.

Natürlich sind die zoologischen Einteilungen im Einzelnen schwierig, was in den lebenswissenschaftlichen Fachdisziplinen diskutiert wird, die sich mit der Frage beschäftigen, wie man jeweils angesichts des methodischen Forschungsstands zu einer angemessenen Naturklassifikation gelangt. In unserem Zusammenhang geht es aber nicht darum, eine im engeren Sinne biologische These zu formulieren, dazu sind andere berufen. Wichtig ist vielmehr, zu verstehen, dass die Idee des Lebens nicht beschränkt ist auf dasjenige, was wir mit lebenswissenschaftlichen, etwa molekulargenetischen Methoden erkennen können.

Das Leben ist keineswegs nur ein lebenswissenschaftliches oder gar nur ein biologisches Thema. Und genau das war auch schon die altgriechische Einsicht, die uns zur *Idee des Lebens* führt, wie dies kein Geringerer als Georg Wilhelm Friedrich Hegel genannt hat, der in der gegenwärtigen lebensphilosophischen Diskussion seit einiger Zeit wieder im Zentrum steht.[15] Denn Hegel hat dafür argumentiert, dass das Leben nicht nur eine Eigenschaft unserer Körper, sondern auch unseres Geistes ist.

Hegel knüpft in dem Kapitel »Das Leben« in seiner *Wissenschaft der Logik* (ein Werk, das ich nur denjenigen empfehlen kann, die damit die nächsten zehn Jahre zubringen möchten) an die Griechen an. Entscheidend ist dabei seine Erkenntnis, dass wir nicht nur organische Systeme, sondern auch ganz andere Phänomene als »lebendig« begreifen. Und in der Tat ist es so, dass die Griechen sogar mustergültig an Denkvorgänge dachten, als sie den Begriff des Lebens diskutierten.

Leben heißt auf Griechisch *bios* (daher die Biologie) bzw. *zoê* (daher die Zoologie). Lebewesen heißen *zôa*, was von dem zweiten

Wort abgeleitet ist. Ich führe das hier nicht nur als gelehrten Kommentar an. Denn wichtig ist, dass Aristoteles Leben als »Verwirklichung der Vernunft (*energeia nou*)«[16] auffasst, also nicht primär oder ausschließlich als einen Prozess versteht, dank dessen sich elementare Lebensformen (etwa Zellen), die als geformte organische, kohlenstoffbasierte Materie existieren, gegen den Umweltdruck der Entropie, also – vereinfacht gesagt – der Auflösung ihrer strukturellen Muster behaupten.

Diesen Gedanken muss man sich auf der Zunge zergehen lassen, daher hier noch einmal in etwas kleineren Schritten: Die *organische Chemie* erforscht chemische Verbindungen, die auf Kohlenstoff basieren. Diese kommen in allen uns bekannten Lebewesen vor. Alle uns bekannten Lebewesen unterscheiden auf einer grundlegenden Ebene (paradigmatisch auf der Ebene von Zellen) zwischen sich selbst und ihrer *Umwelt*, wie das der Biologe und Philosoph Jakob Johann von Uexküll genannt hat (vgl. S. 105). Uexküll prägte den Begriff der Umwelt 1909 in seinem Buch *Umwelt und Innenwelt der Tiere* und wurde damit zum Vorreiter der Ökologie. Auf einer Tagung zu den philosophischen Grundlagen der Neurowissenschaften, die im November 2021 im spanischen Cáceres stattfand, erklärte der britische Zoologe und Neurowissenschaftler Matthew Cobb auf meine Nachfrage hin, jede einzelne Zelle und damit auch jede einzelne Nervenzelle besäße eine Umwelt, zu der freilich vor allem andere, mit jener zusammenhängende Nervenzellen gehörten.[17] Demnach ist es jedenfalls nicht richtig, dass es *die eine* Umwelt gibt. Der Begriff der Umwelt ist relativ, er bezeichnet die für ein Lebewesen relevanten Ereignisse und Strukturen und nicht etwa einen riesigen Ort (die Natur, das Universum, den Kosmos), wo alles stattfindet.

Lebendige, kohlenstoffbasierte Systeme sind dabei offen, d. h. sie tauschen Stoffe mit ihrer Umwelt aus. Auf diese Weise erhalten sie ihre Struktur aufrecht und stemmen sich gegen die Entropie (vereinfacht gesagt: die unvermeidliche Auflösung von stabilen Strukturen), was eine Teilantwort auf die Frage »Was ist Leben?«

ist. Darauf hat insbesondere der berühmte Quantenphysiker Erwin Schrödinger hingewiesen, der den Begriff der Negentropie (d.h. der aktiven Strukturerzeugung und -aufrechterhaltung, etwa durch Ernährung oder Sport, ein Begriff, den man für die Physik des Lebendigen braucht) eingeführt und damit die Molekularbiologie maßgeblich beeinflusst hat.[18] Die Entropie, die aus der Thermodynamik abgeleitet ist, würde ohne Negentropie dafür sorgen, dass sich Lebewesen viel schneller auflösten, als ihnen lieb sein kann. Wir kennen die Entropie aus Alltagsphänomenen, wie etwa dem Umstand, dass wir zwar leicht Milch in einen Kaffee gießen können, dass es aber weitaus schwieriger ist, diesen Vorgang umzukehren, also aus einem Milchkaffee wieder einen schwarzen Kaffee zu machen. Außerdem wird jeder Kaffee schneller kalt, als einem dies lieb ist, weil er eben in einem Zusammenhang mit seiner Umgebung steht und an diese Wärme abgeben muss, ohne dabei selbst wieder Wärme erzeugen zu können. Unser Kaffee lebt eben nicht und ist deshalb gnadenlos der Entropie ausgesetzt (was ein Vorteil ist, da es ansonsten ziemlich sadistisch wäre, lebendigen Kaffee zu trinken), weil die Zellen der Kaffeebohnen sich nicht mehr selbst reproduzieren.

Der Unterschied von Selbst und Umwelt bringt dabei eine elementare Form der Normativität (also des Unterschieds zwischen richtigem und unrichtigem Verhalten) hervor, wie der bedeutende US-amerikanische Philosoph Robert Boyce Brandom 2019 in seinem Meisterwerk über Hegel, *Im Geiste des Vertrauens*, gezeigt hat.[19] Lebensformen unterscheiden zwischen demjenigen, was für sie gut ist (Nahrung), und Schadstoffen, die sie sich nicht aneignen sollten. Auf diese Weise entsteht bereits auf einer elementaren Lebensstufe ein werthafter Unterschied zwischen einem Selbst und seiner Umwelt, aus der das Selbst Nahrungsstoffe für den Stoffwechsel bezieht, woraus bereits Hans Jonas in seiner Naturphilosophie den Schluss gezogen hat, dass unser Selbstsein, unsere Subjektivität Ausdruck von Lebensprozessen ist.[20]

An dieser Stelle könnte man versucht sein, diese grundlegenden

Eigenschaften der uns bekannten Lebensformen als sehr entfernte biologische Vorfahren unserer komplexeren sozialen, ethischen und politischen Werturteile aufzufassen und sie damit letztlich zu biologisieren. Doch das wäre ein klassischer Kategorienfehler, also eine unzulässige Übertragung von Denkformen und Tatsachen, die in einem Sinnfeld (dem der Biologie oder Zoologie) gelten, auf ein anderes Sinnfeld (Ethik, Politik oder Geschichte), in dem sie nicht in derselben Weise gelten.

Ich spreche an dieser Stelle statt von Bereichen von Sinnfeldern, wobei es sich um Felder von Gegenständen handelt, die auf eine bestimmte Weise erscheinen, d.h. qualitativ und quantitativ angeordnet sind.[21] Gegenstände sind grundsätzlich zählbar, sie bilden Einheiten. Auf meinem Schreibtisch liegen einzelne Bücher, vor mir steht ein großer Bildschirm, links von mir liegt ein Schlüsselbund. Ich könnte diese Gegenstände zählen. Das ist eine quantitative Anordnung. Doch diese Gegenstände bedeuten mir auch etwas, sie haben Qualitäten für mich. Sie sind mehr oder weniger sinnvoll für mich angeordnet. Wir erleben die Wirklichkeit niemals nur quantitativ, also als eine Ansammlung von Gegenständen, sondern immer auch qualitativ, in Farbe, Ton, Geschmack und Gefühl. Einige Sinnfelder lassen sich physikalisch beschreiben und erforschen (etwa das Sinnfeld der Elementarteilchen oder dasjenige der Galaxien), für andere Sinnfelder wäre dies Unsinn (etwa das Sinnfeld der Koalitionsverhandlungen der Ampelparteien). Es ist unmöglich, alle Sinnfelder auf Quantität zu reduzieren, es gibt Qualitäten, die sich zwar mathematisch (etwa als Vektoren) beschreiben lassen, ohne dass diese Beschreibung sie dabei auf messbare Quantitäten reduziert.[22]

Damit kommen wir auf Aristoteles und Hegel zurück. Diese behaupten nämlich, es sei ein Kategorienfehler, das Leben auf organische Prozesse zu reduzieren, d.h. hier: Leben mit organisch basierten Prozessen zu identifizieren, die sich als offene Systeme der Entropie widersetzen. Denn auf diese Weise erhält man zwar durchaus einige Grundbegriffe des Lebens des Geistes – wie Selbst und Nicht-Selbst oder eine elementare Normativität, d.h. einen Unterschied zwischen etwas, was sein soll (Nahrung), und etwas, was nicht sein soll (Schadstoffe) –, verfehlt aber das Ziel, lebendige Prozesse zu verstehen, die nicht sinnvoll in der Sprache der organischen Chemie beschrieben werden können.

Zu lebendigen Prozessen, die nicht chemikalisch beschreibbar sind, gehören der Unterschied zwischen einem Ich und einem Nicht-Ich sowie der weitere Unterschied zwischen demjenigen, was man nicht selbst ist (einem allgemeinen Nicht-Ich), und demjenigen, was ein anderes Ich, ein *Alter Ego* bzw. ein Du ist.

Ein Ich ist dabei mehr als ein Selbst. Wir erleben uns nicht nur als ein Selbst, das in eine Umwelt eingebettet ist, von der es sich auch unterscheidet, sondern auch als eine mehr oder weniger rationale Schaltzentrale unseres Lebens, die Absichten verfolgt und eine Biografie hat. Diese Dimension des menschlichen Lebens geht weit über alles hinaus, was wir Zellkulturen wie etwa sogenannten Biofilmen zutrauen, in denen Mikroorganismen unterschiedlichster Art sozial kooperieren.[23] Wie wichtig diese auch immer für die Prozesse des Lebendigen auf unserem Planeten sein mögen, sie verfolgen keine rational artikulierbaren Absichten, selbst wenn sie evolutionär unendlich hartnäckiger als komplexere organische Lebensformen sein mögen.

In diesem Zusammenhang hat Robert B. Brandom in seinem besagten Hegel-Werk gezeigt, dass bereits das Vorhandensein eines elementaren biologischen Selbst Normen hervorbringt. Ein Selbst (und sei es das eines Einzellers) unterscheidet biochemisch zwischen sich und anderem und kann sich dadurch bspw. in einer Umwelt bewegen und Nährstoffe suchen. Ein Ich hingegen kann diesen Umstand, d.h. die Orientierung an Normen, wiederum zu einer Norm machen. Deswegen haben wir ein Verständnis unserer normativen Orientierungen sowie immer auch ein Verständnis der normativen Orientierungen (Wünsche, Hoffnungen, Werte, Ziele usw.) anderer Personen, die ebenfalls imstande sind, ein Leben im Licht einer Vorstellung ihrer selbst zu führen. Wir machen unsere

Wertorientierungen in Sprache, Institutionen, Kunst, Religion, Kultur usw. explizit, wie Brandom an anderer Stelle ausführt.[24] Die damit verbundenen sozialen Praktiken überschreiten bei Weitem die Herstellung von Gütern unseres Überlebens. Gesellschaft ist deswegen nicht nur ein »System der Bedürfnisse«, wie Hegel dies genannt hat, d.h. etwas, was sich ökonomisch organisieren und mehr oder weniger gut planen lässt.[25]

Leben und Überleben – Die Grundform der menschlichen Gesellschaft

Wenn wir unser Leben als sinnvoll erfahren und in einer Glückserfahrung oder einer bedeutsamen Episode unseres Lebens (dem neuen Traumjob, der großen Liebe, der Geburt eines Kindes, der gelungenen Aufführung eines lang geübten Musikstücks, dem Erleben göttlicher Präsenz usw.) den Ausdruck eines Sinns des Lebens sehen, machen wir eine Erfahrung, die andere Menschen involviert. Selbst der einsame Spaziergang im Wald oder die Meditation, in der wir uns auf uns selbst und unsere Sinne ohne Wertung zu besinnen versuchen, bleiben auf andere Menschen bezogen. Jemand hat uns beigebracht, wie man meditiert, oder wir meditieren (etwa in einem buddhistischen Kloster) mit anderen.[26] Und dass man einen einsamen Waldspaziergang als erholsam und sinnstiftend empfindet, ist ebenfalls etwas, was man von anderen irgendwann gelernt hat, indem man etwa in der Wald-AG in der Grundschule, im Kindergarten oder mit der Familie Erfahrungen mit dem Wald gemacht hat, die man sich später im Leben direkt oder indirekt in der Form eines Waldspaziergangs in Erinnerung ruft. Und auch diejenigen Menschen, die den Sinn des Lebens für etwas halten, was Gott gestiftet hat, dem sie ihr Leben widmen, stützen sich damit auf eine soziale Erfahrung des Umgangs mit einem göttlichen Du, die in der Regel in der religiösen Gemeinde zelebriert wird.

Der Mensch ist demnach offensichtlich ein soziales Lebewesen.[27] Unsere Sozialität ist dabei nicht etwas, was wir uns irgendwann, meistens ziemlich früh im Leben, aneignen. Niemand von uns wäre imstande, diese Zeilen zu lesen, wenn wir nicht bereits im Mutterleib in einer sozialen Beziehung mit anderen Lebewesen (zunächst der Mutter und ihren internen organischen Vorgängen, an denen viele nicht-menschliche Lebensformen beteiligt sind) gestanden hätten. Im Mutterleib bilden sich die grundlegenden neuronalen und sonstigen Baupläne unseres Organismus aus, weshalb wir den Mutterleib bereits mit einer ziemlich komplexen Ausstattung und Persönlichkeit verlassen – was alle Eltern und Erziehungspersonen aus eigener Erfahrung bestätigen können. Dabei ist unsere Individualität als Organismus ihrerseits ziemlich komplex, weil wir etwa auch über individuelle Immunsysteme verfügen, die uns noch genauer von anderen Menschen unterscheiden als unsere Fingerabdrücke.[28]

Unsere organische Struktur und damit unser Überleben ist folglich bereits im Mutterleib ein soziales Produkt, d. h. Ergebnis sozial koordinierter Vorgänge. Die Mutter muss sich ernähren oder ernährt werden, damit der Fötus ein Nervensystem ausbildet; das setzt Arbeitsteilung voraus. Und wir müssen alle auf die eine oder andere Weise sozial gezeugt werden (üblicherweise durch Geschlechtsverkehr oder irgendeine andere Form der sozial orchestrierten Befruchtung einer Eizelle).

Bisher habe ich von Lebensformen gesprochen, um möglichst alle Lebewesen abzudecken und den verwirrenden Tierbegriff fernzuhalten, bei dem es sich, wie im ersten Teil beschrieben, um eine menschlich-allzumenschliche Projektion handelt. An dieser Stelle möchte ich allerdings einen weiteren Unterschied einführen, der wichtig ist, um den Sinn des Lebens (in einer anspruchsvollen Bedeutung) zu erfassen.

Das organische Leben, das die Lebenswissenschaften erfolgreich und häufig zum Wohl der Menschheit erforschen, bezeichne ich als ***Überlebensform****. Die Medizin etwa arbeitet sich an der Überlebensform organischer Systeme (eines Herzens, der Haut oder eines ganzen Menschen oder anderen Lebewesens) ab. Sie versucht, organische Prozesse zu erhalten, zu unterstützen oder auch abzutöten (etwa einen Tumor, der ein unerwünschter Fremdkörper, eine Überlebensform ist, die wir töten wollen).*

Doch die Medizin erforscht in der Regel (mit Ausnahme der Psychosomatik, der Psychiatrie usw.) nicht das Leben des menschlichen Geistes (ganz zu schweigen vom göttlichen Geist, wenn es diesen denn gibt, was hier weder bestritten noch behauptet werden soll). Zum Leben des Geistes gehört die ästhetische Erfahrung einer Sinfonie, die Lektüre von Dantes *Göttlicher Komödie*, ein wilder Abend im Club, Bundestagswahlen oder der aktivistische Einsatz gegen die politische Langsamkeit im Kampf gegen den menschengemachten Klimawandel, um nur einiges von dem zu nennen, was Menschen bedeutsam ist.

Nennen wir all dies im Unterschied zum Überleben und damit zu unserer Überlebensform unsere *Lebensform.*[29] Seit Aristoteles spricht man hierbei auch von unserer »zweiten Natur«, was allerdings missverständlich ist, weil der Geist letztlich nicht nur ein erweiterter Bereich der Natur, sondern kategorial von ihr unterschieden ist.

An dieser Stelle ist es wichtig, einen Verdacht zu zerstreuen, ehe er sich festsetzt. Dass Geist und Natur *kategorial* voneinander unterschieden sind, heißt, dass der Geist eben kein feinstoffliches Gespenst ist. Der Geist gehört gerade nicht in der Weise zum Universum wie Photonen, Kernkräfte, die Schwerkraft oder Neuronen. Er befindet sich nicht im Gegenstandsbereich der Physik. Genau das übersieht der in dieser Hinsicht zu Recht viel gescholtene

Cartesische Dualismus (auf René Descartes zurückgehend), der annimmt, dass es in der Natur zwei Substanzen, also zwei Arten von Dingen gibt, die ausgedehnten, materiellen Körper und die immateriellen Seelen oder Denksubstanzen, die irgendwie (man weiß nur nicht, wie) interagieren.

Das heißt nicht, dass der Geist irgendwie mysteriös oder nicht wissenschaftlich untersuchbar wäre. Depressionen manifestieren sich im Serotoninspiegel, Freude im Endorphinspiegel usw. Das erforscht die molekulare Psychiatrie im Detail. Doch die materielle Manifestation subjektiver Zustände ist nicht mit diesen Zuständen identisch. Man misst eben Serotonin und weiß, dass dies mit subjektiven Zuständen korreliert. Doch dasjenige, was man auf diese Weise aus der Beobachterperspektive misst, und der subjektive Zustand sind nicht identisch, sonst würde man ja buchstäblich einen subjektiven Zustand sehen können, und das ist Unsinn. Man sieht niemals das eigene Sehen, sondern etwa einen Apfelbaum. Der subjektive Zustand des Sehens ist selbst unsichtbar, was nicht bedeutet, dass er unwirklich ist.

Geist ist Gegenstand geistes- und sozialwissenschaftlicher Forschung sowie unseres alltäglichen sozialen, politischen, ästhetischen oder religiösen Erlebens. Anzuerkennen, dass es Geist gibt und dass er sogar in mathematischen Modellen (etwa denjenigen, die Wirtschaftswissenschaftlerinnen oder quantitativ arbeitende Soziologinnen entwickeln) erfassbar ist, ist daher in keinem relevanten Sinne mysteriös.

Der menschliche Geist ist die Quelle des Sinns des Lebens. Der Sinn speist sich nicht aus dem reinen Überleben.

Wir können zwischen unserer Überlebensform *und unserer immer auch geistig vermittelten* Lebensform *unterscheiden. Sowohl unsere Überlebensform als auch unsere Lebensform sind dabei konstitutiv sozial. Damit ein Mensch überhaupt so lange überleben kann, dass er notfalls wie ein auf einer Insel Gestrandeter oder eine Figur aus einem der unzähligen jüngeren postapokalyptischen Filme (als letzter Mensch) allein überleben könnte, muss er von anderen Menschen erzogen worden sein (das Thema des* Dschungelbuchs *klammere ich aus). Johann Gottlieb Fichte bringt dies auf den Punkt: »Der Mensch wird nur unter Menschen ein Mensch.«*[30]

Wollen wir für immer leben?

Nur zu überleben kann nicht der Sinn des Lebens sein. Ob Menschen ihr Leben noch als sinnvoll empfinden, wenn sie in sehr hohem Alter ihre Familie und Freunde überleben, hängt von vielen Faktoren ab und wird je nach Person anders eingeschätzt. Philosophisch noch schwieriger wird es, wenn wir uns vorstellen, dass wir wie der fliegende Holländer oder irgendein verfluchtes Gespenst, das für immer leben muss, dazu genötigt wären, für immer ein (mehr oder weniger) irdisches Leben zu führen.

In der jüngeren Philosophie wird dies seit einem Aufsatz von Bernard Williams anhand einer fiktiven Figur des tschechischen Schriftstellers Karel Čapek (auf den übrigens auch der Begriff des Roboters zurückgeht) diskutiert. In Čapeks Komödie *Die Sache Makropulos* (1922 in Prag uraufgeführt) steht eine Figur namens Elina Makropulos im Zentrum, die vor über 300 Jahren ein Lebenselixier getrunken hat und nach irdischen Maßstäben unsterblich ist.[31] Die Frage, die sich nun bei diesem bekannten Menschheitsmotiv des Traums von der irdischen Unsterblichkeit stellt, lautet, ob ein unsterbliches irdisches Leben überhaupt sinnvoll oder ob es nicht vielmehr eine Tragödie für die Betroffenen wäre. Nennen wir dies das **Makropulos-Gedankenexperiment**.

Dass ein unsterbliches Leben eine Tragödie wäre und dass wir deswegen über unsere eigene Sterblichkeit erfreut sein sollten, weil es ohne diese, also ohne den Tod, keinen Sinn des Lebens gäbe, vertritt etwa der schwedische Literaturwissenschaftler Martin Hägglund in seinem Buch *This Life. Secular Faith and Spiritual Freedom.*[32] Richtig ist natürlich, dass wir aufgrund unseres Wissens um unsere eigene Endlichkeit Prioritäten setzen, was eine Quelle von Sinn ist. Daraus folgt aber nicht, dass der Tod bzw. unsere Haltung zu ihm die einzige Sinnquelle ist, sodass aller Sinn sich in nichts auflöste, wenn wir unsterblich wären. Hägglund greift einen alten Topos der Existenzphilosophie auf, der im Zentrum von Martin Heideggers *Sein und Zeit* steht. In diesem seinem Hauptwerk beschreibt Heidegger die Seinsart des Menschen als »Sein-zum-Tode«.[33] Wenn er recht hätte, hätte alles, was uns überhaupt wichtig ist (unsere Freunde, unsere Lieblingsdinge usw.), nur dadurch Bedeutsamkeit, dass wir unser Leben in Wahrheit immer schon im Licht unseres Todes sehen. Damit radikalisiert Heidegger das barocke Motiv des *memento mori* (gedenke des Todes) und behauptet letztlich, dass wir nicht einmal unsere Garage mit einer Werkbank ausstatten könnten, ohne dabei (eher unbewusst) an unseren Tod zu denken.

Diese Gedankenführung ergibt sich daraus, dass uns in der Tat auf Erden sicherlich irgendwann ziemlich langweilig würde, wenn wir hier für immer weilen müssten. Außerdem wäre es vielleicht für die Unsterblichen unter uns besonders furchtbar, immer wieder zu erleben, wie die sterblichen geliebten Menschen verschwinden.

Doch diese Fragen sind bei genauerer Betrachtung nur das Ergebnis einseitiger Betonungen des einen oder anderen Aspekts des Makropulos-Gedankenexperiments, also der Frage, ob ein unendlich langes irdisches Leben wünschenswert und damit sinnvoll wäre. Denn woher wollen wir denn wissen, ob man sich nicht nach einigen Jahrhunderten daran gewöhnt, durchschnittlich fünfzig bis achtzig Jahre mit denselben Freunden und derselben Familie zu verbringen, ehe man sich dann eine neue Identität zulegt und ein neues Leben beginnt? Und wie, wenn alle unsterblich wären? Warum sollte es denn langweilig sein, wenn man mit acht oder neun Milliarden Unsterblichen daran arbeitet, ein Paradies auf Erden zu errichten? Es ist eher wahrscheinlich, dass einige Unsterbliche dies gut und andere schlecht fänden – was keine Überraschung ist, weil wir in diesem Gedankenexperiment mit Menschen arbeiten, die zwar unsterblich sind, dabei aber Menschen bleiben.

An dieser Stelle hat wohl doch eher Friedrich Nietzsche recht, der eine eigene, kosmische Version des Makropulos-Gedankenexperiments in *Also sprach Zarathustra* vorgelegt hat. Nietzsche stellt sich vor, dass sich das Universum auf zyklische Weise immer wiederholt, sodass wir alle eine »ewige Wiederkunft des Gleichen« durchlaufen. Nietzsche sagt nun, es sei die eigentliche Aufgabe einer »Umwertung aller Werte«, also einer neuen Ethik, ein solches Szenario nicht als Schrecken, sondern als Sinnquelle zu sehen und so zu leben, dass man alles, was man erfährt, auch unendlich oft durchleben könnte. Doch auch diese Vision überzeugt niemanden, dem Schreckliches widerfahren ist. Für viel zu viele Menschen der Vergangenheit, Gegenwart und Zukunft wäre es sicherlich kein Trost, wenn sie ihr gesamtes Leben in einer Endlosschleife (immerhin ohne es zu merken) unendlich oft durchlaufen müssten.

Langer Rede, kurzer Sinn: Die Frage, ob unser Leben nur im Kontrast zum Tod sinnvoll ist, ist eine nicht wirklich zu beantwortende Frage, jedenfalls unter Rekurs auf literarische Fiktionen und sonstige Gedankenexperimente. Es ist allerdings grober Unsinn und sogar ethisch unverantwortlich, zu behaupten, der Tod sei die Quelle des Sinns des Lebens. Denn damit mutet man uns zu, im eigenen Tod oder gar in demjenigen eines geliebten Menschen eine Sinnquelle zu sehen. Der Tod ist keine Sinnquelle, sondern vielmehr als radikales Ende eines Lebens das direkte Gegenteil. Selbst wenn er eine Erlösung von irdischen Qualen sein kann, kann man den Sinn des Lebens nicht auf den Tod richten.

Nicht besser bestellt ist es um die auf Nietzsche zurückgehende These, die Weltreligionen würden sich nur deswegen ein unsterbliches Leben in einem Paradies (oder den endgültigen Ausstieg aus dem Zyklus der Wiedergeburten) vorstellen, weil sie dieses unser irdisches menschliches Leben verachten und sich in ein Wolkenkuckucksheim flüchten wollen. Um diese religionskritische These zu untermauern, wird meist angeführt, dass ein ewiges Leben im Paradies langweilig sei. Man wolle doch nicht ernsthaft ein ewiges Weihnachts- oder Holi-Fest mit der Familie feiern, sondern sei doch insgeheim froh, dass das Leben irgendwann endet – ein Thema, das die amüsante US-amerikanische Fernsehserie *The Good Place* in 53 Folgen mit dem Ergebnis durchdekliniert, dass die unsterblichen Menschen im Paradies am Ende die Auslöschung herbeisehnen und sich für sie entscheiden.

Doch auch hier gilt, dass niemand von uns weiß, ob es ein solches ewiges Leben nach dem irdischen Tod gibt und wie dies aussieht. Sicherlich wäre es eher eine Hölle, wenn wir uns nach unserem klinischen Tod auf Planet Erde oder in der Fernsehserie *The Good Place* wiederfänden, wobei auch dies vermutlich eine Charakterfrage ist, da es vielleicht eher den Zuschauern als den Figuren langweilig würde.

Das weitverbreitete Gedankenexperiment, das uns dazu auffordert, uns ein ewiges Leben vorzustellen, um die Frage zu erörtern, ob Unsterblichkeit wünschenswert und damit Quelle des Sinns des Lebens sein könnte, scheitert daran, dass wir zur Beantwortung der Frage unsere Hoffnungen und Ängste verwenden und das Gedankenexperiment jeweils so ausschmücken, dass das Ergebnis schon vorher feststeht. Ob man ewig leben möchte oder nicht, sagt mehr über den eigenen psychologischen Gesamtzustand aus als darüber, ob ein ewiges Leben objektiv gut oder schlecht wäre.

Übrigens ist *The Good Place* letztlich nur eine US-amerikanische Fortsetzung dessen, was der französische Schriftsteller und Philosoph Jean-Paul Sartre in seinem Drama *Geschlossene Gesellschaft* dargestellt hat, das 1944 uraufgeführt wurde. In diesem Drama finden sich drei Personen nach ihrem Tod in einer Hölle wieder, die darin besteht, dass sie von nun an immer zusammenleben müssen, woraus sich das berühmte Sartre'sche Diktum ableitet: »Die Hölle, das sind die anderen.«[34] Sartre war wie viele andere Existenzialisten mit Heidegger und Nietzsche der Überzeugung, dass der Tod eine Quelle des Sinns des Lebens ist, was er anhand dieses Gedankenexperiments durchexerziert. Dabei ging er wie Heidegger davon aus, dass der Tod deswegen eine Quelle des Sinns des Lebens ist, weil er uns radikal auf uns selbst zurückwirft und damit konfrontiert, dass wir sozusagen metaphysisch einsam sterben. Zwar grenzt Sartre sich auch von Heidegger ab, weil er den Tod nur als *ein* Element unserer Faktizität, d. h. unserer existenziellen Grundausstattung sieht, bleibt aber dabei, dass wir nur als Individuum Sinn finden können. Gegen diesen Individualismus hat zu Recht schon Simone de Beauvoir argumentiert, die anders als ihr Weggefährte Sartre davon ausging, dass unsere Existenz fundamental sozial ist.

Sartres Drama hat jedenfalls keinerlei Beweiskraft, die universal, also für alle Menschen gültig, belegt, dass ein ewiges Leben sinnlos wäre. Sein Drama ist und bleibt eine Fiktion, aus der wir nicht schließen können, ob der Tod die entscheidende Sinnquelle für das Leben ist. Ein solcher Schluss sagt deswegen eher etwas darüber aus, ob wir selbst gerne unsterblich wären, als darüber, ob dies universal wünschenswert ist.

Die Wahrheit ist, dass wir schlichtweg nicht wissen, was aus uns nach unserem klinischen Tod wird. Fest steht lediglich, dass unsere Zellen sich nach einer Weile auflösen und unser irdischer Leib seinen Tod nicht überdauert. Doch folgt daraus weder, dass es keine Auferstehung der Leiber geben wird, noch, dass wir keine unsterbliche Seele haben, der ein äußerst wünschenswertes, aber hienieden nicht vorstellbares ewiges Leben zuteilwird. Auch den Glauben an die Reinkarnation, der in vielen Religionen eine zentrale Rolle spielt, können wir nicht naturwissenschaftlich widerlegen oder ausschließen, weil die Naturwissenschaften stets nur beschreiben, erklären und teilweise vorhersagen können, wie sich bestimmte Prozesse und Strukturen im Universum entwickeln, ohne dass daraus jemals abgeleitet werden könnte, dass es nur diejenigen Prozesse und Strukturen gibt, die von den Naturwissenschaften erforscht werden. Wer den Naturwissenschaften zutraut, die Transzendenz abgeschafft zu haben, ist Opfer einer maßlosen Überschätzung der menschlichen Erkenntniskraft. Hierbei ist es vielleicht heilsam, daran zu erinnern, dass der große Physiker Erwin Schrödinger, der die Quantenmechanik mitbegründet hat, in seinem einflussreichen Buch *Was ist Leben?* sogar ausdrücklich für die Existenz eines einheitlichen, allumfassenden kosmischen Bewusstseins argumentiert, womit er sich an hinduistische Denktraditionen anschließt. Damit soll wiederum nicht behauptet werden, dass Schrödinger damit richtiglag, es beweist allerdings, dass die denkbar beste Kenntnis der Quantenphysik in ihrer Verbindung mit thermodynamischen Prozessen keineswegs zu der Erkenntnis führt, es gebe nur die materiell-energetische Wirklichkeit. Kurzum: Die Physik ist ihrem Wesen nach eben keine Metaphysik und kann daher weder positive noch negative Aussagen über die Transzendenz treffen. Dasselbe gilt für die Lebenswissenschaften, die niemals werden beweisen können, dass wir mit unserem Körper identisch sind. Es ist daher lediglich eine Hybris der Moderne, das Märchen zu verbreiten, wir wüssten endlich, dass der Tod das endgültige Ende ist. Wir wissen es schlichtweg nicht. Zu behaupten, dass der Tod gar *der* Sinn des Lebens oder *die* Quelle des Sinns des Lebens ist, ist demnach eine haltlose, wenn auch weitverbreitete Vermutung, die sich nicht unter Hinweis auf fiktionale Gedankenexperimente belegen lässt. Vielmehr drückt sich in unserer Einschätzung der Frage, ob ein ewiges Leben sinnvoll ist, unsere Einstellung zu diesem unserem irdischen Leben aus.

Der Sinn *im* Leben

Die philosophische Diskussion um den Sinn des Lebens hat seit den 1980er-Jahren eine interessante Wendung genommen. Einen besonders wichtigen Beitrag hat dabei die US-amerikanische Philosophin Susan Wolf geleistet.[35] Anstatt vom Sinn *des* Lebens zu sprechen, hat sie den Blickwinkel verschoben und fragt nach dem Sinn *im* Leben. Sie schlägt vor, dass wir uns zunächst einmal bewusst machen, welche Erfahrungen und Einstellungen wir *in* unserem Leben als sinnstiftend und sinnvoll betrachten, um daraus abzuleiten, worin Sinn eigentlich besteht, ehe wir die – aus Wolfs Sicht zu große – Frage nach dem Sinn *des* Lebens behandeln.

Hierbei ist es entscheidend, zunächst einmal festzustellen, dass verschiedene Menschen im Einzelnen sehr verschiedene Dinge, Situationen und Handlungen als sinnvoll erleben. Einige Menschen angeln gerne, andere gehen in ihrem Pflegeberuf auf; einige verreisen gerne in die Berge und arbeiten jedes Jahr auf ihren Urlaub hin, andere widmen ihr Leben Computerspielen; einige sind Familienmenschen und können sich nichts Besseres vorstellen, als Kinder großzuziehen, andere könnten es nicht ertragen, mit Kindern zusammenzuleben, weil sie etwa lieber in Einsam- oder Zweisamkeit an postmodernen Romanen schreiben wollen. Die Liste ließe sich beliebig verlängern, woran man erkennt, dass es keine begrenzte Menge an menschlichen Tätigkeiten oder Vorlieben gibt, aus der sich für jedes Individuum der Sinn im Leben ableiten ließe.

Es ist eine Errungenschaft des modernen liberalen Pluralismus, genau dies politisch anzuerkennen und den Staat deswegen so einzurichten, dass wir möglichst keine bestimmte Lebensform (etwa eine religiöse Lebensführung oder das Rollenmodell der Kernfamilie) als Standard definieren, um den herum wir unsere Institutionen organisieren.

Leider sind unsere Institutionen bis heute nicht hinreichend liberal. Dass es so lange gedauert hat, die Ehe für alle Wirklichkeit werden zu lassen, ist bedauerlich; dass sie inzwischen existiert, Zeichen des moralischen Fortschritts. Wer wie mit wem Kinder großzieht oder auch nicht, sollte in einer liberalen Demokratie lediglich an der Frage bemessen werden, ob die Erziehungsberechtigten für die Kinder angemessen sorgen können, wofür Institutionen existieren, die dies für alle Menschen überwachen, denen Sorgerechte zu- oder abgesprochen werden.

Daher ist es berechtigt, unsere Institutionen und öffentlichen Debatten auf ihren liberalen Pluralismus hin zu prüfen und sie gegebenenfalls zu kritisieren und zu korrigieren, um einseitige weltanschauliche Schieflagen zu überwinden – wozu auch die verbreitete Kritik am Liberalismus gehört, die besagt, er sei an sich schon auf neoliberale Ausbeutungsverhältnisse hin angelegt und damit mit sozialer Freiheit unvereinbar. Wie die Sozialphilosophin Lisa Herzog und die Historikerin Ute Frevert unabhängig voneinander gezeigt haben, ist ein zeitgemäßer Liberalismus denkbar, der die Marktwirtschaft an moralische Werte zurückkoppelt.[36] Das bedeutet aus meiner Sicht, dass sich die institutionellen (vor allem legalen und politischen) Rahmenbedingungen der Mehrwertproduktion einer Gesellschaft stets an moralischen Tatsachen orientieren sollten, um die Logik des wirtschaftlichen Handelns nicht nur zum Profit, sondern zum Fortschritt des Gemeinwohls einzusetzen. Das ist ja der Sinn von Steuern, die kein unfreiwilliger Tribut an den Staat sind, sondern ein Beitrag dazu, dass wir unsere soziale Freiheit sichern und erweitern können. Die Interaktion von Staat und Wirtschaft findet in einer liberalen Demokratie in einem ethisch begründeten Wertrahmen statt, den es zu verteidigen gilt. Die neoliberale Auffassung, dass die Wirtschaft nur sich selbst dienen solle und der Staat allenfalls die Aufgabe habe, die freien Märkte gegen Angreifer zu verteidigen, übersieht, dass es keine Märkte ohne Menschen gibt, die immer mit der Menschheit insgesamt verwoben sind. Faktisch verhalten sich viele Unternehmer:innen so, dass moralische Wertmaßstäbe auch in ihrem wirtschaftlichen Handeln eine entscheidende Rolle spielen, was daran liegt, dass ihre

Unternehmen Teil liberaler Demokratien sind und sie nicht genötigt sind, für autokratische Herrscher und Despoten Geldmittel zur Verfügung zu stellen, um die Bevölkerung zu unterdrücken. Der sogenannte Neoliberalismus – wozu eine einflussreiche ökonomische Denkschule und eine welthistorische Praxis gehören, die man im Westen vor allem mit Ronald Reagan und Margaret Thatcher verbindet – ist leider im Endergebnis alles andere als liberal. Nicht zuletzt erleben wir dies gerade einmal mehr in Russland, wo nach dem Zusammenbruch der Sowjetunion durch neoliberale Reformen eben jene Oligarchie entstanden ist, die vormalige Staatsunternehmen in kleptokratische Systeme verwandelt hat. Der angeblich freie Markt zerstört in diesem Fall die Freiheit vieler Menschen. Doch liegt das nicht einfach an der Marktwirtschaft und schon gar nicht an der liberalen Demokratie, sondern an einer ethisch durch nichts zu rechtfertigenden radikalen Entkoppelung des Staates von der Wirtschaft, die jenen nur noch als System zur Sicherung der Mehrwertproduktion und nicht als Akteur betrachtet, der über seine demokratische Vernetzung mit der Gesamtgesellschaft immer auch zum moralischen Fortschritt beitragen soll.

Eine entscheidende Einsicht des Liberalismus ist es, zu erkennen, dass es nichts gibt, was wirklich jeden Menschen auf die gleiche Weise glücklich macht. Das wird noch deutlicher, wenn man sich – wie leider üblich – unter Menschen meistens nur wahlberechtigte, mehr oder weniger gesunde erwachsene Personen vorstellt. Wie beinahe immer werden die Kinder und Kranken leicht übersehen, denen ganz andere Dinge wichtig sind als wohl der Mehrheit der Leser:innen dieser Zeilen. Erinnern Sie sich einfach einmal daran, was Ihnen wichtig war, als Sie sieben oder elf Jahre alt waren.

Gleichwohl folgt aus dieser Überlegung nicht, dass es nichts gibt, was allen Erfahrungen eines Sinns *im* Leben gemeinsam ist. Deswegen schlägt Susan Wolf eine konkrete Konzeption der Bedeutsamkeit (*meaningfulness*) vor, die einen Grundzug des Sinns *im* Leben identifiziert, mit dem sich alle Menschen anfreunden können. Nennen wir diesen Vorschlag **Wolfs Liebesthese:**

> Der Konzeption der Bedeutsamkeit zufolge, die ich vorschlagen möchte, rührt Sinn daher, dass man etwas liebt, was unsere Liebe verdient und womit man in einer positiven Weise umgeht. […] »Liebe« ist zumindest teilweise subjektiv, weil sie Einstellungen und Gefühle involviert. Darauf bestehend, dass der erforderliche Gegenstand der Liebe »unsere Liebe verdient«, beruft sich diese Konzeption des Sinns auf einen objektiven Standard. […] Meiner Konzeption zufolge rührt Sinn daher, dass subjektive Attraktion auf objektive Attraktivität trifft. Im Wesentlichen lautet die Idee, dass das Leben einer Person nur sinnvoll sein kann, wenn diese von einer Sache gepackt, erregt, interessiert und engagiert ist oder, wie ich es vorher ausgedrückt habe, wenn sie etwas liebt – was demjenigen entgegensetzt ist, sich bei allem oder dem meisten, was sie tut, zu langweilen oder davon entfremdet zu sein.[37]

Langer Rede kurzer Sinn, Wolf vertritt die These, der Sinn, den wir im Leben finden, bestehe darin, dass wir etwas oder jemanden lieben können. Man kann seinen Beruf und seine Kinder, seine Heimatstadt und Beethovens neunte Symphonie lieben, ebenso wie man das Klavierspielen oder das Joggen lieben kann. Allerdings, so Wolf, kann man im Lieben Fehler begehen, weil man etwas oder jemanden liebt, das, die oder der objektiv nicht liebenswürdig ist. Wer es liebt, andere Menschen grausam zu behandeln, begeht einen (moralischen) Fehler, und jede:r von uns hat sicherlich schon mehr als einmal im Leben festgestellt, dass man etwas oder jemanden geliebt hat, das, die oder der unsere Liebe (aus dem einen oder anderen Grund) nun wirklich nicht verdient hat.

Hierbei ist es keine Täuschung, dass es in Fragen der Liebe und der Vorlieben Irrtümer geben kann, ohne dass es deswegen nur einen Gegenstand, eine Tätigkeit oder eine Person gibt, die unsere Liebe verdient. Wenn man sich bezüglich einer Angelegenheit täuschen kann, ist diese zumindest in dieser Hinsicht objektiv, was nicht bedeutet, dass der Wert, den eine Sache, eine Tätigkeit oder eine Person hat, die man liebt, deswegen für jeden Menschen gleich wäre.

Subjektiv und objektiv schließen sich nicht zwangsläufig aus. So kann man etwa eine hilfreiche Unterscheidung des US-amerikanischen Philosophen John R. Searle heranziehen, der gezeigt hat, dass etwas objektiv und subjektiv zugleich sein kann: Es gibt Tatsachen, die nur bestehen, weil subjektive Zustände (Gefühle, Meinungen, Sinneseindrücke usw.) an ihnen beteiligt sind. Zu diesen Tatsachen gehören etwa Zahnschmerzen, Liebesgefühle und Durst. Diese sind **ontisch subjektiv**. Gleichwohl kann man sie objektiv, etwa psychologisch, soziologisch, sinnesphysiologisch untersuchen oder einfach nur alltägliche Meinungen über sie haben, die wahr bzw. falsch sein können. Ontisch subjektive Tatsachen können deswegen **epistemisch objektiv** sein.[38] Objektivität ist hierbei kein neutraler Blick von nirgendwo, sondern eine Einstellung bezüglich einer Sachlage, dank derer man richtig- oder eben falschliegen kann. Diese Unterscheidungen sind wichtig, um Wolfs These zu verstehen, dass es objektive Antworten auf die Frage gibt, ob etwas, was wir lieben, es auch wirklich verdient, auf eine intensive Weise von uns geschätzt zu werden. Grausamkeit und skrupelloser Egoismus, der über Leichen geht, mögen von einigen Menschen (man denke einmal mehr an Wladimir Putin) geliebt werden, doch verdienen diese Verhaltensweisen unsere Liebe objektiv nicht.

Liebe ist zentral im menschlichen Leben. Bekanntlich überlebt niemand von uns das Säuglingsalter, ohne irgendeine Erfahrung von Liebe gemacht zu haben. Man muss in irgendeinem Maß geliebt worden sein und zurückgeliebt haben, wenn man es überhaupt so weit gebracht hat, diese Zeilen zu lesen. Was man in und dank der Liebe erfährt, ist der Sinn *im* Leben, so Wolfs Grundthese, der man beipflichten sollte. Natürlich ist das nicht neu, was auch überraschend wäre. Wenn es stimmt, dass der Sinn *im* Leben das Lieben und Geliebtwerden ist, gilt dies schon, seit es überhaupt Menschen und andere Lebewesen gibt, die Liebe erfahren und geben können.

Liebe ist an Hingabe gekoppelt. Dem, was wir lieben, geben wir uns gerne hin. Es langweilt uns nicht und rückt alles, was geschieht, in ein günstiges Licht, wie die sprichwörtliche rosarote Brille, die man trägt, wenn man frisch verliebt ist. Gleichwohl ist Liebe nicht irrtumsimmun, was wir ebenfalls alle aus der Außenperspektive kennen, wenn sich einer unserer Freunde mal wieder in die falsche Person verliebt hat, von der man ihn nicht abbringen kann.

Der Sinn im *Leben besteht nicht unabhängig davon, dass er erfahren wird. In dieser Hinsicht ist er* subjektiv. *Dennoch kann er von einer unabhängigen Person (sei es ein Freund, eine Psychologin oder ein Soziologe) aus dem Standpunkt der dritten Person bewertet werden, sodass die Erfahrung von Sinn eine* objektive *Komponente hat. Diese objektive Komponente hängt eng mit der Ethik, also mit moralischen Werten zusammen, die auch unabhängig von unseren subjektiven Meinungen bestehen.*

Weil das Lieben eine objektive Komponente hat, die mit der Ethik verwoben ist, glauben viele Menschen, dass der Sinn *im* Leben mit moralischer Hingabe und Verbindlichkeit zusammenhängt, was teilweise richtig ist. Das Leben einer Heiligen erscheint uns sicherlich zu Recht sinnvoller als das Leben eines Massenmörders. Die Präferenzen einer Person sind immer auch ethisch bewertbar, wobei viele unsere Vorlieben (etwa die allermeisten sexuellen Präferenzen) moralisch neutral sind.

Es wäre allerdings eine absurde Überforderung, wenn wir den Sinn *im* Leben damit identifizierten, immer das moralisch Richtige zu tun, was Wolf in dem berühmten Aufsatz »Moral Saints« bereits 1982 ausgeführt hat.[39] Man lebt nicht nur dann sinnvoll, wenn man Jesus, Mutter Teresa, Krishna, dem Propheten Mohammed oder Buddha nacheifert, die wir deswegen schätzen, weil sie es sich zum Ziel ihres Lebens gesetzt haben, die Menschheit als solche zu lieben und das Gute zu realisieren (sei es nun mit oder ohne Hilfe des monotheistischen Gottes).

Wolfs Ansatz, nach dem Sinn *im* Leben Ausschau zu halten, anstatt einen allumfassenden Sinn *des* Lebens aus einer transzendenten Perspektive zu beziehen, hat den Vorteil, unabhängig von einer spezifischen religiösen oder weltanschaulichen Auffassung festzuhalten, dass alle Menschen imstande sind, im Lieben einen Sinn *im* Leben zu finden, der nicht nur eine subjektive Setzung ist, sondern der uns etwas über objektive Standards verrät, die alle Menschen miteinander verbinden.

Der Sinn des Lebens ist kein Unsinn

Der wünschenswerte liberale Pluralismus, der mit dem Begriff des Sinns *im* Leben verbunden ist, darf allerdings nicht dazu führen, dass wir das Kind mit dem Bade ausschütten, indem wir die Frage nach dem Sinn *des* Lebens ganz aufgeben. Denn die Frage nach dem Sinn *des* Lebens ist keineswegs metaphysischer Unsinn, wie die im letzten Jahrhundert wirkmächtige philosophische Traditionslinie des sprachphilosophischen Positivismus meint. Dieser behauptet, Werturteile handelten nicht von der Wirklichkeit, weil die Sprache sinnvoll nur von solchen Dingen und Vorgängen sprechen könne, die sich naturwissenschaftlich bzw. allgemein empirisch (etwa mittels Statistik und Studien) erforschen ließen.

Mit dem Ausdruck »Positivismus« verbreitete sich seit Ende des 19. Jahrhunderts die mit ihm verbundene Auffassung, vieles oder gar das meiste von dem, wofür sich unsere Vorfahren brennend interessiert haben (die Unsterblichkeit der Seele, die Existenz und der Wille Gottes bzw. der Götter), sei letztlich Unsinn. Sinnvoll nachdenken ließe sich nur über dasjenige, was sich mittels naturwissenschaftlicher Methoden messen ließe. Alle anderen Wissensformen seien danach zu beurteilen, welchen Beitrag sie zur Interpretation und Rechtfertigung der Naturerkenntnisse liefern. Dabei ließen sich Logik und Mathematik gerade noch retten, weil ohne sie keine naturwissenschaftlichen Theorien und damit keine Interpretationen der Messergebnisse denkbar wären. Ethik und Ästhetik, ganz zu schweigen von der Metaphysik im Sinne einer Wissenschaft nicht-sinnlicher bzw. über-sinnlicher Gegenstände, galten nach vielen Jahrtausenden der Menschheitsgeschichte mit einem Mal als Unsinn.

Paradigmatisch für diese positivistische Haltung ist ein berühmter Aufsatz des aus Wuppertal stammenden Philosophen Rudolf Carnap, der zu einem der akademisch einflussreichsten Philosophen des 20. Jahrhunderts werden sollte. In diesem Aufsatz von 1931, der den Titel »Überwindung der Metaphysik durch logische Analyse der Sprache« trägt, versucht er zu zeigen, dass es eindeutige, logisch und linguistisch bestimmbare Sinnkriterien gibt, die von Aussagen über so weitreichende Fragen wie den Sinn des Lebens, die Seele, Gott usw. verletzt würden.[40]

Selbst wenn die Thesen dieses Aufsatzes heutzutage nicht mehr als tragfähig gelten, blieb doch der vor allem von dem Sprachphilosophen Ludwig Wittgenstein häufig wiederholte Verdacht im Raum stehen, die Frage nach dem Sinn des Lebens sei irgendwie Unsinn. So stellt Wittgenstein in einer Reihe von paradox anmutenden Aussagen in seiner *Logisch-philosophischen Abhandlung* fest:

> Wir fühlen, dass, selbst wenn alle *möglichen* wissenschaftlichen Fragen beantwortet sind, unsere Lebensprobleme noch gar nicht berührt sind. Freilich bleibt dann eben keine Frage mehr; und eben dies ist die Antwort.
> Die Lösung des Problems des Lebens merkt man am Verschwinden dieses Problems.
> (Ist nicht dies der Grund, warum Menschen, denen der Sinn des Lebens nach langen Zweifeln klar wurde, warum diese dann nicht sagen konnten, worin dieser Sinn bestand?)
> Es gibt allerdings Unaussprechliches. Dies *zeigt* sich, es ist das Mystische.[41]

Direkt im Anschluss an diese Ausführungen behauptet Wittgenstein, die Methode der Philosophie bestünde darin, nur »Sätze der Naturwissenschaft« zu sagen, »also etwas, was mit Philosophie nichts zu tun hat«,[42] was ein offensichtlicher Widerspruch zu seinem Tun ist, weshalb er selbst seine eigenen Sätze »als unsinnig«[43] beschreibt. Denn die These, man solle die sinnvolle Sprache auf Sätze der Naturwissenschaft reduzieren (worin auch immer diese eigentlich bestehen mögen), ist selbst kein Satz der Naturwissenschaft und somit nicht sinnvoll.

Der Positivismus scheiterte immer wieder an solchen Selbstanwendungen. Eine Selbstanwendung besteht darin, dass wir eine Aussage auf sich selbst beziehen. Ein einfaches Beispiel: Wer meint, alle Erkenntnis sei eigentlich nur Ausdruck subjektiver Meinungen (»Alles ist relativ«), drückt mit dieser These etwas aus, was nicht nur subjektive Meinung sein kann. Die Positivisten dachten nun, die Bedeutung von Wörtern und Sätzen ließe sich auf eine Methode der Überprüfung (der Verifikation) zurückführen. Das Wort »Katze« bedeutet, was es bedeutet, weil man es mit Katzen zu tun hatte, die jemand gesehen hat. Und der Satz »Es regnet in London« erhält seine Bedeutung daher, dass man nach London fahren kann, um zu sehen, dass es dort regnet. Wenn man sich aber zu der Aussage hinreißen lässt, dass sprachliche Bedeutung im Allgemeinen darin besteht, dass man empirisch überprüfbare Sachverhalte ausdrückt, hat man mit eben dieser Aussage einen empirisch nicht überprüfbaren Sachverhalt ausgedrückt.

Wenn die Positivisten des sogenannten Wiener Kreises, zu dem auch Carnap und am Rande Wittgenstein gehörten, behaupteten, Sätze über Nicht-Empirisches (wie Gott) seien deswegen ohne jede Bedeutung, weil man sie nicht durch empirische Studien belegen kann, dann enthält eben diese Aussage, dass man über Gott nicht empirisch reden kann, selbst schon einen Widerspruch unter Selbstanwendung, weil das Wort »Gott« in der Aussage vorkommt, das sich auf etwas bezieht, was selbst nicht empirisch überprüf- und verifizierbar ist. Ein ziemlich einfacher Widerspruch unter

Selbstanwendung. Viele Positivisten versuchten, Selbstanwendungen trickreich zu untersagen, wofür logische und sprachphilosophische Argumente angeführt wurden, die zeigen sollten, dass Selbstanwendung immer zu Paradoxien führe. Doch das hat die logisch-mathematisch begnadetsten Köpfe des Wiener Kreises, unter ihnen der große Mathematiker Kurt Gödel, nicht davon abgehalten, die Selbstanwendung zum Motor genialer mathematischer Beweisführungen zu machen, sodass der Positivismus allmählich seine ohnehin nur scheinbare Plausibilität einbüßte.[44]

Jedenfalls ist die positivistische Kritik an der Metaphysik kein hinreichender Grund dafür, die Frage nach dem Sinn *des* Lebens für unsinnig zu erklären und stattdessen mit der irdischeren Suche nach dem Sinn *im* Leben vorliebzunehmen. Denn die positivistische Metaphysikkritik gilt nach heutigen philosophischen Standards als gescheitert, sodass der Frage nach dem Sinn des Lebens, die sich jeder Mensch irgendwann stellt, jedenfalls nicht mehr der Vorbehalt im Wege steht, die Frage sei unsinnig oder auf irgendeine andere Weise sinnentleert.

Die großen Fragen der Menschheit, die uns seit unvordenklichen Zeiten beschäftigen und die beinahe jedem Menschen irgendwann in seinem Leben begegnen, wird man nicht dadurch los, dass man sie verdrängt und sich lieber logisch-mathematisch-naturwissenschaftlichen Forschungen hingibt. Dies ist zwar eine überaus sinnvolle und bereichernde Beschäftigung, in der viele Menschen einen Sinn *im* Leben finden. Man darf aber daraus nicht schließen, dass die großen metaphysischen Fragen der Menschheit irgendwie ihre Bedeutung eingebüßt hätten. Denn dies entspricht nicht den Tatsachen und der menschlichen Erfahrung, ist also falsch und sollte somit nicht im Namen der Wissenschaft vertreten werden, bei der es schließlich um Wahrheitssuche geht.

Unsinn ist Sinnentzug

Dennoch müssen wir noch ein wenig ausholen, ehe wir uns dem Sinn des Lebens sozusagen ungeschützt nähern können. Dazu ist zunächst der Glaube zurückzuweisen, die Wirklichkeit und damit auch unser Vorkommen in ihr seien an sich sinnlos und erhielten allenfalls dadurch Wert und Sinn, dass wir dem Leben einen Sinn verleihen. Denn wie sollte etwas dadurch echten Sinn erhalten, dass wir ihm Sinn verleihen? Diese Grundannahme des modernen Nihilismus sieht nur auf den ersten Blick attraktiv aus.

Vielmehr ist es umgekehrt so, dass uns unser Leben sinnvoll erscheint und wir dies genau dann erkennen, wenn der Sinn uns in einer Krise zwischen den Fingern zerrinnt und wir das Gefühl haben, vor dem Nichts zu stehen. Was wir dann erleben, ist der Unsinn schlechthin, das Gefühl, dass letztlich absolut gar nichts eine tiefere Bedeutung hat, dass wir alle nur ein lächerlich kurzer Wimpernschlag des Universums oder »Darwinsche Mutanten« sind, wie dies die von ihrer Heidegger-Lektüre inspirierte Erzählerin in Scarlett Thomas' Roman *Troposphere* nennt.[45]

Nicht der Sinn des Lebens ist Unsinn, sondern vielmehr seine Abwesenheit. Unsinn ist Sinnentzug, setzt also Sinnerfahrung voraus. Die Erfahrung einer tiefen Sinnlosigkeit ereilt uns dann, wenn sich die Beziehungen, in denen wir uns mit anderen Menschen und letztlich mit der Natur und der Gesellschaft insgesamt befinden, abrupt verändern und wir den Faden unseres Lebens verlieren. Dann suchen wir verzweifelt danach, irgendwie wieder an unser Leben anzuknüpfen, was nicht immer und nicht jedem gelingt.

Ich schreibe diese Zeilen gerade in einem Hotel in Montréal während einer Vortragsreise. Soeben ist die kanadische Grenze erst wieder geöffnet worden, während in Deutschland noch eine Corona-Welle tobt, die bisher ihresgleichen sucht. Der plötzliche Ortswechsel aus der irritierten und verängstigten deutschen Gesellschaft in eine andere sowie der Eindruck eines gespenstischen

Flughafens, an dem im Grunde genommen niemand ankommt (es hat sich noch nicht herumgesprochen, dass man Kanada wieder bereisen kann), lösten bei mir das Gefühl aus, meine Sinnbezüge seien ins Wanken geraten. Auf einem Spaziergang bin ich mit einem obdachlosen Mann ins Gespräch gekommen, der mir berichtete, er habe wegen einer psychischen Erkrankung seine Arbeit und seine Familie verloren. Sein Leben habe keinen Sinn mehr, und er überlebe seither nur noch in ständiger Verzweiflung, ohne einen Ausweg zu sehen. An sich sei das Leben schon sinnvoll, aber man dürfe niemals den Faden verlieren, er sei nur schwer wiederzufinden.

Solche Schicksale gibt es leider wie Sand am Meer (was auch mitverschuldet ist durch einen systemisch ungerecht implementierten Neoliberalismus), ganz zu schweigen davon, dass es sich die Mehrheit der Menschen überhaupt nicht leisten kann, ihr Leben vom Standpunkt des eigentlich unsinnigen Universums aus zu betrachten. Denken Sie jetzt einmal an all die Erfahrungen, die in diesem Augenblick von Milliarden von Menschen gemacht werden, und Sie werden erkennen, dass das Leben sowohl voller Sinn als auch voller Unsinn ist, der sich wie ein Abgrund auftut, wenn uns unsere Sinnbezüge abhandenkommen.

Diese Überlegung soll zeigen, dass Sinn der Ausgangspunkt jeder Erfahrung von Unsinn ist, und nicht umgekehrt. Wir finden uns nicht in Unsinn vor, den wir uns sozusagen schönreden müssen, damit uns unser Leben temporär sinnvoll erscheint. Als Kleinkinder beginnen wir unser Leben nicht zufällig mit Geschichten, Spielen und Tagträumereien, die wir als sinnvoll empfinden, weil genau dies der Wirklichkeit des menschlichen Erlebens entspricht. Menschen sind geborene Träumer, und in unseren Träumen und Fantasien drückt sich Sinnhaftigkeit aus. Raubt man uns unsere Träume oder verlieren wir sie aus irgendwelchen Gründen, ohne sie wiederfinden zu können, überfällt uns das Nichts und damit der Unsinn.

Der Unsinn des Nichts kann derart übermächtig sein, dass es nicht möglich ist, ihm aus eigenen Kräften einen Sinn entgegenzusetzen. »Das Nichts« ist hierbei ein Name für den ultimativen Sinnentzug. Um die Pluralität der Lebensformen in der liberalen Demokratie nicht gegen das menschliche Bedürfnis auszuspielen, den Sinn des Lebens zu ergründen, gilt es, die moderne Erklärungsrichtung wieder umzukehren und Anschluss an die Weisheit der Menschheit zu suchen, die seit Menschengedenken davon ausgegangen ist, dass wir uns in einem Sinngeschehen, in einer Geschichte befinden, die nicht nur eine überlebensdienliche Halluzination unseres Gehirns ist. Sinn ist ursprünglich und Unsinn eine Erfahrung des Sinnentzugs und -verlusts.

Grenzen des liberalen Pluralismus?

Wie der Literaturwissenschaftler Terry Eagleton in seinem inzwischen klassischen Büchlein *Der Sinn des Lebens* ausführt, weist die Frage nach dem Sinn des Lebens den liberalen Pluralismus in seine Schranken, indem sie zeigt, dass gewisse metaphysische Verpflichtungen (etwa auf die Unbedingtheit und Unantastbarkeit der Menschenwürde) unvermeidlich sind, wenn man überhaupt in einer liberalen Gesellschaft leben will.[46] Zwar kann in einem modernen demokratischen Rechtsstaat jede:r im Rahmen gewisser Spielregeln einen je eigenen Sinn *im* Leben finden, seine Vorlieben also ausleben. Dennoch ist natürlich auch im demokratischen Rechtsstaat nicht alles erlaubt, sodass er auf vielfältige Weise die ungezügelte Freiheit der Bürgerinnen einschränkt. Dabei haben wir uns daran gewöhnt, dass die Freiheitseinschränkungen in der Moderne nicht mehr unter Rekurs auf transzendente, höhere Sinnquellen wie Gott und die Götter gerechtfertigt werden, diese aber funktional inzwischen durch einen problematischen Wissenschafts- und Technikglauben ersetzt werden. Dieser rechtfertigt Freiheitseinschränkungen unter Hinweis auf wissenschaftliche

Imperative (zu denen auch ökonomische ›Notwendigkeiten‹ zählen, die Forschungsinstitute der Politikberatung zur Verfügung stellen). Der Wissenschafts- und Technikglaube scheint daher nur weltanschaulich neutral zu sein und den Sinn des Lebens nicht zu berühren. Doch der Schein trügt.

Wir leben heute in den meisten Industriegesellschaften des früher sogenannten »Westens« in der eher impliziten Vorstellung, der Sinn des Lebens bestünde darin, möglichst alles zu tun, damit naturwissenschaftlich-technologischer Fortschritt zu Wirtschaftswachstum führt, von dem wir uns wiederum eine Verbesserung unserer Lebensbedingungen versprechen. Und für diesen Irrglauben werden wir zu Recht von denjenigen kritisiert, die besonders unter ihm leiden, weil wir ihre Lebenswelten durch Ausbeutung natürlicher Ressourcen, durch Imperialismus, Kolonialisierung und Hybris zerstört haben.

Warum sollte es eigentlich ein sinnvolles Menschheitsziel darstellen, alles daranzusetzen, dass wir immer rasanter neue Technologien entwickeln, um noch weitere Konsummöglichkeiten zu schaffen und noch schneller zu leben? Wenn man dies für sinnvoll erachtet, erkennt man genau daran, dass man sich in eine Ideologie verstrickt hat, die alles andere als weltanschaulich neutral ist.

Hinzu kommt, dass der unbedingte Glaube an den naturwissenschaftlich-technologischen Fortschritt heute verdeckt, dass er das Gegenteil dessen erreicht, was er anstrebt: Während wir nämlich einerseits dank naturwissenschaftlicher Fortschritte wissen, wie nahe wir an der selbst verschuldeten Ausrottung sind, wird doch eben diese durch ein Weltbild vorangetrieben, das das gesamtgesellschaftliche Geschehen an Parametern des Wirtschaftswachstums misst – Parameter, die wiederum eng mit unserem Wissenschafts- und Technikglauben verzahnt sind.

Diesen Irrglauben verkörpert das Team um die fiktive US-Präsidentin Janie Orlean (gespielt von Meryl Streep) in Adam McKays Film *Don't Look Up* von 2021. Der Plot dreht sich darum, dass eine kleine Gruppe von Astronomen entdeckt, dass ein gigantischer Asteroid auf die Erde zurast und in wenigen Monaten ein Massenaussterben verursachen wird. Die populistische Präsidentin verbündet sich daraufhin mit dem Chef eines futuristischen Techkonzerns, dem Techguru Peter Isherwell (gespielt von Mark Rylance), der die Katastrophe dadurch abwenden will, dass der Asteroid in kleine Stücke gesprengt wird, sodass die dabei frei werdenden Rohstoffe auch noch von den USA genutzt werden könnten. Der Plan missglückt, weil einige der verwendeten Sprengkörper nicht so gut funktionieren, wie der Techguru in Aussicht gestellt hat. Spoiler: Die Menschheit scheitert daran, die Katastrophe aufzuhalten. Wobei es von der Deutung des Films abhängt, woran das letztlich liegt. Eine sicherlich legitime Interpretation macht für das Scheitern die Verbindung von White House und Big Tech verantwortlich, die auf einer solutionistischen Erlösungsvorstellung fußt, der der belarussische Techniktheoretiker Evgeny Morozov ein einschlägiges Buch gewidmet hat.[47] **Solutionismus** ist hier die Vorstellung, die Technik könne jedes Problem in Windeseile lösen, man müsse notfalls nur noch mehr Unsummen in sie investieren. Die fiktive Präsidentin darf man indes nicht, wie viele Interpreten auf den ersten Blick meinten, als Anspielung auf Donald Trump verstehen; sie verkörpert nicht einfach eine anti-wissenschaftliche Haltung der »alternativen Tatsachen« (ein anderes Wort für Bullshit), sondern vielmehr den unbedingten Glauben an die technologische Beherrschbarkeit und ökonomische Verwertbarkeit aller Ressourcen. Deshalb kritisiert sie auch nicht – anders als Trump – die US-amerikanischen intellektuellen Kaderschmieden, sondern traut dem Entdecker des Asteroiden nur deshalb nicht, weil er an einer mehr oder weniger unbedeutenden Universität lehrt.

Wenn die Vorstellung von einer völlig metaphysikfreien Gesellschaft mit dem liberalen Pluralismus, wie gesehen, in Wahrheit nicht vereinbar ist, folgt daraus dennoch in keiner Weise, dass etwa eine bestimmte, sagen wir religiöse Metaphysik unsere Institutionen prägen sollte. Ganz im Gegenteil. Der liberale Pluralismus akzeptiert natürlich vor allem nicht, dass der Staat theokratisch organisiert ist, dass also Vertreter einer bestimmten Religion den grundlegenden Kurs und die Institutionen bestimmen, die uns alle als Bürgerinnen und Bürger betreffen. Wir halten heutzutage den Willen Gottes oder der Götter aus dem staatlichen Geschehen (weitgehend) heraus, um die Gestaltungsfreiheiten der Individuen nicht zu gefährden. Doch damit greifen wir in die Gestaltungsfreiheiten all derjenigen ein, die mit dem liberalen Pluralismus nicht einverstanden sind. Zieht man die gesamte Menschheit in Betracht, ist die Gruppe derjenigen, die ihn für eine inakzeptable Weltanschauung halten, sicherlich keine kleine Minderheit. Es war gerade die große Illusion der 1990er-Jahre im Westen, zu glauben, dass mit dem Fall der Mauer der liberale Pluralismus und der demokratische Rechtsstaat alle anderen politischen Systeme – Theokratien, autoritäre Systeme, Diktaturen usw. – verdrängen würden. Die Geschichte ist vielmehr wieder allzu offen, wie die gegenwärtige geopolitische Krisenlage eindrücklich belegt. Damit ist wohlgemerkt Francis Fukuyama nicht widerlegt, dessen These vom »Ende der Geschichte« eine normative Bedeutung hatte: Er wollte sagen, dass die liberale Demokratie auf einem nicht mehr zu überbietenden Wertefundament beruht und damit auch Aussichten hat, sich welthistorisch durchzusetzen, weil sie an Tatsachen und folglich – anders als die paranoide Geschichtsmetaphysik Putins – an Wahrheit und Wirklichkeit interessiert ist.

Der liberale Pluralismus ist jedenfalls keine ethisch neutrale Ausgangslage, dank derer jeder nach seiner Fasson glücklich werden kann, sondern Ausdruck eines Werturteils, das sich darauf stützt, dass wir möglichst vielen Menschen möglichst viel individuelle Freiheit ermöglichen sollten, um ihre Vorstellungen eines gelungenen Lebens und damit ihren Sinn *im* Leben zu finden. Alternative Wertvorstellungen nationalistischer Ideologien, aus denen sich Autokratien und Diktaturen speisen, stützen sich auf lokale Kulte und spezifische Religionen, um sich damit gegen den Universalismus der Aufklärung zu wenden und es zu verhindern, dass alle Menschen zusammenfinden. Die Wertefundamente des heutigen Afghanistan oder der Putin'schen Kleptokratie bekämpfen die Vorstellung, jede:r sei berechtigt, einen Sinn im Leben zu finden. Diese Vorstellung drückt sich in einer liberalen Haltung gegenüber Menschen aus, die anders denken. Doch hat natürlich auch die Toleranz der liberalen Demokratie ihre Grenzen, weil die Demokratie berechtigt ist, sich an ihre Wertvorstellungen zu halten und diese notfalls zu verteidigen.

Ich halte den liberalen Pluralismus grundsätzlich für ethisch empfehlenswert, sofern er zu moralischem Fortschritt führt, hinter den wir nicht zurückfallen sollten. Der liberale Pluralismus zielt dabei von sich aus auf moralischen Fortschritt, weil es ihm darum geht, eine Vielzahl legitimer Lebensentwürfe uneingeschränkt gelten zu lassen, zu schützen und zu fördern.

Die Rechtfertigung des liberalen Pluralismus sollte nicht vortäuschen, dass er weltanschaulich neutral ist und zum Sinn des Lebens keine Meinung hat. Wer meint, sich bezüglich der Frage nach dem Sinn des Lebens säkular bescheiden oder agnostisch zurückhalten zu wollen, hat damit weltanschaulich bzw. metaphysisch bereits Stellung bezogen – was man sich in einem demokratischen Rechtsstaat, der diesen Agnostizismus ebenfalls zulässt, leicht erlauben kann. Man kann dem Leben gegenüber nicht neutral sein und die Sinnstiftung den Individuen überlassen, ohne damit institutionelle, kollektive und damit letztlich alle Menschen betreffende Weichenstellungen vorzunehmen, die eine implizite oder explizite Antwort auf die Frage nach dem Sinn des Lebens geben.

Diese Einsicht steht im Zentrum der politischen Theorie des griechisch-französischen Philosophen und Psychoanalytikers Cornelius Castoriadis. In seinem Hauptwerk *Gesellschaft als imaginäre Institution* kommt er zu dem Ergebnis:

> Jede bisherige Gesellschaft hat versucht, einige Grundfragen zu beantworten: Wer sind wir, als Gemeinschaft? Was sind wir, die einen für die anderen? Wo und worin sind wir? Was wollen wir, was begehren wir, was fehlt uns? Die Gesellschaft muß ihre »Identität« bestimmen, ihre Gliederung, die Welt, ihre Beziehungen zur Welt und deren Objekten, ihre Bedürfnisse und Wünsche. Ohne eine »Antwort« auf solche »Fragen«, ohne solche »Definitionen« gibt es keine menschliche Welt, keine Gesellschaft und keine Kultur – denn alles bliebe ununterschiedenes Chaos. [...]
>
> Wenn wir von »Fragen«, »Antworten« und »Definitionen« sprechen, ist das natürlich eine metaphorische Redeweise. Es handelt sich nicht um ausdrücklich gestellte Fragen und Antworten, und die Definitionen werden nicht sprachlich formuliert. Die Gesellschaft konstituiert sich, indem sie in ihrem Leben, in ihrer Tätigkeit *de facto* eine Antwort auf jene Fragen auftauchen läßt. Erst im *Tun* einer Gesellschaft erscheint die Antwort auf solche Fragen als verkörperter Sinn. Verständlich wird das gesellschaftliche Tun erst, wenn man es als Antwort auf Fragen begreift, die es unausdrücklich selber stellt.[48]

Damit verdanken wir Castoriadis eine wichtige Einsicht: Die Gesellschaft gibt es nicht, ohne dass wir sie uns – jeder auf eine etwas andere Weise – vorstellen. Sie ist »imaginär«, wie Castoriadis sagt. Unsere Gesellschaftsvorstellungen müssen dabei nicht zutreffen, nicht richtig sein, um wirksam zu werden. Zur Gesellschaft gehört es auch, dass wir sie uns einseitig und falsch vorstellen, dass wir uns auf die eine oder andere Weise im Irrtum befinden. Eine Gesellschaft des Allwissens ist undenkbar, sie wäre jedenfalls keine menschliche mehr. Hier zeigt sich einmal mehr, dass wir auf eine paradigmatische Weise Teil der Natur sind: Wir sind endlich und verwundbar, was wir durch unser gesellschaftliches Leben nur teilweise kaschieren.

Auch der liberale Pluralismus ist eingebettet in eine Gesellschaftsvorstellung, deren Toleranz begrenzt ist. Jede Gesellschaft grenzt nach innen und nach außen irgendetwas aus. Der liberale Pluralismus grenzt die illiberale Demokratie sowie die Autokratie aus und erlaubt es keiner Religion, zur Staatsreligion zu werden. Der liberale Pluralismus tut sich insbesondere damit schwer, anzuerkennen, dass er selbst auf einem weltanschaulichen Fundament und folglich auf einer impliziten Beantwortung der Frage nach dem Sinn des Lebens beruht, weil er zu lange davon ausgegangen ist, der moralische Relativismus sei eine notwendige Bedingung der liberalen Demokratie. Doch gerade das Gegenteil ist der Fall, wie die unbedingte Verpflichtung auf Menschenwürde und universale Menschenrechte belegt, die in unserem Grundgesetz unverrückbar verankert ist. Der moralische Relativismus, der meint, es gebe verschiedene Moralen (etwa eine westliche im Unterschied zu einer chinesischen), ist nicht mit der liberalen Demokratie vereinbar, er ist anti-aufklärerisch und illiberal, weil er sich letztlich sogar noch tolerant gegenüber den faktischen Feinden von Freiheit und Frieden gebärdet.

Der moralische Relativismus delegiert die Stabilität der Wertsetzungen und damit seine eigene implizite Setzung eines Sinns des Lebens an eine rein bürokratisch organisierte Gesellschaft, die kein starkes Wertefundament haben soll. Dass die liberale Demokratie faktisch ein starkes Wertfundament hat, das keine willkürliche Setzung neben vielen anderen möglichen ist, spricht gegen die Idee einer Techno- oder Expertokratie, in der politische Entscheidungen niemals als Wertfragen, sondern als etwas betrachtet werden, was sich nahtlos aus Daten, Studien und wissenschaftlichen Erkenntnissen ableiten lässt. Dass dies nicht funktioniert, erkennt man nicht zuletzt an den vielen Verwerfungen in der von der Corona-Krise auf den Prüfstand gestellten Gesellschaft. Die sogenannten Querdenker gehören ebenso zur Gesellschaft wie die Anhänger:innen des ›Teams Vorsicht‹, und es ist fatal, wenn verschiedene Menschengruppen versuchen, sich gegenseitig die Vernunft oder das Recht abzusprechen, die Demokratie zu vertreten.

Das Leben ist nicht insgesamt ein naturwissenschaftlich-technologisches Problemfeld. Wie man seine Kinder erzieht, woran man glaubt, welche Kunstformen man wertschätzt, wofür man eintritt und wofür man notfalls sogar bereit wäre, sein eigenes Leben zu opfern, lässt sich nicht sinnvoll naturwissenschaftlich eruieren. Vielmehr ist es so, dass Menschen, die ihr Leben der naturwissenschaftlichen Forschung widmen (was fraglos ein empfehlenswerter Zeitvertreib ist, weil es einem angesichts der schier unendlichen Komplexität des Universums niemals langweilig wird), dies tun, weil sie eben darin einen Sinn sehen. Die Schönheit mathematischer Gleichungen, die Überraschungen, die an allen Ecken und Enden des Universums lauern, zeigen, dass die Wirklichkeit voller Strukturen ist, über die man nur staunen kann.

Die Grenzen des liberalen Pluralismus liegen genau dort, wo wir anerkennen müssen, dass wir es nicht vermeiden können, das Leben insgesamt als etwas Sinnvolles zu begreifen, was uns vor die bis heute unbeantwortete Frage bringt, wie tief der Sinn des Lebens eigentlich reicht. Wir wissen nicht genug über das Leben, um auszuschließen, dass sich in ihm ein Schöpfer ausdrückt. Wir können die Existenz eines Schöpfers freilich auch nicht beweisen, weil es immer denkbar ist, dass die Strukturbildung in der Natur sich selbst genügt und aus ihren eigenen Ressourcen erklärbar ist. Wir werden das Rätsel des Lebens auch niemals lösen, solange wir nicht gleichzeitig imstande sind, die Frage zu beantworten, inwiefern der Geist eigentlich zur Natur gehört und inwiefern wir letztlich trotz oder sogar wegen unserer Animalität nicht vollständig in die Natur passen. Auf irgendeine Weise, die wir nicht ganz verstehen, ragen wir über das Universum (im Sinne der Gesamtheit des naturwissenschaftlich Untersuchbaren) hinaus, ohne uns in diesem Leben von ihm lossagen zu können. Liberale Gesellschaften sind dabei nicht nur darauf angewiesen, indirekt metaphysisch und wertend zu sein, indem sie eine säkulare Rechtsordnung bevorzugen, die weltanschaulicher Pluralität Rechnung trägt. Darüber hinaus bedürfen sie – zumindest bisher – einer Fundierung, die heutzutage vor allem in der Kopplung von Naturwissenschaft, Technologie und Wirtschaftswachstum gesehen wird. Auch dies ist eine Metaphysik, Ausdruck eines Weltbilds, das sich in der Moderne als höchst gefährlich erwiesen hat.

Weil Wertorientierung unvermeidlich ist und nicht im Namen des berechtigten liberalen Pluralismus vermieden werden kann (da dieser seinerseits auf Wertvorstellungen beruht), ist es inkohärent, sich vorzugaukeln, dass wir sozusagen wertfreie Politik betreiben könnten, indem wir *der* Wissenschaft folgen und ihre ›Ergebnisse‹ technisch verwerten. Jedenfalls ist diese Auffassung bei genauerer Betrachtung weder wertneutral noch empfehlenswert, da sie vielmehr das Gegenteil dessen erreicht, was sie anstrebt, nämlich die Unterminierung unserer Überlebensgrundlagen auf dem einzigen Planeten, auf dem es uns jemals gelingen wird, ein sinnvolles Leben zu führen.

Wer wir sind und wer wir sein wollen – Radikale Autonomie und Neue Aufklärung

Die Erfahrung von Sinn ist der Ausgangspunkt all unseres Denkens und Handelns. Was wir mit Engagement und Interesse tun, erleben wir als sinnvoll. Schwindet diese Sinnerfahrung, ist es uns nicht möglich, dasjenige, was wir tun, fortzusetzen, es sei denn, wir werden durch äußere Umstände dazu genötigt, entfremdete Arbeit zu leisten – was freilich für die allermeisten Menschen zutrifft, die heute leben.

Das ist Grund genug, um eine politische Utopie zu entwerfen, die auf dem Gedanken beruht, dass es ein Menschenrecht ist, ein Leben führen zu können, das Sinnerfahrung ermöglicht und stärkt. Wir können nicht nur *quantitativ* wachsen, indem wir etwa unser Vermögen vermehren und auf diese Weise die Wohlstandsgesellschaft weiter vorantreiben, unter der unser Planet und damit wiederum die allermeisten Menschen leiden, die nicht zu den wenigen Glücklichen gehören, die am richtigen Ort oder in die richtige Klasse hineingeboren wurden. Wir können und sollen alle auch *qualitativ* wachsen, d. h. imstande sein, langfristige Ziele der Selbstbildung zu verfolgen.

Daraus lässt sich die Grundlage einer Neuen Aufklärung ableiten, die seit einigen Jahren weltweit von verschiedenen Denkerinnen und Denkern gefordert wird. Diese Neue Aufklärung kann auf den Gedanken der radikalen Autonomie zurückgreifen, der – anders, als manche jetzt vielleicht erwarten – kein individualistisches Modell darstellt, weil Autonomie sich nur unter sozialen Bedingungen erreichen lässt.

Gehen wir wiederum schrittweise vor. Im Allgemeinen ist **Autonomie** (von griechisch *autos* = selbst und *nomos* = Gesetz) das Vermögen eines Lebewesens, paradigmatisch eines Menschen, sich selbst ein Gesetz zu geben, d. h. die eigenen Handlungen absichtlich an einem Maßstab zu messen, den man selbst anerkennen muss, damit er gilt. Davon unterscheidet sich die Vorstellung, sich von irgendetwas anderem (sei es von göttlichen Geboten, Vorgesetzten oder anderen Autoritäten) in seinem Selbstbild leiten zu lassen. Eine Person, die autonom agiert, tut, was sie tut, weil sie sich verbindlich an Regeln orientiert, die sie sich selbst gegeben hat. Zu diesen Regeln kann es gehören, sich zu informieren und aus guten Gründen dem Urteil anderer zu vertrauen, was eine andere Haltung ist, als irgendwelchen Autoritäten blindlings Folge zu leisten.

Mit dem Gedanken der Autonomie kann man nun noch einen Schritt weiter gehen. Man kann sich den Gedanken der Autonomie selbst zur Grundlage des Handelns machen, was voraussetzt, auch die Autonomie anderer zu berücksichtigen. Denn andere sind ebenfalls imstande, etwas im Lichte einer Vorstellung dessen zu tun, was sie für richtig halten. Wer sein Handeln an der Idee der Autonomie ausrichtet, ist damit nicht auf sich selbst beschränkt, weil die Autonomie nicht darin besteht, dass man sich selbst zur Autorität erhebt. Das wäre keine Autonomie, sondern ein internalisierter Personenkult, d. h. Narzissmus.

Jede Person hat eine Vorstellung davon, wer sie ist, wer sie war und wer sie sein wird. Diese Vorstellung vergleichen wir täglich damit, wer wir sein wollen. Jemand zu sein besteht darin, eine implizite oder explizite Antwort auf die Frage zu geben, wer wir sind und wer wir sein wollen. Das ist Ausdruck von Autonomie.

Nun trifft dies auf jede Person zu. Aus jeder Person spricht daher letztlich dieselbe Fähigkeit des Menschseins, die wir nur jeweils anders interpretieren und ausüben. Das bedeutet, dass wir uns an der Fähigkeit des Menschseins selbst orientieren können, wenn wir uns fragen, wer wir sein wollen. Das drücken wir sprachlich auch so aus, dass wir jemanden lobend als besonders »menschlich« bezeichnen. Wie wir bereits im ersten Teil des Buchs gesehen haben, ist der Begriff des Menschen nicht nur ein beschreibender Begriff – etwa für eine biologische Spezies –, sondern zugleich ein Wertbegriff.

Natürlich ist es richtig und sollte nicht verschwiegen werden, dass das Menschenbild traditionell am Mann orientiert war, was auch in der Etymologie des deutschen Wortes steckt (gilt auch für andere Sprachen, Englisch etwa *man*, Französisch *homme* usw., nicht aber etwa für das Chinesische 人, sprich: rén, was ein Ideogramm ist, d. h. in diesem Fall ein Bild für eine allgemeine menschliche Gestalt mit zwei Beinen). Allerdings ist es heutzutage erfreulicherweise nicht schwer, sich dieser Geschlechterschieflage bewusst zu werden und die völlig abwegige Idee auf den Müllhaufen der Geschichte zu werfen, Männer (worin auch immer das ›Mannsein‹ bestehen mag) seien auf eine hervorgehobene Weise Menschen. Menschen gibt es in allen Geschlechtern und in allen

Bandbreiten sexueller Selbstbestimmung. Dank mehrerer Phasen sexueller Emanzipation seit dem 19. Jahrhundert haben wir irgendwann gesamtgesellschaftlich eingesehen, dass wir selbst in unserer Sexualität autonom sind – wobei heute ein teils erbitterter Streit darüber besteht, wie weit die sexuelle Selbstbestimmung reichen sollte (ein anderes wichtiges Thema, was an dieser Stelle zu weit führte).

Um die Struktur radikaler Autonomie, die der Forderung nach einer Neuen Aufklärung zugrunde liegt, genauer zu verstehen, lohnt sich noch mal ein kleiner Exkurs zu Immanuel Kant und Georg Wilhelm Friedrich Hegel, die man an dieser Stelle zusammenbringen sollte. Was ich bisher als Selbstbestimmung bezeichnet habe, nennen Kant und Hegel »Willen«. Dazu bemerkt Kant an einer wichtigen Stelle seiner *Grundlegung zur Metaphysik der Sitten*:

> Ein jedes Ding der Natur wirkt nach Gesetzen. Nur ein vernünftiges Wesen hat das Vermögen, *nach der Vorstellung* der Gesetze, d.i. nach Prinzipien zu handeln, oder einen *Willen*. Da zur Ableitung der Handlungen von Gesetzen *Vernunft* erfordert wird, so ist der Wille nichts anderes als praktische Vernunft.[49]

Nach Prinzipien zu handeln heißt hier nur so viel wie, dass wir imstande sind, uns vorzustellen, wer wir sind und wer wir sein wollen, und daraus Maximen (wie Kant dies nennt) abzuleiten, d.h. konkrete Vorstellungen bezüglich unserer Handlungsabläufe, die zu jedem Zeitpunkt mit einer mehr oder weniger durchdachten Lebensführung und bei manchen Menschen mit einem ganzen Lebensplan verbunden sind.[50]

Ein menschliches Leben erstreckt sich in der Zeit. Wir leben nicht nur in Augenblicken, sondern betten diese auf die eine oder andere Weise in einen größeren zeitlichen Zusammenhang ein, sodass wir wohl alle an einer Lebensgeschichte arbeiten. Die sozial geteilte Lebenswirklichkeit der Menschen in einer Gesellschaft ist deshalb geschichtlich.[51]

Das, was Kant als Handeln nach der Vorstellung der Gesetze ansieht, ist die grundlegende Form der Autonomie. Die Autonomie von Menschen kann eingeschränkt und erweitert werden, je nachdem, welche Spielräume Individuen und Kollektive haben. Grundsätzlich sollte man aber davon ausgehen, dass einem Menschen – als von anderen begrifflich, wenn auch niemals wirklich unabhängigem Individuum – volle Autonomie zukommt, sein Leben so zu führen, wie er es sich vorstellt. Gäbe es keine anderen (was nicht-menschliche Lebewesen einschließt), denen gegenüber wir automatisch moralische Verpflichtungen haben, könnten wir uneingeschränkt tun und lassen, was uns beliebt. Sobald dasjenige, was wir tun, Konsequenzen für andere hat, ist unsere Autonomie auf irgendeine Weise verändert, weil sie dort an ihre Grenze kommt, wo sie die Autonomie der anderen berührt.

Und genau diese Überlegung führt Kant und in seinem Gefolge Hegel zu der Erkenntnis, dass das Recht die Funktion übernimmt, soziale Normen festzulegen, die zu einem gegebenen historischen Zeitpunkt Auskunft darüber geben, welche Autonomiebeschränkungen legitim sind. Politische Freiheit besteht deswegen paradoxerweise darin, dass unsere ursprüngliche individuelle Freiheit eingeschränkt wird. Diese Einschränkung nimmt uns nicht automatisch etwas weg, was wir gerne hätten, sondern ermöglicht diejenige soziale Freiheit, ohne die wir das meiste dessen, was für uns sinnvoll ist, gar nicht tun könnten. Unsere ursprüngliche Freiheit ist deswegen eine inhaltsleere Vorstellung davon, dass wir eigentlich alles tun könnten, wenn es die anderen nicht gäbe – nur, dass wir dann fast gar nichts von dem tun könnten, was wir faktisch am liebsten tun!

Und genau darin besteht unsere radikale Autonomie: Wir sind imstande, unsere Spielräume einzuschränken, um sie eben dadurch zu erweitern, weil individuelle Freiheit nur sozial realisierbar ist.

Doch die Details der Einschränkung unserer Freiheit (und damit unsere Autonomie) bedürfen einer Begründung. Einschränkungen müssen nicht nur im juristischen Sinne verhältnismäßig sein, sondern zugleich auch moralischen Tatsachen und damit Werten entsprechen. Der demokratische Rechtsstaat muss daher bereit sein, seine Verfahren unter Rekurs auf Gewissensprüfung und andere Methoden der Ethik zu prüfen, weshalb wir von Richterinnen, Politikern und anderen gesellschaftlichen Entscheidungsträgerinnen ein moralisches Mindestmaß erwarten, das sie im Bedarfsfall durch explizite Rechtfertigung ihres Tuns unter Beweis stellen.

So weit, so gut. Doch droht mit dieser Überlegung ein weiterer Dualismus Einzug zu halten, d.h. hier eine Spannung zwischen zwei Polen, die uns in der öffentlichen Debatte häufig unter den Stichworten Freiheit vs. Sicherheit begegnen. Wenn Freiheit ursprünglich Autonomie bedeutet und wenn die Rolle der anderen dadurch definiert ist, dass sie berechtigte Ansprüche zur Einschränkung meiner Autonomie anmelden, erscheint die Gesellschaft letztlich als eine gigantische Freiheitseinschränkung. Doch ohne innere und äußere Sicherheit ist keine Freiheit möglich und ohne Freiheit keine innere und äußere Sicherheit. Die Gesellschaft darf allerdings nicht zu einer Belastung für das autonome Subjekt werden, was im Zentrum des Existenzialismus bei Sartre steht, für den die anderen einerseits unverzichtbar, andererseits aber primär lästig sind. Das entspricht Kants geflügeltem Wort von der »ungeselligen Geselligkeit« des Menschen.[52]

Allerdings übersieht diese Überlegung, wie gesagt, dass das meiste dessen, was wir tun wollen, nur möglich ist, weil wir es mit anderen und für andere tun. Die anderen schränken deswegen nicht nur unsere Autonomie ein, sondern sie fördern und erweitern sie auch dadurch, dass wir gemeinsam soziale Tatsachen schaffen. Wer alleine Fußball spielen will, verpasst die eigentliche Erfahrung des Fußballspiels. Sobald aber andere vor Ort sind (und seien es nur die Spieler und der Schiedsrichter), ist die Autonomie der Akteure eingeschränkt – schon deswegen, weil jeder Spieler ein Tor schießen will, aber der Sinn der Anwesenheit der anderen gerade darin besteht, dies nach Möglichkeit zu verhindern. Deshalb ist es falsch, Autonomie und Vergesellschaftung bzw. Individualität und Sozialität als begriffliche Gegensätze aufzufassen.

Und hier kommt nun Hegel ins Spiel: Es reicht nicht hin, unsere Autonomie als einen freien Willen aufzufassen, der einer Gesellschaft und ihren Zwängen gegenübersteht, weil wir auf diese Weise nicht nachvollziehen können, wie soziale Freiheit möglich sein soll. Wir wissen aber, dass es soziale Freiheit gibt, weil die Spielräume von Personen, die etwa auf ein funktionierendes Gesundheits- und Bildungssystem oder sogar (in Deutschland leider seit einigen Jahren undenkbar) auf eine funktionierende Infrastruktur (pünktliche Züge!) zurückgreifen können, weiter sind als die Spielräume von Menschen, die in verarmten Diktaturen wie Nordkorea leben.

***Soziale Freiheit** besteht darin, dass wir unsere Autonomie durch Kooperation mit der Autonomie anderer erweitern. Die Gesellschaft ist deswegen nicht die Sartre'sche Hölle auf Erden, in der sich alle wechselseitig einschränken, sondern eine Organisation, deren Zweck die Erweiterung unserer Spielräume durch eine moralisch eingebettete Einschränkung der individuellen Freiheit ist, die wir freiwillig akzeptieren, um auf diese Weise mehr soziale Freiheit zu erlangen.*

Hegel zeigt in der Einleitung seiner *Grundlinien der Philosophie des Rechts* auf eine immer noch mustergültige Weise, dass der Wille kein prä-, a- oder sogar anti-soziales Vermögen ist. Vielmehr, so

Hegel, ist »die Idee des Willens […] *der freie Wille, der den freien Willen will*«.[53] Das Recht ist dieser Auffassung zufolge die Verwirklichung oder, wie Hegel sagt, »das Dasein« dieser Idee der sozialen Freiheit.

Damit kommen wir wieder zum Projekt einer Neuen Aufklärung. Diese geht davon aus, dass wir gemeinsam daran arbeiten können und sollen, Autonomie nicht nur in der Form von Rechten einzufordern sowie uns selbst und anderen als Pflichten aufzunötigen, sondern dass wir Autonomie selbst zur Norm unseres Handelns machen können, was Hegel als »selbstbewußte Freiheit«[54] bezeichnet. Diese kann man als radikale Autonomie auffassen.

***Radikale Autonomie** besteht darin, dass wir die Fähigkeit von Menschen, ihr Leben im Licht einer Vorstellung davon zu führen, wer wir sind und wer wir sein wollen, als Wertquelle anerkennen und damit unsere individuelle Autonomie stets an der Autonomie der anderen messen. Auf diese Weise verstehen wir, dass es soziale Freiheit gibt, dass Freiheit also kein Gegensatz zur Vergesellschaftung ist.*

Diese Einsicht lässt sich allerdings nicht sinnvoll artikulieren, ohne dass wir in der Struktur der radikalen Autonomie und damit der sozialen Freiheit eine durch nichts zu ersetzende Wirklichkeit erkennen. Damit meine ich, dass die menschliche Sozialität nicht nur in unseren individuellen Köpfen als neuronale Repräsentation oder als irgendeine andere Art der Einbildung existiert. Die Gesellschaft ist Realität und nicht nur in unseren Köpfen. Hegel liegt daher richtig, wenn er soziale Freiheit als »objektiven Geist« bezeichnet, d. h. als Verwirklichung radikaler Autonomie seitens der vernunftbegabten Menschen unter historisch variablen Bedingungen. Die Gesellschaft ist deshalb kein Naturspektakel. Wir gehören eben nicht vollständig zur Natur.

Was Menschen tun, indem sie Institutionen sozialer Freiheit

(von Kinderspielen bis hin zum Rechtsstaat) entwickeln, unterscheidet sich prinzipiell von der Emergenz komplexer Strukturen aus einfachen natürlichen Einheiten. Denn Institutionen bestehen auch aus Absichten, sie sind Ausdruck dessen, was man in der Sozialphilosophie als »kollektive Intentionalität« bezeichnet, worunter man das teils absichtliche, teils unabsichtliche Zusammenwirken von Menschen versteht. Institutionen lassen sich nicht auf Schwarmintelligenz reduzieren, das Bundesverfassungsgericht ist nicht einmal ansatzweise von derselben Art wie die Organisation eines Insektenstaats.

Eine Gesellschaft ist kein Wirbelsturm, der sich aus dem Zusammenspiel vieler Elemente und Kräfte in einem physikalisch beschreibbaren Feld ergibt. Gesellschaft entsteht dadurch, dass wir unsere Einstellungen miteinander vergleichen und uns ein explizites, symbolisch (sprachlich, schriftlich, künstlerisch, medial usw.) kodiertes Bild davon machen, was wir und was andere denken, fühlen usw.

Die Neue Aufklärung fordert auf dieser Grundlage, dass wir uns auf einen Geist des Vertrauens einlassen, der Kooperation über die verschiedenen Bereiche der Gesellschaft hinweg mit dem klar gesetzten Ziel anstrebt, gemeinsam moralischen Fortschritt und damit mehr soziale Freiheit zu erreichen. Auf diese Weise wird die fatale und in der Sache abwegige Idee überwunden, der Kapitalismus sei zwar ein letztlich zerstörerisches System der Profitgier und Ausbeutung von Mensch und Natur, aber eben auch unvermeidlich und alternativlos. Denn es gibt den reinen Kapitalismus nicht, den sich viele Kapitalismuskritiker ausmalen. Vielmehr wird der Kapitalismus seit dem 19. Jahrhundert in Europa zunehmend durch die einfache sozialistische (und richtige!) Idee eingeschränkt, dass eine Gesellschaft und damit eine Wirtschaft nicht dauerhaft funktionieren kann, wenn sie sich primär über Profitgier, Wirtschaftswachstum und Ausbeutung steuert – eine Vorstellung, die übrigens bereits Adam Smith abgelehnt hat.[55] Von vielen wird der Raubtierkapitalismus, der auf der Idee des Wettbewerbs um knappe Güter und nicht auf derjenigen der Kooperation hilfsbedürftiger sozialer Tiere beruht, als unvermeidlich angesehen. Doch dies wäre allenfalls Sozialdarwinismus, also die verfehlte Projektion biologischer Begriffe auf menschliches Sozialverhalten.

An dieser Stelle kehrt der Lebensbegriff zurück. Ausgehend von den Forschungen der berühmten US-amerikanischen Biologin Lynn Margulis, hat sich die Idee verbreitet, dass Kooperation für die Evolution der Lebensformen fundamentaler als Konkurrenz ist.[56] Symbiose und Mutualismus, d. h. der Austausch positiver Fähigkeiten zwischen elementaren Lebensformen (wie Bakterien und Algen, die in Flechten miteinander kooperieren), sind der Normalfall und nicht der knallharte Wettbewerb um knappe Überlebensgüter. Aus mikrobiologischen Befunden, die in der Tat zeigen, dass etwa Bakterien evolutionär in unsere Zellen eingeschmolzen wurden, sodass es uns ohne eine sehr enge Verbindung verschiedener Lebensformen gar nicht gäbe, kommen einige Biologen und Biologinnen zu dem Schluss, dass wir biologisch betrachtet keine Individuen, sondern komplexe Geflechte verschiedener Lebewesen sind. Auch dies ist ein Weg, den Tierbegriff zu überwinden und Leben ganz anders zu denken, als dies dem Neo- und Sozialdarwinismus vorschwebt.

Hier kann man sich noch einmal dem Physiker und Komplexitätsforscher Dirk Brockmann anschließen, der aus den Arbeiten von Margulis und anderen Fakten, die die Lebenswissenschaften in den letzten Jahrzehnten entdeckt haben, eine soziale Utopie ableitet:

> 100 Jahre haben Neodarwinismus und Sozialdarwinismus sich gegenseitig befruchtet und zu fatalen Lebens- und Wirtschaftskonzepten geführt: ungezügeltem Wachstum, monopolistischen Konzernen, Uniformität und Diversitätsverlust. Vielleicht ist es an der Zeit, aus der erfolgreichsten Strategie der Natur zu lernen und sie in gesellschaftlichen und sozialen Strukturen zu übernehmen: der Kooperation.[57]

Der grundlegenden Rolle der Kooperation wird in der sozio-ökonomischen Realität natürlich durchaus Rechnung getragen, da Gesellschaft und Wirtschaft in vielen Staaten keineswegs so organisiert sind, wie sich dies die Sozialdarwinisten ausmalten. Abgesehen von der bereits bestehenden sozialen Marktwirtschaft, die dem Begriff der sozialen Freiheit auf der Ebene der Märkte und des Verhaltens von Marktteilnehmern Rechnung trägt, befinden wir uns im 21. Jahrhundert fraglos im Zeitalter einer großen ökologischen Transformation. Denn wollen wir überleben, muss es uns gelingen, das fossile Zeitalter zu beenden und den Planeten auf eine bisher nie da gewesene Art gemeinsam zu bewohnen. An dieser Stelle führt Brockmanns Hinweis auf die Biologie der Kooperation tatsächlich weiter, da er zeigt, dass der Mensch als Tier nicht existieren könnte, ohne bereits auf der Mikroebene der zellulären Organisation auf Kooperation angewiesen zu sein.

Soziale Freiheit und der Sinn des Lebens

Wir müssen uns deswegen wieder zutrauen, Utopien der sozialen Freiheit zu entwickeln, dank derer wir die Gesellschaft als eine Organisation verstehen, die es ermöglicht, moralischen Fortschritt nachhaltig zu gewährleisten. Dieser ist immer wieder bedroht – was wir unter anderem in Form des rasant aufstrebenden Rechtspopulismus (der in Wahrheit ein ziemlich dumpfer Nationalegoismus ist) erleben müssen. Die Corona-Pandemie hat jedoch die Einsicht befördert, dass wir ohne *soziale* Freiheit nicht einmal überleben können.

Der objektive Geist der Menschheit, der sich in unseren Institutionen ausdrückt, ist verwirklichte soziale Freiheit. Damit hat der moderne demokratische Rechtsstaat eine Wertegrundlage, die weit darüber hinausgeht, dass Einzelne einen Sinn in ihrem Leben finden. Unsere Institutionen haben eine Geschichte, die mit Kunst, Religion, Philosophie, Wissenschaft und Technik verwoben ist.

Aufgrund dieser Geschichte sind Wertvorstellungen und damit Antworten auf die Frage nach dem Sinn des Lebens in unsere Institutionen eingeschmolzen. Es trifft daher letztlich nicht zu, dass »die Entstehung des Staates als Vorgang der Säkularisation« aufzufassen ist, wie der Titel eines berühmt-berüchtigten Aufsatzes des Staats- und Verwaltungsrechtlers Ernst-Wolfgang Böckenförde lautet. In diesem Aufsatz findet man das sogenannte **Böckenförde-Diktum**, welches lautet: »Der freiheitliche, säkularisierte Staat lebt von Voraussetzungen, die er nicht selbst garantieren kann.«[58]

Böckenförde, wie sein Weggefährte Carl Schmitt, geht also davon aus, dass Wertsetzungen bezüglich des Sinns des Lebens (paradigmatisch durch die Religion vertreten) zwar Voraussetzungen des freiheitlichen Staats sind, von ihm aber nicht garantiert werden können. Doch der Gegensatz von Institution und starker Wertsetzung setzt seinerseits voraus, dass die Institutionen völlig säkularisiert sind, was aber schon deswegen nicht zutrifft, weil sie Urteile im Rahmen einer unbedingten Verpflichtung auf die Menschenwürde fällen, die sie sehr wohl garantieren können und sollen. Der Staat ist kein abgehobenes Geschehen, das von den Wertsetzungen der Individuen unabhängig wäre.

Die Menschenwürde zu respektieren heißt, in anderen Personen Menschen zu erkennen, denen gegenüber wir unbedingte, nicht verhandelbare Verpflichtungen haben. Einer der Gründe dafür, dass Menschenwürde für uns erkennbar ist, ist, dass wir uns bereits im Medium des Sinns befinden, wenn wir uns angesichts einer Entscheidungssituation fragen, was wir tun sollen. Im Medium des Sinns erkennen wir, dass andere auch Sinn erfahren, dass sie Subjekte sind, die uns bei allen Unterschieden grundlegend ähneln. Man kann es als einen Auftrag des modernen Rechtsstaats betrachten, möglichst allen Menschen zu erlauben, nach dem Sinn des Lebens zu suchen, damit wir gemeinsam besser erkennen können, wie wir unsere soziale Freiheit weiter anhand des Leitfadens des moralischen Fortschritts erweitern können.

Damit sind wir beim Herzstück einer weitverbreiteten Auffassung zum Sinn des Lebens angelangt. Viele Menschen denken nämlich, dass der Sinn des Lebens darin besteht, einen richtigen Lebensweg zu wählen, was immer voraussetzt, dass man nach dem Guten als einem Leitstern sucht. Ein Lebensweg, der mit lauter moralisch verwerflichen Handlungen gepflastert ist, erscheint uns, um noch einmal einen Gedanken Kants aufzurufen, nicht als »glückswürdig«.[59] Ein scheußlicher Diktator oder Folterknecht, der ein glückliches Leben führt, soll demnach nicht existieren. Kant definiert Glück (bzw. Glückseligkeit) dabei als »das Bewußtsein eines vernünftigen Wesens von der Annehmlichkeit des Lebens, die ununterbrochen sein ganzes Dasein begleitet«.[60]

Vor diesem Hintergrund kann man eine Antwort auf die Frage nach dem Sinn des Lebens geben. Der Sinn des Lebens besteht demnach darin, Glückseligkeit dadurch zu erlangen, dass wir gemeinsam daran arbeiten, glückswürdig zu sein. Konkret entspricht dies der in den Weltreligionen verbreiteten Auffassung, der Sinn des Lebens bestehe darin, dass wir in diesem unserem Leben auf die Moralität unserer Handlungen hin geprüft werden. Wir sollen demnach versuchen, einen Lebenswandel anzustreben, der es uns und anderen ermöglicht, gemeinsam am moralischen Fortschritt der Menschheit zu arbeiten. Wir sollen gemeinsam moralisch wachsen, um auf diese Weise – wertegeleitet – in ökonomisch funktionierenden Gesellschaften zu leben. Hierbei bezieht sich »moralisch« auf dasjenige, was wir tun bzw. unterlassen sollen, weil wir alle Menschen sind, die aufgrund ihrer Humanität wechselseitige Verpflichtungen und Rechte haben, ob diese nun von gerechten Institutionen anerkannt oder von ungerechten mit Füßen getreten werden.

Kant selbst bezeichnet die Kombination aus (ökonomisch produzierbarer) Glückseligkeit und (moralisch erreichbarer) Glückswürdigkeit als »das höchste Gut«,[61] das sich daraus ergibt, dass wir – ob wir dies nun mögen oder nicht – dazu bestimmt sind, das moralisch Richtige zu erkennen und gesellschaftlich umsichtig zu realisieren.

Kant bringt dies dadurch auf den Punkt, dass er die radikale Autonomie, d. h. die »Idee von dem absoluten Werte des bloßen Willens«,[62] ausdrücklich als die Bestimmung des Menschen betrachtet. Der Mensch sei, anders als andere Lebewesen, nicht nur mit Instinkten ausgerüstet, um sein individuelles oder Familienglück zu erreichen, sondern mit Vernunft, die von ihm verlangt, am Wohlergehen der Menschheit interessiert zu sein.

> In den Naturanlagen eines organisierten, d. i. zweckmäßig zum Leben eingerichteten Wesens nehmen wir es als Grundsatz an, daß kein Werkzeug zu irgend einem Zwecke in demselben angetroffen werde, als was auch zu demselben das schicklichste und ihm am meisten angemessen ist. Wäre nun an einem Wesen, das Vernunft und einen Willen hat, seine *Erhaltung*, sein *Wohlergehen*, mit einem Worte seine *Glückseligkeit* der eigentliche Zweck der Natur, so hätte sie ihre Veranstaltung dazu sehr schlecht getroffen, sich die Vernunft des Geschöpfs zur Ausrichterin dieser ihrer Absicht zu ersehen.[63]

Was Kant hier im Philosophendeutsch seiner Zeit ausdrückt (das er maßgeblich miterfunden hat), kann man natürlich heutzutage auch einfacher darstellen. Ich deute die Passage folgendermaßen: Organismen sind funktional geordnet, worin sich Äonen evolutionärer Auslese dokumentieren. Dass wir Augen haben, um zu sehen, und ein Herz, das unseren Blutkreislauf aufrechterhält, hat damit zu tun, dass wir als Lebewesen an unsere ökologische Nische angepasst sind. Erschöpfte sich der Sinn unseres Lebens darin, dass wir uns in jedem Augenblick einfach nur in eine möglichst sichere Lage versetzen, um uns selbst und unseren Nachwuchs zu sichern, könnte man nicht erklären, warum wir so vieles tun, was uns selbst und andere in Gefahr bringt.

Was wir tun, hängt oft mit Vernunftvorstellungen zusammen. Wer etwa Mitglied in einem Fitnessstudio ist, um gesund zu bleiben, investiert in die Zukunft seiner Gesundheit. Damit es Fitnessstudios gibt, müssen Menschen Geräte erfinden, Verträge schließen, Gebäude bauen usw. All diese Tätigkeiten dienen keineswegs nur dem augenblicklichen Wohlbefinden derjenigen, die sie ausführen, sondern haben nur Sinn im Zusammenhang ziemlich komplexer Planungsprozesse. Diese brauchen Vernunft im Sinne Kants, also das Vermögen, in größeren Zusammenhängen zu denken. Untersucht man eine menschliche Gesellschaft, wird man schnell erkennen, dass die meisten Menschen keineswegs nur Hedonisten, also nur darauf aus sind, im Augenblick Glücksgefühle zu haben. Vielmehr sind wir alle auf irgendeine Weise vernünftig, planen also langfristig. Wir erwarten sogar von der Gesellschaft, dass sie uns dies ermöglicht, weshalb soziale Freiheit unerlässlich für unsere Tätigkeiten ist. Der Sinn unseres Vernunftvermögens muss demnach in etwas anderem liegen als darin, uns jeweils nur ein gemütliches Leben im Augenblick zu ermöglichen.

Man kann sagen, dass es die uraufklärerische Auffassung vom Sinn des Lebens ist, dass der Mensch eine Bestimmung hat, es in unserer Natur liegt, dass es einen Zweck gibt, den wir als Menschheit zu erfüllen haben. Die extreme nihilistische Gegenthese, unser Leben habe weder Sinn noch Zweck, ist dabei ihrerseits eine Antwort auf metaphysische Fragen. Wer glaubt, der Sinn des Lebens bestehe allenfalls darin, möglichst viele Glückserfahrungen zu sammeln, oder gar darin, möglichst viel Vermögen anzuhäufen, übersieht damit, dass die Form unserer Freiheit sozial ist. Ob wir es nun mögen oder nicht, die Menschheit ist letztlich eine Schicksalsgemeinschaft, was im Zeitalter der Corona-Pandemie und der sicherlich nicht in Bälde verschwindenden ökologischen Krise für uns alle spürbar geworden ist.

Halten wir also fest, dass die weitverbreitete Auffassung, der Sinn des Lebens zeige sich im menschlichen Auftrag, nachhaltige Strukturen sozialer Freiheit zu schaffen, die es möglichst jedem Menschen erlauben, ein glückseliges und glückswürdiges Leben in der Gemeinschaft der Menschen zu verbringen, auf dem richtigen Pfad ist. Weil wir Menschen vernunftbegabt und daher zu der Einsicht imstande sind, zu erkennen, dass wir einander sowie anderen Lebensformen aus moralischen Gründen etwas schulden, ist es unser Auftrag, die Utopie stets zunehmender sozialer Freiheit zu realisieren.

Diese Option, der Frage nach dem Sinn des Lebens eine Richtung zu geben, ist tatsächlich neutral bezüglich der Zusatzfrage, ob unsere ethische Erkenntnis, unser moralischer Kompass ein Zeichen einer höheren Macht ist oder ob sich die moralischen Ansprüche ohne einen höheren Ursprung aus unserer Lebensform ergeben. Denn das Gute, das Neutrale und das Böse sind nicht deswegen moralisch aufgeladen, weil eine zusätzliche Kraft ihnen erst ihre normative Wucht verleiht. Dass man einen Menschen nicht umbringen sollte, bloß weil er einem unsympathisch ist (um ein offensichtliches Beispiel zu wählen), liegt nicht daran, dass Gott oder die Natur dies vorgeschrieben hat. Die normative Kraft der moralischen Tatsachen stammt aus diesen allein.

An dieser Stelle muss Kant insofern korrigiert werden, als er dachte, dass die Vernunft derart radikal autonom ist, dass wir aus Ansprüchen der Vernunft allein ableiten können, was wir tun bzw. unterlassen sollen. Doch moralische Ansprüche werden von der Vernunft (aber eben auch von unseren Gefühlen und sozial erworbenen Emotionen) zwar erkannt, aber nicht erlassen. Wer ein ertrinkendes Kind rettet, tut dies nicht, weil die Vernunft dies diktiert, sondern weil er den moralischen Stellenwert der Sachlage intuitiv richtig einschätzt.

Die uraufklärerische und religiöse Vorstellung, der Sinn des Lebens bestünde darin, dass wir in unserem Leben dazu bestimmt sind, gemeinsam, als menschliche Schicksalsgemeinschaft, daran zu arbeiten, ein möglichst gutes Leben für alle Menschen zu ermöglichen, was moralischen Fortschritt voraussetzt, liegt also richtig. Nennen wir dies die aufklärerische Antwort auf die Frage nach dem ***Sinn des Lebens.***

Wie gesagt ist die aufklärerische Idee damit weder säkular in dem Sinne, dass die Existenz Gottes oder der Wert der Religion bestritten wird, noch ist sie religiös begründet, weil die moralischen Ansprüche von keiner Instanz begründet werden müssen, die über dasjenige hinausgeht, was wir einander bereits deswegen schulden, weil wir Menschen sind. Und spezifisch ›westlich‹, ›europäisch‹ oder gar ›eurozentrisch‹ ist die Vorstellung, es gäbe einen Sinn des Lebens, der im Auftrag des Menschen bestehe, Verantwortung für sich selbst und dasjenige zu übernehmen, worüber er Macht hat, schon gar nicht. Vielmehr ist dies eine seit Menschengedenken verbreitete Vorstellung, die es sich immer wieder aufs Neue anzueignen und zu vergegenwärtigen gilt.

Warum die Naturwissenschaften nicht entdeckt haben, dass das Leben keinen Sinn hat

Doch ist diese uraufklärerische Vision des Guten nicht naiv und hinfällig? Heute ist eher das folgende Weltbild verbreitet, das nahelegt, es könne keinen Sinn des Lebens geben: Demnach entstanden zu Beginn des Universums, also kurz nach dem Urknall, Strukturen und Kräfte, die nach Milliarden von Jahren dazu führten, dass sich Planeten bildeten. Auf mindestens einem dieser Planeten, der Erde, hat sich dann irgendwann (man weiß nicht genau, wann und wie) Leben gezeigt, das sich den Gesetzmäßigkeiten der Evolutionstheorie zufolge entwickelte und alle bekannten Lebensformen hervorbrachte. Am vorläufigen Ende dieses Prozesses steht der Mensch, der sich diesen Prozess vergegenwärtigen kann und dabei einsieht, dass er nicht im Zentrum irgendeines sinnvollen Geschehens steht, sondern nur ein Nebeneffekt der kosmischen Evolution des materiell-energetischen Gesamtsystems ist, Sternenstaub, der es zu kurzfristigem Selbstbewusstsein gebracht hat.

In der Tat könnte man glauben, dass es an absurde Selbstüberschätzung grenzt, wenn der Mensch sich angesichts der kosmischen Weiten, die uns dank der modernen Physik bekannt wurden, für besonders wichtig hält. Gegen diese Hybris wurde besonders prominent von Arthur Schopenhauer und Friedrich Nietzsche ein Sinnlosigkeitsverdacht ausgesprochen. Nietzsche formuliert ihn zu Beginn seines einflussreichen Aufsatzes »Über Wahrheit und Lüge im außermoralischen Sinne« so:

> In irgend einem abgelegenen Winkel des in zahllosen Sonnensystemen flimmernd ausgegossenen Weltalls gab es einmal ein Gestirn, auf dem kluge Thiere das Erkennen erfanden. Es war die hochmüthigste und verlogenste Minute der »Weltgeschichte«: aber doch nur eine Minute. Nach wenigen Athemzügen der Natur erstarrte das Gestirn, und die klugen Thiere mussten sterben. – So könnte Jemand eine Fabel erfinden und würde doch nicht genügend illustrirt haben, wie kläglich, wie schattenhaft und flüchtig, wie zwecklos und beliebig sich der menschliche Intellekt innerhalb der Natur ausnimmt; es gab Ewigkeiten, in denen er nicht war; wenn es wieder mit ihm vorbei ist, wird sich nichts begeben haben. Denn es giebt für jenen Intellekt keine weitere Mission, die über das Menschenleben hinausführte. Sondern menschlich ist er, und nur sein Besitzer und Erzeuger nimmt ihn so pathetisch, als ob die Angeln der Welt sich in ihm drehten. Könnten wir uns aber mit der Mücke verständigen, so würden wir vernehmen, dass auch sie mit diesem Pathos durch die Luft schwimmt und in sich das fliegende Centrum dieser Welt fühlt. Es ist nichts so verwerflich und gering in der Natur, was nicht durch einen kleinen Anhauch jener Kraft des Erkennens sofort wie ein Schlauch aufgeschwellt würde; und wie jeder Lastträger seinen Bewunderer haben will, so meint gar der stolzeste Mensch, der Philosoph, von allen Seiten die Augen des Weltalls teleskopisch auf sein Handeln und Denken gerichtet zu sehen.[64]

In dieser Passage vergleicht Nietzsche unseren Intellekt mit der Natur und kommt zu dem Ergebnis, dass er »zwecklos« sei. Dieses Ergebnis wird unter anderem durch den Hinweis begründet, dass es ihn lange nicht gab und einmal nicht mehr geben wird. Doch warum sollte unser Intellekt oder unser Leben sinn- und zwecklos sein, nur weil wir unter natürlichen Bedingungen – die wir im Einzelnen niemals vollständig überschauen und kontrollieren können – entstanden sind?

Dass Nietzsche selbst dieser Erklärung nicht ganz traut, erkennt man, wenn man sich die Passage genauer anschaut. Denn dann bemerkt man, dass dasjenige, was er hier über die Natur und unsere Stellung in ihr zum Besten gibt, ausdrücklich auf einer »Fabel« beruht. Diese Fabel ist jedoch sicherlich kein Ergebnis der Naturwissenschaft, sondern ein Vergleich einer Auffassung über die Reichweite unseres Intellekts mit Naturkategorien. Damit äußert Nietzsche hier viel mehr ein Werturteil als eine objektive Erkenntnis, die wir akzeptieren müssten. Nietzsche will, dass das Leben keinen Sinn hat, weil er den Sinn des Lebens angesichts der anonymen Naturkräfte nicht erkennen kann.

Gleichzeitig kritisiert er in dieser Passage »den Philosophen«, betreibt aber selbst nichts anderes als Philosophie, wenn er, anders als die Aufklärer, zu dem Ergebnis kommt, das Leben sei zwecklos, weil es durch natürliche Prozesse zustande kommt. Doch große frühneuzeitliche Naturforscher wie Newton oder Leibniz, die, anders als Nietzsche, wegweisende Beiträge zur Mathematik und Physik des Universums geleistet haben, sahen in der menschlichen Fähigkeit, die Natur mathematisch zu begreifen, gerade umgekehrt ein Indiz dafür, dass unser Intellekt eine besondere Stellung einnimmt.

An dieser Stelle kommt eine Einsicht des US-amerikanischen Philosophen Thomas Nagel zum Tragen.[65] Die Vorstellung, das Leben habe, wenn man auf das große kosmische Ganze blickt, keinen Sinn, übersieht ihm zufolge, dass eben diese Vorstellung der Effekt eines bestimmten Blickwinkels ist. Dass wir uns angesichts der kosmischen Weiten klein fühlen mögen und dass wir wissen, dass alles, was wir sind und tun, irgendwann spurlos verschwunden sein wird, beweist in keiner Weise die Sinnlosigkeit des Lebens, sondern nur, dass wir den Sinn aus der Außenperspektive auf ein Universum, das sich nicht um unsere Bedürfnisse schert, nicht erkennen können.

Nagel hat in einem der berühmtesten philosophischen Aufsätze der letzten fünfzig Jahre die inzwischen sprichwörtliche Frage gestellt: »Wie ist es, eine Fledermaus zu sein? (*What Is It Like to Be a Bat?*)«[66] Er meint, dass wir dies niemals wissen können, weil wir keinen Zugang zur subjektiven Fledermausperspektive, zu ihrem Erleben haben. Aber wie auch immer es sich anfühlen mag, seine Umwelt mittels eines Sonarsystems zu erkunden und von einer Höhlendecke herunterzuhängen: Fest steht, dass wir uns solche Fragen stellen und eine Außenperspektive einnehmen können, auch auf uns.

An dieser Stelle seiner Überlegung betont Nagel zu Recht, die Weltreligionen hätten genau dadurch eine Antwort auf den Sinn des Lebens parat, dass sie sich Gott als etwas vorstellen, das kein weiteres Außerhalb hat.[67] Wir können uns von außen sehen, d. h. als Lebewesen, die sich an einer letztlich zufälligen Stelle in irgendeinem Galaxienhaufen befinden. Doch wenn Gott eine allumfassende Wirklichkeit ist, die allem seinen spezifischen Sinn zuweist, kann man den Sinn der göttlichen Präsenz nicht mehr infrage stellen. Wenn Gott als Wertquelle, als das absolut Gute verstanden wird, erübrigt sich der Sinnlosigkeitsverdacht gegenüber dem Leben natürlich. Bei Gott als Wert- und Sinnquelle hört die Frage nach dem Sinn auf, das ist ja eine der Pointen der monotheistischen Theologien, die deshalb in einigen ihrer spätantiken Spielarten Gott mit dem Guten selbst gleichsetzten.

Aber so weit muss man nicht gehen, um den Sinn des Lebens zu finden. Denn warum sollte man eigentlich aus dem Vergleich irgendeiner physikalischen Größe mit der Bedeutsamkeit unserer Lebensvollzüge schließen, dass unser Leben sinnlos ist? Denn die physikalischen, biochemischen und sonstigen Tatsachen, die wir aufgrund der naturwissenschaftlichen Forschung als Fakten feststellen können, sagen nichts, aber auch gar nichts über den Sinn des Lebens aus. Es ist kein Forschungsergebnis der modernen Physik oder Biochemie, dass das Leben keinen Sinn und die Menschheit keine Bestimmung hat. Nagel schreibt:

> Was wir vorbringen, wenn wir anderen die Absurdität unseres Lebens vor Augen führen wollen, kann häufig auch mit Raum und Zeit zu tun haben: Schließlich sind wir doch alle nur winzige Staubkörnchen in den unendlichen Weiten des Alls; die Spanne unseres Lebens ist doch selbst nach erdgeschichtlichen, ganz zu schweigen von kosmischen Maßstäben nicht mehr als ein bloßer Augenblick; ja, wir werden doch alle jeden Moment tot sein. Aber natürlich *kann* keine dieser evidenten Tatsachen *zur Folge* gehabt haben, daß unser Leben absurd geworden ist, wenn es denn absurd ist. Nehmen wir dafür einmal an, wir lebten ewig. Wäre denn ein Leben, das bei einer Dauer von siebzig Jahren absurd ist, bei ewiger Dauer – nach Adam Riese – nicht: unendlich absurd? Und falls unser Leben bei unserer jetzigen Größe absurd ist, warum wäre dieses Leben weniger absurd, wenn wir statt dessen das ganze Universum ausfüllten (sei's, weil entweder wir größer, oder sei's, weil das Universum kleiner wäre als jetzt)? Derlei Reflexionen über uns kurzlebige Zwerge scheinen uns irgendwie in engem Zusammenhang mit dem Gefühl zu stehen, das Leben sei sinnlos, doch bleibt dabei völlig im Dunkel, worin dieser Zusammenhang überhaupt bestehen könnte.[68]

Der Eindruck, wir seien im Vergleich zum Universum klein und deswegen bedeutungslos, ist ein Werturteil und keine neutrale Feststellung bezüglich der Größenverhältnisse von Mensch und Kosmos. Wie auch immer das physikalisch erforschbare Universum beschaffen ist, aus der Faktenlage der Naturwissenschaften folgt weder, dass das Leben einen Sinn hat, noch, dass es keinen hat. Die Frage nach dem Sinn des Lebens ist eben, da liegt Wittgenstein völlig richtig, keine naturwissenschaftliche.

Vielmehr ist sie eine ethische Frage. In der Ethik geht es darum, was wir Menschen tun bzw. unterlassen sollen, lediglich, insofern wir Menschen sind. Es geht darum, was wir alle unter bestimmten Bedingungen tun sollen. Nun sind wir Menschen diejenigen geistigen Lebewesen, die ihr Leben im Licht einer Vorstellung dessen führen, wer wir sind und wer wir sein wollen. Nennen wir eine Antwort auf die Frage, wer wir sind und wer wir sein wollen, ein **Menschenbild**. Jeder von uns hat irgendein Menschenbild, das sich im Laufe des Lebens ändert. Da wir uns unter Bezugnahme auf unser Menschenbild somit auf die eine oder andere Weise als etwas Bestimmtes betrachten (als Tier, als unsterbliche Seele, als neuronales Muster, als Wiedergeburt eines vergangenen Lebens usw.), bestimmen wir uns selbst. Dies bezeichne ich als **existenzielle Selbstbestimmung**.

Dank unserer Fähigkeit zur existenziellen Selbstbestimmung stecken wir einen Rahmen ab, innerhalb dessen wir konkrete ethische Werturteile fällen. Deswegen ist die existenzielle Selbstbestimmung niemals wertneutral: Je nachdem, wofür wir uns in unserem Menschsein halten, entwickeln wir einen individuellen und kollektiven moralischen Kompass.

Die unvermeidliche existenzielle Selbstbestimmung, die wir bewusst oder unbewusst vornehmen, führt zu Stellungnahmen bezüglich des Sinns des Lebens. Diese Stellungnahmen kann man nun daraufhin prüfen, ob sie kohärent sind, d. h., ob sie bei genauerer Betrachtung aus der Sicht des Akteurs überhaupt stichhaltig sind. Und genau diese Stichhaltigkeit fehlt der Auffassung, die Naturwissenschaften hätten den Sinn des Lebens abgeschafft, weil sie uns gezeigt hätten, dass wir für den Kosmos keine Bedeutung haben. Dieser Glaube ist bei genauerer Betrachtung auch aus der Sicht des Akteurs unbefriedigend. Dafür liefert Nagel die folgende interessante Begründung:

Es liegt auf der Hand, den Sinn des Lebens in etwas zu suchen, was größer als wir ist: Wir können ihn in Gott, dem Fortschritt der Menschheit, dem Wohlbefinden künftiger Generationen, dem wissenschaftlichen Fortschritt, dem Erfolg des Unternehmens, für das wir arbeiten, oder im Sport suchen. All diese sinnstiftenden Projekte überschreiten unser individuelles Leben auf die eine oder andere Weise und scheinen ihm genau dadurch Sinn zu verleihen. Nennen wir dies die **existenzielle Transzendenz**: Unsere eigene Selbstbestimmung erhält ihren Sinn von etwas, was über sie hinausgeht und in das sie eingebettet ist. Der Existenzphilosoph Karl Jaspers spricht in diesem Zusammenhang vom Umgreifenden.[69] Thomas Nagel drückt dies so aus:

> Aber eine Funktion im Gefüge eines größeren Ganzen kann Sinn nur dann stiften, wenn dieses Ganze bereits seinerseits Sinn hat. Und dieser Sinn muß uns einsichtig sein, er muß von uns verstanden werden können, andernfalls kann ja noch nicht einmal der Anschein aufkommen, wir hätten gefunden, was wir suchten.[70]

Das Umgreifende muss deswegen etwas sein, was selbst Sinn hat, weil es ansonsten aus der Akteursperspektive nicht mehr sinnvoll wäre, sich an ihm zu orientieren. Folglich ist es kein Wunder, dass uns das Leben als sinnlos erscheint, wenn wir es mit den Weiten des Kosmos vergleichen, die in der Tat keinen existenziellen Sinn haben. Die astronomische Anzahl der Galaxien oder die mathematische Struktur der Raumzeit sind würdige Gegenstände des Nachdenkens und lehren uns insofern, dass ein Forscherinnenleben existenziell sinnvoll sein kann. Aber die Gegenstände selbst verleihen keinen existenziellen Sinn, was man anhand einer klassischen existenzialistischen Fingerübung zeigen kann:

Stellen wir uns einen mehr oder weniger steilen Abhang vor, auf den wir bei einer Alpenwanderung stoßen. Wenn wir uns auf einer geführten Wanderung mit Reinhold Messner befinden, wird uns dieser Abhang als eine zu bewältigende Herausforderung erscheinen. Denn in diesem Kontext besteht der Sinn der Wanderung gerade darin, die Landschaft daraufhin zu bewerten, welche Herausforderung sie an unsere alpinistischen Fähigkeiten stellt.

Anders ist es, wenn wir uns mit unseren Großeltern auf einem langsamen und erholsamen Spaziergang befinden. Dann könnte der Abhang als unüberwindliches Hindernis erscheinen, das man umgehen muss. Der Abhang an sich, wie Sartre sagen würde, hat keinen existenziellen Sinn, Sinn hat er nur für uns. Je nachdem, wie wir uns selbst bestimmen und unsere Fähigkeiten zum Einsatz bringen, variiert der Sinn des Abhangs.

Genauso verhält es sich mit dem Kosmos und dem Universum. Sie können uns einerseits als eiskalte, gefährliche und unendlich große Wüste der Bedeutungslosigkeit erscheinen oder aber als Manifestation einer göttlichen Spur. An sich haben der Kosmos und das Universum keinen existenziellen Sinn, woraus aber nicht folgt, dass es keinen existenziellen Sinn gibt!

Gleichwohl hat der Kosmos eine besondere Bedeutung im Projekt existenzieller Selbstbestimmung. Denn wir verorten uns auf die eine oder andere Weise in einem mehr oder weniger umfassenden Ganzen, indem wir uns etwa als Teil der Natur betrachten. Sofern wir uns dabei auf den externen, transzendenten Standpunkt stellen können, von dem aus wir unser Leben in eben diesem Ganzen betrachten, erscheint dasjenige, was uns im Moment womöglich als unendlich wichtig vorkommt, weniger bedeutungsvoll. Bedenken Sie etwa, was Menschen in diesem Augenblick, in dem Sie diese Zeilen lesen, gerade alles erleben, von den größten Freuden der Umarmung eines geliebten Menschen bis hin zu einem schweren Autounfall – ganz zu schweigen von der schrecklichen Tatsache, dass bei der Abfassung dieser Zeilen Tausende Menschen allein in Deutschland einsam, verängstigt und schwer an COVID-19 erkrankt auf einer Intensivstation liegen sowie Zigtausende in der Ukraine und in anderen Ländern, für die wir uns zufällig weniger interessieren (Syrien, Jemen etc.), Opfer von entsetzlichen Kriegen werden.

Was auch immer einem zu einem gegebenen Zeitpunkt als wichtig, bedeutsam und sinnstiftend vorkommt, sieht aus einem kosmischen Winkel betrachtet unter Umständen komisch oder absurd aus, wie Nagel hervorhebt:

> Bei den Hinweisen auf unsere unerhebliche Größe und Lebensdauer und auf die Tatsache, daß die Menschheit eines Tages wahrscheinlich spurlos von der Erde verschwunden sein wird, handelt es sich lediglich um Metaphern für jenen Schritt beiseite, der es uns erlaubt, uns aus der Außenperspektive zu betrachten und die uns eigenen Lebensformen durchaus kurios und ein bißchen befremdlich zu finden. Wir tun so, als würden wir uns aus großer Distanz, wie Wesen von einem anderen Stern, in Augenschein nehmen, und zeigen so die Fähigkeit, uns völlig voraussetzungslos als kontingente, idiosynkratische und hochspezifische Bewohner der Welt zu sehen, als eine unter zahllosen möglichen Lebensformen.[71]

Allerdings unterläuft Nagel an dieser und an anderen Stellen seines bedeutenden philosophischen Werks ein Fehler. Daraus, dass wir uns vom Standpunkt eines Ganzen betrachten können, das unser Leben umgreift, folgt nämlich nicht immer, dass dieses komisch, absurd, kontingent und unbedeutend erscheint. Vielmehr können wir den Kosmos auch als Manifestation einer göttlichen Spur oder irgendeines anderen sinnstiftenden Prozesses verstehen.

Wir können uns im Ganzen des Universums nicht nur entfremdet, komisch und absurd, sondern auch aufgehoben und geliebt fühlen. Wie anderen Existenzialisten vor ihm, kann man Nagel an dieser Stelle Liebesvergessenheit vorwerfen. In Grenzsituationen des Lebens, wie Geburt, Verliebtsein, Tod und schwerer Krankheit, können wir das Umgreifende in seiner Kraft als Sinnstiftung erfahren. Es kommt uns dann so vor, als ob alles, was uns geschieht, vielleicht sogar alles, was Menschen überhaupt geschieht, in einen mysteriösen Sinn eingehüllt ist, ganz so, als ob sogar unsere alltäglichen, banalen Bezüge einen tieferen Sinn hätten. Diese existenzielle Erfahrung, die jede:r auf irgendeine Weise schon einmal durchlebt hat, lässt uns nicht als unbedeutende, sinnlose Kreaturen zurück, sondern zeigt uns manchmal, dass unser Leben nicht sinnlos ist. Die Außenperspektive auf den Kosmos ist mit der Innenansicht vereinbar: Wir müssen nur erkennen, dass die Außenperspektive auf den Kosmos unsere Innenansicht umfassen muss, sonst übersehen wir etwas Wesentliches, nämlich uns selbst.

Damit sollen weder Liebe noch gar Schmerz verherrlicht werden. Dieselben Erfahrungen, die unser Leben in das Licht eines umgreifenden Sinns rücken, können auch das Gegenteil bewirken. Tod und schwere Krankheit sollten nicht als Wertquelle aufgefasst werden, unterminieren sie doch für die Betroffenen meistens die Sinnerfahrung und können in besonders tragischen Situationen dazu führen, dass die Betroffenen nie mehr dahin zurückfinden, ihr Leben als sinnvoll zu empfinden. Trauer kann dermaßen schwerwiegend sein, dass sie uns erdrückt – ein existenzielles Faktum, das in der Diskussion über die Corona-Pandemie zu wenig beachtet wird, weil wir uns daran gewöhnt haben, die täglichen Infektions- und Todeszahlen wie den Wetterbericht zur Kenntnis zu nehmen.

Was diese Überlegung zeigt, ist, dass der Standpunkt eines Umgreifenden, den wir existenziell einnehmen können, um von dort aus unser Leben zu bewerten, keineswegs automatisch dazu führt, dass wir unser Leben als komisch und absurd betrachten, wie Nagel meint. Vielmehr ist es so, dass wir dank unserer Fähigkeit zur existenziellen Transzendenz imstande sind, die Frage nach dem Sinn des Lebens zu stellen. Anders, als vor allem Wittgenstein dachte – der darin Schopenhauer und Nietzsche folgte –, ist diese Frage keineswegs deswegen Unsinn, weil sie nicht naturwissenschaftlich beantwortet werden kann.

Vom Geist zurück zur Natur

Die Ethik lässt sich nicht darauf reduzieren, ein sozial verträgliches und politisch zu rechtfertigendes Glückskalkül für das Menschentier aufzustellen. Es geht nicht nur darum, Schmerz und Lust als elementare Zustände unseres Lebens in ein angemessenes Verhältnis zu setzen, sprich: Schmerz zu vermeiden und Lust anzustreben.

Denn der Standpunkt, von dem aus wir überhaupt Werturteile fällen können, setzt eine Ausübung unserer Fähigkeiten voraus, ein Leben im Licht einer Vorstellung davon zu führen, wer wir sind und wer wir sein wollen.

Diese Fähigkeiten fasse ich unter dem Begriff **Geist** zusammen.[72] Die geistigen Fähigkeiten des Menschen sind darauf angewiesen, unter Bedingungen der sozialen Freiheit ausgebildet zu werden. Unser Leben hat daher nur im Zusammenhang mit dem Leben anderer Menschen Sinn. Unsere existenzielle Selbstbestimmung, die den Sinn des Lebens als solchen betrifft, ist die Grundlage aller konkreten Werturteile. Um gut begründete Werturteile fällen zu können, bedarf es gesellschaftlicher Strukturen, deren Funktion es ist, Menschen im ethischen Urteilen auszubilden. Genau deswegen fordert die Neue Aufklärung eine Ethik für alle (d.h. konkret: Ethikunterricht spätestens ab der Grundschule), damit wir uns gemeinsam über die Entwicklung unserer sozialen Freiheit und den Sinn des Lebens austauschen können.[73]

Weil wir als Menschentiere unablässig mit der äußeren und inneren Natur konfrontiert sind, ist das Leben des Geistes keine ungetrübte, von der Natur entkoppelte Manifestation, sondern eingebunden in Prozesse, die wir stets nur teilweise, in den Medien, der Wissenschaft, Kultur usw. erfassen können. Unsere Verwundbarkeit, unser Tiersein, zeigt sich daher auch dort, wo wir die höchsten Stufen der menschlichen Selbsterkenntnis erreichen.

Im Leben des Geistes begegnen sich Geist und Natur, die deswegen in unseren Leben verschränkt sind. Die Verschränkung von Geist und Natur ist nur teilweise naturwissenschaftlich erforschbar, weil die existenzielle Selbstbestimmung, der Geist, die Natur überschreitet. Wir verschmelzen erst dann ganz mit der Natur, wenn unser geistiges Leben endet. Solange wir leben, befinden wir uns auf Distanz zur Natur in und außer uns, was nicht bedeutet, dass es zwei voneinander unabhängige Substanzen oder Wirklichkeiten gibt, Geist und Natur.[74] Geist und Natur hängen nämlich im Menschsein zusammen.

Als Lebewesen sind wir in unserer Verkörperung auf Prozesse der Negentropie angewiesen, d. h. darauf, dass unsere organische, zellbasierte Verfasstheit trotz Umweltdruck Bestand hat. Die Umwelt bzw. die Natur sind an sich für unseren Organismus stets auch bedrohlich. Die Vorstellung, wir sollten irgendwie zur Natur zurückkehren, um die existenzielle und ökologische Krise der Menschheit zu überwinden, übersieht, dass Umwelt und Natur immer schon gefährlich für uns sind und waren. Natürlich leben wir nur dank und durch natürliche Grundlagen. Wir ernähren uns von zellbasierter Nahrung, wir atmen die Luft ein, deren Sauerstoffgehalt über Milliarden von Jahren durch Bakterien und andere Lebensformen produziert wurde, ehe es uns gab. Und alle Materialien, die wir einsetzen, um uns Wohnstätten zu bauen, finden wir auf Planet Erde als Rohstoffe vor, die zu irgendeinem Zeitpunkt Teil der Zyklen des Lebens waren (wiederum spielen dabei Bakterien, Pflanzen, Flechten usw. eine wesentliche Rolle).

Daraus folgt nicht, dass wir die Natur unterwerfen, kontrollieren und dominieren sollten. Denn das kann uns nicht gelingen. Früher oder später erliegt jedes Lebewesen dem Umweltdruck. Die Natur fordert ihr Recht ein, und wir lösen uns auf. Wann und wie dies geschieht, wissen wir nicht. Der vorsokratische Naturphilosoph Anaximander drückt dies in einem wirkmächtigen Diktum, das als **Spruch des Anaximander** Karriere gemacht hat, folgendermaßen aus:

> Woraus den Seienden ihr Ursprung kommt, dahin entwickelt sich auch ihre Vernichtung gemäß der Notwendigkeit. Denn die Seienden müssen einander Recht widerfahren lassen und sich entschädigen für das Unrecht infolge der Ordnung der Zeit.[75]

Soweit wir wissen, ist unser Geist an Verkörperung gebunden, er hat notwendige physische, biochemische und neuronale – in einem Wort: natürliche – Voraussetzungen, mit denen er allerdings nicht identisch ist. Das heißt, die Natur ist zwar eine notwendige, aber keine hinreichende Voraussetzung für das Vorliegen von Geist, sonst wäre alles, was natürlich ist, auch geistig – und das trifft nicht zu.[76] Als einer der Ersten hat Anaximander erkannt, dass die Stabilität der Natur in ihrem Wandel besteht, woraus er den bemerkenswerten Schluss gezogen hat, dass der Ursprung alles Natürlichen oder alles Seienden, wie er dies nennt, selbst nicht mit irgendetwas identifiziert werden kann, das uns bekannt ist. Diesen Ursprung bezeichnet er als das Unbegrenzte (*to apeiron*).

In einer bestimmten Hinsicht, die uns im nächsten Teil des Buchs ausführlicher beschäftigen wird, sind wir heute nicht weiter als Anaximander. Natürlich wissen wir viel mehr über die konkreten Strukturen des natürlichen Wandels, weil sich unsere mathematischen Methoden und unsere wissenschaftlichen Instrumentenkoffer in der Moderne rasant und auf eine nie dagewesene Weise weiterentwickelt haben. Viren, Zellen, Elektronen, Kohlenstoff und Galaxien waren Anaximander ebenso fremd wie die Exponentialfunktion oder der Nabla-Operator der Vektoranalysis. Aber wie genau auch immer wir die Natur zergliedern und sinnvoll in wiederkehrende Einheiten zerlegen, wir haben kein umfassendes Verständnis oder gar Erklärungsmodell aller natürlichen Prozesse – was wiederum eine Erkenntnis ist, die wir dank der modernen mathematischen, naturwissenschaftlichen und technologischen Fortschritte erlangt haben, wobei es Sache der philosophischen Wissenschafts- und Erkenntnistheorie ist, diesen Sachverhalt genauer aufzuklären.[77]

Fest steht, dass die Menschheit (Stand 2022) unbestimmt weit davon entfernt ist, die Natur insgesamt als erkenn- und erklärbar entziffert zu haben. Wir wissen nicht einmal, wie weit wir im Vergleich zu einer finalen umfassenden Theorie der Natur seit Anaximander eigentlich fortgeschritten sind. Daher ist es geboten, dass wir uns gerade im naturwissenschaftlichen Bereich trotz aller beeindruckenden und erfreulichen Erfolge in epistemischer Bescheidenheit üben.

Dazu gehört auch, einen weitverbreiteten Fehlschluss zu vermeiden, den ich als **Identitätsfalle** *bezeichnen möchte. Dieser Fehlschluss leitet daraus, dass Geist – soweit wir wissen – nur vorkommt, wenn gewisse natürliche, organische Bedingungen erfüllt sind, ab, diese Bedingungen seien nicht nur notwendige Voraussetzungen für Geist, sondern für diesen auch hinreichend. Denn der Geist sei mit eben diesen Bedingungen identisch.*

Genau genommen wissen wir nicht einmal, ob die natürlichen Bedingungen für Geist notwendig sind. Wenn es Gott, Götter, Engel, unsterbliche Seelen oder irgendeine der unzähligen anderen metaphysischen Wesenheiten geben sollte, an die der allergrößte Teil der Menschheit glaubt, könnte man den Gedanken, der Sinn des Lebens rühre aus dem Kontakt mit der Transzendenz, nicht von der Hand weisen. Um es in der geeigneten poetischen Sprache Friedrich Schillers zu sagen:

Freundlos war der große Weltenmeister,
Fühlte *Mangel* – darum schuf er Geister,
Sel'ge Spiegel *seiner* Seligkeit! –
Fand das höchste Wesen schon kein gleiches,
Aus dem Kelch des ganzen Seelenreiches
Schäumt *ihm* – die Unendlichkeit.[78]

Es wäre vermessen zu behaupten, wir könnten die Existenz einer transzendenten Sphäre der Wirklichkeit deswegen ausschließen, weil wir die Natur heute in genauerer Auflösung kennen als Schiller, Jesus Christus, der Prophet Mohammed oder die heilige Hildegard von Bingen. Denn die naturwissenschaftliche Forschung dekonstruiert nicht den Geist, sondern analysiert die Natur mittels geeigneter Methoden, die sich in den verschiedenen Fachdisziplinen der Naturwissenschaften jeweils verschieden entwickelt haben.

Einige der Ergebnisse der sogenannten Grundlagenforschung erreichen die Öffentlichkeit, weil die naturwissenschaftliche Forschung Ergebnisse erzielt, die sich technologisch und politisch verwerten lassen und für unser Gemeinwesen von einschneidender sowie wegweisender Bedeutung sind. Dagegen ist prinzipiell nichts einzuwenden, solange der naturwissenschaftlich-technologische Fortschritt nicht als entfesselte Innovation den Planeten verwüstet, was gegenwärtig immer noch überwiegend der Fall ist. Die heutige völlig überdrehte Konsumgesellschaft wird von fossilen Brennstoffen, Atomkraft und anderen Energiequellen aufgeheizt, die uns an den Rand unserer Selbstzerstörung gebracht und viele Menschenleben gefordert haben. Das liegt auch daran, dass die naturwissenschaftliche Grundlagenforschung als solche keinerlei Kriterien dafür enthält, ob und wie man ihre Ergebnisse technologisch und politisch einschätzen und verwerten sollte. Und diese Frage lässt sich auch gar nicht naturwissenschaftlich, sondern auf wissenschaftliche Weise nur geistes- und sozialwissenschaftlich beantworten.

Die Neue Aufklärung rückt diese eigentlich ziemlich einfache Einsicht ins Zentrum unseres gesellschaftlichen Gestaltungsauftrags, der an jeden von uns schlicht deshalb ergeht, weil wir in jeweils verschiedenen Graden zu moralischer Einsicht fähig sind. Jede:r von uns ist dabei jeweils mit anderen moralischen Tatsachen vertraut, weil wir jeweils ein eigenes Leben mit spezifischen Herausforderungen führen, die nur uns sowie die Menschen betreffen, mit denen wir durch unsere Handlungen verbunden sind.

Als geistige Lebewesen führen wir ein *Doppelleben*, ohne Amphibien zu sein (vgl. S. 71–74). Einerseits müssen wir überleben, was voraussetzt, dass organische Prozesse stattfinden, ohne die wir nicht verkörpert sein könnten. Unsere Körper verweisen fraglos auf notwendige natürliche Bedingungen, deren Beschaffenheit sich naturwissenschaftlich erforschen lässt. Wie Impfstoffe das Immunsystem gegen Krankheitserreger unterstützen, ist keine geisteswissenschaftliche Frage und auch keine Frage für Geist und Seele (wenn diese auch auf komplexe Weise psychosomatisch mit dem Immunsystem zusammenhängen). Doch dürfen wir uns nicht auf unser Überleben reduzieren, weil das Leben des Geistes uns mehr abverlangt, als dafür zu sorgen, dass unser Organismus überlebt. Wären wir wirklich mit unserem Körper identisch, gäbe es keinen Grund dafür, sich um andere zu scheren, außer, um sie für die eigenen Interessen zu instrumentalisieren. Die Ethik reduzierte sich dann allenfalls auf eine Taktik im Überlebenskampf mehr oder weniger domestizierter Säugetiere. Dann könnte man von Ethik eigentlich nicht mehr sprechen.

Natürlich bedeutet das nicht, dass die anderen Lebensformen, die wir teilweise ebenfalls den Säugetieren zuordnen, anders als wir mit ihren Körpern identisch wären. Delfine, Gorillas, Hunde und Katzen tun viele Dinge, die zeigen, dass sie Gefühle und Bewusstseinszustände haben, die unseren ähneln. Daran möchte ich nicht zweifeln. Wie weit Bewusstsein und Geist in der Natur reichen, wissen wir nicht, dass sie nicht auf den Menschen beschränkt sind, dagegen schon. Doch daraus folgt einmal mehr nicht, dass wir uns nicht hinreichend von den anderen Lebewesen unterscheiden lassen. Denn unsere geistigen und kulturellen Tätigkeiten sind nun einmal in vielerlei Hinsicht ganz anderer Art als diejenigen der anderen Lebensformen, woraus wir weder ableiten dürfen, dass die anderen Lebewesen als Tiere mangelhafte Menschen sind, noch, dass wir dasjenige, was uns von anderen Lebewesen unterscheidet, letztlich doch mit ihnen teilen, weil wir alle ›Tiere‹ sind.

Geist und Natur sind im Sinn des Lebens miteinander verwoben. Wie ich an anderer Stelle geschrieben habe: »Ziel und Sinn des menschlichen Lebens ist das gute Leben. Das **gute Leben** besteht darin, dass wir uns zu verantwortungsvollen Akteuren im Reich der Zwecke machen und uns als Lebewesen begreifen, die zu höherer, universaler Moralität fähig sind.«[79] Das gute Leben findet nicht erst nach dem irdischen Tod statt (was auch immer dann stattfinden mag, falls überhaupt irgendetwas); der Sinn des Lebens muss auch schon hienieden, in diesem Leben greifbar sein.

Darin ist Denkern wie Nietzsche und Hägglund recht zu geben (vgl. S. 157 ff.).

Als geistige Lebewesen sind wir verkörpert. Wir sind verletzliche, verwundbare Tiere, die sich dieses Umstands bewusst sind. Wir können unsere Animalität, das menschliche Tiersein nicht abstreifen und überwinden und müssen dies auch nicht, um den Sinn des Lebens zu finden. Vielmehr gilt es, die natürlichen Bedingungen unserer Überlebensform als Grundlage unserer Sinnsuche anzuerkennen, sodass sich im Sinn des Lebens Natur und Geist verschränken.

Dadurch sind wir konstitutiv vergesellschaftet, weil Geist sich in der Form menschlicher Gesellschaften entwickelt. Auf diese Weise verändern wir ständig die natürlichen Grundlagen unseres Überlebens, ohne die Reichweite dieses Tuns zu durchleuchten. Stattdessen sind wir in der Moderne, d. h. seitdem eine entfesselte Industrialisierung den aufklärerischen Pakt von naturwissenschaftlich-technologischem und humanem, moralischem Fortschritt aufgekündigt hat, im Hamsterrad einer Beschleunigung gefangen, die sich um sich selbst dreht. Die Drehgeschwindigkeit der Moderne macht uns tendenziell blind für dasjenige, was wir nicht wissen, sodass wir gesamtgesellschaftlich den jeweiligen momentanen Impulsen nachgeben – eine Pathologie der Moderne, die insbesondere seit der Erfindung des Smartphones und der damit verbundenen Verbreitung sozialer Netzwerke, Newsticker usw. unaufhaltsam um sich greift.

Die Verteidigung des Geistes gegen die geistlosen Impulse einer digitalisierten Subjektivität, die sich jedem Augenblickseindruck dankbar hingibt, weil er ihr den Weg zu demjenigen weist, was sie angeblich begehrt, ist keine »weltfremde« Wortmeldung aus dem Elfenbeinturm einer verstaubten Philosophie. Vielmehr ist die Besinnung auf uns selbst als geistige Lebewesen der Weg zu einer anders gearteten **Technologie**, einer anderen Einstellung zu Technik, Naturwissenschaft und Wirtschaft, die darauf aufbaut, dass wir Grenzen der Erkenntnis sowie Grenzen des Wachstums ernst nehmen. Nicht alles ist machbar, der Mensch bleibt sterblich und verletzlich. Wir sind und bleiben auf Prozesse angewiesen, die wir niemals vollständig durchschauen und schon gar nicht beherrschen und steuern werden.

Um im Zeitalter einer nie dagewesenen Beschleunigung zur Besinnung zu kommen, bedarf die Menschheit einer Ethik des Nichtwissens, die anerkennt, was wir auch aus naturwissenschaftlichen Gründen wissen: Wir wissen heute nicht genug über die Natur, um die Menschheitsherausforderungen der Klimakrise ausschließlich über unsere vorhandenen technologischen Ressourcen zu bewältigen. Daraus leite ich ab, dass wir einer grundlegenden Neubesinnung, eines Bewusstseinswandels bedürfen, der auch darin bestehen sollte, dass wir Kulturpraktiken pflegen, die nachhaltig sind. Als einfaches Beispiel dafür kann man – ganz naheliegend – das Lesen von Büchern anführen. Wer ein Buch liest, zerstört zumindest währenddessen den Planeten nicht und kommt zur Besinnung, die uns im Sekundentakt der digitalen *Aufmerksamkeitsökonomie*, wie dies der Stadtplaner Georg Franck bezeichnet hat, verloren geht.[80] Der »mentale Kapitalismus«, der unsere Aufmerksamkeit anzapft und uns immer wieder vor die Bildschirme lockt, ist kein energieneutraler, nachhaltiger Weg in eine schöne neue Welt, sondern vielmehr Teil eben jener selbstzerstörerischen Lebensform der Moderne, die wir im Hinblick auf ein Menschen- und Naturbild überwinden müssen, das humanen und damit moralischen Fortschritt ins Zentrum unserer Selbstbestimmung rückt.

Dritter Teil
Unterwegs zu einer Ethik des Nichtwissens

Doch die Natur ist trotzdem fremd;
Wer sie im Munde führt
Kam nie zu ihrem Spukhaus, hat
Nie ihren Geist entwirrt.

Mitleid mit dem, der sie nicht kennt
Aus dem Bedauern stammt
Dass wer sie kennt, sie schlechter kennt
Je näher er ihr kommt.

Emily Dickinson

Als Tiere sind wir Teil der Natur. Gleichzeitig passen wir als geistige Lebewesen nicht vollständig in die Natur. Dieser Zwiespalt drückt sich in unserem Tierbegriff und damit in unserer Haltung zum Leben aus. Das Leben erscheint in der Moderne vor diesem Hintergrund als sinnlos bzw. als etwas, dem wir Sinn verleihen müssen, den es in Wirklichkeit aber nicht hat. Denn wie sollte Sinn in der Natur vorliegen, besteht diese doch nur aus materiell-energetischen Prozessen, aus denen irgendwann das Leben entstanden ist? Sinn, so sieht es aus, kann nur etwas sein, was Tiere, vielleicht auch nur Menschen erzeugen, um mit ihrem Leben und Überleben klarzukommen.

Diese moderne Haltung wird häufig mit Max Webers Beobachtung einer »Entzauberung der Welt« in Verbindung gebracht. In der Tat liest man bei Weber:

> Die zunehmende Intellektualisierung und Rationalisierung bedeutet also *nicht* eine zunehmende allgemeine Kenntnis der Lebensbedingungen, unter denen man steht. Sondern sie bedeutet etwas anderes: das Wissen davon oder den Glauben daran: daß man, wenn man *nur wollte*, es jederzeit erfahren *könnte*, daß es also prinzipiell keine geheimnisvollen unberechenbaren Mächte gebe, die da hineinspielen, daß man vielmehr alle Dinge – im Prinzip – durch *Berechnen beherrschen* könne. Das aber bedeutet: die Entzauberung der Welt.[1]

Die Entzauberung der Welt ist Webers Analyse zufolge ein Glaube an die vollständige Erkennbarkeit und Berechenbarkeit der Wirklichkeit, ein Glaube, der bei genauerer Betrachtung ein Irrglaube ist. Darum geht es in diesem Teil meines Buchs.

Der Geist lässt sich nicht naturalisieren, d. h. vollständig naturwissenschaftlich erklären und damit in mathematischer Formelsprache entziffern. Das ist kein Einspruch gegen den Versuch, möglichst viel naturwissenschaftliches Wissen über den Menschen und seine Umwelt zu sammeln und zu unserem individuellen und dem Wohl aller Menschen einzusetzen.

Die höchste Stufe des Geistes besteht darin, dass er sich selbst als solcher erfasst. Geist erlangt dann die Form der Selbsterkenntnis. Zu dieser Selbsterkenntnis gehört die Einsicht in die Begrenztheit unserer Naturerkenntnis. Unsere Naturerkenntnis ist dabei selbst geistig, sie wird von uns als geistigen Lebewesen vorangetrieben, die sich auf diese Weise ihrer Teilhabe an einer Natur bewusst werden, die wir niemals vollständig kontrollieren und erklären können. Die Natur ist schließlich weitgehend von unserem Geist unabhängig in dem Sinne, dass sie so ist, wie sie ist, ob uns dies gefällt oder nicht. Die Natur korrigiert unsere Annahmen über sie, und wir können sie uns nicht nach Belieben zurechtdichten.

In diesem Teil geht es um Nichtwissen. Nichtwissen gehört zum Wissen. Denn wir wissen, dass wir vieles nicht wissen, was auch ein Ergebnis moderner Erkenntnisfortschritte der Logik, Mathematik und der Naturwissenschaften ist. In den Geistes- und Sozialwissenschaften ist dies ohnehin anerkannt, weil sie es mit Prozessen der Selbstverständigung und geschichtlichen Verortung des Menschen zu tun haben, die sich nicht erschöpfend erfassen lassen.[2]

Wissen ist wertvoll. Es besteht in der Erkenntnis dessen, wie die Wirklichkeit beschaffen ist. Sprachbegabte Tiere wie wir können ihr Wissen ausdrücken und anderen mitteilen. Dann melden wir Wissens- und Wahrheitsansprüche an. Wer einen Wissensanspruch erhebt, kann damit erfolgreich sein oder scheitern. Wissensansprüche stehen unter Gelingensbedingungen.

In der modernen Wissensgesellschaft erwarten wir von den Wissenschaften Orientierung. Wir erwarten, dass sie uns helfen, dringende gesellschaftliche Probleme zu lösen. Diese Erwartung erkennt den Wert des Wissens an. Das Nichtwissen steht dagegen in einem schlechten Ruf. Es wird gleichgesetzt mit Ignoranz. Es verfehlt die Erwartung, Probleme zu lösen und Antworten zu geben.

Doch dasjenige, was ich in diesen einleitenden Worten beschrieben habe, ist bei genauerer Betrachtung nicht so selbstverständlich, wie es klingen mag. Denn die Problemlösungskompetenz der Wissenschaften rührt nicht daher, dass diese daran arbeiten, dringende gesellschaftliche Probleme zu lösen. Die Wissenschaften befassen sich mit verschiedenen Bereichen der Wirklichkeit, mit verschiedenen Sinnfeldern. Dabei haben sie im Verlauf der Jahrhunderte, ja Jahrtausende eine Vielzahl von Methoden entwickelt, um auf eine systematische Weise herauszufinden, was in den Sinnfeldern, auf die sie sich richten, der Fall ist. Die wissenschaftliche Forschung wird dabei primär von einem Erkenntnis- und Wahrheitsinteresse geleitet, das darin besteht, immer tiefer in die Materie einer Wissenschaft einzudringen.

Je tiefer man in die Materie einer Wissenschaft eindringt, desto genauer erfasst man, wie vieles wir als Individuen und als »Denkkollektive«, wie dies der Mikrobiologe und Erkenntnistheoretiker Ludwik Fleck genannt hat, noch nicht wissen.[3] Die Wissenschaften verschieben ständig die Grenzen des Wissens, ohne dabei jemals wissen zu können, wie nahe die Menschheit auf diese Weise einer umfassenden Wirklichkeitserkenntnis kommt. Denn wir wissen zwar, dass wir vieles nicht wissen. Und wir können auch Vermutungen und Hypothesen aufstellen, welche Tatsachen wir aus welchen Gründen nicht erfasst haben. Wir können dabei aber die Zone des Nichtwissens nicht vollständig ausloten. Unsere menschlichen Erkenntnisbemühungen und damit auch die Wissenschaften erzeugen somit ein »Echo des Nichtwissens«, wie mein Bonner Kollege Wolfram Hogrebe dies in seinem gleichnamigen Buch genannt hat.[4]

Vor diesem Hintergrund ist es naiv zu meinen, wir könnten und sollten unseren menschheitlichen, historischen, soziopolitischen

Kurs an *der* Wissenschaft ausrichten. Insofern, als ein eminenter Singular wie »*die* Wissenschaft« wissenschaftstheoretisch überhaupt zulässig ist, handelt es sich bei der Wissenschaft um eine Ansammlung verschiedener Methoden, die es Menschen erlauben, unterschiedliche Bereiche der Wirklichkeit zu erforschen, wobei sich selbst im Erfolgsfall des Wissens herausstellt, dass wir vieles nicht wissen. Mit dem Schatz des objektiven Wissens der Menschheit – zu dem das wissenschaftliche Wissen aus allen Disziplinen beiträgt – wächst auch unser Wissen des Nichtwissens.

Die Wissenschaften werden aber nicht nur von einem reinen Erkenntnisinteresse geleitet, obwohl dies durchaus auch der Fall ist. Bahnbrechende welthistorische Durchbrüche wie die Entwicklung der Quantentheorie setzen voraus, dass die Menschheit über Jahrhunderte grundlegende mathematische Strukturen und Methoden entwickelt hat. Deren Entdeckung setzt ein reines Erkenntnisinteresse an logisch-mathematischen Zusammenhängen voraus, ohne das es keine moderne Naturwissenschaft und damit auch keine moderne Technik gäbe. Doch dieses reine Erkenntnisinteresse ist eingebettet in soziale Praktiken. Denn die Wissenschaften betreibt man niemals nur allein, sondern immer im Austausch mit Andersdenkenden. In einer Gesellschaft zu leben, ein soziales Lebewesen zu sein, heißt für uns Menschen immer, bereit sein zu müssen, korrigiert zu werden. Davon sind Wissenschaftler:innen niemals ausgenommen.

Die Korrigierbarkeit von Wissens- und Wahrheitsansprüchen bedeutet, dass wir zwar vieles durchaus endgültig wissen können, dass wir aber gleichzeitig bereit sein müssen anzuerkennen, dass wir nicht wissen, was wir alles wissen und was wir alles nicht wissen. Der Wissenserwerb ist niemals abgeschlossen, es kann keine finale und allumfassende Wirklichkeitserkenntnis geben.[5] Daraus folgt nicht, dass wir nichts wissen können, sondern nur, dass wir niemals alles wissen, also auch niemals wissen werden, was wir alles wissen und was wir alles nicht wissen. Wissenschaft bleibt Stückwerk.

Weil die Wissenschaften eingebettet sind in soziale Praktiken, die in Natur und Gesellschaft eingreifen, gibt es nicht nur erkenntnis- und wissenschaftstheoretische Betrachtungen der Wissenschaft, sondern auch eine Wissenschaftsethik. Das Tun der Wissenschaftler:innen untersteht ethischen Prinzipien, die leider allzu häufig missachtet wurden, auch deswegen, weil die Forschungs- und Tierethik leider nicht hinreichend in den naturwissenschaftlichen Studiengängen berücksichtigt wird. So gelten die ethischen Prinzipien unseres alltäglichen Miteinanders auch im Labor. Rassismus, Misogynie und gemeine Demütigungen sind an Forschungsinstitutionen ebenso moralisch verwerflich wie in der U-Bahn. Hinzu kommt, dass Wissenschaftler:innen bekanntlich an Technologien mitarbeiten, aus denen die modernen Massenvernichtungswaffen sowie die digitalen Systeme (man denke an soziale Netzwerke) hervorgegangen sind, die heute ebenfalls als Waffen gegen die liberale Demokratie eingesetzt werden. Wie wir die Natur erforschen und welche technologischen Produkte aus dieser Forschung hervorgehen, hat, wie wir wissen (Stichworte: Verbrennungsmotoren, Atomkraft, Tierexperimente, Forschung an Biowaffen, Genforschung usw.), massive ethische Konsequenzen. Daher ist die Erforschung der Natur niemals nur eine wertneutrale Beobachtung der Naturphänomene, sondern hat immer auch wünschenswerte und nicht so wünschenswerte Dimensionen, in denen sich menschliche Werturteile und -vorstellungen ausdrücken.

Ein Grund für die viel zu weit gehende Nichtberücksichtigung der Ethik, der Geistes- und Sozialwissenschaften im naturwissenschaftlich-technologischen Betrieb ist gerade, dass wir den Wissenschaften in der Moderne ein Heilsversprechen zutrauen, weil sie uns in der Tat von vielen Übeln entweder ganz befreit oder sie zumindest gelindert haben. Dank der Wissenschaften ist die moderne Wissensgesellschaft technologisch hochgerüstet, was medizinischen und gesellschaftlichen Komfort (vor allem für Menschen, die in reichen Industriegesellschaften leben) ermöglicht.

Nun ist es allerdings so, dass eben dieses Bedürfnis nach technologischer Entwicklung ein Treiber der modernen Problemlage ist. Die Entkoppelung des naturwissenschaftlich-technologischen Fortschritts von humanen und moralischen Werten sowie die Assoziation der Wissenschaft mit einem quasi-religiösen Heilsversprechen des ewigen Wirtschaftswachstums und der ewigen Gesundheit auf Planet Erde haben zu unzähligen Pathologien geführt. Man denke nur an die heftigen, seit Kurzem wieder entbrannten Debatten über die Atomkraft, an die Atombombe sowie an unsere Fossilgesellschaft. Ohne naturwissenschaftlich-technologischen Fortschritt wären wir nicht in der Bredouille eines derart rapiden menschengemachten Klimawandels, hätten aber auch nicht unseren Lebensstandard in reichen Industrienationen. Die Ethik des Wissens ergibt sich deswegen nicht automatisch daraus, dass wir noch mehr wissenschaftliche Forschung fordern und *der* Wissenschaft noch mehr zutrauen. Kurzum: Die Wissenschaften sind keine Heilsbringer und sollten nicht die Funktion der Religionen übernehmen. Sie gehören einer ganz anderen Kategorie des menschlichen Wissens und der menschlichen Selbsterkenntnis an als diese.

Es ist daher ein moderner Irrtum zu glauben, Wissenschaft und Religion stünden in einem Spannungsverhältnis – als ob die Religion ein Aberglaube wäre, der durch die Wissenschaft aufgeklärt und überwunden werden müsste. Gerade diese Auffassung ist ihrerseits ein Irrglaube, weil sie sowohl die Wirklichkeit der Wissenschaften als auch die der Religionen in ihrem Kern verfehlt. Was auch immer die Naturwissenschaften etwa über das physikalisch erforschbare Universum oder über die Funktionsweise unseres Nervensystems herausfinden werden, daraus lässt sich niemals ableiten, dass es keinen Gott und keine unsterbliche Seele gibt. Und die beeindruckenden Ergebnisse der Evolutionsbiologie belegen nicht, dass es keinen Kreislauf der Wiedergeburten gibt, wie etwa Hinduismus und Buddhismus glauben. Hinduismus und Buddhismus sind eben nicht nur Fasten- oder Achtsamkeitsübungen, sondern erheben metaphysische Ansprüche bezüglich unseres Seelenheils. Darin, in dieser soteriologischen Funktion (**Soteriologie** = Erlösungslehre), können und sollen sie nicht sinnvoll von den Naturwissenschaften abgelöst werden.

Viele gesellschaftlich einflussreiche Wissenschaften, etwa die Physik, die Wirtschafts- und Rechtswissenschaften, greifen in ihrer Forschung in die natürliche und soziale Wirklichkeit ein. Die Systeme, deren Funktionsweise sie untersuchen, kann man nur untersuchen, indem man sie dadurch verändert, dass man interveniert (indem man Experimente anstellt und Studien durchführt), was in der neueren Wissenschaftstheorie unter dem Stichwort des Interventionismus bekannt ist.[6] Spätestens seit den bahnbrechenden Entdeckungen der Quantentheorie ist bekannt, dass der Versuchsaufbau eines Experiments (einer Messung) das Verhalten der erforschten Objekte (etwa Elektronen) beeinflusst. Für die Sozialwissenschaften hat der Berliner Verfassungsrechtler und Rechtsphilosoph Christoph Möllers gezeigt, dass diese nur Normen erforschen können, die explizit sanktionierbar sind, dass sie also nur etwas erkennen können, was der impliziten sozialen Wirklichkeit sozusagen entlockt werden muss.[7] Wer zum Beispiel das Wahlverhalten einer Bevölkerung durch Umfragen erforscht, beeinflusst es damit auch, etwa dadurch, dass die Befragten sich neue Gedanken über ihr Wahlverhalten machen. Und für die Rechtswissenschaften gilt ohnehin, dass sie unser Verhalten nicht nur erforschen, sondern dadurch verändern, dass sie Normen explizit machen, aufschreiben sowie soziopolitisch notfalls durch staatliche Sanktionen wirksam werden lassen.

Greift man aber aus Erkenntnisinteresse in Natur und Gesellschaft ein – z. B. durch ein Tierexperiment, die Entwicklung des Internets, die Forschung an Biowaffen, die verfassungsrechtliche Prüfung eines Gesetzes oder die demoskopische Erhebung eines politischen Meinungsbilds –, hat dies ethische Implikationen.

So wie es eine Wissenschaftsethik gibt, die sich mit der Frage beschäftigt, unter welchen Bedingungen Wissenschaftler:innen zu neuen Forschungsergebnissen kommen sollen, gibt es auch eine Ethik des Nichtwissens. Um deren Begründung geht es in diesem Teil des Buchs.

Die Ethik des Nichtwissens beginnt mit der Anerkennung des Umstands, dass wir dank unserer Wissensfortschritte wissen, dass wir vieles nicht wissen. Wir haben kein erschöpfendes oder gar allumfassendes Wirklichkeitsverständnis. Doch daraus folgt keineswegs, dass wir etwa den Fake News, dem Bullshit der »alternativen Tatsachen« oder einer allgemeinen Impfskepsis das Wort reden sollten. Denn diese modernen Phänomene sind vielmehr Ausdruck verfehlter Wissensansprüche. Wer trotz einer völlig eindeutigen Datenlage behauptet, die Corona-Impfungen hätten das Infektionsgeschehen nicht eingedämmt, sie hätten sogar mehr geschadet als geschützt, vertritt kein Nichtwissen, sondern behauptet vielmehr etwas zu wissen, womit er sich allerdings zweifelsohne täuscht. Die Ethik des Nichtwissens beruht vielmehr darauf, dass wir vieles wissen, und stellt dasjenige, was wir faktisch wissen, nicht infrage. Denn das wäre Unsinn.

Vielmehr besteht die Ethik des Nichtwissens darin, herauszuarbeiten, inwiefern Natur und Geist dem Menschen als Tier einerseits aufgeschlossen sind und andererseits fremd und verborgen bleiben. Die Ethik des Nichtwissens akzeptiert, dass uns die Natur ›in und außer uns‹ zutiefst fremd ist und bleibt, weil es unbestimmt vieles gibt, worüber wir allenfalls spekulieren können. Das genaue Ausmaß unseres Wissens und Nichtwissens lässt sich nicht bestimmen, weil die Grenzziehung, die das Unbekannte vom Bekannten unterscheidet, nicht *a priori*, d.h. nicht rein begrifflich vorgenommen werden kann. An irgendeiner Stelle sind wir angesichts der Natur zur Spekulation genötigt.

Dasjenige, worüber wir allenfalls spekulieren können, hat allerdings immense Konsequenzen, weshalb die Ethik des Nichtwissens keine bloße *epistemische* (auf unser Wissen bezogene, von griechisch *epistêmê*) Enthaltsamkeit predigt, sondern einen tiefen Respekt vor der Andersheit der Natur empfiehlt, von der wir als

Tiere abhängen, ohne sie jemals kontrollieren und domestizieren zu können.

Ein konkretes Beispiel: Wer vegan lebt, weil er der Meinung ist, dass es moralisch verwerflich ist, anderen Lebewesen Schmerz zuzufügen und sie zu Ernährungszwecken zu töten, geriete in ernsthafte Schwierigkeiten, sollte sich herausstellen, dass Pflanzen über Bewusstsein verfügen und Schmerz empfinden können. Wenn der industriell organisierte Verzehr von Brokkoli und Blumenkohl oder das Abholzen einer Tanne für das Weihnachtsfest dieselbe Art von Leid und Schmerz (oder sogar noch mehr) verursachte wie die Massentierhaltung, müsste dies unsere Umwelt- und Nahrungsethik drastisch ändern. Der Veganer dürfte dann gar nichts mehr essen, wenn sein Grund, Veganer zu sein, die Vermeidung von Schmerz wäre (was natürlich nicht der einzige gute Grund ist, der für vegane Ernährung spricht).

Der größte Teil der Menschheit (sowohl in der Vergangenheit als auch in der Gegenwart) ist auf die eine oder andere Weise der Überzeugung, dass es etwas Höheres, Göttliches gibt, das sich in Natur und Geist ausdrückt und dasjenige transzendiert, was wir erfassen und erkennen können. Ein solcher Glaube stützt sich auf das richtige Empfinden, dass wir kein vollständiges natur-, geistes- und sozialwissenschaftliches Weltbild haben, das an die Stelle der menschlichen, spirituellen und religiösen Bedürfnisse treten kann. Zu glauben, die Wissenschaften würden eines Tages die Wirklichkeit insgesamt hinreichend gut erklären, um solche Menschheitsbedürfnisse zu überwinden, sodass wir ein technokratisches Paradies auf Erden errichten können, ist selbst Ausdruck einer verwirrten Form eben dieses spirituellen Bedürfnisses.[8]

Es ist deshalb unvermeidlich, dass wir einen Umgang mit den Grauzonen des Wissens und Nichtwissens lernen, wenn wir die vielfältigen Krisen, in denen sich die moderne Menschheit befindet, wissenschaftlich und gesellschaftlich handhaben wollen. Deswegen fordere ich im Namen einer Neuen Aufklärung wohlgemerkt nicht weniger Wissenschaft, sondern mehr Wissenschaften mit dem Ziel, die Selbstaufklärung des Menschen voranzubringen.[9]

Zu dieser Selbstaufklärung gehört, dass wir, angeleitet von einer erkenntnistheoretisch tragfähigen Ethik, die Fremd- und Andersheit der Natur als eine Quelle des Nichtwissens akzeptieren, anstatt dem Trugbild einer vollständigen Naturerkenntnis und -beherrschung nachzujagen. Wer die Natur beherrschen möchte, möchte damit immer auch andere Menschen sowie das nicht-menschliche Leben auf unserem Planeten beherrschen.

Kurzum: Weil es eine Ethik des Wissens gibt, muss es auch eine des Nichtwissens geben. Denn das Nichtwissen spielt eine große Rolle im menschlichen Leben. Es drückt sich heutzutage als Ungewissheit im Angesicht der Komplexität unserer Krisenlage aus, die wir längst nicht mehr auf einseitige Weise naturwissenschaftlich-technologisch überwinden können. Dieser abschließende Teil entwickelt auf eine einführende und hoffentlich allgemein verständliche Weise einige Grundlagen für eine künftige Ethik des Nichtwissens. Dafür müssen wir noch einmal ein wenig ausholen.

Natur, Umwelt, Universum

Uns als Tieren erscheint die Wirklichkeit auf eine bestimmte Weise. Aufgrund unserer physiologischen Ausstattung, unseres genetischen Aufbaus sowie unserer Umweltanpassung im Laufe unseres Lebens werden jedem Individuum zu verschiedenen Zeitpunkten seiner Existenz andere Dinge bewusst. Wir Menschen erleben nur einen Teil der uns umgebenden und durchdringenden Strahlung als Farbe, Ton usw. und wissen dank unserer Messinstrumente (Mikroskope, Teilchenbeschleuniger, Computer usw.), dass die Natur an sich erheblich mehr und andersartige Informationen zur Verfügung stellt als dasjenige, was uns auf der Ebene unseres Bewusstseins direkt erscheint. Wir sehen Dinge, Prozesse und Personen stets nur auf einer bestimmten Ebene der Wirklichkeit, die durch die geradezu astronomisch langen Vorgänge der natürlichen Auslese im Laufe der Evolution sozusagen hinter unserem Rücken ausgewählt wurde. Unsere heutige Beschaffenheit als Organismen ist auf diese Weise Ausdruck einer komplexen Naturgeschichte. Deshalb erfasst sich der Mensch auf der Ebene seiner geistigen Durchdringung der Wirklichkeit immer auch als Tier.

Die Naturwissenschaften haben insbesondere in den letzten zweihundert Jahren zu der Erkenntnis geführt, dass unser Organismus die Natur auf vielen verschiedenen Ebenen für sich so zerlegt, dass er Unterschiede einführt, die zu begrifflichen Einteilungen werden. So unterscheidet unser Organismus zwischen Nähr- und Schadstoffen sowie zwischen Strahlung verschiedener Wellenlänge. Diese nicht notwendig zu Bewusstsein kommenden Unterscheidungen können wir begrifflich und kulturell verarbeiten, was dann zu Gastronomie und Malerei führen kann, die aus unseren Empfindungen begrifflich und kulturell darstellbare Erscheinungen des menschlichen Geistes machen. Wir erleben die Wirklichkeit niemals als ein allumfassendes Ganzes, sondern finden uns in jedem Augenblick unseres bewussten Lebens in einem Teilsystem vor, das wir wiederum automatisch und ohne vollständig bewussten Zugriff in Teile zerlegen.

Vor mir steht die Müslischüssel, in der sich eben noch mein Frühstück befand. Ich teile sie ein in die Müslireste, die Milchlache, den Löffel, der aus der Schüssel hervorragt, sowie in die glänzende Oberfläche der Innenseite der Schüssel, in der sich gerade das Licht meiner Deckenlampe spiegelt. Wenn ich die Milchlache nun mit einem Mikroskop untersuchte, offenbarte sich mir wiederum ein ganz anderes Sinnfeld, dessen Gegenstände durch die Rahmenbedingungen des Mikroskops bestimmt sind. Dabei bestimmt das Mikroskop, was durch es für uns erkennbar ist, ohne deshalb diejenigen Gegenstände und Tatsachen, die wir in seinem Sinnfeld erkennen, insgesamt hervorzubringen. Bakterien und Pilze, die man durch ein Mikroskop für unser Auge sichtbar machen kann, werden nicht vom Mikroskop erzeugt, wohl aber diejenigen Repräsentationen der Bakterien und Pilze, die wir auf der von und für uns erzeugten Benutzeroberfläche erkennen können.

Mikroskope sehen die Milch nicht besser als das nackte Auge, sie sehen nur Dinge auf einer anderen Ebene, die durch ihre Einstellungen skaliert ist. Weder, was das Mikroskop, noch, was das bloße Auge sieht, ist die eine Wirklichkeit an sich, sondern vielmehr sind beide Erkenntnisse von Sinnfeldern. Diese Sinnfelder sind jeweils eine Wirklichkeit an sich. Es gibt eben nicht die eine Wirklichkeit an sich, die wir unterscheiden müssen von der Wirklichkeit für uns. Wie die Wirklichkeit uns erscheint, gehört ganz einfach mit zur Wirklichkeit. Wir schauen ja nicht von außen auf die Realität.

Unsere Naturerkenntnis ist stets auf die eine oder andere Weise daran gebunden, dass wir die natürliche Wirklichkeit auf irgendeiner Ebene durch irgendein Instrument erfassen. Auf Griechisch heißt Instrument *organon*. **Organe** (wie etwa unsere Wahrnehmungsorgane, Augen, Ohren, Haut usw.) sind durch evolutionäre Prozesse entstandene Instrumente, welche eine von ihnen partiell unabhängige Wirklichkeit auf einer ihnen zugeordneten Ebene erfassen. Ein **Organismus** ist ein komplexes System von Organen dergestalt, dass das mehr oder weniger abgegrenzte Ganze des Systems einen partiellen Einfluss darauf hat, wie sich seine Organe entwickeln. Ein ganzer menschlicher Organismus ernährt sich in der Regel auf eine mehr oder weniger bewusste Weise, was wiederum unsere Organe beeinflusst. Wie wir uns bewegen (indem wir etwa Sport treiben oder dies auch unterlassen), hat ebenfalls Einfluss auf unsere Organe, wobei komplexe Kreisläufe entstehen. Treibt man viel Sport, stärkt man sein Herz, was wiederum Auswirkungen auf die Kalorienzufuhr hat und zur Stärkung des Organismus führt.

Organismen sind mereologische Kreisläufe: Das Ganze bestimmt das Verhalten der Teile, und das Verhalten der Teile bestimmt das Ganze. Im Organismus ist das Ganze einerseits mehr als seine Teile, andererseits bestimmen aber die Teile, auf welche Weise das Ganze über sie hinausgeht. In der Natur eines Organismus gibt es deswegen verschiedene Perspektiven (die Perspektive der Leber im Unterschied zum Herzen, die des Gehirns im Unterschied zur Haut usw.), was der britische Physiologe Denis Noble in einer Reihe lesenswerter Bücher nachgezeichnet hat, in denen er eine Theorie der **biologischen Relativität** entwickelt: Welcher Teil auf welches Teilganze Einfluss hat und umgekehrt, hängt im Organismus selbst von der Perspektive ab, die mit einem Organ verbunden ist, dessen Umgebung für es genau so eine Umwelt darstellt, wie die Wirklichkeit um uns herum von uns als ein Nicht-Selbst oder eine Außenwelt erlebt wird.[10]

Das erlebte Nicht-Selbst ist dabei wohlgemerkt immer nur partiell von den Instrumenten unabhängig, die es erfassen. Denn die Instrumente können es nur deshalb erfassen, weil sie kausal mit ihm interagieren, d.h. weil sie in die Prozesse eingreifen, die sie beobachten. Zum Beispiel ist der Vorhang meines Arbeitszimmers, den ich soeben geöffnet habe, um mehr Sonnenlicht hereinzulassen, nicht Teil meines Selbst. Er ist ein Nicht-Selbst. Wenn ich den Vorhang sehe, finden subatomare Vorgänge statt, die u.a. darin bestehen, dass Teilchen zwischen dem Vorhang und mir hin und her springen. Ohne eine solche Wechselwirkung zwischen der physischen Präsenz meines Körpers und dem Vorhang käme es gar nicht zu einer Wahrnehmung. Dinge und Prozesse, die wir bewusst sinnlich wahrnehmen, stehen damit immer in einer Wechselwirkung mit uns und werden durch diese (unmerklich) verändert.

Das wissen wir nicht erst seit den mit der Quantentheorie verbundenen Experimenten, die eindeutig belegen, dass der Messvorgang bei Quantenobjekten einen überraschenden kausalen Einfluss auf das Messergebnis hat. Quantenphysikalische Experimente wie das berühmte Doppelspaltexperiment belegen das eindeutig. Dieses klassische Experiment der Quantenmechanik besteht, grob gesagt, darin, dass Elementarteilchen auf eine Wand geschossen werden, vor der sich wiederum eine Wand befindet, in der zwei Schlitze sind. Je nachdem, ob man nun an den Schlitzen misst oder nicht, wie sich die Teilchen verhalten, erzeugen sie auf der Wand entweder ein Wellen- oder ein Teilchenmuster. Wir wissen daher –

und aus vielen anderen Experimenten, die das zweifelsfrei beweisen –, dass unsere Messinstrumente einen Einfluss darauf haben, wie sich Elementarteilchen verhalten. Dasselbe gilt bereits auf der physiologischen Ebene der Wahrnehmung, wir müssen also nicht unbedingt auf die kleinsten Ebenen des Universums herabsteigen, um uns mit der Quantentheorie vertraut zu machen.

Um Dinge, Prozesse und Personen wahrzunehmen, die sich in unserer Umgebung befinden, müssen wir in dieser Umgebung selbst als etwas vorkommen, das kausal mit dieser Umgebung verbunden ist. Wir beobachten die Wirklichkeit nicht aus einem fernen Guckloch. Unser bewusster Geist bedient sich keines immateriellen Teleskops, um seine Umgebung zu erfassen. Wir sind Teil jeder Wirklichkeit, die wir beobachten können.

Dass die wahrgenommene Wirklichkeit auf diese Weise teilweise kausal davon abhängt, dass wir als Organismen in ihr vorkommen, bedeutet freilich nicht, dass die Wahrnehmung sich eine Wirklichkeit konstruiert oder dass sie die Wirklichkeit irgendwie verfälscht. Wir sind Teil der kausalen *Produktion* der Natur, wodurch wir auf weitgehend nicht-bewusste Weise Teile der Natur auswählen, die wir bewusst erleben. Selektion ist nicht Konstruktion, und Selektion ist schon gar nicht unwirklich, sondern basiert auf kausalen Prozessen der Interaktion mit unserer Umwelt.

Noch einmal konkret: Die Wirklichkeit, die wir wahrnehmen, ist physisch verfasst. Die Physik hat eindeutig belegt, dass wir das Universum nur wahrnehmend erfassen können, weil wir als Körper mit ihm in Wechselwirkung stehen. Lichtteilchen (Photonen) müssen auf unsere Nervenenden treffen, damit wir etwas sehen können. Umgekehrt verändern wir unsere Umwelt ebenfalls dadurch, dass wir Wärme abstrahlen, durch unsere Atmung die Atmosphäre beeinflussen usw. Wir sind niemals nur passive Zuschauerinnen des Naturgeschehens, sondern kausale Bestandteile des Universums.

Aus dem richtigen Gedanken der Selektion, dass wir also durch unsere Wahrnehmung Teile der Natur zur Beobachtung auswählen, folgt allein noch keine These der Begrenzung unserer Naturerkenntnis oder gar der unvermeidlichen Verblendung und Subjektivität unserer Wahrnehmung. Dass unser Organismus auf verschiedenen Ebenen auswählt, was und wie er beobachtet, ist damit vereinbar, dass er auf diese Weise die Wirklichkeit durchaus so erfasst, wie sie auf der beobachteten Ebene ist.

Dass mir meine Müslischale auffällt, dass sie unter den Dingen auf meinem Schreibtisch hervorsticht, hat sicherlich auch evolutionäre Gründe. Die Farbe der Schale sowie ihr Inhalt lassen sich dadurch erklären, dass mir diese Farbe erlaubt, die Schale vor ihrem Hintergrund zu erkennen, und dass der Inhalt nahrhaft ist und mir schmeckt. Um dies vollständig zu erklären, müssten natürlich kulturelle, soziale und individuelle Faktoren herangezogen werden, da menschliche Ernährung nur dann vollständig als überlebensdienliche Kalorienzufuhr verstanden werden kann, wenn uns keine andere Wahl bleibt, als uns nach Kalorien umzuschauen. Einer der vielen Gründe dafür, warum wir alle erdenklichen Anstrengungen darauf verwenden müssen, extreme Armut und Hunger zu vermeiden, besteht darin, dass Menschen unter Bedingungen extremer Armut in ihren Fähigkeiten eingeschränkt werden, am kulturellen Leben des Geistes teilzunehmen, womit sie im Extremfall in einer entscheidenden Dimension des menschlichen Lebens, ihrer Menschenwürde, beschädigt werden.

Was unsere Organe und Instrumente jeweils erfassen, ist prinzipiell niemals die Wirklichkeit als Ganzes. Sie erfassen auch nicht etwa die Natur oder auch nur unser Leben als Ganzes, sondern vielmehr begrenzte und offene Ganzheiten, die sich dauernd verschieben. Das Ganze meines Gesichtsfelds verändert sich auf vielen Ebenen unablässig, weil in der natürlichen Wirklichkeit, die ich sinnlich wahrnehme, alles Wandel und nichts ewig stabiles Sein ist.[11]

Wir sind an einen Punkt gelangt, an dem begriffliche Festlegungen nötig sind, um ein erkenntnistheoretisches Knäuel zu entwirren, in das wir uns sonst zu verstricken drohen.

Die **Umwelt** ist dasjenige Sinnfeld, innerhalb dessen sich eine Lebensform über mehrere Generationen hinweg reproduzieren kann. Die Umwelt ist auf uns als Lebensform zugeschnitten, was nicht bedeutet, dass sie ein gemachtes, warmes Nest ist, das wir vorfinden. Durch unsere eigene Reproduktion verändern wir die Umwelt ständig. Wir passen uns ihr nicht nur an, sondern rekonstruieren sie durch Stoffwechsel auch, sodass wir uns der von uns mitgeformten Umwelt wiederum anpassen müssen. Die **Ökologie** erforscht Prozesse der systemischen Anpassung sowie der Systemproduktion durch Lebewesen auf einer Skala, die Lebensformen und unsere kausale Umgebung in Betracht zieht. Sie ist die Denkform der Umweltwissenschaften.

Wie bereits gesagt (vgl. S. 105), wurde der Umwelt-Begriff von Jakob Johann von Uexküll in seinem Werk *Umwelt und Innenwelt der Tiere* eingeführt. Dort kontrastiert der Begriff mit dem einer Außenwelt, in der sich alles befindet, was sich an sich von einem Tier unterscheidet. Die Umwelt ist demnach ein auf ein Tier, seine Reize und Interessen zugeschnittenes Sinnfeld, d. h. derjenige Teil der Wirklichkeit, in den Tiere eingebettet oder eingepasst sind, wie Uexküll sagt. Die Umwelt wird von den Tieren bewusst und unbewusst gestaltet, sie ist nicht nur eine Nische, die sie vorfinden und in die sie sich einnisten. Uexküll illustriert dies in einer berühmten Passage anhand des Seeigels:

> Es herrscht im Seeigel, um das Wesentliche nochmals hervorzuheben, nicht der einheitliche Impuls, sondern der einheitliche Plan, der die ganze Umgebung des Seeigels mit in seine Organisation hineinzieht. Er wählt von den nützlichen und feindlichen Gegenständen der Umgebung diejenigen Wirkungen aus, die als Reize für den Seeigel geeignet sind. Diesen Reizen entsprechen abgestufte Rezeptionsorgane und Zentren, die auf verschiedene Reize verschieden antworten und dabei

die Muskeln erregen, welche die vom Plan vorgesehenen Bewegungen ausführen müssen.

So ist auch der Seeigel nicht einer feindlichen Außenwelt preisgegeben, in der er einen brutalen Kampf ums Dasein führt, sondern er lebt in einer Umwelt, die wohl Schädlichkeiten neben Nützlichkeiten birgt, die aber bis aufs letzte so zu seinen Fähigkeiten paßt, als wenn es nur eine Welt gäbe und einen Seeigel.[12]

Die Umwelt ist nur ein Teil der natürlichen Wirklichkeit. Dieser Teil ist der Radius, der von Reiz-Reaktions-Mustern ausgewählt wird, die mit einem Organismus einhergehen. Wir Menschen überschreiten dabei anders als der Seeigel unsere Umwelt, indem wir imstande sind, sie als eine von mehreren Umwelten aufzufassen. Menschen sind in der Lage zu erkennen, dass Menschen eine andere Umwelt haben als Seeigel und Gazellen. Deswegen können wir auch die Frage stellen, wie sich die natürliche Wirklichkeit zu den vielen Umwelten verhält – eine Frage, die Seeigel, Gazellen, Bakterien und Nervenzellen nicht interessiert.

Das **Universum** ist im Unterschied zur Umwelt dasjenige Sinnfeld, das wir angemessen nur mit unseren mathematisch-physikalischen Modellen erfassen. Es ist nicht einfach empirisch erfahrbar. Das Universum wird in der Form von Koordinatensystemen vorgestellt, die das natürliche Geschehen möglichst treffsicher in Punkte auflösen, auf die Kräfte wirken. All das ist prinzipiell in den ineinander übersetzbaren Sprachen der Mathematik beschreibbar, weshalb man etwa geometrische Zusammenhänge analytisch ausdrücken kann, um durch teils gigantische Rechenvorgänge Vorhersagen darüber zu treffen, was Messinstrumente beobachten müssten. Die theoretische Physik kann deshalb durch mathematisch unterlegte Gedankenexperimente sowie durch das Aufstellen und Lösen von Gleichungen experimentelle Szenarien entwickeln, dank derer sich die theoretischen Annahmen experimentell prüfen lassen. Auf diese Weise hat sich die moderne Physik zu einer bewundernswerten, von niemandem mehr in ihrer Gänze überschaubaren Leistung des menschlichen Geistes entwickelt.

Der methodische Baukasten der Physik mitsamt ihrem Kreislauf von Theorie, Modell und Experiment erlaubt es, auf eine bis in die Moderne nie da gewesene Weise Erkenntnisfortschritte bezüglich des Universums zu erzielen, das wir auf allen uns bekannten Skalen heute viel besser verstehen als die Menschheit zuvor. Das bedeutet allerdings keineswegs, dass wir die Natur in ihren Kreisläufen, die Umwelten anderer Lebensformen oder die Regeln nachhaltiger Landwirtschaft besser verstehen würden als Kulturen, die nicht versuchen, die Natur durch ihre Erforschung des Universums zu beherrschen.

Die ganz großen Durchbrüche der modernen Physik ereignen sich dabei nicht etwa schon in der frühneuzeitlichen wissenschaftlichen Revolution, obwohl diese durch Galileo Galilei oder Isaac Newton (um nur zwei der Heroen zu nennen) die Mathematisierung eingeleitet hat. Die größten Sprünge beginnen in der zweiten Hälfte des 19. Jahrhunderts und bereiten den Weg für Quanten- und Relativitätstheorie, die sich natürlich seither wiederum weiterentwickelt haben – eine Geschichte, die an vielen anderen Stellen erzählt wird.[13]

Das Universum ist eine mathematisch darstellbare Struktur, die wir aufgrund der Begrenzung unserer Instrumente nur begrenzt konkret erfassen können. Deswegen ist das Universum aus unserer Sicht stets ein begrenztes Ganzes, dessen Grenzen sich durch neue physikalische Erkenntnisse in der Zukunft weiter verschieben können. Allerdings lehrt uns gerade die Physik als besonders erfolgreiche Naturwissenschaft, dass es Grenzen der physikalischen Erkenntnis gibt, die daher rühren, dass die Natur als das Zielsystem der physikalischen Forschung dynamisch ist. Weil sich das Universum ausdehnt (was wiederum in kosmologischen Modellen mathematisch dargestellt wird) und weil nach heutigem Wissensstand keine Information schneller als mit Lichtgeschwindigkeit übertragen werden kann, gibt es physikalisch erkennbare Grenzen dessen, was wir mit unseren Instrumenten überhaupt messen können. Was raumzeitlich zu weit von uns entfernt ist, um Informationen zu übermitteln, bleibt für uns im Dunkeln. Dasselbe gilt für die nur indirekt messbare dunkle Materie und dunkle Energie, deren Existenz aus theoretischen Ergebnissen sowie aus einigen kosmologischen Beobachtungen geschlossen wird. Wir wissen also dank der physikalischen Forschung, dass wir durch die physikalische Forschung wohl niemals alles über die Natur wissen werden.

Die **Natur** ist in diesem Zusammenhang das Zielsystem der naturwissenschaftlichen Forschung, paradigmatisch der Physik, Chemie und Biologie. Während wir das Universum in mathematischer Formelsprache und entsprechenden Modellen darstellen können, können wir die Natur auch auf viele andere Weisen, etwa durch Wahrnehmung und kulturelle Überlieferungen, erkennen. Natur und Universum sind nicht dasselbe.

Wir wissen heute nicht, ob es einmal einen Wissensstand geben wird, der es erlaubt, alle lebenswissenschaftlichen Forschungsergebnisse physikalisch auszudrücken. Dann ließen sich die Naturwissenschaften insgesamt auf die Physik reduzieren. Doch wir können derzeit nicht auf naturwissenschaftliche Weise feststellen, ob es letztlich nur eine einzige Naturwissenschaft (die Physik) gibt. Die Naturwissenschaften könnten unüberwindlich vielfältig sein, was daran liegen kann, dass die Natur wesentlich heterogen ist, also aus einer nicht aufeinander reduzierbaren Vielheit von Sinnfeldern besteht.[14]

Um noch einmal Uexküll zu zitieren:

> Wenn mich jemand zweifelnd fragt: »Wie kann es möglich sein, daß mein kleines Subjekt mit seiner hinfälligen Umwelt sein Gesetz dem Sirius diktieren soll, der im unendlichen Raum in unerhörter Größe und Ferne seit Äonen prangt und strahlt?« so werde ich ihm antworten: »Ziehe aus dem so unendlich erscheinenden Raume deine Merkzeichen für Orte und Richtungen heraus, und der ganze Raum wird zusammenfallen wie ein Kartenhaus. Und entziehe dem Sirius deine

Momentzeichen, so ist sein Dasein plötzlich abgeschnitten. Alles das gilt natürlich nur für dich und deine Welt. Die Natur wird auch ohne dich Welten zu schaffen wissen. Es gibt keine unendliche, ewige und absolute Welt, die alle Subjekte umschließt – dafür aber eine unerhört gewaltige Natur, die Subjekte mit Welten, Räumen und Zeiten schafft nach ihrem eigenen freien Gesetz«.[15]

Uexküll beschreibt hier die Natur auf eine ökologische Weise. Sie ist dasjenige, was Umwelten hervorbringt, indem sie Lebewesen produziert, denen Gegenstände erscheinen, an die sie als Lebewesen angepasst sind. Dabei versteht er die mathematischen Modelle der Physik, d.h. die Koordinatensysteme, die wir verwenden, um physikalische Zusammenhänge theoretisch und experimentell objektiv auszudrücken, als Projektionsflächen unserer menschlichen Umwelt, worin man ihm nicht folgen muss. Denn damit unterstellt er, dass wir Menschen unsere Nische prinzipiell nicht überschreiten können, dass wir auch als Wissenschaftlerinnen nur wie Seeigel sind, die eine Wirklichkeit erforschen, in die sie eingepasst sind. Doch wenn dies stimmte, woher weiß Uexküll dann, dass es eine »gewaltige Natur« gibt, die Umwelten hervorbringt? Entweder diese Aussage ist nur eine weitere Projektion unserer Innenwelt auf die natürliche Wirklichkeit (deren Existenz wir uns als höhere Seeigel nicht wirklich versichern könnten), oder aber sie erfasst die Natur in einer Hinsicht so, wie sie von unseren Interessen unabhängig ist. Doch dann kann die These nicht stimmen, dass Lebewesen niemals die natürliche Wirklichkeit an sich, sondern nur die Innenseite ihrer Umweltglocke erfassen – eine weitere Version der Projektionsthese, die wir im ersten Teil dieses Buchs kennengelernt haben. Weil Uexküll uns und die Seeigel unter den problematischen Tierbegriff subsumiert, erkennt er nicht, dass wir als geistige Lebewesen weit über unsere Umwelt hinausdenken können, wofür uns Logik, Mathematik und damit unsere Rationalität zur Verfügung stehen. Diese unsere Rationalität ist aber kein Heilsbringer, sondern sie bringt, wenn sie nicht ethisch eingehegt und normiert wird, mindestens ebenso viel Unheil wie Heil hervor, was all diejenigen Menschen zu spüren bekommen, denen die Vorstellung, Gesellschaft müsse ein rationales Konstrukt sein, in den letzten Jahrhunderten aufgenötigt wurde.

An und für sich …

Natur und Geist hängen zusammen, sind aber kategorial verschieden. Dass sie kategorial verschieden sind, bedeutet, dass wir sie begrifflich trennen können, ohne daraus schließen zu dürfen, dass sie unabhängig voneinander zu existieren in der Lage sind.

Ein wesentlicher Unterschied zwischen Natur und Geist besteht darin, dass die Natur nicht daran interessiert ist, von uns erkannt zu werden. Sie ist einfach, wie sie ist, und gerade deswegen ist es nicht leicht, sie zu erkennen. Wir brauchten Jahrtausende menschlicher Entwicklung, ehe Menschen über die Beobachtung astronomischer Regelmäßigkeiten auf den genialen Gedanken kamen, geometrische Zusammenhänge (allen voran den Satz des Pythagoras, die wohl genialste mathematische Entdeckung aller Zeiten) auf Himmelsphänomene anzuwenden. Es gab keinen tieferen Grund dafür, dass Geometrie und Himmelsbeobachtung miteinander verschmolzen wurden. Das geschah einfach zu irgendeinem Zeitpunkt der menschlichen Geschichte, wenn dieser natürlich auch nicht ganz zufällig, sondern ideengeschichtlich erklärbar ist.

Doch dürfen wir aus der kontingent verlaufenden Erkenntnisgeschichte des Menschen nicht schließen, dass sich uns die Natur offenbart. Sie offenbart sich weder, noch »liebt sie, sich zu verbergen«,[16] wie der Naturphilosoph Heraklit mutmaßte. Die Natur ist einfach nur so, wie sie ist, sie ist *an sich*, wie dies in traditioneller Philosophiesprache ausgedrückt werden kann.

Nennen wir diesen Aspekt der Natur das **An-sich-Sein**. *Das An-sich-Sein besteht darin, dass die Natur so ist, wie wir sie vorfinden, ohne dass sie daraufhin zugeschnitten ist oder sich auf irgendeine sonstige Weise dafür interessiert, dass sie von uns in der Form naturwissenschaftlicher Theorie partiell, d. h. als Universum, erfasst wird. Unsere Wahrnehmung der Natur gehört dabei auch zum An-sich, weil sie ohne natürliche Voraussetzungen unseres Organismus nicht stattfände. Wahrnehmung ist eben keineswegs ›rein subjektiv‹.*

Kurzum: Es hätte auch sein können, dass wir Menschen niemals tiefere naturwissenschaftliche Erkenntnisse durch die fraglos geniale Entdeckung des Zusammenhangs von Naturphänomenen und mathematischen Modellen entwickelt hätten. Während Naturprozesse, die wir mathematisch, also in der Form des Universums, erfassen können, gesetzesförmig und in diesem Sinne notwendig verlaufen, gilt dies für die Erkenntnis dieser Naturprozesse nicht. Wir können zwar die Position des Mondes in der Vergangenheit und Zukunft seit Jahrhunderten mit den Methoden der klassischen Mechanik ziemlich genau berechnen. Aber wir können überhaupt nicht berechnen, was Naturwissenschaftler:innen im Jahre 2055 alles berechnen werden.

Im Unterschied zur Natur ist der Geist etwas, was sich dem Geist wesentlich offenbart. Hegel, womöglich der bis dato größte Philosoph des Geistes, nennt diese Eigenschaft des Geistes *Manifestation.*[17] Dies kann man im Unterschied zum An-sich-Sein der Natur mit Jean-Paul Sartre als das Für-sich-Sein (*pour soi*) des Geistes beschreiben.

Das **Für-sich-Sein** *des Geistes besteht darin, dass der Geist nur existiert, indem er sich auf die eine oder andere Weise auf sich selbst* *bezieht. Die Existenz des Geistes bleibt nicht unbemerkt, weil er eben nur existiert, indem er sich bemerkt.*

In der gegenwärtigen Philosophie des Geistes wird dies meist anhand elementarer Bewusstseinszustände illustriert. Wer einen stechenden Schmerz empfindet, kann diesen nicht so übersehen, wie die alten Ägypter etwa den Abstand zum nächstgelegenen Sonnensystem, Proxima Centauri, übersehen haben. Elementare Bewusstseinszustände finden nicht unbemerkt statt, man kann sie nicht übersehen. Geist gibt es nur in seiner Selbstbeziehung, einen weit entfernten, von niemandem beobachteten Stern hingegen gibt es einfach so.

Daraus folgt nicht, dass der Geist oder das Bewusstsein sich nicht über sich selbst täuschen kann. Geist bekundet sich selbst, ohne dadurch für sich selbst ein offenes Buch zu sein. Das liegt daran, dass der Geist mit der Natur untrennbar verwoben ist. Es gibt nicht nur Natur und Geist, sondern auch deren Verschränkung, d.h. eine Natur des Geistes sowie einen Geist der Natur.[18] Denn der Mensch als Tier gehört ebenfalls zur Natur. Und da wir geistige Lebewesen sind, erkennt sich die Natur in unserer Selbsterkenntnis selbst. Natur und Geist gehören deswegen nicht etwa zwei völlig getrennten Sinnfeldern an.

Weil die Manifestation des Geistes natürliche Grundlagen hat, zeigt der Geist sich selbst immer nur in einer Art Zerrspiegel. Seine Selbsterfassung bleibt – zumindest in diesem Leben – auf Verkörperung angewiesen. Da unser Körper auf einigen Ebenen aus geistlosen, anonymen Prozessen besteht, kann der Geist sich nicht vollständig erfassen, ohne seine natürliche Grundlage zu erkennen. Doch diese ist an sich und manifestiert sich damit nicht. Dieses An-sich unseres Körpers haben wir alle in der Corona-Pandemie alltäglich am eigenen Leib erfahren, wenn wir uns etwa fragten, ob wir uns bei einer Risikobegegnung infiziert haben. Die Infektion findet nicht bewusst statt, man merkt nicht, wie die Virionen, die

Viruspartikel des Corona-Virus, in unsere Zellen eindringen. Das alles merkt man erst, wenn man ein positives Testergebnis oder Symptome einer Erkrankung hat. Das Für-sich-Sein des Geistes ist immer partiell intransparent, weil die Natur vom Standpunkt des Geistes betrachtet selbst einen unbestimmbar großen Anteil am Geist hat. An-sich und Für-sich bilden nicht zwei voneinander isolierte Bereiche, sondern sind dynamisch ineinander verwoben.

Mindestens ein Begriffsmonstrum gehört in jedes philosophisches Buch; so viel muss sein. Nennen wir die Verwobenheit von Natur und Geist, die im Menschen als Tier in Erscheinung tritt, das ***An-und-für-sich-Sein.*** *Das geistige Leben ist demnach einerseits wegen seiner natürlichen Grundlagen nicht vollständig erkennbar (An-sich-Sein), andererseits ist es manifest – es bekundet sich selbst (Für-sich-Sein).*

Genau genommen ist die Sachlage noch ein Fünkchen komplizierter, da wir prinzipiell nicht wissen können, ob wir die Natur vollständig erkannt haben. Wie weit wir auch immer mit der Naturerkenntnis kommen werden, wir werden auf kein Stoppschild der Natur oder, wie in einem Videospiel, auf einen Endgegner treffen, nach dessen Erledigung ein Abspann läuft, der uns zum finalen Triumph gratuliert.

Sind die Naturwissenschaften Fiktionen?

Der Unterschied zwischen dem An-sich-Sein der Natur und dem Für-sich-Sein des Geistes ist eine Grundlage für eine Ethik des Nichtwissens, d. h. für eine Haltung der epistemischen Bescheidenheit, einer Haltung also, die es uns erlaubt, unsere Wissensansprüche in ihrer Begrenztheit und Korrigierbarkeit anzuerkennen. Diese epistemische Bescheidenheit gehört dabei zum Standardrepertoire der von den meisten Naturwissenschaftlern anerkannten Wissenschaftstheorie des Falsifikationismus. Der **Falsifikationismus** wurde insbesondere von Karl Popper, einem der wirkmächtigsten Wissenschaftstheoretiker des letzten Jahrhunderts, begründet. Er besagt, dass naturwissenschaftliche Theorien niemals direkt ihre Wahrheit, sondern nur ihre Nicht-Falschheit belegen können.

Die Pointe dieser Formulierung wird gerne anhand des **Rabenparadoxons** illustriert.[19] Wenn wir über eine lange Zeit hinweg immer nur schwarze Raben beobachtet haben, können wir die Aussage formulieren: »Alle Raben sind schwarz.« Damit haben wir ausgeschlossen, dass irgendein Rabe eine andere Farbe hat. Auf diese Weise haben wir eine ziemlich simple Theorie entwickelt. Diese Theorie wird dadurch falsifiziert, also über Bord geworfen, dass uns jemand einen Raben zeigt, der nicht schwarz ist. Dass alle Raben schwarz sind, wird demnach nicht ein für alle Mal durch irgendeine noch so gute Serie von Beobachtungen bestätigt, sondern gilt immer nur vorläufig, d. h. solange kein nicht-schwarzer Rabe gefunden wurde.

Der Falsifikationismus, der als Haltung epistemischer Bescheidenheit in den Naturwissenschaften trotz seiner bekannten Schwächen weitgehend akzeptiert wird, behauptet demnach,

> dass eine Hypothese durch Beobachtung stets nur auf Falschheit geprüft werden kann. Man kann bestenfalls zeigen, dass etwas nicht falsch ist – der Weg zur Wahrheit bleibt damit versperrt. […] »Versuch und Irrtum« lautet das Credo der Naturwissenschaft – oder mit den Worten des Physikers und Philosophen Gerhard Vollmer »Wir irren uns empor«. Zu jeder Zeit arbeiten wir mit Modellen zur Beschreibung der Welt, die sich bestenfalls als »bislang nicht falsch« erwiesen haben. Sicher können wir uns nur über das sein, was sich eindeutig als falsch erwiesen hat. Ein ungleich steinigerer Weg, verglichen mit dem mathematischen Beweis.[20]

Allerdings übersieht diese Argumentation, dass nicht alle Sätze der Naturwissenschaften auf diese Weise falsifizierbar sind. Wer feststellt, dass nicht alle Raben schwarz sind, hat damit den Satz, dass ein gegebener Rabe schwarz ist, nicht falsifiziert. Das heißt: Um eine Aussage oder Hypothese zu falsifizieren, müssen andere Aussagen und Hypothesen feststehen. Wenn eine Aussage oder Hypothese falsifiziert wurde, wurde damit nicht automatisch alles, worauf sie fußt, ebenfalls falsifiziert. Wir können nicht sinnvoll alle Aussagen der Naturwissenschaften dem Falsifizierungstest unterziehen, weshalb diese kumulativ fortschreiten, also Erkenntnisse auf Erkenntnissen aufbauen, ohne dass das gesamte Gebäude in sich zusammenstürzt. Es ist zwar prinzipiell möglich, dass wir vieles von dem, was wir heute für Naturerkenntnis halten, eines Tages über den Haufen werfen. Es ist aber unmöglich, dass sich damit alle oder auch nur die größte Mehrheit der heute als wahr anerkannten naturwissenschaftlichen Aussagen als falsch herausstellen. Denn es gibt nicht nur naturwissenschaftliche Falschheit und Nicht-Falschheit, sondern auch naturwissenschaftliche Wahrheit. Daher kann man etwa auf der Grundlage naturwissenschaftlicher Erkenntnisse Medizin und Flugtechnik herstellen oder haargenau vorhersagen, wo der Mond in Tausenden Jahren sein wird, und zurückrechnen, wo er vor Tausenden von Jahren war.

Jede heute bekannte mehr oder weniger umfassende naturwissenschaftliche Theorie (einschließlich des leistungsstarken Standardmodells der Teilchenphysik) ist eine Mischung aus Wahrheit, Falschheit und Nicht-Falschheit. Das ergibt sich bereits daraus, dass es ohne Modelle keine naturwissenschaftlichen Theorien gibt. Denn Modelle sind keine Kopien der Wirklichkeit im Maßstab 1:1, sondern Repräsentationen eines Teilbereichs der Natur, die auf das für die Theorie Wesentliche reduziert sind. In der Natur schwirren ja nicht einfach isolierte Elementarteilchen herum, die Physiker irgendwie einfangen und vermessen. Vielmehr muss man, um die natürlichen, systemischen Zusammenhänge, die in der Natur auftreten, zu erkennen, diese analysieren und Bedingungen herstellen, die in der Natur normalerweise nicht vorkommen. Erinnern Sie sich daran, als Sie erfahren haben, dass Federn und Kanonenkugeln im luftleeren Raum gleich schnell fallen? Damals haben Sie nicht gelernt, dass Federn und Kanonenkugeln gleich schnell fallen und somit ›in Wahrheit‹ gleich schwer sind, was ja Unsinn wäre. Vielmehr wurde Ihnen im elementaren Physikunterricht erklärt, dass sich die Gesetzmäßigkeiten des Universums, die man in mathematischen Gleichungen ausdrücken kann, nur feststellen lassen, indem man in die Natur eingreift. Ohne kausale Intervention lassen sich keine Modelle erstellen, die es uns erlauben, die Natur in verschiedene Felder und Kräfte zu zerlegen.[21] Federn und Kanonenkugeln fallen eben nur unter bestimmten Bedingungen gleich schnell, und aus diesen Bedingungen kann man etwas über das Universum lernen.

Analysiert man eine gegebene naturwissenschaftliche Theorie, ist es alles andere als einfach, festzustellen, welche Hypothesen, Berechnungen und Modelle wie genau auf die Natur zutreffen bzw. auf eine Weise von ihr abweichen, die uns dennoch erlaubt, die Natur hinreichend gut zu erfassen, um ein bestimmtes Vorhersage- oder Erklärungsziel zu erreichen. Vor diesem Hintergrund ist es in der gegenwärtigen Wissenschaftstheorie üblich, naturwissenschaftliche Theorien in Analogie zu Fiktionen zu verstehen, was eine lange Tradition hat, die mindestens bis Immanuel Kant zurückreicht.[22] Hierbei ist eine Fiktion keine reine Erfindung, sondern eine Mischung aus Wahrheit und durch Vereinfachung, Idealisierung, Abstraktion und Modellbildung hergestellte Darstellung der Natur, die teilweise bewusst von dieser abweicht.

---

*Der **wissenschaftstheoretische Fiktionalismus** besagt (in einer moderaten Form), dass jede naturwissenschaftliche Theorie eine Mischung von mehr oder weniger bewusst akzeptierten Halbwahrheiten, unerkannten Falschheiten, Nicht-Falschheiten, aber eben auch*

Wahrheiten und präzisen Messungen ist. Die Pointe dieser Überlegung lautet dabei, dass wir diese Elemente nicht sauber voneinander trennen können, sodass wir wissen, dass jede naturwissenschaftliche Theorie falsifizierbar, weil in irgendeiner Hinsicht falsch ist.

Der Philosoph Hans Vaihinger hat in seinem Werk *Die Philosophie des Als Ob* in Anlehnung an Kants idealistische Erkenntnistheorie die **fiktionalistische Extremthese** vertreten, dass im Grunde genommen alle Entitäten und Relationen, die in den Naturwissenschaften eine Rolle spielen (Zahlen, Kräfte, Elementarteilchen, Kausalität, Raum, Zeit usw.), Fiktionen sind, die der menschliche Geist konstruiert, um sich ein vereinfachtes, notwendig verzerrtes Bild der unendlich komplexen Erfahrungswirklichkeit zu machen, die sich aus der Reizung unserer Sinne ergibt.[23]

Allerdings bricht die Argumentation, die zu diesem Ergebnis führen könnte, zusammen, wenn man bedenkt, dass die Annahme, unsere naturwissenschaftliche Theoriebildung sei eine Konstruktion auf der Basis einer Flut sinnlicher Reize, aufgrund derer wir uns ein Weltbild basteln, selbst voraussetzt, dass man naturwissenschaftliche Erkenntnis erlangt hat. Denn woher weiß jemand wie Vaihinger, dass er überhaupt Sinnesreize empfängt, die er sich dann durch Modellbildung, also durch Komplexitätsreduktion verständlich macht? Das wäre seinen eigenen Annahmen zufolge bereits eine Fiktion im Sinne einer Verzerrung der Wirklichkeit. Die Vorstellung unserer selbst als Tiere, auf die Reize einströmen, ist selbst ein Wissensanspruch, der Vaihinger zufolge eine Fiktion ist und damit nicht der Wirklichkeit entspricht – eine letztlich haltlose Idee, die an ihrer Selbstanwendung scheitert.

Die Auffassung, dass uns eigentlich nur unsere Sinnesdaten oder Erlebnisse zur Verfügung stehen, auf deren Grundlage wir uns dann ein mehr oder weniger stabiles naturwissenschaftliches Weltbild basteln können, gilt in der Erkenntnis- und Wissenschaftstheorie seit Jahrzehnten als überholt und unvertretbar. Denn sie basiert auf dem sogenannten **erkenntnistheoretischen Fundamentalismus**, d. h. der Annahme, dass es eine unmittelbar gegebene, nicht weiter zu bezweifelnde Schicht von elementaren, bewussten Erlebnissen und Sinnesdaten gibt, was spätestens seit dem einflussreichen Buch *Der Empirismus und die Philosophie des Geistes* des US-amerikanischen Philosophen Wilfrid Sellars als widerlegt gilt.[24] Sellars hat gezeigt, dass unser Erkenntnisapparat niemals vereinzelte, atomare Sinneseindrücke verarbeiten kann, ohne diese in einen Kontext zu stellen, in dem sie sich voneinander abgrenzen lassen. Auch hier kommt also eine mereologische Argumentation zum Tragen, die das Ganze der Erkenntnis nicht auf einfache, isolierte Teile (Atome) reduziert, sondern davon ausgeht, dass die Teile, die wir unterscheiden können, bereits zusammenhängen.

Für unseren Kontext bedeutet dies: Es gibt keine fundamentale Schicht der menschlichen Erkenntnis, von der aus wir uns die natürliche Wirklichkeit erschließen müssten, weil jede solche Schicht bereits Anteil an eben jener Natur hat, die für uns in ihrem An-sich-Sein immer teilweise verschlossen ist.

Der Falsifikationismus und der moderate Fiktionalismus sind gleichwohl Teilwahrheiten. Denn sie beschreiben jeweils einen Aspekt der naturwissenschaftlichen Erkenntnisbildung. Die Naturwissenschaften idealisieren, indem sie selbst auf einer elementaren Ebene gerne mal die eine oder andere Größe vernachlässigen, irgendwo hinter dem Komma abrunden oder etwas als mathematischen Punkt behandeln, was in Wirklichkeit eine Ausdehnung haben muss. Das ist keine Schlamperei (wie manche Mathematiker den Physikern vorwerfen), sondern Pragmatismus, weil man wissen muss, welche Größen für die Erklärung eines Naturphänomens vernachlässigt werden können, obwohl sie mathematisch streng genommen zu Buche schlagen. Und Vaihinger liegt auch nicht ganz falsch, wenn er uns daran erinnert, dass die Differenzialrechnung (ohne die es keine moderne Naturwissenschaft gäbe) auf dem bekannten Trick beruht, dass man fast durch 0 teilt, aber mit dem Teilen unendlich kurz vor 0 aufhört. Das sind geniale mathematische Manöver, ohne die es keine moderne Naturwissenschaft gäbe, aber ob diese Vorstellungen der Natur wirklich entsprechen (in der es sicherlich keine 0 gibt), steht auf einem anderen Blatt.

Langer Rede, kurzer Sinn: Wir wissen nicht insgesamt, welche Elemente der komplexen Gebäude der modernen Naturwissenschaften der natürlichen Wirklichkeit entsprechen und welche Anteile in Wahrheit Produkte des menschlichen Geistes sind, von denen wiederum einige wahr und andere falsch sind. Niemand überblickt die Naturwissenschaften und ihre logisch-mathematischen Methoden und Grundlagen in ihrer Gesamtheit. Das ist kein Manko, sondern eine anzuerkennende wissenschaftstheoretische Tatsache, dank derer wir erfolgreich Naturwissenschaften betreiben können.

Grenzen der naturwissenschaftlichen Erkenntnis

Wir wissen nicht, was wir trotz der beeindruckenden intellektuellen und technischen Errungenschaften der modernen Wissensgesellschaft alles nicht wissen. Die Tatsache, die der soeben ausgedrückte Satz enthält, ist dabei etwas, das wir wissen. Wir wissen folglich, dass es Grenzen der naturwissenschaftlichen Erkenntnis gibt.

Die Grenzen der naturwissenschaftlichen Erkenntnis sind beweglich, sie stehen ebenso wenig wie irgendetwas anderes fest, das wir in der Natur vorfinden. Denn durch Versuch und Irrtum erfahren wir ja ständig, was wir noch nicht wussten, und verbessern unsere Annahmen in einem kumulativen Prozess, den wiederum niemand insge-

samt überschaut. Unser Nichtwissen bezüglich unseres Nichtwissens ist also eine unüberwindliche, wenn auch verschiebbare Grenze der naturwissenschaftlichen Erkenntnis.

Die beweglichen, dynamischen Grenzen der naturwissenschaftlichen Erkenntnis gibt es deswegen, weil die Natur durch ihr An-sich-Sein bestimmt ist. Sie verrät uns nicht von selbst, wie sie beschaffen ist, sodass wir uns niemals ganz sicher sein können, sie für uns so erfasst zu haben, wie sie an sich ist.

Wohlgemerkt folgt aus dieser Tatsache in keiner Weise, dass naturwissenschaftliche Forschung ein Herumtappen im Dunkeln ist. Ganz im Gegenteil! Wenn ein gegebener Fall des Nichtwissens durch Wissen ersetzt wird und damit Fortschritt stattfindet, dann erfahren wir, wie die Natur in einem bestimmten Teil an sich ist. Wir ersetzen keineswegs immer nur einen alten Irrtum durch einen neuen. Dabei müssen wir unseren eigenen Beitrag zur Naturerforschung sozusagen aus den Gleichungen herausrechnen, was in vielen Fällen möglich ist. Dass wir die Natur nur erkennen und erforschen können, indem wir sie dabei auch verändern, bedeutet nicht, dass wir sie nicht so erkennen können, wie sie an sich ist.

Daher müssen wir unsere Grundbegriffe noch einmal in Schwingung versetzen bzw. die Gedankenspirale ein wenig weiterdrehen. Vor wenigen Seiten habe ich zwischen der Natur und dem Universum unterschieden. Keine Sorge, ich nehme das jetzt nicht zurück. Die Natur ist und bleibt das Zielsystem der naturwissenschaftlichen Forschung, während das Universum der mathematisch vermessene Bereich der Natur ist, der uns bisher mehr oder weniger bekannt ist.[25] Allerdings, und das ist jetzt der neue Schritt, den wir gehen, ist das Universum ein Teil der Natur, namentlich derjenige Teil, den wir mathematisch vermessen können. Natur und Universum sind also keineswegs zwei völlig voneinander verschiedene Sinnfelder, sondern dynamisch miteinander verwoben.

Damit drücke ich in der hier entwickelten Theoriesprache den Umstand aus, dass die naturwissenschaftliche Forschung von Forscherinnen und Forschern mittels Experiment und Gehirnschmalz vorangetrieben wird, die selbst Teil der Natur sind.

Die Naturwissenschaften beobachten die Natur nicht von außen. Es gibt kein »kosmisches Exil«[26] der Naturerkenntnis, wie dies der US-amerikanische Logiker, Wissenschaftstheoretiker und Philosoph Willard Van Orman Quine auf den letzten Seiten seines Hauptwerks *Wort und Gegenstand* auf den Punkt gebracht hat. Wir können die Natur nur als Teil von ihr beobachten. In diesem Sinne gehört auch der Geist zur Natur, so wie umgekehrt die Natur zum Geist gehört. Sie enthalten einander wechselseitig, weil die Teil-Ganzes-Beziehung (die Mereologie) von Geist und Natur nicht etwa als materielle Komposition zu verstehen ist. Der Geist ist nicht derart Teil der Natur, wie der Mond Teil unseres Sonnensystems ist. Und die Natur ist ihrerseits nicht derart Teil des Geistes wie der Gedanke, dass $E = mc^2$ (die berühmte Formel Einsteins, die Aussagen über die Äquivalenz von Masse und Energie trifft und in der Popkultur für die Errungenschaften der modernen Physik steht).

Dass das Universum Teil der Natur ist, bedeutet auch, dass wir nur diejenigen Bereiche der Natur naturwissenschaftlich vermessen können, für die uns Technologien und damit Instrumente zur Verfügung stehen. Die Biologen und Philosophen Scott F. Gilbert, Jan Sapp und Alfred I. Tauber stellen daher zu Recht fest: »Wir nehmen nur denjenigen Teil der Natur wahr, den unsere Techniken zulassen, und somit sind auch unsere Theorien über die Natur stark durch dasjenige eingegrenzt, was sie uns zu beobachten erlauben.«[27]

All dies gilt selbstverständlich nicht nur für die Physik, sondern ebenso für die Lebenswissenschaften. Unser Nervensystem, zu dem unser Gehirn gehört, lässt sich ebenfalls nur beobachten, indem Techniken wie die modernen bildgebenden Verfahren eingesetzt werden, die es erlauben, ein lebendiges Gehirn zu beobachten, ohne dafür massiv in es einzugreifen. Hirnscanner, die mittels funktioneller Magnetresonanztomografie (fMRT) modellieren, was in einem menschlichen Gehirn abläuft, messen die neuronalen Vorgänge aus einer großen Distanz. Niemand ist heute imstande, komplexe neuronale Aktivitäten auf der Ebene einzelner Neuronen zeitlich und räumlich in einem Maßstab zu untersuchen, der sich 1:1 auch nur nähert. Die bildgebenden Verfahren produzieren Modelle des Gehirns, die keine 1:1-Kopien sind.

Dabei schreiten die Neurowissenschaften weiterhin voran, was zur Entwicklung neuer Techniken führt. So zeichnet es sich ab, dass mittelfristig Quantensensoren zum Einsatz kommen könnten, um neuronale Ströme über die Beobachtung ihrer Magnetfelder genauer zu erfassen, als dies bisher möglich ist, was zu großen Erkenntnisfortschritten führen dürfte.[28] Allerdings sind wir weit davon entfernt, das Gehirn neurowissenschaftlich zu vermessen oder auch nur die Mehrheit unserer geistigen Zustände mit neuronalen Vorgängen zu korrelieren – ganz zu schweigen von dem philosophisch bedeutsamen Problem, dass aus einer Korrelation von neuronalen Mustern und geistigen Zuständen nicht folgt, dass die eine Seite der Korrelation die andere verursacht, wenn die beiden denn überhaupt zwei Seiten derselben Medaille (und nicht etwa zwei Medaillen) bilden.

Will sagen: Aus naturwissenschaftlichen Gründen alleine können wir die Frage des Verhältnisses von geistigen Zuständen (wie Bewusstsein) und neuronalen Prozessen heute nicht beantworten, was nicht nur daran liegt, dass wir nicht über die dafür notwendige Technologie verfügen. Denn geistige Zustände und neuronale Prozesse hängen zwar auf verschiedene Weise zusammen, sie sind aber kategorial verschieden, sodass wir im besten Fall Korrelationen entdecken können, aus denen aber nicht abgeleitet werden kann, dass etwa Hirnzustände geistige Zustände verursachen (denn dann gehörten sie zwei verschiedenen Bereichen an, von denen der eine – die Hirnzustände – den anderen – die geistigen Zustände – hervorbrächte, was Unsinn ist).

Eine andere durchaus ärgerliche und wohl niemals endgültig zu behebende Grenze naturwissenschaftlicher Erkenntnis entspringt der Komplexität der Vernetzung verschiedener Sinnfelder. Das können wir uns ganz konkret anhand der pandemischen Lebenswirklichkeit vorstellen, die uns inzwischen (leider) allen ziemlich vertraut ist. Eine Pandemie ist einerseits ein Ereignis, das epidemiologisch definiert ist. Ob eine Pandemie vorliegt, hängt davon ab, wie sich ein mikrobiologisches Pathogen (Bakterien und Viren) über die globale menschliche Population verbreitet. Auf dieser Ebene sind diejenigen medizinischen Wissenschaften gefragt, die Bakterien, Viren und ihre Verbreitung erforschen. Andererseits ist eine Pandemie natürlich nur dann ein Problem, wenn sie Krankheiten auslöst, die wir bemerken. Diese Krankheiten ergeben sich daraus, dass unsere Immunsysteme einem bestimmten Erreger gegenüber naiv sind, wie man sagt, also noch keine Abwehrmechanismen bestehen, die für weitreichende Immunität sorgen. Virologie, Epidemiologie, Bakteriologie, Immunologie, Zellbiologie, Genetik usw. sind dafür zuständig, Erkenntnisfortschritte auf dieser Wirklichkeitsebene zu erzielen.

Doch ein aus unserer menschlichen Sicht gefährliches Virus wirkt nicht nur auf Zellen, in die es eindringt, sondern infiziert auf diese Weise auch Organe, wodurch es unseren Körper insgesamt betrifft. Dabei ist unser Körper nicht nur ein Gegenstand im Sinnfeld der medizinischen Wissenschaften. Als menschlicher Körper ist er Teil sozialer, ökonomischer, politischer, geistiger, intimer, sprich: kultureller Sinnfelder. Der menschliche Körper wird auf eine bestimmte, immer auch sozial bestimmte Weise erlebt, weshalb man in der Philosophie zwischen dem medizinisch erforschbaren *Körper* und dem erlebbaren *Leib* unterscheidet.

---

*Der **Körper** ist aus der Sicht der dritten Person definiert, er ist dasjenige, was die Ärztin untersucht. Der **Leib** hingegen ist aus der Perspektive der ersten Person erlebbar, er fühlt sich immer auf eine* *bestimmte Weise an, was für andere Lebewesen sicherlich auch gilt. Körper und Leib gehören zu verschiedenen Sinnfeldern, aber nicht zu verschiedenen, völlig voneinander unterschiedenen Welten. Sie hängen vielmehr zusammen.*

Wie wir uns gesellschaftlich zu einer Pandemie verhalten, verändert dabei die Verlaufsform der Pandemie. Die gesellschaftlichen Reaktionen auf eine Pandemie und ihre medizinischen Grundlagen sind zwar nicht dasselbe, aber nicht unabhängig voneinander verständlich. Eine Extremreaktion auf diese selbst nicht rein medizinische Tatsache einer Pandemie ist der möglichst umfangreiche Lockdown, d. h. die Auflösung sozialer Verhältnisse durch Kontaktbeschränkungen und -verbote. Deren psychosoziale, ökonomische und politische Auswirkungen sind allerdings nicht epidemiologisch, virologisch und immunologisch fassbar. Deswegen sind auch die Effekte von Lockdown-Maßnahmen auf den Verlauf einer Pandemie untererfasst, weil sie nicht nur darin bestehen, dass Kontakte faktisch beschränkt werden, sondern auch darin, dass durch Schulschließung und soziale Isolation Schäden für Kinder entstehen, dass Unternehmen pleitegehen sowie dass teils massiv Grundrechte beschnitten werden, die uns vor einem übergriffigen Staat schützen sollen. Zudem haben die Lockdown-Maßnahmen dazu geführt, dass gesellschaftliche Gruppen sich gegen den Lockdown oder gar gegen jegliche Pandemiebewältigung auflehnen und sich in Großgruppen zu maskenfreien Demonstrationen, ›Spaziergängen‹ und anderen Versammlungen treffen, wo sie sich dann trotz angeordneter Kontaktbeschränkungen unentdeckt infizieren. Kurzum: Eine Pandemie erzeugt soziale Effekte. Die Entdeckung eines neuen pathogenen Virus wirkt auf die Institutionen (wie die WHO), die wiederum auf die Gesellschaft wirken, die ihrerseits auf das Virus und seine Entwicklung wirkt – ein komplexer Kreislauf, den die Epidemiologie allein nicht erfassen kann.

Dieser Wirkungskreislauf kann auch nicht sinnvoll allein durch die Naturwissenschaften erforscht werden. Denn zu einer Pandemie gehört auch, wie wir uns zu ihr verhalten, wie wir unser individuelles und kollektives Risiko einschätzen, welche politischen Auffassungen wir haben usw. Eine Pandemie nur naturwissenschaftlich zu erforschen und politische Entscheidungen nur an den naturwissenschaftlichen Fakten auszurichten, ist ein ernsthafter Fehler, der die Pandemie auf lange Sicht sogar verschärfen kann. Welche Auswirkungen die vielen Grenzschließungen und Lockdowns auf die psychische Gesundheit der Menschheit insgesamt sowie auf die geopolitische Lage haben, von der wiederum die Weltwirtschaft abhängt, die gut genug funktionieren muss, um naturwissenschaftliche Forschung und Gesundheitssysteme zu finanzieren, ohne die wir dem Virus hilflos ausgesetzt wären, weiß die Virologie und wissen auch die gesamten Naturwissenschaften nicht.

Wenn wir nur die unschönen Auswirkungen des Virus auf den Körper betrachten, nur die Bewegungsdaten der Menschen-Tiere, ohne die Auswirkungen auf Politik, Gesellschaft und individuelle Psyche zu berücksichtigen, werden wir dem Phänomen nicht gerecht. Anders ist das bei der Vogelgrippe, weil Vögel nicht durch medizinisch geplante und politisch umgesetzte Maßnahmen auf deren Ausbreitung reagieren. Aber Menschen sind eben weder Vögel noch Schweine, sondern geistige Lebewesen, die ihre eigene Gesundheit zum Gegenstand der Erforschung machen können, um auf diese Weise in ihre Gesellschaftsstruktur einzugreifen.

Andersheit – Aufbruch zu einer ökologischen Ethik

Im Allgemeinen beschäftigt sich die Ethik als Teildisziplin der Philosophie mit moralischen Tatsachen. Moralische Tatsachen sind wahre Antworten auf die Frage, was wir tun bzw. unterlassen sollen – und zwar lediglich insofern, als wir Menschen sind.[29] Einfache moralische Tatsachen sind etwa, dass man keine Bomben auf Kindergärten werfen oder dass man einer Person helfen soll, die gestürzt ist und nicht ohne fremde Hilfe aufstehen kann. Die Erkenntnis moralischer Tatsachen ist primär anthropogen, d.h. der Mensch ist die bisher am besten bekannte Quelle ethischer Erkenntnis. Dass die Ethik *anthropogen* ist, heißt nicht automatisch, dass sie auch *anthropozentrisch* ist. Daraus, dass Menschen Ethik betreiben und moralische Tatsachen erkennen und anerkennen können, die anderen Lebewesen verborgen bleiben, folgt nicht, dass wir berechtigt sind, den Planeten zu unterwerfen (wozu wir nicht einmal imstande sind). Es folgt aber daraus, dass andere Lebewesen keine Ethik betreiben und damit moralische Tatsachen nur unsystematisch oder, wie man sagt, instinktiv erkennen.

Ob wir dies nun mögen oder nicht, die Reichweite unserer Verantwortung übertrifft bei Weitem unsere Verpflichtungen gegenüber anderen Menschen. Die teils brutale Massentierhaltung und die zerstörerische Ausbeutung der Lebensräume anderer Lebewesen sind in der gegenwärtig praktizierten Form eindeutig moralisch verwerflich und sogar böse. Auch das sind moralische Tatsachen. Denn wir könnten auch anders, wir sind keineswegs in unserem schieren Überleben darauf angewiesen, Gänse zu stopfen oder Legehennen unter unwürdigen Verhältnissen zu zwingen, Eier für uns zu produzieren.

Dabei ist es wichtig festzuhalten, dass es gerade der von keiner Ethik beschränkte Wildwuchs der naturwissenschaftlich-technologischen Forschung und ihrer ökonomisch getriebenen Anwendung ist, der dem Turbo-, Burn-out- und Raubtierkapitalismus zugrunde liegt, der den Planeten seit etwas mehr als zweihundert Jahren zusetzt.

An dieser Stelle begegnen wir einer wichtigen Traditionslinie der modernen Ethik, die mit wegweisenden Arbeiten von Hannah Arendt, Hans Jonas, Emmanuel Lévinas, Maurice Merlau-Ponty und Jacques Derrida verbunden ist. Diese Philosoph:innen haben darauf hingewiesen, dass radikale Alterität, d.h. radikale Andersheit, ein Grundprinzip der Ethik ist.

***Radikale Alterität** besteht darin, dass das andere in uns und die anderen (die anderen Menschen, die Natur, andere Lebewesen, Gott und die Götter, wenn man an diese glaubt, usw.) gerade dadurch anders sind, dass sie Dimensionen aufweisen, die wir nicht kennen. Wären die anderen und das andere ein offenes Buch für uns und vollständig erkennbar, wären sie nicht wirklich anders, sondern vorhersagbar.*

Radikale Alterität geht hierbei weiter als die verbreitete Auffassung, moralische Handlungen seien altruistisch, d. h. bestünden grundsätzlich darin, dass wir unter Absehung von unseren eigenen Interessen zugunsten anderer handeln. Denn sie beruht auf einer Auffassung von Andersheit, die nicht voraussetzt, dass wir bereits wissen, wodurch jemand oder etwas sich von uns unterscheidet.

Die anderen überraschen uns stets, auf positive oder negative Weise. Wir haben uns alle schon häufig in den anderen getäuscht oder sind von ihnen enttäuscht worden. Wenn wir von anderen Menschen auf eine tiefe Weise enttäuscht werden, fällt ein Schleier von unseren Augen, eine Täuschung löst sich auf, wir werden enttäuscht. Wir erkennen dann auf einmal die Andersheit der anderen, die eben anders war, als wir es erwarteten. Andersheit ist dabei natürlich nicht nur eine Quelle der Enttäuschung, sondern auch der Bewunderung, der Liebe, der Ehrfurcht und der Gastfreundschaft.

Alle Ethik beginnt mit dem Respekt vor dem Anderssein, mit einer Differenzpolitik, die anerkennt, dass diejenigen Lebewesen, denen gegenüber wir moralische Verpflichtungen haben, anders sein können, als wir erwarten, und gerade deswegen unseren Respekt verdienen. Alterität und Animalität, Anders- und Tiersein hängen zusammen und bilden den Ausgangspunkt einer Neuorientierung unseres Naturverständnisses, die wir im Zeitalter einer drohenden Selbstausrottung der Menschheit dringender denn je nötig haben. Unser eigenes Tiersein ist uns fremd, weshalb wir es auf die anderen Lebewesen projizieren. Doch genau damit verfehlen wir sie in ihrer Andersheit, was Anlass zu einer Revision unserer Einstellung zu ihnen und in der Folge zu unserem Zusammenleben sein sollte.

Es liegt in der Natur der menschlichen Vergesellschaftung, dass wir niemals imstande sind, alle Menschen, mit denen wir interagieren, derart genau zu durchschauen und zu kennen, dass unsere Erwartungshaltungen und Einschätzungen mit denen der anderen nahtlos zusammenfallen. Es gibt deswegen keine Gesellschaften ohne Interessenskonflikte und ohne mehr oder weniger weitreichenden Dissens.[30] Das gilt freilich auch für uns selbst, weil wir uns auch selbst nicht vollständig durchschauen können und deswegen unser eigenes anderes sind. Aus diesem Grund gibt es nicht nur eine Ethik, die Beziehungen zwischen mehreren Personen reguliert, sondern auch eine Ethik, die unseren Umgang mit uns selbst betrifft. Wir schulden nicht nur den anderen etwas, weil wir die Menschheit mit ihnen teilen, sondern ebenfalls uns selbst.

Weil wir die anderen nicht durchschauen und deshalb auch nicht vollständig kontrollieren können, ist es Teil der Ethik, daran zu arbeiten, unsere sozialen Projektionen als solche zu durchschauen. Eine **soziale Projektion** ist eine Vorstellung von der Andersheit einer gegebenen (faktisch existierenden oder sogar insgesamt eingebildeten) Gruppe, in der die Ausgangsgruppe ihr Selbstbild einsetzt, um die Fremdgruppe daran zu messen. Dabei nimmt die Ausgangsgruppe die Position der anderen nicht ernst, sondern reduziert diese auf dasjenige, was ihr vertraut ist. Wir kennen dies aus unserem Alltag.

Eine Hamburgerin stellt sich beispielsweise vor, Münchner seien konservativer als Hamburgerinnen. Trifft sie auf einen Münchner, wird eine solche Vorstellung des anderen ihre Erwartungshaltung bestimmen. Je nachdem, wie ausgeprägt das Vorurteil gegenüber Münchnern ist, wird es sich so oder anders in ihrem Verhalten zeigen. Die Fremdgruppe der Münchner wird an der Gruppe, der sich die Hamburgerin zugehörig fühlt, bemessen. Dabei hat sie (ebenso wie mein eigenes Beispiel, das absichtlich so gestrickt ist) natürlich übersehen, dass der Umstand, dass einige Hamburgerinnen weniger konservativ sind als einige Münchner (ein leicht belegbarer wahrer Satz), nicht impliziert, dass die Hamburgerinnen alle progressiv sind. Es gibt nämlich auch manche Münchner, die weniger konservativ sind als manche Hamburgerinnen. Außerdem gibt es beliebig viele politische und soziale Unterschiede innerhalb von Hamburg, man denke nur an die beiden Alsterufer oder den Unterschied zwischen Harburg und Eimsbüttel. All das ließe sich wiederum beliebig differenzieren, und wir könnten auf diese Weise die Vorurteile abbauen, von denen mein Beispiel lebt, das ich, wie gesagt, absichtlich so stricke, dass man sieht, wie leicht wir uns von sozialen Projektionen in unserem Denken leiten lassen.

Dabei sind nicht alle sozialen Projektionen verwerfliche und gefährliche Vorurteile. Besonders wirkmächtige und wegen ihrer Gefahren und der ihnen innewohnenden Gewalt viel diskutierte soziale Projektionen sind Nationalismus, Rassismus, Xenophobie und die verschiedenen abwertenden Einstellungen gegenüber den geschlechtlichen Aspekten der menschlichen Selbstbestimmung. Das Spektrum der pathologischen und zu Gewalt gegenüber den anderen führenden sozialen Projektionen ist indes noch viel größer. In der Corona-Pandemie haben wir etwa die vielfältigen Varianten des **Hygienismus** kennengelernt, d. h. der Reduzierung der anderen auf potenzielle Infektionsherde und ihre vermeintliche Schuld am Infektionsgeschehen (man denke nur an die Serie der Sündenböcke, angefangen bei den Chinesen über die Kinder, Jugendlichen, Reiserückkehrer, Ausländer aus vermeintlichen und echten Virusvariantengebieten, die Impfdrängler, bis hin zu den Ungeimpften und schließlich den Geboosterten).

Im Allgemeinen erzeugen gesellschaftliche Verhältnisse **Stereotype**, d. h. vereinfachte und letztlich verfehlte Erklärungen dafür, dass die anderen anders sind.[31] Stereotype kommen insbesondere zum Einsatz, wenn wir uns das Verhalten der anderen zurechtlegen wollen, das uns unverständlich erscheint. Dann schieben wir die faktische radikale Andersheit der anderen auf irgendetwas, was wir für verständlich halten, indem wir die anderen als ›typisch‹ männlich, weiblich, bayerisch, jugendlich, neoliberal, vegan oder was auch immer einstufen und erleben. Wenn wir im Konkreten mit unseren Erklärungen scheitern, flüchten wir uns in die Abstraktionen der Stereotype. Sofern diese Praxis sozial wirksam wird, entstehen soziale Projektionen, die für die anderen, die dann meistens eine Minderheit bilden, gefährlich werden können, wenn sie in Verordnungen und Gesetze gegossen werden oder sich in Gewalt entladen. Viele der aberwitzig detailreichen Corona-Verordnungen, die sich im Wochentakt (und manchmal noch schneller) änderten, haben in ihren Details häufig durchaus unbeabsichtigte, aber dennoch schädliche Konsequenzen für Gruppen, die entweder nicht berücksichtigt oder strukturell diskriminiert wurden (wie die vielen Kinder oder die Südafrikaner in den Wochen nach der Entdeckung der Omikron-Variante, als man ihnen die Einreise in die EU verweigerte), selbst wenn die Verordnungen mit der moralisch richtigen Absicht erlassen wurden, Leben zu retten und das Gesundheitssystem zu entlasten.

Im ersten Teil des Buchs habe ich dargelegt, dass der Tierbegriff Teile einer massiven und für die sogenannten ›Tiere‹ äußerst schädlichen sozialen Projektion enthält. Wir projizieren auf eine nicht bewusste Weise unsere eigenen Vorurteile über die Natur, über das ›Tier‹ in uns, auf die anderen Lebewesen. Die Andersheit der Tiere wird nicht angemessen respektiert, solange wir sie daran bemessen, für wie nah oder fern wir ›die Tiere‹ im Vergleich zu uns halten. So glauben wir derzeit, dass wir ein Virus oder gar eine Pandemie bekämpfen können, was uns blind dafür macht, dass »Viren die am meisten verbreiteten Entitäten in der Biosphäre«[32] sind, wie ein Standardwerk der Virologie nüchtern und korrekt feststellt. Man kann sich mehr oder weniger gut vor Viren schützen, aber man kann sie nicht bekämpfen. Ganz zu schweigen von den Bakterien, die eindeutig zu den Lebewesen gehören (bei Viren ist dies umstritten, weil sie keinen Stoffwechsel haben und sich auch nicht selbstständig vermehren können). »Der durchschnittliche menschliche Körper enthält ungefähr 10^{13} Zellen, doch diese werden zahlenmäßig um ein 10-Faches von den Bakterien übertroffen und bis zu 100-fach von Viruspartikeln.«[33]

Die Biosphäre, in der wir Menschen ein verschwindend kleiner Teil sind, ist und bleibt uns zutiefst fremd. Der Bereich, den wir erkennen, gehört zum Universum, dem naturwissenschaftlich erforsch- und erklärbaren Teil der Natur. Doch die Natur ist nicht insgesamt auf diese Weise erforsch-, erklär- und erkennbar.

So wie wir soziale Vorstellungen der anderen auf ihren Projektionscharakter hin untersuchen können und sollen, um pathologische Auswüchse unserer sozialen Einbildungskraft zu identifizieren und zu korrigieren, müssen wir auch den Projektionscharakter naturwissenschaftlicher Modelle bedenken. Diese treffen niemals zu 100 Prozent auf ihr Zielsystem zu, sondern verzerren und vereinfachen die Natur immer auf irgendeine Weise. Das ist an sich kein Problem, solange man die Begrenztheit naturwissenschaftlicher Forschung anerkennt. In unseren Naturmodellen drücken wir immer auch auf eine teils bewusste, teils nicht bewusste Weise unsere Auffassungen über die »Stellung des Menschen im Kosmos« aus, wie dies der Philosoph Max Scheler genannt hat.

Diese Begrenztheit anzuerkennen, bedeutet aber, die Natur als eine Quelle radikaler Andersheit zu begreifen und sie nicht nur nach Menschenmaß zu beurteilen. Die radikale Andersheit der Natur besteht nicht darin, dass sie sich jenseits einer »schlechthin scheidenden Grenze«[34] befindet. Sie ist nicht an sich und damit vollständig unerkennbar, wohl aber imstande, selbst unsere am besten begründeten Wissensansprüche zu frustrieren. Konkret bedeutet dies, dass wir uns bezüglich der Natur immer auf irgendeine Weise im Irrtum befinden, ohne jemals imstande zu sein, alle unsere Irrtümer auszuräumen. Konkret haben wir heute dank kosmologischer Forschung sehr gute Gründe, anzunehmen, dass das Universum zu 95 Prozent aus dunkler Materie und dunkler Energie besteht, die so heißen, weil wir sie nicht direkt messen können. Wir wissen demnach, dass das vermessbare Universum zu 95 Prozent nicht direkt erforschbar ist, dass aber dieser Umstand aus demjenigen folgt, was wir physikalisch aus guten Gründen zu wissen glauben.

Alltäglich spürbar sind Grenzen des naturwissenschaftlichen Wissens in der Pandemie. Beinahe im Tagesrhythmus mussten Annahmen über diese und jene Variante korrigiert werden, wozu auch gehört, dass wir lange dachten, eine Herdenimmunität sei durch vergleichbar leicht umsetzbare Maßnahmen erreichbar – so, als ob wir etwa von Deutschland aus eine globale Pandemie beenden könnten, woraus ein gigantischer Irrtum und eine tief sitzende Hybris sprechen.

Dabei befindet sich die Natur nicht etwa »da draußen«. Die Natur ist keine Wildnis, von der wir uns dank Kultur, Zivilisation und Technik abgeschottet hätten. Es trifft auch nicht zu, dass die moderne Menschheit sich irgendwie von der Natur entfremdet hätte und nun dringend einen Weg zurück zur Natur finden muss, um die ökologische Krise zu überwinden. Das ist Wunschdenken. Es gibt auf unserem Planeten in dem Bereich, den wir bewohnen, keine »wilde Natur«, die nicht vom Menschen beeinflusst ist. So gesehen haben wir uns vor vielen Jahrtausenden bereits von der Natur entfernt bzw. muss man genauer sagen, wir sind von ihr entfernt, seit es uns gibt. Dennoch ist die Natur uns tatsächlich viel näher, als uns lieb sein kann: Sie ist immer auch dort, wo wir uns aufhalten. Deswegen täuschen wir uns alle auch auf die eine oder andere Weise über uns selbst und die Sinnfelder, in denen sich unser Leben vollzieht.

Die ökologische Ethik einer Neuen Aufklärung basiert auf der Erkenntnis, dass wir die Natur gar nicht beherrschen und domestizieren könnten, selbst wenn wir weiterhin alles darauf setzten, das Leben unter Kontrolle zu bringen. Die Natur ist letztlich unkontrollierbar. Denn sie ist immer auf irgendeine Weise anders, als sie uns gerade erscheint.

Unterkomplex, komplex, überkomplex

Die Neue Aufklärung bricht an dieser Stelle mit dem im Rückblick falschen und unterkomplexen Heilsversprechen der Aufklärer des 18. Jahrhunderts, die dachten, es ließe sich eine universale mathematische Sprache entwickeln, die es erlaubt, alle Naturphänomene prinzipiell vorherzusagen. Für dieses Heilsversprechen steht insbesondere ein berühmtes Gedankenexperiment des einflussreichen Mathematikers, Physikers und Astronoms Pierre-Simon Marquis de Laplace, der sogar für kurze Zeit Innenminister Napoleon Bonapartes wurde (der Laplace bereits als Prüfer für das Militär kannte). An einer viel zitierten Stelle aus seinem *Philosophischen Versuch über Wahrscheinlichkeiten* schreibt Laplace:

> Wir müssen daher den gegenwärtigen Zustand des Weltalls als die Wirkung seines vorigen Zustandes und die Ursache des noch folgenden ansetzen. Gäbe es einen Verstand, der für einen gegebenen Augenblick alle die Natur belebenden Kräfte und die gegenseitige Lage der sie zusammensetzenden Wesen kennte und zugleich umfassend genug wäre, diese Data der Analysis zu unterwerfen, so würde ein solcher die Bewegungen der größten Weltkörper wie des kleinsten Atoms durch eine und dieselbe Formel ausdrücken; für ihn wäre nichts ungewiss; vor seinen Augen ständen Zukunft und Vergangenheit.[35]

Wir wissen aus der Weiterentwicklung der modernen Physik (vor allem aus Relativitäts- und Quantentheorie), dass der von Laplace vorgestellte Verstand in der Natur nicht existieren kann. Es gibt physikalische Grenzen der streng deterministischen Vorhersagbarkeit von Naturphänomenen – sowohl im kleinsten uns bekannten Bereich des Universums als auch auf der maximalen Skala des von uns erkennbaren Universums als kosmologisches Gesamtsystem. Laplace hat letztlich übersehen, dass wir die Natur nur aus der Innenperspektive erforschen können, weshalb die Natur niemals irgendeinem Verstand *présent à ses yeux* sein kann, wie er schreibt, also vor seinen Augen offenliegen kann. Denn die Augen dieses Verstandes müssten entweder selbst zur Natur gehören, wodurch Grenzen der Erkenntnis auftauchten, oder aber sie müssten sich außerhalb der Natur befinden. Doch wenn sie sich außerhalb der Natur befänden (und damit allenfalls in einem metaphorischen Sinne ›Augen‹ wären), wie würden die Naturdata (die *données*) dann zu ihnen gelangen?

Teilweise richtig ist hingegen, wie Laplace fortfährt, dass der »menschliche Geist [...] in der Vollkommenheit, die er der Astronomie zu geben wußte, einen schwachen Schattenriss eines solchen Verstandes aufgestellt« hat.[36]

> Alle seine Bemühungen bei dem Forschen nach Wahrheit streben dahin, ihn unaufhörlich dem oben betrachteten Verstande näher zu bringen, von welchem er aber dennoch stets unendlich entfernt bleiben wird. Dieses dem menschlichen Geschlecht eigenthümliche Streben erhebt eben den Mensch über die Thiere; und seine Fortschritte hierin unterscheiden die Nationen und die Zeitalter und begründen ihren wahrhaften Ruhm.[37]

An dieser pathetischen Formulierung erkennt man die Schieflage des Gedankenexperiments, das eine inkohärente Überschätzung des menschlichen Verstandes zum Ausdruck bringt. Denn wenn wir trotz unserer steten Annäherung an den vollkommenen Verstand, der den »vergangenen und zukünftigen Zustand der Welt«[38] (*le système du monde* im Original) offenlegt, von eben jenem unendlich weit entfernt bleiben, woher weiß Laplace dies dann? Wie kann er einen unendlich vollkommeneren Verstand als den unsrigen mit diesem vergleichen, um den Abstand zwischen uns und seiner Allwissenheit zu messen?

Auffällig ist aber auch, dass Laplace ausgerechnet in unserem schwachen Verstand, der unendlich weit von seiner erstrebten Vollkommenheit entfernt sei, eine Überlegenheit gegenüber den Tieren ausmacht und Nationen und Zeitalter am wissenschaftlichen Fortschritt bemisst, den sie geleistet haben. Doch wenn das Ziel des Fortschritts unendlich entfernt ist und bleibt, in welcher Weise soll uns das den Tieren oder anderen Nationen, die weniger zur mathematischen Astronomie beigetragen haben, überlegen machen, wie er meint? Denn eine Annäherung an das Unendliche bleibt ihrem Wesen nach immer unendlich weit vom Ziel entfernt, sodass die kleinen Schritte, die die angeblich so großen Nationen machen, verschwindend gering und damit kein Anlass mehr für Laplace' epistemische Arroganz sind. An dieser Stelle erkennt man aus heutiger postkolonialer Sicht leicht die furchtbaren Vorurteile gegenüber denjenigen »Nationen«, die eben jenes französische Imperium unterworfen und misshandelt hat, das Laplace vertritt.

Laplace imaginiert hier jedenfalls höchstens eine graduelle, durch Metaphern evozierte Überlegenheit. Wer bestimmt diese Kategorien von überlegen und unterlegen? Ist es eine wesentliche Kategorie, den spezifischen formalen Verstand der modernen Wissenschaft zu erreichen (von der der Mathematiker, Physiker und Astronom Laplace ja durchaus eine Menge hatte)? Würde eine Schwalbe, egal ob »europäisch« oder »afrikanisch«, nicht freundlich lächeln, wenn sie das könnte, und sagen: »Mag sein, dass ihr gut in Mathematik seid, aber ihr verlauft euch doch ohne Navi selbst auf einem Bierdeckel, und ich fliege zielsicher von Kontinent zu Kontinent. Das nenne ich mal Verstand!«

Man sieht, dass Laplace an dieser Stelle eine ziemlich inkohärente Fantasievorstellung vom Menschen entwickelt und an dieser den Wert der Tiere sowie den Wert anderer Nationen und Zeitalter bemisst – ein typischer Fall für die Projektionsthese, die im ersten Teil formuliert wurde.

Das naturwissenschaftliche Weltbild, das Laplace entwirft, ist unterkomplex. Denn es übersieht die Verwobenheit des Systems des Erkenntniserwerbs mit seinem Zielsystem, in diesem Fall: der Natur. Der Ausdruck »komplex« kommt aus dem Lateinischen (*cum* und *plicare*) und bedeutet wörtlich »zusammengeflochten«. Der Komplexitätswissenschaftler Dirk Brockmann definiert ein »komplexes System« als ein System, das

> aus verschiedenen Elementen [besteht], die miteinander verbunden sind und dabei, wie Flechtwerk, eine Struktur bilden, die in den Einzelelementen nicht erkannt werden kann. So wie beispielsweise in der Häkelmasche noch kein Pullover sichtbar ist. »Komplex« bezieht sich auf die innere Struktur eines Systems oder eines Phänomens, ist also ein objektives Kriterium. Während »kompliziert« sich immer auf die Auffassungsgabe des Betrachtenden bezieht. »Kompliziert« ist subjektiv. Phänomene können außerordentlich komplex, aber unkompliziert sein.[39]

Die Komplexitätsforschung erforscht dabei laut Brockmann »emergentes Verhalten«, d. h. solches, »dessen Struktur man nicht aus dem Studium der Einzelelemente ableiten kann«.[40] Wenn es emergentes Verhalten in diesem Sinne in der Wirklichkeit (»objektiv«) gibt, scheitert Laplace' vollkommener Verstand daran, dieses zu erkennen, weil er nur die Position der Einzelelemente kennt. Wenn die Natur überhaupt komplexe Phänomene umfasst, ist bereits damit gezeigt, dass sie nicht präzise vorhersagbar ist, selbst wenn die Komplexitätsforschung ihrerseits beeindruckende Fortschritte macht, von denen Brockmann in seinem lesenswerten Buch berichtet.

Es reicht allerdings nicht, unsere naturwissenschaftlichen Modelle zu erweitern, indem wir die Komplexität der Natur anerkennen – selbst wenn dies ein wichtiger Schritt in die richtige Richtung ist. Brockmann weist zu Recht darauf hin, dass die eigentliche Herausforderung bei einem Gesamtsystem wie etwa einer Pandemie (zu deren mathematischer Erforschung und Modellierung er am Robert Koch-Institut maßgebliche Beiträge geleistet hat) darin besteht, geistes- und sozialwissenschaftliche Erkenntnisse in Rechnung zu stellen. Es gibt Zusammenhänge biologischer und gesellschaftlicher Prozesse (weil wir eben soziale Tiere sind), und die lassen sich nicht auf ihre biologische Dimension reduzieren.

Naturphänomene sind nicht nur aus objektiven Gründen komplex. Denn die Subjektivität gehört ebenfalls teilweise zur Natur, weil wir als geistige Lebewesen verkörpert, d. h. Tiere sind. Geistige und soziale Prozesse gehören ebenfalls zum Naturgeschehen und hängen auf komplexe Weise mit ihm zusammen. Daher gibt es neben unterkomplexen Einzeldingen und komplexen Systemen auch noch eine überkomplexe Wirklichkeitsschicht der Natur.

---

*Die **Überkomplexität** der Natur besteht darin, dass Geist und Natur zwar ineinander verwoben (kom-plex), aber dennoch kategorial voneinander unterschieden, also nicht dasselbe sind. Somit gibt es keinen umfassenden wissenschaftlichen Standpunkt, von dem aus wir das Gewebe von Geist und Natur, das wir von uns selbst als Menschen kennen, erforschen können.*

Weil wir sowohl Natur als auch Geist erkennen und erforschen können, müssen wir anerkennen, dass wir niemals in der Lage sein werden, sie in ein einziges kohärentes Gesamtbild zusammenzufügen. Wir können die Verwobenheit von Geist und Natur aus verschiedenen wissenschaftlichen Standpunkten erforschen, dabei aber keine umfassende Disziplin entwickeln, die alle Natur-Geist-Phänomene in einer einzigen Theoriesprache (sei es diejenige eines generalisierten Neo-Darwinismus oder diejenige einer generalisierten strukturalistischen Zeichentheorie) beschreibt. Denn jeder Versuch, eine universale Theoriesprache zu entwickeln, die das Natur-Geist-Verhältnis beschreibt, wird notgedrungen entweder die Natur oder den Geist als Paradigma verwenden, um von dort aus sozusagen die andere Seite der Gleichung zu bestimmen. Weder lässt sich der Geist auf die Natur noch die Natur auf den Geist reduzieren.[41]

Homo sapiens oder der Weisheitsspruch des Sokrates

Der Mensch ist weisheitsfähig, *homo sapiens* hat Carl von Linné ihn daher genannt. Diese unsere Weisheitsfähigkeit erschöpft sich nicht darin, dass wir durch Wissenschaft und Technik unsere Überlebensbedingungen kontrollieren und modifizieren können. Denn daraus würde eine instrumentelle Einstellung zur Natur resultieren, die zu Recht durch die kritische Theorie Theodor W. Adornos und Max Horkheimers in ihrem wegweisenden Werk *Dialektik der Aufklärung* als eine Quelle der Naturzerstörung identifiziert wurde.[42] Ich weiß, ich habe das bereits ein paar Mal gesagt, aber es ist eine Kernaussage, die man wie ein Mantra wiederholen muss: Naturwissenschaftlich-technologischer Fortschritt, der von moralischer Einsicht entkoppelt wird, führt in der Moderne zur Verwüstung des Planeten. Daher bedürfen wir als Reaktion auf die Umweltzerstörung statt mehr Wissenschaft und Technik zunächst eines radikalen Umdenkens bezüglich unserer Endlichkeit und Begrenztheit.

Der Weisheitsbegriff, an den Carl von Linné mit seiner Definition des Menschen als *homo sapiens* anknüpft, geht auf das Delphische Orakel zurück, das laut Platon den Urphilosophen Sokrates als den »weisesten aller Menschen« bezeichnet haben soll.[43] Sokrates berichtet davon in der sogenannten *Apologie des Sokrates*, d. h. in seiner Verteidigungsrede vor dem Athener Gericht, das ihn wegen Gotteslästerung und Verführung der Jugend durch Einführung neuer, falscher Götter zum Tode verurteilen soll.

Dabei äußert Sokrates den berühmten Spruch, der als »Ich weiß, dass ich nichts weiß« ins kulturelle Gedächtnis eingegangen ist. Genau in diesem Wissen seines Nichtwissens liegt seine Weisheit, ein scheinbares Paradox, das sich bei genauerer Betrachtung auflösen lässt. Denn Sokrates widerspricht sich mit seinem berühmten Spruch nicht. Was er auf Griechisch äußert, lässt sich folgendermaßen widerspruchsfrei übersetzen:

***Weisheitsspruch des Sokrates:** »Ich bin mir dessen bewusst geworden, dass ich nichts weiß* (emautôi synêidê oudén epistamenôi*).«*[44]

Das Verb *syneidenai*, mit dem Sokrates sein Selbstbewusstsein ausdrückt, heißt »mitwissen«. Dieses Mitwissen unterscheidet sich vom wissenschaftlichen Wissen, der *epistêmê*. Aus dem Verb *syneidenai* wurde später das Substantiv *syneidêsis*, das ins Lateinische als *con-scientia* (Gewissen) übersetzt wurde. Langer Rede, kurzer Sinn: Sokrates ist der Entdecker des Gewissens als einer Form der Selbsterkenntnis, die sich vom Expertenwissen unterscheidet. Die Weisheit des Gewissens erkennt er darin, dass die Erkenntnis des Guten (also dessen, was wir aus moralischen Gründen tun sollen) nicht aus der Beobachterperspektive erlangt werden kann. Oder wie der Volksmund sagt: Es gibt nichts Gutes, es sei denn, man tut es.

Das Gute erkennt man, indem man versucht, es zu tun, es ist an unsere Handlungswirklichkeit gebunden. Die Ethik ist deswegen eine praktische Wissenschaft, die nicht nur davon handelt, was wir tun bzw. unterlassen sollen, sondern die diesen Standards in ihrem eigenen Tun als Wissenschaft entsprechen soll. Auf diese Weise zeigt sich im Wissenschaftssystem selbst, dass wir nicht alles, was wir tun können, auch tun sollen. Die Ethik ist kein Einspruch der Opposition, sie befindet sich nicht neben oder außerhalb der Wissenschaften, sondern sie ist eine Stimme, die jede:r als Stimme des Gewissens kennt.

Das moralische Gewissen ist keine unfehlbare Quelle der Erkenntnis moralischer Tatsachen. Es meldet sich in unserem Leben nur selten in der Form absoluter Gewissheit, sondern beunruhigt und irritiert uns vielmehr, indem es uns vor Augen führt, dass wir uns auch täuschen können. Das Gewissen macht uns darauf aufmerksam, dass die anderen auch recht haben könnten, um eine Formulierung des Heidelberger Philosophen Hans-Georg Gadamer zu variieren.[45]

Dabei ist das Gewissen durchaus eine Quelle des Wissens, weil es uns in unseren häufig allzu fest verankerten Urteilen und Vorurteilen stört – genauso wie Sokrates die Abläufe der athenischen Demokratie irritierte, indem er die Experten mit grundlegenden Fragen bezüglich ihres Wissens nervte, die sie nicht beantworten konnten. Sokrates legt damit immer wieder den Finger in die Wunde der menschlichen Hybris, Natur und Gesellschaft durch Expertenwissen in den Griff kriegen zu wollen.

Sokrates beruft sich in der *Apologie* auf das *daimonion*, eine innere Stimme, die er als etwas Göttliches einstuft. Damit ist nicht gesagt, dass er das Gewissen sozusagen als Anruf Gottes betrachtet. Er versteht es vielmehr als etwas, was uns als Menschen Orientierung gibt, ohne dass es darauf reduziert werden könnte, eine Meinung zu sein. Weisheit besteht darin, sich darauf einzulassen, seinem eigenen Gewissen zu folgen, ohne dabei dem Irrtum zu verfallen, es sei eine unfehlbare Stimme. Vielmehr kommt es darauf an, sich dafür offenzuhalten, dass andere auch richtigliegen können, um auf diese Weise die Wirklichkeit aus vielen Perspektiven zu betrachten. Nur so erfassen wir die Komplexität der Natur und des Geistes, der wir uns nur mit Praktiken der Weisheit annähern, die wir aber niemals unter Kontrolle, in den Griff kriegen können.

Meinungen, Wissen und die Idee des Guten

Damit ist der Grundstein dessen gelegt, was seit Platon die Philosophie im Unterschied zur Sophistik auszeichnet. Bekanntlich heißt *philo-sophia* so viel wie Weisheitsliebe. Platon unterscheidet davon die Sophistik, die darin besteht, durch teils geschickte, teils offen ungültige Argumente dafür zu sorgen, dass ein politischer Redner im Eifer des Gefechts recht behält. In diesem Zusammenhang verdanken wir Platon bzw. Sokrates (historisch ist es nicht leicht zu unterscheiden, wer von beiden welchen Beitrag zu den

Platonischen Ideen geliefert hat) die Einsicht, dass Meinung (*doxa*) und Wissen (*epistêmê*) begrifflich unterschieden sind.

Eine Meinung ist eine Annahme, die wahr oder falsch sein kann. Wir haben unzählige Meinungen über unzählige Themen. Als soziale Lebewesen tauschen wir Meinungen aus und finden uns über unsere Meinungen zu Gruppen zusammen. Eine Meinung ist eine Art des Fürwahrhaltens oder des Glaubens. Sie kann mehr oder weniger stark sein. Von einigen Meinungen lässt man sich leicht abbringen, andere Meinungen sind fest verwurzelt. In öffentlichen Debatten geht es häufig um Themen, die unser politisches Gemeinwesen betreffen. Um zu erörtern, was wir angesichts einer *res publica*, also einer alle betreffenden Angelegenheit, tun wollen und tun sollen, kommt es darauf an, Meinungen zu erheben, zu vergleichen und gegeneinander abzuwägen.

Allerdings sind nicht alle Meinungen gleich gut. Es gibt verschiedene Kriterien, anhand derer wir Meinungen einstufen können. In öffentlichen Debatten setzen sich Meinungen aufgrund ihrer Stärke durch, die sich soziologisch, medienwissenschaftlich, ökonomisch, juristisch und politikwissenschaftlich messen lässt. Meinungen bilden ein Kräftefeld, das keineswegs nur ein irrationales Gebilde ist, bei dem sich die Stärksten durchsetzen. Im demokratischen Rechtsstaat wurden viele Verfahren entwickelt, um Minderheitenmeinungen Gehör zu verschaffen und lautstark vorgebrachten Meinungen die Dominanz zu nehmen und aus vielen Perspektiven zu prüfen. Dazu gehören eine pluralistische Medienlandschaft sowie eine gut positionierte politische Opposition. Für den Meinungsraum der Öffentlichkeit ist es unerlässlich, dass es komplexe, von niemandem überschaubare Ausgleichsmechanismen im Kräftefeld und keine einfachen Pfade gibt, um eine Meinungshoheit zu erlangen und gar auf Dauer aufrechtzuerhalten.

Der Meinungsraum folgt Gesetzmäßigkeiten, die entlang einer Vielzahl von Dimensionen komplex sind. So erforschen Regierungen die Meinungen der Wähler:innen, um daraus Schlüsse darüber zu ziehen, was die Bevölkerung sich wünscht und wie der Mehrheitswille im Vergleich zu Minderheiten einzustufen ist. Diese Meinungsforschung beeinflusst wiederum die Meinungsbildung der Bevölkerung, die aktiv an Umfragen teilnimmt oder sich auf anderen Wegen zu Wort meldet.

Soziale Strukturen werden an einer Reihe von Normsystemen gemessen. Im Allgemeinen ist **Normativität** der Umstand, dass unser Denken und Handeln (Denken ist genau genommen auch eine Form des Handelns) als korrekt bzw. inkorrekt eingestuft wird. Korrektes Handeln ist solches, was einer Norm entspricht, die implizit als Erwartungshaltung oder explizit als formulierte Regel existiert.[46] So sind etwa Spielregeln Normen. Wer *Die Siedler von Catan* spielt, weiß irgendwann, welche Waren man eintauschen kann und wie man Waren sammelt, um eine neue Siedlung zu bauen. Das steht in der Spielanleitung, aber man muss es im Spiel wiederum lernen. Wie Aristoteles schon wusste: »Was wir tun müssen, nachdem wir es gelernt haben, das lernen wir, indem wir es tun.«[47] Die Regeln selbst legen fest, ob man einen richtigen oder falschen Spielzug ausführt, ob einem dies nun gefällt oder nicht. Spielt man *Die Siedler von Catan*, tut man also etwas, was normativ ist. Das gilt für vieles, was wir tun, aber natürlich nicht für alles. Es gibt keine Normen dafür, wie man sich langweilen sollte oder wie man am besten aus dem Fenster starrt. Deswegen ist nicht alles menschliche Tun normativ, aber eben vieles.

Normativität ist ein soziales Phänomen. Man kann sich keine Normen auferlegen, ohne dass andere beobachten, ob man auch ihnen entsprechend handelt. Selbst in Fällen eines Handelns, das anderen verborgen ist, in privaten, intimen und geheimen Kontexten, befolgt man Regeln, die nur bestehen, weil es soziale Praktiken gibt. Menschen tun, anders gesagt, niemals etwas, was nicht auch andere Menschen tun.[48]

Zurück zu Sokrates und Platon. An dieser Stelle der philosophischen Überlegung stellt sich nämlich die urplatonische bzw. ursokratische Frage, ob es eine Normativität gibt, die jegliches Meinungsbild sowie jegliche menschliche soziale Praxis in korrekte und inkorrekte Handlungen einteilt – und zwar ganz gleich, ob dies den Akteuren gefällt oder nicht. Das heißt, selbst wenn eine gesamte Gesellschaft eine einhellige Meinung bezüglich bestimmter Handlungen hätte, gäbe es unabhängig von dieser immer noch einen Bewertungsmaßstab, der ihr Handeln und Denken als richtig oder unrichtig einstuft. Wenn etwa tatsächlich mehr als 80 Prozent der russischen Bevölkerung Putins Angriffskrieg gegen die Ukraine richtig finden, dann täuscht sich in diesem Fall eine große Mehrheit der Gesellschaft. Der Bewertungsmaßstab überschreitet also die Beurteilungsrichtlinien, die sich die Gesellschaft implizit oder explizit gegeben hat. Nennen wir dies **transzendente Normativität.**

Genau mit einer solchen Normativität beschäftigt sich die Ethik, also mit einer Normativität, die durch kein gesellschaftliches Meinungsbild, durch kein Gericht, durch keine Regierung, durch keine Institution, sprich: durch nichts, was Menschen tun und denken können, sozusagen aus der Welt geschafft werden kann. Platons Name für diese Normativität ist die **Idee des Guten**, und sein ganzes Werk kann als eine Argumentation dafür gelesen werden, dass die Idee des Guten ein wertendes Licht auf die menschliche Gesellschaft wirft, ob uns dies nun gefällt oder nicht.[49] Daher vergleicht Platon die Idee des Guten auch mit der Sonne, ohne die nichts sicht- und erkennbar wäre und ohne die es natürlich auch kein Leben gäbe.

Normativität fächert sich in verschiedene Sinnfelder auf. Die juristische Normativität funktioniert anders als diejenige von Sportvereinen oder Brettspielen; die logisch-mathematische Normativität anders als diejenige von Liebesbeziehungen; die parteipolitische anders als diejenige der medialen Berichterstattung über Koalitionsgespräche; die ästhetische bei der Bewertung von Kunstwerken anders als die einer Kindergartengruppe usw. Eine Art und Weise, sich die Gesellschaft vorzustellen, besteht darin, sie als verschiedene Normativitätsfelder zu analysieren, die interagieren.

Seit es die Ethik überhaupt als systematische Disziplin gibt (was bei Sokrates und Platon seinen Ausgangspunkt nimmt), basiert sie auf der Anerkennung einer transzendenten Normativität, also einer, die das gesamtgesellschaftliche Geschehen mitsamt seinen komplexen normativen Kraftfeldern überschreitet.

Konkret bedeutet dies, dass es unbedingte Normen bzw. Werte gibt, die sich durch keinen gesellschaftlichen Konsens verändern lassen. Beispiele dafür lassen sich leicht finden: Vergewaltigung, Kinderschänderei, das Verklappen giftiger Substanzen in den Ozeanen, Menschenhandel, Genozid und Massenmord, sadistische Grausamkeit gegenüber Menschen oder anderen Lebewesen, Antisemitismus und andere Formen des Rassismus sind moralisch verwerflich bzw. böse, während eine möglichst gerechte Verteilung von Gütern, liebevolle Hinwendung zu Menschen und anderen Lebewesen, um sie in ihrer Selbstentfaltung zu stärken, oder die Rettung eines Menschenlebens, wenn man sich dadurch nicht selbst in Gefahr bringt, moralisch geboten bzw. gut sind. Selbst wenn alle Menschen (auch die Betroffenen) sich darauf einigten, dass etwas, das wir intuitiv als radikal böse einstufen, akzeptabel oder sogar wünschenswert ist, würden sie sich täuschen und einen objektiven Fehler begehen. So ist im Allgemeinen Menschenhandel und damit auch das Tun von Schleuserbanden moralisch verwerflich, auch wenn es dazu führt, dass viele Menschen nur auf diesem Weg nach Europa kommen können, wovon sie sich Sicherheit versprechen. Das System der Schleuserbanden ist ein unmoralisches, woraus nun nicht folgt, dass dann eben niemand oder weniger Menschen nach Europa kommen sollten, sondern vielmehr, dass es unsere moralische Pflicht ist, Wege zu finden, wie wir Menschen auf moralisch vertretbare Weise in Europa aufnehmen können und wie wir eine wertgeleitete Außenpolitik gestalten können, die möglichst dazu führt, dass wir insbesondere mit unseren afrikanischen Mitmenschen auf Augenhöhe kooperieren. Natürlich geschieht das teilweise und ist Teil jeder legitimen Afrikapolitik, aber es reicht offensichtlich nicht hin, weshalb es täglich zu Tragödien im Mittelmeer und an anderen Außengrenzen der EU kommt, worüber wir aber im Moment viel weniger berichten, weil wir mit unseren Gesundheitsproblemen in der Pandemie zu ringen haben und nun auch noch der schreckliche Krieg in der Ukraine unsere Aufmerksamkeit bindet. Unsere Afrikapolitik spricht von einem kolossalen moralischen Versagen und bedarf einer dringenden Revision. Das Gewissen jeder einzelnen Person wird, wenn sie ehrlich wäre, dagegen aufbegehren, dass wir uns im reichen Westen dauernd gegen neue Visursvarianten boostern und dem afrikanischen Kontinent Impfstoff und Know-how (Stichwort: Patente) vorenthalten. Oder dass wir uns um Energie- und Rohstoffknappheit sorgen, während fehlende Importe wegen des Krieges in der Ukraine in manchen afrikanischen Ländern bereits für große Hungersnöte sorgen.

Sokrates' Gewissen bringt zum Ausdruck, dass man sich für das Licht der transzendenten Normativität, für die Idee des Guten öffnen kann. Sokrates und Platon betrachten das Gewissen daher als »göttlich«, weil es die Meinungen der Menschen überschreitet und korrigiert. Es steht jenseits aller Willkür und damit auch jenseits aller staatlichen Willkür – ein Umstand, den unser Grundgesetz mit seiner Verpflichtung auf die Menschenwürde abbildet. Angesichts der welthistorischen Erfahrungen der Gräueltaten des 20. Jahrhunderts (hierzulande drastisch mit der nationalsozialistischen Terrorherrschaft und ihren Verbrechen gegen die Menschlichkeit verbunden) stellt das Grundgesetz eine angemessene Art und Weise dar, eine Normativität anzuerkennen, die diesseits oder jenseits der gesellschaftlichen Kraftfelder auf diese als etwas einwirkt, das wir unbedingt anerkennen sollen.

Ethik basiert nicht nur auf Meinung oder Meinungsbildung, sondern auch auf Wissen. Im Unterschied zur Meinungsbildung besteht das Wissen, die *epistêmê*, darin, dass wir versuchen, Tatsachen zu erfassen, die unabhängig von unserem Fürwahrhalten bestehen. Die molekularbiologische Struktur eines Corona-Virus, die Beschleunigung der Erde, die Lösung einer Differenzialgleichung sowie die Bettenbelegung in einem Krankenhaus sind alles Beispiele für Tatsachen, die bestehen und die wir durch unsere Meinungen allein nicht ändern können. Ob es uns gefällt oder nicht, das Corona-Virus, das uns seit Ende 2019 in Atem hält, ist nun einmal zu gefährlich, um es zu ignorieren und einfach weiterzuleben wie vorher. Und ob es uns gefällt oder nicht, das Kreuzprodukt zweiter Vektoren steht senkrecht auf der Ebene, die sie aufspannen, usw.

Etwas zu wissen bedeutet nicht zwangsläufig, das Gefühl absoluter Gewissheit zu haben. Man kann vieles wissen, ohne zu wissen, dass man es weiß. Der kategoriale Unterschied zwischen Wissen bzw. Wissenschaft (wie man *epistêmê* auch übersetzen kann) und anderen Formen des Fürwahrhaltens liegt vielmehr darin, wie wir Wissen an Begründungen, an den Logos, binden, wie Platon dies nennt. Wissen, so Platon, ist eine wahre Meinung, die durch einen Logos, d.h. eine methodisch anspruchsvolle Begründung gebunden ist. Wer einen Wissensanspruch erhebt, beansprucht damit, dasjenige, was er zu wissen glaubt, im Raum der Gründe, wie man in der gegenwärtigen Philosophie sagt, absichern und gegen Einwände verteidigen zu können.[50]

Der Austausch von Gründen ist dabei deshalb nicht nur ein Kampf der Meinungen, weil das Ziel des Austauschs die Wahrheit bzw. die Tatsachen sind, die unabhängig von diesem Austausch bestehen. Daher existieren die Wissenschaften zwar nicht ohne soziale Praktiken, die in eine Vielzahl von Normativitäten eingebettet sind, sie sind aber nicht identisch mit solchen Praktiken. Denn die sozialen Praktiken dienen in den Wissenschaften der Wahrheitsfindung.

Die Wissenschaften sind insofern epistemisch bescheiden, als sie auf einem anspruchsvollen Wissensbegriff aufbauen. Denn einen Wissensanspruch zu erheben bedeutet ja, offen dafür zu sein, sich täuschen zu können. Die transzendente Stimme des Gewissens ist keine fehlerfreie Offenbarung, auf die sich Philosophen und Philosophinnen berufen könnten. Die Philosophie und damit die Ethik (die, so ähnlich wie die Mechanik und die Optik Teildisziplinen der Physik sind, eine Teildisziplin der Philosophie ist) unterscheiden sich deswegen von der Prophetie bzw. von fehlerfreien Offenbarungen.

Sokrates verdanken wir die Erkenntnis, dass es ein Gewissen gibt, das uns als innere Stimme bekannt ist, die sich meldet, um uns darauf hinzuweisen, dass wir uns auf einem Irrpfad befinden könnten. Diese innere Stimme spricht nur selten derart eindeutig zu uns, dass wir einfach nur umsetzen müssten, was sie uns einflüstert. Wäre dies so, wären wir übrigens in unserer eigenen moralischen Urteilsbildung nicht frei. Gewissensbildung ist immer ein Prozess, der eine innere Dialektik auslöst. Ansonsten wäre das Gewissen nur ein moralischer Instinkt. Das Gewissen müssen wir deswegen mit äußerster Vorsicht behandeln und seinen Anruf als Anlass verstehen, die Sachlage, in der wir uns befinden, sehr umsichtig zu durchdenken, was voraussetzt, bereit zu sein, den anderen zuzuhören. Es ist das Gewissen, was uns von anderen Lebewesen unterscheidet, die nicht am moralischen Fortschritt mitwirken, aber durchaus instinktiv gut handeln können und damit moralische Tatsachen erfassen.

Allerdings findet die Offenheit für die anderen ihre Grenzen dort, wo radikal Böses getan wird. Deswegen ist es für eine funktionierende Gesellschaft wichtig, dass sie normative, ethisch durchdachte Eckpfeiler aufstellt und in den moralischen Fortschritt integriert. Wir dürfen nicht hinter die Einsichten zurückfallen, dass Menschen in ihrer Würde fundamental gleich sind; dass weibliche Personen (sowie Personen mit diversen Formen der geschlechtlichen Selbstbestimmung, die nicht in einfache Rollenvorstellungen von männlich / weiblich passen) in keiner relevanten Hinsicht von der gesellschaftlichen Selbstbestimmung ausgeschlossen werden dürfen; dass Rassismus eine verwerfliche Denk- und Handlungsform ist; dass Kindern Rechte zugesprochen werden müssen, die staatlich geachtet werden, auch wenn Kinder noch kein Wahlrecht haben (was übrigens ein massiver moralischer Makel unserer Demokratie ist), usw.

Kurzum: Wir brauchen eine Ethik, die uns einerseits erlaubt,

Wissensansprüche zu erheben, die andererseits gerade dadurch aber auch anerkennt, dass diese Wissensansprüche scheitern können, dass wir also in ethischen Fragen fallibel – fehlbar – sind. Das bedeutet, dass wir auch mit Nichtwissen ethisch umgehen müssen, was ein entscheidender Faktor in komplexen Handlungssituationen ist, in denen viele der moralischen Tatsachen ja gerade nicht offensichtlich sind.

Noch einmal: Es gibt moralische Tatsachen und ethische Fakten

Weil die Ethik Wissensansprüche erhebt, muss sie offen für Gegengründe sein. Doch diese Offenheit hat Grenzen. Die Untergrenze der Ethik, ohne die sie nicht als Wissenschaft existieren kann, ist die Annahme, dass es überhaupt moralische Tatsachen gibt, die unsere Meinungsbilder überschreiten. Dass dies keine wilde oder gar spekulative metaphysische Meinung ist, die ich hier äußere, sieht man hoffentlich besser, wenn man sich klarmacht, was eigentlich eine Tatsache ist.

Im Allgemeinen ist eine **Tatsache** eine wahre Antwort auf eine sinnvolle Frage.[51] So lautet die Antwort auf die Frage, »War Paris am 8. April 2022 die Hauptstadt Frankreichs?«, »Ja«. Damit ist der Umstand, dass Paris am 8. April 2022 die Hauptstadt Frankreichs war, eine Tatsache. Natürlich bestehen auch Tatsachen, für die wir bisher noch keine Frage formulieren können. Alle menschlichen Sprachen zusammengenommen erschöpfen den Tatsachenbereich nicht, die Tatsachen bilden keine Totalität, die wir sprachlich oder auf irgendeine sonstige Weise umfassend abbilden könnten. Wie Hamlet in der berühmten fünften Szene im ersten Akt gegenüber Horatio bemerkt: »Es gibt mehr Ding' im Himmel und auf Erden, / Als Eure Schulweisheit sich träumt.« Dass es unbestimmt mehr Tatsachen als faktisch beantwortbare Fragen gibt, ist die These des **ontologischen Tatsachenrealismus**. Dieser nimmt damit an, dass der Bereich der Tatsachen unbestimmt weit über dasjenige hinausgeht, was wir sprachlich ausdrücken können.

Eine **moralische Tatsache** ist nun eine solche, die eine Antwort auf eine ethische Frage darstellt. Eine ethische Frage betrifft unser Handeln. Sie fragt, was wir tun bzw. unterlassen sollen, lediglich insofern, als wir Menschen sind. Moralische Tatsachen haben imperativischen Charakter, sie schreiben etwas vor (eine Handlung oder deren Unterlassung). Dabei existieren moralische Tatsachen nur in faktisch vorliegenden Handlungskontexten. Was man als Mensch tun bzw. unterlassen soll, ist eine Frage des Handlungskontexts und daher in vielen Fällen leider nicht einfach beantwortbar.

Es gibt in der Geschichte der Ethik eine Vielzahl von Vorschlägen, wie man eine universale Regel formulieren könnte, aus der sich im Einzelfall ableiten ließe, was die moralischen Tatsachen sind. Dazu gehören so berühmte Ansätze wie Kants kategorischer Imperativ, die Goldene Regel (»Was du nicht willst, was man dir tu, das füg auch keinem andern zu«) sowie die Maxime der Utilitaristen, die berechnen wollen, wie eine Handlung andere beeinflusst, um abzuleiten, welche Option den größten Nutzen bzw. den geringsten Schaden mit sich führt.

Allerdings sind diese Regeln allenfalls erste Ansätze zu einer ethischen Orientierung. Sie erfassen wichtige Teilaspekte der ethischen Reflexion und können als Leitplanken dienen. Aber aus dem kategorischen Imperativ, der Goldenen Regel oder den utilitaristischen Kalkülen folgt nicht, wie lange ein Lockdown sein sollte, wie viele Menschen man angesichts einer Corona-Welle an Silvester treffen darf, ob man Veganer:in werden müsste, ob der Neubau von Atomkraftwerken die moralischen und allgemeinen humanen Schäden des menschengemachten Klimawandels besser abfängt als der Einsatz von Windrädern usw.

Unser Alltag ist von partikulären moralischen Fragen durchzogen: Wie schlichtet man einen Streit mit einem Kollegen? Wie geht man mit der schweren Krankheit einer geliebten Person um?

Wann und wie klären wir unsere Kinder sexuell auf? Welches Jobangebot soll man annehmen, und wie beeinflusst dies die anderen sozialen Beziehungen, in denen man steht? Die Corona-Pandemie hat uns drastisch vor Augen geführt, wie viele unserer alltäglichen Mikroentscheidungen moralisches Gewicht haben, woraus keineswegs folgt, dass irgendjemand in der gegenwärtigen Sachlage einfache und zugleich umfassende moralische Antworten auf die teils äußerst komplexen Fragen haben könnte. Dasselbe gilt für den Klimawandel und die ethisch angemessene Gestaltung der unvermeidlichen sozialökologischen Transformation, die von den Pathologien einer reinen Konsumgesellschaft im Idealfall in eine humanere und damit immer auch ethisch durchdachtere Gemeinschaftsform führt. Moralischer Fortschritt geschieht dabei nicht automatisch, wie der schwere Rückschritt des Angriffskriegs auf die Ukraine illustriert, gegen den sich wiederum große Teile der Menschheit auflehnen, um die Ukraine im Angesicht einer furchtbaren Tragödie möglichst gut zu unterstützen.

Dass die Ethik sich nicht erschöpfend darstellen oder auf eine allumfassende Regel zurückführen lässt, ist dem Umstand geschuldet, dass die Wirklichkeit unseres Handelns komplex ist.

An dieser Stelle benötigen wir einen weiteren Unterschied. Im Allgemeinen können Tatsachen bestehen, ob wir sie nun angemessen benennen, erfassen und erkennen können oder nicht. Das ist Tatsachenrealismus. Im ethischen Fall besteht die Besonderheit, dass die moralischen Tatsachen jedenfalls nicht radikal anders sein können, als wir sie einstufen. Es ist nicht sinnvoll denkbar, dass es in Wirklichkeit eine moralische Tatsache ist, dass wir alle Corona-Positiven töten sollten, um die Pandemie zu beenden. Das könnte zwar epidemiologisch zielführend sein (und wird für andere Lebewesen bei Seuchen in Kauf genommen, was übrigens moralisch fragwürdig ist), ist aber eindeutig moralisch verwerflich, ja sogar böse. Deswegen erwägt dies erfreulicherweise auch niemand. Die moralischen Tatsachen sind prinzipiell erkennbar, sie richten sich an uns. Es kann keine moralischen Tatsachen geben, die wir prinzipiell nicht erkennen können, wodurch sich die moralischen etwa von physikalischen Tatsachen unterscheiden. Viele Fragen der Physik sind für immer und prinzipiell unbeantwortbar, weil es durchaus sein kann, dass es Universen gibt, die keine kausalen Spuren in unserem Universum hinterlassen und daher für uns unerkennbar bleiben. In diesen Universen können weitgehend oder sogar fundamental andere Naturgesetze gelten.

Es ist aber sinnlos, zu vermuten, dass es moralische Universen geben kann, in denen völlig andere Gesetze gelten, in denen es also etwa moralisch geboten wäre, möglichst viele Menschen grundlos zu quälen. Wenn sich moralische Tatsachen an uns als Menschen richten, kann es keine moralische Ordnung geben, die radikal anders wäre als alles, was wir bisher als moralisch sinnfällig betrachten. Die Idee des Guten ist insofern transzendent, als sie sich auf keine gegebene soziale Formation reduzieren lässt.

Die Spielart des moralischen Tatsachenrealismus, die ich hier vorschlage, ist deshalb mit einem **epistemischen moralischen Realismus** gepaart, d. h. mit der These, dass wir die moralische Wirklichkeit erkennen können und in einem bestimmten Maße auch immer schon korrekt erkannt haben. Das Licht der moralischen Vernunft, das uns erlaubt, moralische Tatsachen zu erkennen und damit gesellschaftlich-praktisch wirksam werden zu lassen, ist irgendwann in der Menschheitsgeschichte angegangen. Wann, wo und wie, wissen wir nicht, aber die Vermutung, dass dies auf dem afrikanischen Kontinent begonnen hat, liegt hier wie sonst paläoanthropologisch nah. Neben dem antiken China ist Ägypten und damit ein afrikanischer Kulturraum schließlich die erste gut dokumentierte Hochkultur, die es auf allen Gebieten menschlichen Denkens und Handelns zu Spitzenleistungen gebracht hat (leider auch auf der Ebene der Sklavenhalterei, Ausbeutung und autokratischen Unterwerfung von Menschen, die keineswegs »europäische« Erfindungen sind). Natürlich braucht man für Ethik keine sesshafte Hochkultur oder schriftliche Zeugnisse, doch ist es nicht leicht, das moralische Niveau von Menschengruppen auszumachen, von denen keine Überlieferungen vorhanden sind (es gibt natürlich auch heute noch nicht-sesshafte Menschengruppen, die häufig egalitärer und in manchen Hinsichten sogar moralisch fortgeschrittener sind als wir – ein »Wir«, das unterstellt, dass niemand von diesen Menschengruppen diese Zeilen liest).

Es gibt keine verschiedenen moralischen Universen. Moralische Tatsachen haben eine sich selbst bekundende Qualität, sie melden sich – in der Form des Gewissens oder im Rahmen unserer Lebenserfahrung.

Im Unterschied zu den erkennbaren und unerkennbaren Tatsachen kann man erkannte Tatsachen als **Fakten** bezeichnen. Wenn wir angesichts der Pandemie oder des Klimawandels von Fakten sprechen, meinen wir etwas, was wir wissen oder wofür wir hinreichend belastbare Erkenntnisgründe haben, um zu behaupten, dass wir es wissen. So ist es ein Faktum, dass die verfügbaren Impfstoffe die Krankheitslast einer Population senken können, so wie es ein Faktum ist, dass das Virus über seine Spikeproteine an unsere Zellen andockt und durch seine Vermehrung zu schweren bis tödlichen Erkrankungen führen kann. Ebenso gibt es eine Vielzahl an Fakten über den Klimawandel, wozu das sehr allgemeine Faktum gehört, dass er durch übermäßige Emissionen sowie eine nicht nachhaltige Wirtschaftsform des Konsum- und Turbokapitalismus befeuert wird.

Es gibt nun in eben diesem Sinne auch moralische Fakten, also erkannte moralische Tatsachen, zu denen das Inzestverbot ebenso gehört wie das Verbot des Diebstahls aus Habgier oder, positiv gewendet, das Gebot, Menschen vor dem Ertrinken zu retten, wenn man sich damit selbst nicht in Gefahr bringt. Die Liste der moralischen Fakten lässt sich beliebig erweitern. Wir verfügen alle über eine riesige Palette moralischer Erkenntnis, die ethisch mehr oder weniger durchdacht ist. Selbst der bekanntlich selten unkomplizierte Kant betont, dass »die menschliche Vernunft im Moralischen, selbst beim gemeinsten Verstande, leicht zu großer Richtigkeit und Ausführlichkeit gebracht werden kann«,[52] weshalb er seine Ethik als das Projekt versteht, ein möglichst umfassendes Prinzip der moralischen Erkenntnis zu finden, über die Menschen auch ohne philosophische Unterstützung verfügen.

Ich führe das hier nicht an, um Kants Ethik das Wort zu reden. Denn anders als Kant glaube ich schließlich nicht, dass die moralischen Tatsachen aus einem obersten Prinzip abgeleitet werden können. Allerdings hat Kant meiner Meinung nach völlig recht, wenn er darauf hinweist, dass die praktische Erkenntnis, die er als »Weisheit« bezeichnet, »die sonst wohl mehr im Tun und Lassen als im Wissen besteht«,[53] eine vortheoretische Quelle der ethischen Erkenntnis ist. Wir wissen aufgrund einer langen historischen Einübung im alltäglichen ethischen Denken und Handeln heute viel mehr darüber, welche moralischen Tatsachen bestehen, als in der Vergangenheit. Auch die Ethik schreitet voran. Es gibt moralischen Fortschritt.

Dass heute in demokratischen Rechtsstaaten niemand ernsthaft bezweifelt, dass weibliche Personen ein Wahlrecht haben sollen, ist ein Fortschritt, ebenso wie das wachsende Bewusstsein für die Kräfte der psychologischen Gewalt, was dazu führt, dass wir Online-Hetze, sexuelle Belästigung und die vielen alltäglichen Diskriminierungen unter die Lupe nehmen, um einen moralisch besseren Umgang miteinander zu finden. Es gibt aber auch moralischen Rückschritt, sodass es nicht einfach eine singuläre Geschichte des Fortschritts gibt, sondern vielfältige Fäden eines komplexen Gewebes. Zu moralischem Rückschritt gehört die erfreulicherweise fürs Erste vergangene Episode der Trump-Präsidentschaft sowie insbesondere die Entfesselung der industriellen Kräfte, die zur Zerstörung unserer Umwelt geführt hat, mit der wir zu ringen haben. In dieser Hinsicht sind wir heute in Industrienationen moralisch regressiver als die alten Griechen, selbst wenn diese in anderen Hinsichten (wie der Sklaverei) moralisch danebenlagen. Und auch, dass gerade in der Ukraine ein furchtbarer Angriffskrieg tobt, ist ein Fall großer moralischer Rückschritt, der von einem skrupellosen Diktator vorangetrieben wird, dessen gesamtes Wirken seit Jahrzehnten eindeutig und fraglos darauf gerichtet ist, moralische Fortschritte rückgängig zu machen. Es gibt eben keine einzige, singuläre Fortschrittsgeschichte und schon gar nicht eine, an deren Ende der vermeintlich moralische sogenannte »Westen« steht, weshalb es völlig richtig (und moralisch fortschrittlich) ist, dass sich langsam die Einsicht verbreitet, dass wir alle das indigene Wissen ernst nehmen müssen, das unseren Vorfahren (sowie vielen Menschen, deren Lebensweise noch nicht vom Konsumkapitalismus durchdrungen ist) über viele Tausende von Jahren erlaubt hat, nachhaltig auf unserem Planeten zu leben. Das indigene Wissen ist eine wichtige Quelle der Weisheit, woraus nicht folgt, dass Menschengruppen, die wir als »indigen« einstufen, automatisch moralisch in allen Fragen richtigliegen. Denn das gilt für keine Menschengruppe.

Nichtwissen

Was eine Person aus ihrer Perspektive weiß, können wir als **subjektives Wissen** bezeichnen. Jeder von uns verfügt über subjektives Wissen einfach dadurch, dass er eine individuelle Perspektive hat. Es gibt Wissen aus dem Standpunkt der ersten Person, etwa mein Wissen davon, wie ich mich gerade fühle. Davon können wir das objektive Menschheitswissen unterscheiden, also dasjenige, was wir in Lehr- und Handbüchern, in Lexika und Enzyklopädien nachschlagen können. **Objektives Wissen** besteht aus denjenigen Fakten, die von allen dadurch gewusst werden können, dass jemand sie auf die eine oder andere Weise festgestellt hat. Objektives Wissen ist auf eine Weise mitteilbar, bei der es keine Rolle spielt, welche subjektiven Zustände eine Person durchlief, die es erworben hat. Wir haben irgendwann gelernt, dass Hamburg nördlich von München liegt. Wir wissen dies. Wenn man es lernt, fühlt man sich so oder so und hat Vorstellungen von Hamburg und München, die andere nicht haben. Doch dies spielt für das Faktum, dass Hamburg nördlich von München liegt, keine Rolle. Objektives Wissen ist insofern Wissen aus dem Standpunkt der dritten Person, wie man dies in der Erkenntnistheorie und Philosophie des Bewusstseins nennt.

Zum objektiven Wissen gehört, dass niemand allwissend ist, auch nicht die gesamte Menschheit. Der Versuch, eine vollständige epistemologische (d. h. wissenstheoretische) Landkarte zu entwerfen, auf der eingezeichnet ist, was wir objektiv wissen und was wir nicht wissen, scheitert zwangsläufig.[54]

Wir können Wissen und Wirklichkeit niemals vollständig zur Deckung bringen. Die Wirklichkeit, d. h. hier der Bereich dessen, was gewusst werden könnte, geht unerkennbar weit über dasjenige hinaus, was wir faktisch (subjektiv und objektiv) wissen können. Das ist die **Grundthese des erkenntnistheoretischen Realismus**.

Realistin zu sein heißt demnach nicht – wie manche glauben –, eine naive Auffassung der menschlichen Erkenntnismöglichkeiten zu vertreten. Es heißt vielmehr anzuerkennen, dass wir prinzipiell nicht alles wissen können, was gewusst werden kann, sodass Wissen und Wirklichkeit unter keinen Umständen vollständig zur Deckung gebracht werden können. Unser Wissen ist und bleibt Stückwerk.

Doch daraus folgt nicht, dass wir das Kind mit dem Bade ausschütten sollten (was niemals eine gute Idee ist). Nur weil wir nicht alles wissen, heißt dies keineswegs, dass wir nichts oder sehr wenig wissen. Denn erstens wissen wir ja, dass wir nicht alles wissen, und zweitens wissen wir darüber hinaus ziemlich viel. Wir leben sogar in einer Wissensgesellschaft, die es sich leisten kann, ausgerechnet durch ihr Wissen neue Möglichkeiten des Nichtwissens zu schaffen. Auf der Basis unseres beeindruckenden technologischen Wissens haben wir Maschinen gebaut und zu einem Internet verknüpft, das uns nun in die paradoxe Lage manövriert hat, dass es durch Fake News, Fehlinformation und subtile Manipulation viele dazu verführt, Dinge zu glauben, die falsch sind. Man denke nur an die US-amerikanische Diskussion zwischen hartgesottenen Kreationisten und Evolutionsbiologen, die nun einmal wissen, dass sich Lebewesen in ihren Formen biologisch erklären lassen, ohne dass wir annehmen müssen, dass Gott alle Lebewesen spontan zu Beginn der Schöpfung kreiert hat (was immer noch im Wort »Kreaturen« anklingt, das für nicht-menschliche Lebewesen, für die ›Tiere‹, verwendet wird). Der hartgesottene Kreationismus ist falsch, aber ein weitverbreiteter Glaube, der sich heutzutage als Infodemie rasch durch die »Lügenmaschinen« des Internets verbreitet, wie dies der Oxforder Internetforscher Philip N. Howard genannt hat.[55]

Es ist eine bemerkenswerte anthropologische Tatsache, dass wir Menschen davon überzeugt werden können, etwas, was wir wissen, nicht zu wissen. Wir können glauben, weniger zu wissen, als wir wissen. Denn objektives Wissen ist nicht zwingend mit einer besonders starken Überzeugungskraft verbunden.

Vor dem Hintergrund von Fake News, digitaler Propaganda und Manipulation, der Verbreitung von Deep Fakes (d.h. etwa von Videos und Fotos, die Szenen darzustellen scheinen, die digital programmiert wurden und niemals stattgefunden haben), sozialen Netzwerken usw. hat sich in der Erkenntnistheorie eine neue Debattenlage über epistemische Laster ergeben, zu denen übermäßiger Nachrichtenkonsum und Gebrauch von sozialen Medien zählen.[56]

Wer etwa zu intensiv die unzähligen Newsticker zu tagespolitischen Themen verfolgt, die inzwischen auch die seriösen Qualitätsmedien in ihren Online-Outlets feilbieten (häufig mit Clickbait gepaart, das zu Artikeln hinter einer Bezahlschranke verweist), wird sicherlich aufgrund der Anhäufung widersprüchlicher, emotional aufgeladener Informationen ziemlich schnell massiv verwirrt sein.

Unser technologisches Wissen ermöglicht paradoxerweise neue Formen des Nichtwissens, die teilweise sozial gefährlich sind. Darüber hinaus müssen wir bedenken, dass wir keineswegs wissen, ob wir uns insgesamt auf einem gradlinigen Pfad des naturwissenschaftlich-technologischen Fortschritts befinden. Was sollte etwa daran fortschrittlich sein, dass wir weiterhin dem Irrtum aufsitzen, die Natur sei eine Ansammlung von leblosen Rohstoffen, die wir für unsere Konsumbedürfnisse nach Belieben einsetzen können? Dieser Irrtum beruht auf einer falschen Naturphilosophie, die weiterhin dem Modell der neuzeitlichen Auffassung folgt, die Natur als eine große Maschine zu betrachten, in der es bis auf das Treiben der Menschen geist- und bewusstlos zugeht. Eine solche Naturphilosophie ist mindestens deswegen falsch, weil wir nicht wissen, welche Lebensformen bewusst und intelligent sind. Sind Bakterien bereits bewusst und leben in intelligenten Schwärmen? Wenn Intelligenz als Problemlösungsfähigkeit oder gar als Anpassungsfähigkeit eines Lebewesens an seine Umwelt gesehen wird, sind Einzeller intelligenter als Menschen. Und wenn eine bestimmte neuronale Komplexität die Voraussetzung für Bewusstsein ist, ab wann ist die Schwelle der Komplexität erreicht? Sind Insekten bewusst oder nur einige Vogelarten und Säugetiere? Wie steht es mit Pflanzen oder Wäldern, sollten wir in deren Vernetzung Muster komplexer Vernetzung finden, die etwa mit der Komplexität eines Gehirns vergleichbar sind? Da wären wir wieder beim anthropozentrischen Weltbild aus dem ersten Teil dieses Buchs: Pflanzen scheinen weiter weg von uns zu sein, deshalb betrachten wir sie als weniger intelligent, ja als weniger wert. Aber woher wissen wir denn, dass wir Brokkoli weniger Schmerz zufügen, wenn wir ihn verzehren, als Insekten, die man heute auch außerhalb Mexikos schon verspeist? Wir müssten wohl sogar bereit sein, das Wesen der Pflanzen nicht immer im Vergleich zu den ›Tieren‹ zu sehen. Und woher wissen wir, dass in einer menschlichen Person nur ein einziges Kopfbewusstsein stattfindet, das mit kortikalen Hirnregionen assoziiert ist? Das Nervensystem im Darm beeinflusst neuronale Prozesse in der Hirnregion. Vielleicht ist es seinerseits bewusst und intelligent. Dann bräuchten wir eine ganz andere Form der Ethik der Ernährung.

Wir sind weit davon entfernt, unsere drittpersonale, objektive Naturerkenntnis mit unserem subjektiven, erstpersonalen Wissen zur Deckung zu bringen. Viele halten das damit verbundene Problem sogar für unlösbar, weil die naturwissenschaftliche Sprache (der mathematischen Modellbildung und experimentellen Prüfung) prinzipiell nicht geeignet ist, die subjektive Seite der Wirklichkeit angemessen zu erfassen.

Zu den prominentesten Vertretern der These, dass wir die Natur aufgrund ihrer Innenseite objektiv nicht vollständig erfassen können, gehört der Physiologe Emil Heinrich du Bois-Reymond, der am 14. August 1872 in Leipzig einen immer noch mustergültigen Vortrag »Über die Grenzen des Naturerkennens« gehalten hat. Dort heißt es an einer berühmten Stelle mit ungebrochener Aktualität:

> Es ist eben durchaus und für immer unbegreiflich, dass es einer Anzahl von Kohlenstoff-, Wasserstoff-, Stickstoff-, Sauerstoff- u. s. w. Atomen nicht sollte gleichgültig sein, wie sie liegen und sich bewegen, wie sie lagen und sich bewegten, wie sie liegen und sich bewegen werden. Es ist in keiner Weise einzusehen, wie aus ihrem Zusammenwirken Bewusstsein entstehen könnte.[57]

Das drittpersonale, objektive Wissen von Physik, Chemie, Biochemie und Neurowissenschaften sei prinzipiell nicht imstande, »geistige Vorgänge aus materiellen Bedingungen zu begreifen«.[58]

Ebenso unmöglich ist es Bois-Reymond zufolge, die materiell-energetische Struktur und die Kräfte, die wir im Universum finden, aus elementaren Prinzipien zu erklären, die noch fundamentaler und einleuchtender als dasjenige wären, was die Physik vorfindet. An irgendeiner Stelle stößt die Physik auf *facta bruta*, also darauf, dass die Messungen nun einmal so sind, wie sie sind. Wie die physikalische Wirklichkeit beschaffen ist, lässt sich nicht aus irgendeinem Prinzip herleiten, das ihre Beschaffenheit verständlicher macht. Das liegt schon daran, dass wir nur eine physikalische Wirklichkeit kennen können, nämlich diejenige, zu der unsere Messinstrumente – unsere physikalischen Messinstrumente und unsere Wahrnehmungsorgane – Zugang haben. Dabei wissen wir heute viel genauer als in den 1870er-Jahren, dass dieser Bereich, das Universum, auf vielfältige Weise beschränkt ist. Die Vorstellung, die Naturwissenschaften näherten sich einem vollständigen Weltbild, ist aus logischen, philosophischen, aber eben auch naturwissenschaftlichen Gründen ganz und gar unhaltbar.

Das handelsübliche und immer noch weitverbreitete naturwissenschaftliche Weltbild, dem zufolge wir angeblich wissen, dass wir uns in einem gigantischen materiell-energetischen System befinden, dessen aufeinanderfolgende Zustände absolut alles erklären, was überhaupt wirklich stattfindet, ist letztlich aberwitzige Spekulation und eine unhaltbare epistemische Hybris, die uns in der Moderne in die Lage einer drohenden Selbstausrottung gebracht hat.

Ethik des Nichtwissens

Die Natur verlangt allergrößten Respekt von uns. Je genauer wir sie durch Verbesserung unserer Instrumente, Modelle und Theorien erforschen, desto deutlicher wird, dass ihre Komplexität alles überschreitet, was wir uns bisher vorstellen können. Doch die Natur befindet sich keineswegs nur »außer uns«. Sie ist nicht nur das Objekt einer naturwissenschaftlichen Erkenntnis oder sinnlicher Betrachtung, sondern sie ist vielmehr ebenso »in uns«. Denn wir sind Tiere, in denen Geist und Materie aufeinandertreffen und zu einer Einheit verschmolzen sind, die wir nicht wirklich verstehen. Um die Einheit von Geist und Materie, die wir verkörpern, angemessen zu verstehen, bedürfte es einer groß angelegten Kooperation der verschiedenen Wissensformen mit dem Ziel, uns selbst endlich einmal als Menschen zu verstehen. Das setzte voraus, dass Natur-, Technik-, Geistes- und Sozialwissenschaften an gemeinsamen Fragestellungen arbeiten, ohne dem Irrtum aufzusitzen, alles Wissen ließe sich letztlich auf eine epistemisch privilegierte Schicht reduzieren (sei dies nun das mathematisch formulierte Wissen oder das qualitativ zugängliche Erleben von historisch situierten Subjekten, das die Geisteswissenschaften erforschen).

Wilhelm von Humboldt und viele andere Denker seiner Zeit, die sich die Frage gestellt haben, wie Universitäten und damit das akademische Wissen sich zum gesellschaftlichen Fortschritt verhalten sollten, strebten an, das menschliche Wissen im Hinblick auf die Frage, wer oder was der Mensch ist, zu versammeln. Natürlich ist vieles dessen, was seinerzeit zu diesem Thema geschrieben und gedacht wurde, hoffnungslos antiquiert. Dennoch ist die Grundidee des sogenannten Humboldt'schen Bildungsideals, das vielen Universitätsgründungen um 1800 zugrunde liegt, prinzipiell richtig. Denn wir wissen heute, dass die Natur- und Gesellschaftsphänomene, die die Menschheit in der Moderne in nie dagewesene Krisen verstricken, nur dann Lösungspotenziale entfalten, wenn wir die irreduzible Komplexität und damit die Verwobenheit der Phänomene anerkennen. Daher brauchen wir keine Wissenschaft als Komplexitätsreduktion, sondern das Gegenteil: Ziel der Wissenschaften muss die angemessene Erfassung der Komplexität sein, d.h. der mereologischen Verschachtelung von Sinnfeldern, die im menschlichen Leben zur Selbsterkenntnis gelangt. Zu dieser

Selbsterkenntnis gehört entscheidend mit, dass wir die Grenzen der Erkenntnis respektieren.

Eine Ethik des Nichtwissens redet damit nicht dem Aberglauben oder den »alternativen Fakten« das Wort. Sie beginnt vielmehr damit, anzuerkennen, dass wir den Menschen als Tier nicht loswerden. Wir sind und bleiben verwundbare, endliche und begrenzte Lebewesen, die sich aber dieses Status bewusst werden können. Dank unserer Verkörperung, also dank des Umstandes, dass wir Tiere sind, stehen uns die sinnliche Erfahrung der Natur, die Kunst, Sexualität sowie ein reiches Gefühlsleben zur Verfügung, das wir genießen und kultivieren können, solange wir leben. Indem wir uns auf der Ebene des Geistes der Natur bewusst werden, gelangt die Natur teilweise zu einer überraschenden Form der Selbsterkenntnis.

Zu dieser Selbsterkenntnis gehört auch die Ethik. Denn in der Ethik artikulieren wir auf eine bewusste und explizite Weise, welche Wertvorstellungen wir haben und welche dieser Vorstellungen richtig bzw. falsch sind.

Wir leben nicht erst heute in unsicheren Zeiten. Zu leben heißt: in unsicheren Zeiten zu leben, weil alles individuelle Leben und wohl auch alles Leben überhaupt in unserem Universum einmal an ein Ende kommen wird. Das Leben ist, soweit wir heute wissen, ein Auslaufmodell, das spätestens mit dem Erlöschen unserer Sonne in unserer Ecke der Milchstraße an ein Ende kommen wird. Leben ist Risiko, wobei wir alle am Ende immer alles verlieren.

Zur Ethik des Nichtwissens gehört es, dass wir die irregeleitete Fantasie überwinden, wir könnten durch naturwissenschaftlich-technologischen, vor allem medizinischen Fortschritt eine Art Gesundheitsparadies auf Erden schaffen, das uns ein möglichst ewiges Leben beschert. Man verstehe mich nicht falsch: Medizinischer Fortschritt ist begrüßenswert. Aber er muss eingebettet sein in ethische Reflexion und damit an Bedingungen des moralischen Fortschritts geknüpft.

---

*Der Ausgangspunkt der Ethik des Nichtwissens ist **epistemische Bescheidenheit**, ein Wissen darum, dass unsere Wissensansprüche bezüglich der Natur sowie unsere konkreten Wertvorstellungen und ethischen Urteile fehleranfällig und korrekturbedürftig sind. Diese epistemische Bescheidenheit gründet in unserem Respekt vor dem anderen, das uns immer fremd bleibt.*

Die Ethik des Nichtwissens beruht mithin auf Wissen. Sie erhebt selbst Wissensansprüche, die aus der Erkenntnistheorie, Wissenschaftstheorie, der Naturphilosophie und philosophischen Ethik abgeleitet werden. Im Allgemeinen ist die Ethik, wie gesagt, eine Teildisziplin der Philosophie. Es ist ein Irrtum zu glauben, sie gehöre in die Theologie oder sei eine Sache der gesellschaftlichen Konsensbildung. Die Ethik ist als solche säkular und humanistisch, sie ergibt sich aus der Selbsterkenntnis des geistigen Lebewesens namens »Mensch«, das sich selbst als Tier erkennen kann, das keines sein will.

Die Wissensansprüche der Philosophie sind nicht isoliert oder gar über andere Wissensansprüche erhaben. Vielmehr kann die Philosophie ihr Werk nur im ständigen Gespräch mit den anderen Wissenschaften vollbringen, um ihre eigenen Methoden mit dem Ziel zum Einsatz zu bringen, dass wir uns selbst in unserer Menschlichkeit besser kennenlernen. Dieses Ziel verfolgt niemals nur rein theoretische Erkenntnisinteressen, sondern ist seit den Gründungsakten der Philosophie in Afrika, Indien, China, Griechenland usw., deren genaue Vorgeschichte niemand kennt, damit verbunden, dass wir die Konturen der Idee des Guten erkennen, deren Hüter:innen wir Menschen sind. Das ist unser moralischer

Auftrag, der Sinn des Lebens. Es bleibt zu hoffen, dass wir ihn annehmen und damit unserem Artnamen, unserer Weisheitsfähigkeit gerecht werden.

Danksagungen

Dieses Buch verdankt seine Entstehung einer Vielzahl von Personen und Institutionen. An erster Stelle ist The New Institute in Hamburg zu nennen, das die Arbeit an diesem Buch durch ein Fellowship im Jahr 2021–2022 unterstützt hat. Dort hatte ich Gelegenheit, einige der Hauptthesen im Programm »Foundations of Value and Values« sowie mit weiteren Fellows und Kolleg:innen zu diskutieren. In alphabetischer Reihenfolge bedanke ich mich besonders bei Harald Atmanspacher, Georg Diez, George Ellis, Christoph Gottschalk, Christoph Horn, Anna Katsman, Wilhelm Krull, Anna Luisa Lippold, Corine Pelluchon, Dennis Snower und Ingo Venzke, mit denen ich verschiedene Aspekte dieses Projekts durchsprechen konnte. Ein besonderer Dank gilt dem Stifter Erck Rickmers, auf dessen energisches Einsetzen für eine soziale und ökologische Transformation, die die *conditio humana* ernst nimmt, viele Impulse und Ideen zurückgehen, die sich in meinem Buch niederschlagen.

In den letzten Jahren hat mich der ständige Austausch mit Daniel Kehlmann intellektuell und persönlich sehr bereichert. Daniel hat mich bereits im Herbst 2019 darauf hingewiesen, dass wir die moralische Last der ökologischen Krise stets aus der Perspektive künftiger Generationen betrachten und unsere Selbstauffassung als geistige Lebewesen an unseren Zukunftsvorstellungen messen müssen. Wir müssen aus einer imaginierten Zukunft auf uns selbst zurückblicken, um auf diese Weise normativ wünschenswerte Weichenstellungen in der Gegenwart vorzunehmen; Gegenwartsphilosophie und Ethik sind futuristisch. Daniels Hinweise sind von seiner herausragenden literarischen Einbildungskraft geprägt, die weit über die üblichen apokalyptischen Denkmuster hinausgeht, in denen der ökologische Diskurs bisweilen befangen bleibt. Es gilt, post-apokalyptisch zu denken, ohne zu unterstellen, dass die Zukunft erst zustande kommt, wenn eine eigentlich vermeidbare Apokalypse eingetreten ist. Eine solche Perspektive eröffnet eine sowohl realistische als auch utopische Vorstellungswelt, wovon mich Juli Zeh in einem erhellenden Gespräch überzeugt hat.

Ich danke meiner Universität und insbesondere ihrem Rektor Prof. Dr. Dr. h. c. Michael Hoch nicht nur für die Gewährung von Forschungssemestern zur Wahrnehmung des Fellowships, sondern insbesondere für die Hauptidee des Buchs, das Tiersein des Menschen auf verschiedenen Skalen zu beleuchten. Michael Hoch liegt mir seit Langem in den Ohren, dass wir die Mikroorganismen viel ernster nehmen müssen, weil sie wesentliche Treiber der Evolution des Lebendigen sind – ein Thema, das er mir während unserer Begegnungen seit nunmehr einem Jahrzehnt nahegebracht hat. Wer an der kolossalen Bedeutung der Mikroorganismen angesichts der Corona-Pandemie noch Zweifel hat, befand sich in den letzten Jahren auf einem anderen Planeten.

Ich danke meinen Bonner lebenswissenschaftlichen Kolleg:innen, mit denen ich verschiedene Aspekte – von der Virologie über die Neurobiologie bis hin zu den kosmologischen Rahmenbedingungen der Emergenz des Lebens – diskutieren durfte. Da ich selbst kein Lebenswissenschaftler bin, hat das exzellente Bonner Umfeld mir geholfen, meine philosophischen Auffassungen in Auseinandersetzung mit Informationen über den faktischen Kenntnisstand weiterzuentwickeln. Alle Missverständnisse und lebenswissenschaftlichen Irrtümer, die sich dennoch im vorliegenden Buch finden mögen, gehen ausschließlich auf mein Konto. Ich danke besonders, wiederum in alphabetischer Reihenfolge, Heinz Beck, Waldemar Kolanus, Ulf-G. Meissner, Joachim Schultze, Hendrik Streeck, Christiane Woopen und Andreas Zimmer, mit denen ich mich bei verschiedenen Gelegenheiten (zuletzt bei einem tiefschürfenden Symposium am Center for Science and Thought) austauschen konnte, was die transdisziplinären Rahmenbedingungen der Universität Bonn in optimaler Weise ermöglicht haben.

Ein weiterer Dank geht an Gert Scobel für die vielen intensiven Gespräche über Themen an der Schnittstelle von Naturwissenschaften und Philosophie sowie über Fragen einer Ethik der Transformation, die sich stets um die Problematik der Komplexität drehten, die im Zentrum seiner Überlegungen steht.

Wie immer gilt ein besonderer Dank meinem Team am Lehrstuhl für Erkenntnistheorie, Philosophie der Neuzeit und der Gegenwart, das während der Erstellung des Manuskripts inhaltlich kritisch, kommentierend und korrigierend tätig war. Ohne einen solchen regen, intellektuell ehrlichen und scharfsinnigen Kontext wäre es nicht möglich gewesen, das Buch zu Ende zu bringen. Auch hier gilt: Eventuelle Irrtümer sind nur mir zuzuschreiben. Namentlich gedankt sei Philipp Bohlen, Alex Englander, Charlotte Gauvry, Sergio Genovesi, Joline Kretschmer, Leila Mahmutovic, Laura Michler, Jens Rometsch und Jan Voosholz.

Besonders hilfreich waren zuletzt die intensiven Diskussionen über Philosophie, Bewusstsein, Leben und Neurowissenschaft beim Retreat der Fundación Tatiana Pérez de Guzmán el Bueno in Cáceres und Madrid im November 2021. Ich danke Matthew Cobb, Thomas Fuchs, Alva Noë und Georg Northoff für die Hinweise, die sie zur neurophilosophischen Tiefenstruktur der hier publizierten Überlegungen beigetragen haben. Die Gastfreundschaft der Stiftung und die visionäre Idee, einen neuen neurophilosophischen Rahmen abzustecken, der die Forschungsethik konstitutiv berücksichtigt, sind wegweisend.

An dieser Stelle gilt mein Dank auch Juan Ezequiel Morales, der auf Gran Canaria unvergessliche interkulturelle Begegnungen ermöglicht, die sich in diesem Buch insofern niederschlagen, als er mir schon seit Jahren versichert, das Lebendige sei ein großes, überwiegend unsichtbares Gewebe, das den Namen »grande ser (großes Sein)« verdient.

Dass ich meiner Familie alles verdanke, was in der Tiefe eines

Buchs und eines Lebens Wert hat, versteht sich nur beinahe von selbst und soll hier deswegen mit einem Gruß an meine Lieben ausdrücklich betont sein. Denken findet nicht in der Einsamkeit, sondern in einem Verbund statt, der es bisweilen geduldig ertragen muss, dass das Schreiben nur gelingt, wenn man sich ins Kämmerlein zurückzieht. Danke für Eure Unterstützung, die mir alles bedeutet, sowie dafür, dass Ihr das Schreiben und Lesen immer wieder mit Klopfen, Lachen, Hüpfen, kurzum: mit echtem Leben unterbrochen habt.

Zuletzt gilt mein Dank wie immer Julika Jänicke, der Verlagsleiterin Sachbuch bei Ullstein, die das Buch in verschiedenen Stufen gelesen und kommentiert hat. Sie hat es darüber hinaus inspiriert, weil sie selbst intensiv über die Themen des Lebendigen und des Zusammenhangs von Ethik, Politik und Tiersein nachdenkt. Ebenso bedanke ich mich natürlich für das kompetente Lektorat von Uta Rüenauver, die auf der letzten Strecke am Manuskript mitgefeilt hat.

Glossar

Amphibientheorie: Die Amphibientheorie besagt, dass der Mensch zwei Lebensformen hat (von griechisch *amphi-bios* = doppellebig). Auf der einen Seite sind wir Tiere wie alle anderen Tiere; auf der anderen Seite leben wir das höhere Leben der Vernunft.

An-sich-Sein (der Natur): Das An-sich-Sein besteht darin, dass die Natur so ist, wie wir sie vorfinden, ohne dass sie auf uns zugeschnitten ist oder sich auf irgendeine sonstige Weise dafür interessiert, dass sie von uns wahrgenommen und in der Form naturwissenschaftlicher Theorie erfasst wird.

An-und-für-sich-Sein: Das An-und-für-sich-Sein ist die Verwobenheit von Natur und Geist, die im Menschen als Tier in Erscheinung tritt. Das geistige Leben ist demnach einerseits manifest (für sich) – es bekundet sich selbst –, andererseits ist es wegen seiner natürlichen Grundlagen nicht vollständig erkennbar und damit an sich.

Animalismus: Die These, dass wir Menschen Tiere einer bestimmten Art sind. Diese Art bezeichnet man als *Homo sapiens*. Weniger technisch ausgedrückt ist jeder von uns ein menschliches Tier. Ein Mensch ist dem Animalismus zufolge voll und ganz ein Tier.

Anthropologie: Die Wissenschaft von der Selbsterforschung des Menschen.

anthropologische Differenz: Die anthropologische Differenz besteht darin, dass sich der Mensch von anderen Lebewesen unterscheidet.

anthropologische Hauptthese, erste: Unser Tierbegriff wird immer in Anbetracht des Menschen entworfen, von dem wir in unserer Untersuchung des Tierreichs unseren Ausgangspunkt nehmen. Was uns als tierisch erscheint, entnehmen wir demnach bewusst oder unbewusst unserer eigenen Natur und projizieren dies dann mehr oder weniger unkritisch auf die anderen Lebensformen. An die Stelle der Frage, wie sich der Mensch zum Tier verhält, tritt die Frage, wie sich der Mensch als Tier bestimmt.

anthropologische Hauptthese, zweite: Der Mensch ist das Tier, das keines sein will. Indem der Mensch seine eigene ›Animalität‹ feststellt, ist er zugleich bestrebt, sie abzustreifen und sich mit demjenigen Teil seiner selbst zu identifizieren, durch den er sich von den anderen Tieren unterscheidet.

anthropologische Hauptthese, dritte: Der Mensch ist das einzige uns bekannte Tier, während die anderen Lebensformen uns zutiefst fremd sind und in Wirklichkeit nicht nach Menschenmaß als Tiere bestimmt werden sollten.

anthropologischer Dualismus: Die These, dass ein Mensch aus zwei Bestandteilen, einem tierischen, unvernünftigen Teil und einem spezifisch menschlichen, meist als höherwertig betrachteten Teil besteht.

Anthropozän: Bezeichnung für das Erdzeitalter, in dem der Mensch zum entscheidenden geologischen Faktor geworden ist, was sich unter anderem in seinem weltweit spürbaren Beitrag zum Klimawandel ausdrückt.

Anthrozoologie: Die Wissenschaft von der Selbsterforschung des Menschen, sofern wir uns dabei als Tiere betrachten.

Autonomie: Das Vermögen eines Lebewesens, paradigmatisch eines Menschen, sich selbst ein Gesetz zu geben, d. h. die eigenen Handlungen absichtlich an einem Maßstab zu messen, den man selbst anerkennen muss, damit er gilt.

Autopoiese: Selbsterzeugung und -erhaltung eines lebendigen Systems.

biologische Kontinuität: Die Kontinuität einer Person über verschiedene Zeiträume hinweg. Sie wird in der biologischen Einheit des Organismus der Person gesehen.

biologische Relativität: Welcher Teil auf welches Teilganze Einfluss hat und umgekehrt, hängt im Organismus selbst von der Perspektive ab, die mit einem Organ verbunden ist, dessen Umgebung für es genau so eine Umwelt darstellt, wie die Wirklichkeit um uns herum von uns als ein Nicht-Selbst oder eine Außenwelt erlebt wird.

Biologismus: Die These, dass der Sinn des menschlichen Lebens in all seinen sozialen, historischen, kulturellen und institutionellen Ausprägungen und damit auch unsere soziale Freiheit letztlich auf den Umstand zurückgeführt werden kann, dass wir Tiere sind, deren Lebensform sich biologisch vollständig entziffern lässt.

Böckenförde-Diktum: »Der freiheitliche, säkularisierte Staat lebt von Voraussetzungen, die er nicht selbst garantieren kann.«

Cartesischer Dualismus: Auf René Descartes zurückgehende Annahme, dass es in der Natur zwei Substanzen, also zwei Arten von Dingen gibt, die ausgedehnten, materiellen Körper und die immateriellen Seelen oder Denksubstanzen, die irgendwie miteinander interagieren.

Derridas tierphilosophische Einsicht: In der Wirklichkeit gibt es nichts, was unserem konfusen Tierbegriff entspricht.

Diskontinuitätsthese: Der Mensch unterscheidet sich von den anderen Tieren prinzipiell durch eine Reihe von Merkmalen.

Einwand der zwei Leben: Wenn der Mensch aus Geist und Natur besteht, dann führt er zwei Leben auf einmal, das Leben eines Exemplars der Tiergattung *homo sapiens* und das Leben einer denkenden Person, die niemals gänzlich mit ihrem Körper identisch ist. Der Einwand stuft diese Annahme als Problem ein.

epistemisch: Unser Wissen betreffend, von griechisch *epistêmê* = Wissen.

epistemisch objektiv: Etwas (wozu auch ein subjektiver Zustand gehören kann) ist epistemisch objektiv, wenn man Meinungen über es haben kann, die wahr bzw. falsch sein können.

epistemische Bescheidenheit: Der Ausgangspunkt einer Ethik des Nichtwissens; das Wissen darum, dass unsere Wissensansprüche bezüglich der Natur sowie unsere konkreten Wertvorstellungen und ethischen Urteile fehleranfällig und korrekturbedürftig sind.

epistemischer moralischer Realismus: Die These, dass wir die moralische Wirklichkeit erkennen können und in einem bestimmten Maße auch immer schon korrekt erkannt haben.

erkenntnistheoretischer Fundamentalismus: Die Annahme, dass es eine unmittelbar gegebene, nicht weiter zu bezweifelnde Schicht von elementaren, bewussten Erlebnissen und Sinnesdaten gibt (gilt spätestens seit einem einflussreichen Buch des US-amerikanischen Philosophen Wilfrid Sellars als widerlegt).

Ethik: Die Teildisziplin der Philosophie, die sich mit der Frage beschäftigt, was wir tun bzw. unterlassen sollen, lediglich insofern, als wir alle Menschen sind.

existenzielle Selbstbestimmung: Eine Auffassung unserer selbst, die wir uns unter Bezugnahme auf unser Menschenbild vornehmen und uns damit in unserem Kern als Menschen selbst definieren.

existenzielle Transzendenz: Unsere eigene Selbstbestimmung erhält ihren Sinn von etwas, was über sie hinausgeht und in das sie eingebettet ist.

Fakten: Erkannte Tatsachen.

Falsifikationismus: Wissenschaftstheorie, die besagt, dass die Wahrheit von naturwissenschaftlichen Aussagen niemals direkt bewiesen werden kann, sondern lediglich ihre Nicht-Falschheit.

fiktionalistische Extremthese: Im Grunde genommen sind alle Entitäten und Relationen, die in den Naturwissenschaften eine Rolle spielen (Zahlen, Kräfte, Kausalität, Raum, Zeit usw.), Fiktionen, die der menschliche Geist konstruiert, um sich ein vereinfachtes, aber verzerrtes Bild der unendlich komplexen und chaotischen Erfahrungswirklichkeit zu machen, die sich aus der Reizung unserer Sinne ergibt.

Für-sich-Sein (des Geistes): Das Für-sich-Sein des Geistes besteht darin, dass der Geist nur existiert, indem er sich auf die eine oder andere Weise auf sich selbst bezieht. Die Existenz des Geistes bleibt nicht unbemerkt, weil er eben nur existiert, indem er sich bemerkt.

Geist: Die Fähigkeit, sein Leben im Licht einer Vorstellung davon zu führen, wer oder was man ist.

Grundidee des liberalen Pluralismus: Ziel und Sinn unseres irdischen Lebens ist es, dass wir Spielräume der Freiheit abstecken, die es jedem Menschen erlauben, einen Sinn im Leben zu finden, worin auch immer dieser dann im Einzelnen bestehen mag.

Grundthese des erkenntnistheoretischen Realismus: Wir können Wissen und Wirklichkeit niemals vollständig zur Deckung bringen. Die Wirklichkeit, d. h. hier der Bereich desjenigen, was gewusst werden kann, geht unerkennbar weit über dasjenige hinaus, was wir faktisch (subjektiv und objektiv) wissen können.

gutes Leben: Das gute Leben besteht darin, dass wir uns als Lebewesen begreifen, die zu höherer, universaler Moralität fähig sind, und uns zu verantwortungsvollen Akteuren im Reich der Zwecke machen.

Hauptthese des Neo-Existenzialismus: Der Mensch ist insofern frei, als er sich ein Bild von sich selber machen muss, um überhaupt erst jemand zu sein.

Holismus: Lehre vom Ganzen (von griechisch *to holon*), hier: die Annahme, dass ein Organismus als Ganzes auf seine Teile wirkt.

Humanismus: Die Ethik als das Nachdenken darüber, was wir tun bzw. unterlassen sollen, ist *anthropogen*, entspringt also aus der menschlichen Lebensform, ohne deswegen *anthropozentriert* zu sein, also sich nur auf den Menschen zu richten. Der Mensch ist Ausgangspunkt der Ethik.

Hygienismus: Die Reduzierung von Menschen auf als gesund oder krank einzustufende Tiere.

Idee des Guten: Die Annahme, dass es etwas gibt, was ein wertendes Licht auf die menschlichen Handlungen auch unabhängig davon wirft, wie die Akteure diese einstufen. Die Idee des Guten ist der Grund dafür, dass wir die Wirklichkeit als werthaft erleben.

Identitätsfalle: Dieser Fehlschluss schließt daraus, dass Geist – soweit wir wissen – nur vorkommt, wenn gewisse natürliche, organische Bedingungen erfüllt sind, darauf, dass diese Bedingungen nicht nur notwendige Voraussetzungen für Geist, sondern für diesen auch hinreichend sind. Denn der Geist sei mit eben diesen Bedingungen identisch.

Immaterialismus: These, wonach wir über eine denkende, immaterielle Substanz verfügen.

Kategorienfehler: Eine unzulässige Übertragung von Denkformen und Tatsachen, die in einem Bereich gelten, auf einen anderen Bereich, in dem sie nicht in derselben Weise gelten.

Komplexität: Der Umstand, dass unsere Analyse und Erklärung eines Systems durch seine Auflösung in Teilsysteme eben dasjenige System auflösen oder verändern, das wir analysieren und erklären wollen. Daher sind komplexe Systeme niemals gänzlich analysier- und erklärbar, weshalb auch Voraussagen ihres Verhaltens letztlich unmöglich sind.

Kontinuitätsthese: Die Kontinuitätsthese besagt, dass der Mensch erstens im selben Sinne ein Tier wie alle anderen Tiere ist und dass zweitens jedes Merkmal, das uns von anderen Tieren unterscheidet, letztlich in einer nur anders ausgeprägten Form auch andernorts im Tierreich beobachtet werden kann. Danach ist der Mensch nicht prinzipiell, sondern nur graduell von anderen Tieren unterschieden.

Körper: Der Körper (im Unterschied zum Leib) ist unser Organismus, wie er aus dem wissenschaftlichen Standpunkt der dritten Person (etwa einer Ärztin) als Objekt erscheint.

Kreationismus: Die These, alle Lebensprozesse würden irgendwie direkt von Gott verursacht und gesteuert, sodass die moderne Evolutionsbiologie auf falschen Prämissen beruhe.

Kriterium der reproduktiven Isolation: Die Erklärung der Einheit einer Spezies dadurch, dass sie sich nur mit Mitgliedern derselben Spezies reproduzieren kann.

Leib: Der Leib (im Unterschied zum Körper) ist unser Organismus, wie er aus der Perspektive der ersten Person, also subjektiv erlebt wird.

linguistische Wende: Alles Denken ist letztlich Ausdruck von Sprache beziehungsweise Umgang mit Zeichen, sodass die Linguistik zu einer Theorie des Denkens und zur Methode der Philosophie wird.

Lockeanismus: Lehre, wonach die Einheit einer Person über verschiedene Zeiten hinweg darin besteht, dass sie sich für dieselbe Einheit hält.

Logik: Die Grundlagendisziplin der Philosophie, deren Gegenstand das vernünftige Denken selbst ist. Die Logik beschäftigt sich mit der Frage, wie wir richtig (d. h. vernünftig) denken bzw. denken sollen, ihre Vollzugsform ist das Denken über das Denken.

Makropulos-Gedankenexperiment: Ein Gedankenexperiment, das untersucht, ob ein unsterbliches irdisches Leben überhaupt sinnvoll oder ob es nicht vielmehr eine Tragödie für die Betroffenen wäre.

Mechanismus: Der Mechanismus als Denkform besteht darin, ein System von Elementen (etwa Zellen), die auf eine bestimmte Weise angeordnet sind und zusammenhängen, aus einer möglichst einfachen Interaktion zwischen seinen Teilen zu verstehen. Die Summe der Einzelteile ist demnach nicht mehr als eben diese Einzelteile in ihrem Zusammenspiel.

Menschenbild: Eine Selbstbestimmung des Menschen, d.h. eine konkrete Auffassung davon, worin das Menschsein eigentlich besteht.

Mereologie: Die Lehre von Ganzen und ihren Teilen.

metaphysischer Szientismus: Lehre, wonach Objektivität ausschließlich dadurch zu erreichen ist, dass wir unsere Subjektivität abstreifen und in der Form von Studien, Messdaten und mathematischen Modellen ein wissenschaftliches Weltbild entwickeln, das die Wirklichkeit so erfasst, wie sie an sich ist.

moderner Nihilismus: Die These, dass die Natur an sich keinerlei Sinn und Bedeutung hat. Die Natur ist danach nur eine materiell-energetische Gesamtstruktur, in der irgendwann Lebewesen entstanden sind, die ihre Umwelt bewerten, was der Ursprung aller Werte ist.

moralische Tatsachen: Eine wahre Antwort auf eine ethisch relevante Frage, die wahr bzw. falsch sein kann.

moralischer Realismus: Annahme, dass es objektiv richtige Überzeugungen darüber gibt, was wir tun bzw. unterlassen sollen, lediglich insofern wir Menschen sind.

Natur: Das Zielsystem der naturwissenschaftlichen Forschung, paradigmatisch der Physik, Chemie und Biologie.

Naturalismus: Lehre, wonach die Welt oder Wirklichkeit insgesamt restlos erklärt und kontrolliert werden kann, indem man den

Menschen als eine Naturerscheinung auffasst, als ein Element eines gigantischen materiell-energetischen Systems, in dem Systeme verschiedener Komplexität interagieren.

Neo-Darwinismus: Die Verbindung von Gregor Mendels Vererbungslehre mit der modernen Genetik (welche die Existenz von Genen schließlich nachgewiesen hat), d. h. Darwinismus plus Genetik.

Neuer Realismus: Auffassung, wonach unser Erleben der Wirklichkeit, der Geist bzw. die Subjektivität gleichrangig zur Wirklichkeit gehört wie dasjenige, was wir berechtigterweise als von uns unabhängig einstufen. Objektivität besteht demnach nicht paradigmatisch darin, dass wir von der Subjektivität abstrahieren. Subjektivität ist genauso wirklich wie dasjenige, was wir zur objektiven Wirklichkeit rechnen.

Normativität: Der Umstand, dass unser Denken und Handeln als korrekt bzw. inkorrekt eingestuft wird.

objektives Wissen: Wissen, welches aus denjenigen Fakten besteht, die von allen dadurch gewusst werden können, dass jemand sie auf die eine oder andere Weise festgestellt hat.

Ökologie: Die Erforschung von Prozessen der systemischen Anpassung sowie der Systemproduktion durch Lebewesen auf einer Skala, die Lebensformen und ihre kausale Umgebung in Betracht zieht. Sie ist die Denkform der Umweltwissenschaften.

Ökozentrismus: Die Auffassung, dass die Umwelt der eigentliche Grund ist für ein dringend notwendiges menschliches Handeln, ja gar für eine völlige Transformation unserer Gesellschaften.

ontisch: Das Sein betreffend (von griechisch *to on* = Seiendes). Wird von »epistemisch«, d. h. unsere Wissensansprüche bzgl. des Seins betreffend, unterschieden.

ontisch subjektiv: Eine Tatsache ist ontisch subjektiv, wenn sie nur besteht, weil subjektive Zustände (Gefühle, Meinungen, Sinneseindrücke usw.) an ihr beteiligt sind.

ontologischer Tatsachenrealismus: Die Annahme, dass der Bereich der Tatsachen unbestimmt weit über dasjenige hinausgeht, was wir sprachlich ausdrücken können.

Organe: Instrumente (wie etwa unsere Wahrnehmungsorgane Augen, Ohren, Haut usw.), die durch evolutionäre Prozesse entstanden sind. Die Instrumente erfassen eine von ihnen partiell unabhängige Wirklichkeit auf einer ihnen zugeordneten Ebene.

Organismus: Ein komplexes System von Organen dergestalt, dass das mehr oder weniger abgegrenzte Ganze dieses Systems einen partiellen Einfluss darauf hat, wie sich seine Organe entwickeln.

Person: Ein Selbst, das bestimmte Rechte und Pflichten hat. Eine Person wird durch soziale und moralische Beziehungen definiert und geht nicht im Gefüge der materiell-energetischen Prozesse der Selbsterhaltung auf, durch die sich ein Tier als Organismus gegen den Umweltdruck erhält.

Phänomenologie: Die Phänomenologie untersucht die Art und Weise, wie uns die Wirklichkeit erscheint.

philosophische Anthropologie: Wissensbereich, der sich mit der Frage befasst, wer oder was der Mensch ist. Jede konkrete Antwort auf diese Hauptfrage der Anthropologie liefert ein Menschenbild.

Posthumanismus: Die Annahme, jeglicher Unterschied von Mensch und Natur sei letztlich überholt und verdanke sich veralteten Denkformen, die den Menschen von seiner Umwelt abheben und damit direkt oder indirekt als Krone der Schöpfung sehen.

privative Zoologie (von lateinisch *privare* = berauben) (nach Pelluchon): Eine Theorie, die nicht-menschliche Tiere im selben Sinn als Tiere versteht, wie wir uns selbst als Tiere auffassen, dabei bei den anderen Tieren allerdings einen Mangel erkennt, weil ihnen genau dasjenige fehlt, was uns von ihnen unterscheidet.

Problem der Speziation: Das Problem der Artbildung.

Problem der zeitlichen personalen Identität: Dieses Problem besteht darin, dass man nicht ohne Weiteres sagen kann, in welcher Hinsicht (falls überhaupt) ich etwa derselbe bin wie in der Vergangenheit.

Projektionsstruktur: Erst stellt der Mensch seine eigene Animalität fest und sucht nach Merkmalen, die er mit den anderen Tieren gemeinsam hat. Daraus entsteht dann der Begriff des bloßen Tiers (des Tiers im Allgemeinen). Im nächsten Akt wird das Tiersein dann wieder auf den Menschen selbst angewandt, um es entweder durch Kultur und Zivilisation zu domestizieren oder sich mit ihm normativ zu identifizieren.

Projektionsthese: Wir erzeugen den Gedanken eines einheitlichen Tierreichs auf der Grundlage einer menschlich-allzumenschlichen Vorstellung vom Tier, die sich als weitgehend indirekter Ausdruck eines gestörten Verhältnisses des Menschen zu seiner eigenen ›Animalität‹ durchschauen lässt.

psychologische Kontinuität (= Lockeanismus): Nach diesem Ansatz bin ich derselbe wie in der Vergangenheit, weil es eine geistige

Verbindung zwischen meinem heutigen und meinem damaligen Selbst gibt.

Rabenparadoxon: Wenn wir über eine lange Zeit hinweg immer nur schwarze Raben beobachtet haben, können wir die Aussage formulieren: »Alle Raben sind schwarz.« Damit haben wir ausgeschlossen, dass irgendein Rabe eine andere Farbe hat. Auf diese Weise haben wir eine ziemlich simple Theorie entwickelt. Diese Theorie wird dadurch falsifiziert, also über Bord geworfen, dass uns jemand einen Raben zeigt, der nicht schwarz ist. Dass alle Raben schwarz sind, wird demnach nicht ein für alle Mal durch irgendeine noch so gute Serie von Beobachtungen bestätigt, sondern gilt immer nur vorläufig, d. h. solange kein nicht-schwarzer Rabe gefunden wurde.

radikale Alterität: Das andere in uns und die anderen (die anderen Menschen, die Natur, andere Lebewesen, Gott und die Götter, wenn man an diese glaubt, usw.) sind gerade dadurch anders, dass sie Dimensionen aufweisen, die wir nicht kennen. Wären sie ein offenes Buch für uns und vollständig erkennbar, wären sie nicht wirklich anders, sondern vorhersagbar.

radikale Autonomie: Wir erkennen unsere menschliche Fähigkeit, unser Leben im Licht einer Vorstellung davon zu führen, wer wir sind und wer wir sein wollen, als Wertquelle an und messen damit unsere individuelle Autonomie stets an der Autonomie der anderen. Die Autonomie wird damit zum Maßstab ihrer selbst, weil Autonomie an Autonomie bemessen wird.

Reduktionismus: Die Zurückführung eines Ganzen auf seine Teile.

scharfer Anti-Realismus nach Korsgaard: Auffassung, wonach moralische Maßstäbe nichts anderes sind als die Verhaltensstandards, von denen wir alle wollen können, dass Menschen sich an sie halten. Danach können nicht etwa alle diesem Verhalten zustimmen, weil es moralisch richtig ist, sondern es ist moralisch richtig, *weil* alle ihm zustimmen können.

schwaches anthropisches Prinzip: Die beobachteten Werte aller physikalischen und kosmologischen Quantitäten sind nicht gleichermaßen wahrscheinlich. Vielmehr nehmen sie Werte an, die von der Auflage beschränkt werden, dass es Orte gibt, an denen kohlenstoffbasiertes Leben entstehen kann, sowie von den weiteren Erfordernissen, die damit zusammenhängen, dass das Universum alt genug sein muss, damit dies bereits stattgefunden hat.

Sinn des Lebens: Der uraufklärerischen und religiösen Vorstellung zufolge besteht der Sinn des Lebens darin, dass wir in unserem Leben dazu bestimmt sind, gemeinsam, als menschliche Schicksalsgemeinschaft, daran zu arbeiten, ein möglichst gutes Leben für alle Menschen zu ermöglichen.

Solutionismus: Die Vorstellung, die Technik könne jedes Problem in Windeseile lösen, man müsse notfalls nur noch mehr Unsummen in diese investieren.

Soteriologie: Erlösungslehre.

soziale Freiheit: Wir können unsere Autonomie durch Kooperation mit der Autonomie anderer erweitern. Freiheit besteht darin, gemeinsam mit anderen etwas zu tun, was man alleine nicht tun kann.

soziale Projektion: Vorstellung von der Andersheit einer gegebenen (faktisch existierenden oder insgesamt eingebildeten) Person oder Gruppe, bei der die Ausgangsperson oder -gruppe ihr Selbstbild einsetzt, um die Fremdperson oder -gruppe daran zu messen.

Soziologismus: Die These, dass die Soziologie die soziale, wertende Wirklichkeit immer nur wertfrei beschreiben kann und dass es in Wirklichkeit keine objektiven Werte, sondern nur Setzungen von Subjekten gibt.

speziesistisches Vorurteil: Das Vorurteil einer Spezies gegenüber einer oder allen anderen, sie sei aufgrund ihrer Eigenheiten den anderen beschränkten Spezies weit überlegen (besonders beim Menschen verbreitet).

spezifische Differenz: Was eine Art von allen anderen Arten innerhalb derselben Gattung unterscheidet.

Spruch des Anaximander: »Woraus den Seienden ihr Ursprung kommt, dahin entwickelt sich auch ihre Vernichtung gemäß der Notwendigkeit. Denn die Seienden müssen einander Recht widerfahren lassen und sich entschädigen für das Unrecht infolge der Ordnung der Zeit.«

Standpunkt der dritten Person: Der Standpunkt, von dem aus wir objektives Wissen über Gegenstände natur- und sozialwissenschaftlicher Forschung erlangen. Dieser Standpunkt ist jedem Subjekt gleichermaßen zugänglich.

Standpunkt der ersten Person (Subjektivität): Der Standpunkt, von dem wir etwas über uns selbst wissen, was wir nur subjektiv erleben können.

starkes anthropisches Prinzip: Dieses Prinzip besagt, dass das Universum notwendig auf seine Selbsterkenntnis in erkennenden Lebewesen wie dem Menschen zuläuft.

Stereotyp: Vereinfachte und letztlich verfehlte Erklärung dafür, dass die anderen anders sind.

subjektives Wissen: Etwas, das eine Person aus ihrer Perspektive weiß.

Szientismus: Der Szientismus ist die Vorstellung, dass es eine singuläre, letztlich irgendwann einmal allwissende Wissenschaft gibt, die sich durch Experiment, rationale Theoriekonstruktion und Expertise sozioökonomisch durchsetzt und die Menschheit endlich von allen Übeln befreit.

Tatsache: Eine wahre Antwort auf eine sinnvolle Frage.

Technologie: Eine Einstellung zu Technik, Naturwissenschaft und Wirtschaft.

Transhumanismus: Die Auffassung, der Mensch sollte zugunsten einer höheren, womöglich technologisch hervorgebrachten Lebensform überwunden werden.

transzendente Normativität: Die Vorstellung, dass selbst wenn eine gesamte Gesellschaft eine einhellige Meinung bezüglich bestimmter Handlungen hätte, es immer noch einen davon unabhängigen Bewertungsmaßstab gäbe, der ihr Handeln und Denken als richtig oder unrichtig einstuft. Dieser Bewertungsmaßstab überschreitet dann die Beurteilungsrichtlinien, die sich diese Gesellschaft implizit oder explizit gegeben hat.

Überkomplexität: Geist und Natur sind zwar ineinander verwoben (kom-plex), aber dennoch kategorial voneinander unterschieden und daher überkomplex.

Überlebensform: Das organische Leben, das die Lebenswissenschaften erfolgreich und häufig zum Wohl der Menschheit erforschen.

Umwelt: Das Sinnfeld, innerhalb dessen sich eine Lebensform über mehrere Generationen hinweg reproduzieren kann.

Universalismus: Die Auffassung, dass dasjenige, was wir aus moralischen Gründen tun bzw. unterlassen sollen, für alle Menschen gilt, mithin kulturübergreifend und prinzipiell auch für alle Menschen in ihrem jeweilig verschiedenen Kontext erkennbar ist.

Universum: Das Sinnfeld, das wir mit unseren mathematisch-physikalischen Modellen erfassen.

Vitalismus: Die These, dass Lebewesen, die wir als Organismen einstufen, Ganzheiten bilden, die mehr als die Summe ihrer Teile sind.

Weisheitsspruch des Sokrates: »Ich bin mir dessen bewusst geworden, dass ich nichts weiß (*emautôi synêidê ouden epistamenôi*).«

wissenschaftstheoretischer Fiktionalismus: Die Auffassung, jede naturwissenschaftliche Theorie sei eine Fiktion, d.h. eine Mischung von mehr oder weniger bewusst akzeptierten Halbwahrheiten, unerkannten Falschheiten, Nicht-Falschheiten, aber eben auch Wahrheiten und präzisen Messungen.

Wolfs Liebesthese: Die These, wonach der Sinn, den wir im Leben finden, darin besteht, dass wir etwas oder jemanden lieben können.

Zootheorie: Der Gedanke, dass wir wie in einem Zoo die Lebensformen, die uns begegnen, nach unserem Gutdünken und nach unseren Kategorien in Gehege stecken, wozu die zoologischen Klassifikationen gehören.

Anmerkungen

Einleitung

1 Eine frühere Fassung der ersten Seiten dieser Einleitung ist zuerst erschienen in der *Neuen Zürcher Zeitung* vom 7.9.2021. Zum Begriff der Moderne und der Zeitdiagnose der derzeitigen komplexen Krisenszenarien als »spätmodern« vgl. Andreas Reckwitz / Hartmut Rosa: *Spätmoderne in der Krise. Was leistet die Gesellschaftstheorie?* Berlin 2021.

2 Vgl. insbesondere Corine Pelluchon: *Das Zeitalter des Lebendigen. Eine neue Philosophie der Aufklärung.* Darmstadt 2021.

3 Im Folgenden werde ich nicht durchgängig grammatisch gendern, sondern variieren. Damit drücke ich keinerlei Meinung bezüglich der Frage aus, inwiefern geschlechterneutrale Sprache ein ethisch gebotener Weg ist, um den vielfältigen Diskriminierungen entgegenzuwirken, denen Menschen aufgrund ihrer Geschlechtlichkeit und anderer Faktoren ihres Menschseins ausgesetzt sind. Dort, wo sie getroffen wurde, ist die Wahl des generischen Maskulinums nur grammatisch motiviert, ohne dass diese Motivation impliziert, dass ich anderen oder gar der »deutschen Sprache« ansinnen möchte, sich an diese Konvention zu halten. In den Beispielen und dort, wo die jüngeren Genderkonventionen verwendet werden, versuche ich den ebenfalls vorkommenden Gebrauch des generischen Maskulinums (und Femininums, das ich auch bisweilen verwende) auszugleichen, um Stereotypen entgegenzuwirken, die bestimmte Tätigkeiten, Berufe usw. implizit oder gar explizit als ›männlich‹ oder ›weiblich‹ einstufen, wozu nicht zuletzt das Wort »Philosoph« zählt, dessen grammatisches Genus über viel zu lange Zeit nur mit ›Männern‹ in Verbindung gebracht wurde.

4 Einfache Anführungszeichen signalisieren im Buch eine Distanzierung. Wenn ich etwa ›männlich‹, ›weiblich‹, ›Tier‹ oder ›Gesellschaft‹ schreibe, distanziere ich mich damit von der Vorstellung, ›da draußen‹, ›in der Realität‹ gäbe es dasjenige, was viele sich darunter vorstellen.

5 Die fett gedruckten Ausdrücke bilden Eckpfeiler des Gedankengangs des Buchs. Man kann ihre Bedeutung bzw. ihre Definition im Glossar nachschlagen.

6 Vgl. Steven Pinker: *Rationality. What It Is. Why It Seems Scarce. Why It Matters.* London / New York 2021.

7 Daniel Kahneman: *Schnelles Denken, langsames Denken.* München 2012, sowie ders. / Olivier Sibony / Cass R. Sunstein: *Noise. Was unsere Entscheidungen verzerrt – und wie wir sie verbessern können.* München 2021.

8 Lorraine Daston / Peter Galison: *Objektivität.* Berlin 2017.

9 Vgl. Tyson Yunkaporta: *Sand Talk. Das Wissen der Aborigines und die Krisen der modernen Welt.* Berlin 2021. Vgl. ähnliche Überlegungen bei Bayo Akomolafe: *These Wilds Beyond Our Fences. Letters to my Daughter on Humanities Search for Home.* Berkeley 2017.

10 Vgl. Markus Gabriel: *Ich ist nicht Gehirn. Philosophie des Geistes für das 21. Jahrhundert.* Berlin 2015, sowie ders.: *Neo-Existentialismus.* Mit Beiträgen von Jocelyn Benoist, Andrea Kern, Jocelyn Maclure und Charles Taylor, Freiburg / München 2020.

11 Ein weiterer Lesehinweis: Eingerückte Passagen enthalten Schlüsselaussagen.

12 Auf eben dieser Grundlage, die bei Andreas Reckwitz / Hartmut Rosa: *Spätmoderne in der Krise. Was leistet die Gesellschaftstheorie.* Berlin 2021, aus der Anknüpfung an die Anthropologie des kanadischen Philosophen Charles Taylor folgt, leiten die Autoren einen normativen Rahmen der Sozial- und Gesellschaftstheorie ab, womit sie den **Soziologismus**, d. h. die These vermeiden, die Soziologie könne die soziale, wertende Wirklichkeit immer nur wertfrei beschreiben und habe damit entdeckt, dass es in Wirklichkeit keine objektiven Werte, sondern nur Setzungen von Subjekten gibt. »[D]iese beiden Phänomene, dass gedeutet werden muss und dass Deutung Wertungen impliziert, würde ich von der Historisierung ausnehmen und für universal erklären: Handelnde Menschen sind immer und überall selbstinterpretierende Wesen, die sich anhand einer Landkarte mit starken Wertungen orientieren.« (S. 278)

13 Donella Meadows / Dennis Meadows / Jørgen Randers u. a.: *Die Grenzen des Wachstums. Bericht des Club of Rome zur Lage der Menschheit.* Stuttgart 1972.

14 So der französische Originaltitel (*Les Lumières à l'âge du vivant*) des jüngst auf Deutsch erschienenen Buchs von Corine Pelluchon: *Das Zeitalter des Lebendigen. Eine neue Philosophie der Aufklärung.* Darmstadt 2021.

15 Yunkaporta: *Sand Talk*, S. 113.

Erster Teil – Wir und die anderen (Tiere)

1 Aristoteles: *Politik*. Hamburg 1943, S. 4.

2 Vgl. Eric Kandel: *Das Zeitalter der Erkenntnis. Die Erforschung des Unbewussten in Kunst, Geist und Gehirn von der Wiener Moderne bis heute.* München 2012.

3 So Freud an einer viel zitierten Stelle seines Aufsatzes »Eine Schwierigkeit der Psychoanalyse«, in *Imago. Zeitschrift für Anwendung der Psychoanalyse auf die Geisteswissenschaften* (1917), S. 6f.: »So wollte die Psychoanalyse das Ich belehren. Aber die beiden Aufklärungen, daß das Triebleben der Sexualität in uns nicht voll zu bändigen ist, und daß die seelischen Vorgänge an sich unbewußt sind und nur durch eine unvollständige und unzuverlässige Wahrnehmung dem Ich zugänglich und ihm unterworfen werden, kommen der Behauptung gleich, daß das Ich nicht Herr sei in seinem eigenen Haus. Sie stellen miteinander die dritte Kränkung der Eigenliebe dar, die ich die psychologische nennen möchte. Kein Wunder daher, daß das Ich der Psychoanalyse nicht seine Gunst zuwendet und ihr hartnäckig den Glauben verweigert.«

4 Ebd., S. 4: »Wir wissen es alle, daß die Forschung Ch. Darwins, seiner Mitarbeiter und Vorgänger, vor wenig mehr als einem halben Jahrhundert dieser Überhebung des Menschen ein Ende bereitet hat. Der Mensch ist nichts anderes und nichts besseres als die Tiere, er ist selbst aus der Tierreihe hervorgegangen, einigen Arten näher, anderen ferner verwandt.«

5 Freud unterscheidet an vielen Stellen und in verschiedenen Hinsichten zwischen Mensch und Tier, wenn er auch gleichzeitig behauptet, wir seien doch auch nur Tiere. In »Das Unbehagen in der Kultur« liest man etwa: »Es ist Zeit, daß wir uns um das Wesen dieser Kultur kümmern, deren Glückswert in Zweifel gezogen wird. Wir werden keine Formel fordern, die dieses Wesen in wenigen Worten ausdrückt, noch ehe wir etwas aus der Untersuchung erfahren haben. Es genügt also, zu wiederholen, daß das Wort ›Kultur‹ die ganze Summe der Leistungen und Einrichtungen bezeichnet, in denen sich unser Leben von dem unserer tierischen Ahnen entfernt, und die zwei Zwecken dienen: dem Schutz des Menschen gegen die Natur und der Regelung der Beziehungen der Menschen untereinander.« Sigmund Freud: Studienausgabe, Band IX, *Fragen der Gesellschaft. Ursprünge der Religion*, Frankfurt/M. 1974, S. 220.

6 Einschlägige jüngere Arbeiten zu diesem tierphilosophischen Thema stammen von Markus Wild (er verzeihe mir den Hinweis: *nomen est omen*). Vgl. insbesondere Markus Wild: *Die anthropologische Differenz. Der Geist der Tiere in der frühen Neuzeit bei Montaigne, Descartes und Hume*. Berlin / New York 2006, sowie seine empfehlenswerten Einführungen *Tierphilosophie zur Einführung*. Hamburg 2008, und gemeinsam mit Herwig Grimm: *Tierethik zur Einführung*. Hamburg 2016.

7 Vgl. Simone de Beauvoir: *Das andere Geschlecht. Sitten und Sexus der Frau*. Hamburg 1968, S. 265: »Man kommt nicht als Frau zur Welt, man wird es.«

8 Wohlgemerkt ist unser Tiersein nicht damit identisch, dass unsere Körper bestehen. Denn dieses elementare biologische Faktum ist ebenso wie viele andere humanmedizinische Fakten weitgehend davon unabhängig, wie wir uns selbst auffassen.

9 Aristoteles: *Politik*. Hamburg 1943, S. 4.

10 Markus Gabriel: *Moralischer Fortschritt in dunklen Zeiten*. Berlin 2020, sowie ders. / Gert Scobel: *Zwischen Gut und Böse. Philosophie der radikalen Mitte*. Hamburg 2021.

11 Barry Schwartz: *Warum wir arbeiten*. Frankfurt / M. 2016, S. 20 f.

12 Markus Gabriel: *Ich ist nicht Gehirn. Philosophie des Geistes für das 21. Jahrhundert*. Berlin 2017.

13 Aristoteles: *Metaphysik. Schriften zur ersten Philosophie*. Stuttgart 1970, S. 304.

14 So beispielsweise das *Taschenlehrbuch Zoologie*. Hrsg. von Katharina Munk, unter Mitarbeit von Hartmut Böhm, Jutta Heidelbach, Christian Hölscher u. a., Stuttgart / New York 2010, S. 5.

15 Daniel C. Dennett: *Darwins gefährliches Erbe. Die Evolution und der Sinn des Lebens*. Hamburg 1997, S. 55.

16 Ebd., S. 56.

17 Zur Diskussion der biophilosophischen Frage, woran man eigentlich Spezies festmachen kann, vgl. etwa Marc Ereshefsky (Hrsg.): *The Units of Evolution. Essays on the Nature of Species*. Cambridge, MA. 1992.

18 Vgl. Joachim Bauer: *Das empathische Gen. Humanität, das Gute und die Bestimmung des Menschen*. Freiburg / Basel / Wien 2021.

19 Für einen Überblick über das umfangreiche Forschungsfeld vgl. Beate Kortendiek / Birgit Riegraf / Katja Sabisch (Hrsg.): *Handbuch Interdisziplinäre Geschlechterforschung*. Wiesbaden 2019. Für einen weiteren Kontext, zu dem neben Geschlecht noch andere Unterscheidungsmerkmale zu berücksichtigen sind, die sich mit Geschlecht überlappen, wes-

halb von Intersektionalität die Rede ist, vgl. Katrin Meyer: *Theorien der Intersektionalität zur Einführung.* Hamburg 2017.

20 Ein wichtiger Vertreter einer solchen Position ist Daniel C. Dennett: *Darwins gefährliches Erbe. Die Evolution und der Sinn des Lebens.* Hamburg 1997.

21 Charles Darwin: *Die Abstammung des Menschen*, Stuttgart 1982, S. 75.

22 Darwin zitiert ebd. die folgende Stelle aus Immanuel Kant: *Kritik der praktischen Vernunft.* Stuttgart 1998, S. 139 f. (S. 154 der Erstausgabe): »*Pflicht*! du erhabener, großer Name, der du nichts Beliebtes, was Einschmeichelung bei sich führt, in dir fassest, sondern Unterwerfung verlangst, doch auch nichts drohest, was natürliche Abneigung im Gemüte erregte und schreckte, um den Willen zu bewegen, sondern bloß ein Gesetz aufstellst, welches von selbst im Gemüte Eingang findet, und doch sich selbst wider Willen Verehrung (wenngleich nicht immer Befolgung) erwirbt, vor dem alle Neigungen verstummen, wenn sie gleich im geheimen ihm entgegenwirken, welches ist der deiner würdige Ursprung, und wo findet man die Wurzel deiner edlen Abkunft […]?«

23 Darwin, *Die Abstammung des Menschen.* S. 77.

24 Ebd., S. 85.

25 Dirk Brockmann: *Im Wald vor lauter Bäumen. Unsere komplexe Welt besser verstehen.* München 2021, S. 190.

26 Ebd.

27 Hier die Studie https://theshiftproject.org/wp-content/uploads/2019/07/2019-02.pdf, hier ein wenig kritische Diskussion https://www.br.de/wissen/netflix-klimaschaedlich-planetb-streamen-oekologischer-fuss abdruck-berechnung-100.html. Wie auch immer die energetischen Details aussehen (wofür ich kein Experte bin), fest steht, dass die Digitalisierung einen bemerkenswerten, nicht zu unterschätzenden Beitrag zur Erderwärmung leistet.

28 Vgl. den spekulativen Ansatz in Bruno Latour: *Kampf um Gaia. Acht Vorträge über das neue Klimaregime.* Berlin 2017, vor allem den vierten Vortrag. Es führte hier zu weit, die vielen Unterschiede zwischen den im Haupttext entwickelten Überlegungen und Latours Versuch nachzuzeichnen, sowohl den Begriff des Menschen als auch den der Natur hinter sich zu lassen. Ich halte aber die folgende Passage für den Ausdruck eines Fehlschlusses: »[D]a die Natur ja nichts ist als ein Element innerhalb eines Komplexes von mindestens *drei Begriffen*, zu dem ihr Pendant, die Kultur, ebenso gehört wie derjenige, der beider Merkmale festlegt. In diesem Sinne gibt es die Natur nicht, zumindest nicht als

eigene Domäne, sondern nur als *die Hälfte eines durch ein einziges Konzept definierten Paars.*« (Ebd., S. 40, vgl. auch S. 245 und 380) Daran sieht man einmal mehr Latours konstruktivistisches Erbe: Er bestreitet die Existenz einer von uns unabhängigen Natur, weil er meint, der Naturbegriff treffe nur im Kontrast zum Kulturbegriff auf etwas zu. Das ist dieselbe Art von Fehlschluss wie der, dass wir uns keinen von uns unabhängigen Wald vorstellen können, ohne ihn uns vorzustellen, und daraus abzuleiten, dass es unabhängig von unseren Vorstellungen keine Wälder gibt. Denn wir stellen uns ja sehr wohl einen von uns unabhängigen Wald vor, was kein großes Kunststück ist. Latour müsste noch mehr leisten, um zu zeigen, dass die Natur insgesamt in einem tiefen Sinne von ihrem Kontrast zur Kultur abhängt.

29 Vgl. aus der inzwischen umfangreichen Diskussionslage Stefano Mancuso: *Die Pflanzen und ihre Rechte. Eine Charta zur Erhaltung unserer Natur.* Stuttgart 2021, ders. / Alessandra Viola: *Die Intelligenz der Pflanzen.* München 2015, sowie die allseits beliebten und lesenswerten Bücher von Peter Wohlleben (wieder: *nomen est omen!*), z. B. *Das geheime Leben der Bäume. Was sie fühlen, wie sie kommunizieren – die Entdeckung einer verborgenen Welt.* München 2015. Eine weitere Tieflegung der Ontologie des Lebendigen findet man bei Merlin Sheldrake: *Verwobenes Leben. Wie Pilze unsere Welt formen und unsere Zukunft beeinflussen.* Berlin 2020. Den größten Einfluss auf die Gestaltung der Atmosphäre könnten aber Mikroorganismen wie Bakterien haben, was die berühmte, nur nicht gut benannte »Gaia-Hypothese« von James Lovelock besagt, vgl. etwa *Unsere Erde wird überleben. Gaia: Eine optimistische Ökologie.* München 1982, sowie beunruhigender ders.: *Gaias Rache. Warum die Erde sich wehrt.* Berlin 2017. Der postmoderne Wissenschaftssoziologe Bruno Latour geht so weit, Lovelock für den Galileo Galilei der Postmoderne zu halten, mit dem ein neues Zeitalter und Klimaregime eingeläutet worden sei. Vgl. Bruno Latour: *Kampf um Gaia. Acht Vorträge über das neue Klimaregime.* Berlin 2017. Es führte zu weit, diese Positionen im Einzelnen kritisch zu würdigen. Ich führe diese Literatur hier zur Orientierung der Leser:innen an.

30 Gilles Deleuze / Félix Guattari: *Rhizom.* Berlin 1977.

31 Vgl. etwa die berühmte Stelle in seinem Dialog *Sophistes*: »Aber, beim Zeus, wie kann man uns zumuten zu glauben, daß dem absolut Seienden wirklich weder Bewegung noch Leben noch Seele, noch Einsicht zukomme, daß es also weder lebendig sei noch denke, sondern in ehrfurchtgebietender Heiligkeit, bar der Vernunft, in regungsloser Ruhe

verharre?« (Platon: *Sämtliche Dialoge.* Band VI, Hamburg 1998, S. 89) Die »Verflechtung der Ideen« (das Internet) findet man ebd., S. 112 (schlecht übersetzt als »Verbindung der Begriffe miteinander«).

32 Auf diese Weise spiegelt sich unsere hierarchisch organisierte Gesellschaft immer auch in unserem Natur- und Tierbild, weshalb schon zu Darwins Lebzeiten diskutiert wurde, ob die britische Evolutionstheorie nicht im Wesentlichen eine Übertragung der sozioökonomischen Verhältnisse moderner Industrienationen auf das Tierreich sei. Vgl. Friedrich Engels' Auseinandersetzung mit dieser Frage, die er selbst wohlgemerkt negativ beantwortet und Darwins Lehre vom »Kampf ums Dasein« damit positiv übernimmt. Vgl. den sogenannten Anti-Dühring in Friedrich Engels: *Herrn Eugen Dührings Umwälzung der Wissenschaft.* Stuttgart 1894.

33 Vgl. zur kritischen Diskussion der Grundlagen der Evolutionspsychologie George Ellis / Mark Solms: *Beyond Evolutionary Psychology. How and Why Neuropsychological Modules Arise.* Cambridge 2017.

34 Vgl. den inzwischen klassischen Text von Lynn White, Jr.: »The Historical Roots of Our Ecological Crisis«, in *Science* 155/3767 (10. März, 1967), S. 1203–1207. Auch White räumt ein, dass nicht das Christentum als solches (sie endet sogar mit einem Lob auf den heiligen Franz von Assisi, worüber sich der gegenwärtige Papst freuen dürfte) für die Umweltzerstörung verantwortlich ist, sondern eine Agrarrevolution, in der sich eine Tradition des Christentums mit wissenschaftlich-technologischer Naturausbeutung verbindet. Zu einer anderen Lesart des »religiösen Ursprungs der ökologischen Krise« aus dem Geist des weltflüchtigen Gnostizismus, einer spätantiken religiös-philosophischen Richtung, zu der das Christentum ebenfalls beigetragen hat, vgl. Bruno Latour: *Kampf um Gaia*, S. 357 ff., mit den einschlägigen Belegen. Auch diese Genealogie halte ich nicht für zutreffend, weil aus keiner bestimmten religiös-kosmologischen Weltanschauung eine Ethik der Naturzerstörung folgt. Doch das steht auf einem anderen Blatt, da die These, dass die ökologische Krise, die laut White erst richtig um 1850 beginnt, historisch ohnehin viel zu weit von Gnosis und mittelalterlichem Christentum entfernt ist, um diesen (und nicht etwa der industriellen säkularen Moderne) die Schuld in die Schuhe zu schieben.

35 Max Scheler: *Die Stellung des Menschen im Kosmos.* Berlin 1928.

36 Vgl. Matthew Cobb: *The Idea of the Brain. A History.* London 2020, und Jessica Riskin: *The Restless Clock. A History of the Centuries-Long Argument over What Makes Living Things Tick.* Chicago / London 2016.

37 https://www.global-solutions-initiative.org/recoupling-dashboard/. Ich danke Dennis Snower für die vielen Diskussionen, die wir seit Februar 2020 am Hamburger The New Institute zu diesen Themen führten.

38 https://www.srf.ch/news/abstimmungen-13-februar-2022/nein-zur-primaten-initiative-eine-interessante-philosophische-frage-mehr-nicht.

39 Diese Zitate alle aus *Taschenlehrbuch Zoologie*, S. 3 f. Zum Verhältnis des Tierbegriffs zur modernen Biologie sowie zur Frage, wie Bewusstsein und Leben zusammenhängen, vgl. jüngst Peter Godfrey-Smith: *Metazoa. Animal Life and the Birth of the Mind.* New York 2021. Ich danke Jocelyn Maclure für den Hinweis auf dieses Buch, das mir erst nach Abfassung des ersten Teils zugänglich war, sodass es nicht mehr wirklich in die Überlegungen einfließen konnte. Hier sei nur der entscheidende Unterschied genannt: Godfrey-Smith vertritt ausdrücklich einen biologischen Materialismus und Monismus, demzufolge alle Phänomene – und damit auch das Leben des Geistes auf all seinen Stufen – nahtlos in die Natur gehören. Er versucht, die Lücke zwischen unserem Geist und unserem Tiersein dadurch zu schließen, dass er uns ins Tierreich einreiht, ein Manöver, gegen das im Haupttext grundsätzliche Einwände formuliert werden. Trotz dieser und anderer fundamentaler Differenzen arbeitet er heraus, wie sehr unsere Auffassung von Tieren provinziell dadurch geprägt ist, dass die meisten von uns im Alltag die zoologische Umstellung von einem naiven Tierbegriff hin zu dem der Metazoa noch nicht nachvollzogen haben.

40 Die inzwischen geläufige Auffassung, Leben habe wesentlich etwas mit dem zweiten Hauptsatz der Thermodynamik, d. h. mit dem Thema der Entropie zu tun, wurde bekannt gemacht durch den großen Physiker Erwin Schrödinger: *Was ist Leben? Die lebende Zelle mit den Augen des Physikers betrachtet.* München 1989.

41 Olaf Fritsche: *Biologie für Einsteiger. Prinzipien des Lebens verstehen.* 2., neu bearbeitete Auflage, Berlin / Heidelberg 2015, S. 3.

42 Vgl. ebd. die Liste der Eigenschaften mitsamt Beispielen bei nicht als lebendig identifizierten Systemen.

43 Es lohnt sich, eine Runde des Spiels zu spielen. Es gibt eine Vielzahl an leicht zugänglichen Onlineplattformen, auf denen man sich das *Spiel des Lebens* anschauen kann, etwa hier: https://beltoforion.de/de/game_of_life/.

44 Vgl. Max Tegmark: *Leben 3.0. Mensch sein im Zeitalter Künstlicher Intelligenz.* Berlin 2017.

45 Vgl. Markus Gabriel: *Der Sinn des Denkens.* Berlin 2018.

46 Vgl. Michael Thompson: *Leben und Handeln. Grundstrukturen der Praxis und des praktischen Denkens.* Berlin 2011.

47 Jacques Derrida: *Das Tier, das ich also bin.* Wien 2010, S. 31 f. Vgl. zur Lücke zwischen dem Menschen und den anderen Tieren aus psychologischer Sicht Thomas Suddendorf: *Der Unterschied. Was den Menschen zum Menschen macht.* Berlin 2014.

48 Mir ist bewusst, dass dies eine Umkehrung der berühmten These Arnold Gehlens darstellt, der den Menschen im Vergleich mit den Tieren als ein »Mängelwesen« bezeichnet hat.

49 Vgl. so bereits Gabriel: *Der Sinn des Denkens*, S. 17.

50 Johann Wolfgang von Goethe: *Faust. Der Tragödie erster Teil.* Ditzingen 2014, S. 10.

51 Diese Unterscheidung spielt eine wichtige Rolle in der politischen Theorie des italienischen Philosophen Giorgio Agamben. Er führt sie gleich zu Beginn seines vieldiskutierten Werks *Homo Sacer. Die souveräne Macht und das nackte Leben.* Frankfurt/M. 2002 ein. Agamben deutet sie dabei so, dass nur *bios* die soziale und politische Lebensform des Menschen bezeichnet, während *zoê* derjenige Begriff ist, aus dem später die Idee eines nackten Lebens entsteht, das staatliche Strukturen steuern, kontrollieren und unterwerfen müssen, um es zu zähmen. Agamben selbst leitet diese Denkweise, die in der Tat in der modernen Staatsphilosophie, vor allem in Thomas Hobbes' *Leviathan*, zum Zuge kommt, aus der aristotelischen Teildefinition des Menschen als *zôon politikon* ab. Indem der Mensch als Tier zunächst einmal nur ein Lebewesen unter vielen ist, unterscheidet ihn demnach die Politik – und das heißt in der Moderne vor allem: der Staat – von den anderen Lebewesen, womit sein Tiersein dehumanisiert wird. Vgl. zum Zusammenhang von Tierbegriff und politischer Souveränität Jacques Derrida: *Das Tier und der Souverän I. Seminar 2001–2002.* Wien 2015. Allerdings muss man bei diesen Interpretationen der griechischen Begrifflichkeit beachten, dass sie von vornherein mit einer Wertung versehen sind, die insbesondere bei Agamben ausdrücklich vorgenommen wird. Denn sie beabsichtigen zu zeigen, dass der Staat das nackte Leben primär unterwirft und kontrolliert und damit unzulässig einschränkt, was übersieht, dass es nicht nur eine ins Totalitäre umschlagende Biopolitik gibt, die den Menschen im Extremfall dehumanisiert, sondern schlichtweg auch ein modernes Gesundheits- und Sicherheitssystem, das Menschen bereitwillig akzeptieren. An dieser Stelle wird die kritische Einsicht,

die Denker wie Michel Foucault, Agamben und Derrida formuliert haben, dann meistens überdreht und ein Narrativ konstruiert, demzufolge die freiwillige Akzeptanz einer staatlichen Biopolitik in Wahrheit ebenfalls Ausdruck einer stillen und beinahe unsichtbaren Machtstrategie ist, hinter der allerdings keine expliziten Absichten, sondern anonyme Strukturen stecken. Vgl. so etwa die einseitigen, geradezu apokalyptischen Beschreibungen bei Byung-Chul Han: *Psychopolitik. Neoliberalismus und die neuen Machttechniken.* Frankfurt / M. 2014, sowie die teils bizarren Ausführungen zur Gesundheitspolitik in der gegenwärtigen Pandemie bei Giorgio Agamben: *An welchem Punkt stehen wir? Die Epidemie als Politik.* Wien 2021. Während es richtig ist, dass die moderne Medizin den menschlichen Körper als System des nackten Lebens betrachten kann (was dem drittpersonalen Standpunkt entspricht), folgt daraus nicht, dass dies niemals wünschenswert ist. Ich gehe sicherlich lieber zu meinem Zahnarzt als zu demjenigen von Aristoteles. Eine kritische Analyse der Biopolitik sollte diese nicht im Horizont apokalyptischer Mutmaßungen betrachten, weil sie damit für die relevanten Details blind wird und jede Biopolitik für eine explizite oder verkappte Unterwerfungsstrategie hält, was schlichtweg nicht zutrifft. Der Kinderarzt, der Kinder gegen Masern impft und damit Leben rettet, unterwirft damit niemanden, sondern ermöglicht umgekehrt Freiheit. Die Details der Pandemiemaßnahmen sind ein anderes Thema, doch gilt der von mir sogenannte »virologische Imperativ«, der besagt, dass wir alles ethisch Vertretbare tun sollten, um die verheerenden Folgen einer unkontrollierten Durchseuchung einzudämmen.

52 Moses Mendelssohn: *Phädon oder über die Unsterblichkeit der Seele.* Berlin / Stettin 1767.

53 Amphibientheorien können auch besonders bizarre Formen annehmen. So glaubt etwa Derek Parfit: »The body below the neck is not an essential part of us.« (Derek Parfit: »We Are Not Human Beings«, in Stephan Blatti / Paulf. Snowdon [Hrsg.]: *Animalism. New Essays on Persons, Animals, and Identity.* Oxford 2016, S. 31–49, hier S. 40). Denn Parfit glaubt, dass wir nur mit einem Teil unseres Körpers bzw. letztlich sogar nur mit einem Teil unseres Geistes, nämlich mit der Erinnerung, identisch sind, die uns zusammenhält.

54 Vgl. zu diesem Einwand etwa John McDowell, »Reductionism and the First Person,« in J. Dancy (Hrsg.): *Reading Parfit*, Oxford 1997, S. 230–250.

55 Vgl. etwa die umfangreiche Geschichte der philosophischen Haltung

zum Schweigen der Tiere – Élisabeth de Fontenay: *Le silence des bêtes. La philosophie à l'épreuve de l'animalité.* Paris 1999.

56 Derrida: *Das Tier, das ich also bin*, S. 71.

57 Ebd., S. 97.

58 Ebd., S. 56.

59 Ebd., Hervorhebungen so im Originaltext.

60 Nicht zu verwechseln mit einer anderen, ebenfalls in der Tierphilosophie verbreiteten Bedeutung desselben Worts, die Corine Pelluchon so beschreibt: »›Animalismus‹ ist eine Bezeichnung für die philosophische, soziale, kulturelle und politische Bewegung, in der Menschen zusammenkommen, die sich durch ihre Lebensweise und ihr kollektives Handeln für den Schutz der Interessen von Tieren einsetzen.« (Corine Pelluchon: *Manifest für die Tiere.* München 2020, S. 70)

61 Meine Übersetzung von Stephan Blatti / Paul F. Snowdon (Hrsg.): *Animalism. New Essays on Persons, Animals, and Identity.* Oxford 2016, S. 2: »the claim that we, each of us, are identical to, are one and the same things as, an animal of a certain kind. That kind is what is called *Homo sapiens.* Putting it less technically, each of us is a human animal. According to this proposal we can say that at various places there is both an animal and one of us, and those things are in fact the same thing.«

62 Meine Übersetzung von Eric T. Olson: *What Are We? A Study in Personal Ontology.* Oxford 2007, S. 23 f.: »What sort of things might we be? Let us begin our study of answers to this question with the view that we are animals: biological organisms, members of the primate species Homo sapiens. This has a certain immediate attraction. We seem to be animals. When you eat or sleep or talk, a human animal eats, sleeps, or talks. When you look in a mirror, an animal looks back at you. Most ordinary people suppose that we are animals. […] But things are not so simple. […] the appearance that we are animals may owe merely to our relating in some intimate way to animals—to our having animal bodies, if you like—rather than to our actually being animals. The weight of authority is overwhelmingly opposed to our being animals. Almost every major figure in the history of Western philosophy denied it, from Plato and Augustine to Descartes, Leibniz, Locke, Berkeley, Hume, and Kant. (Aristotle and his followers are an important exception.) The view is no more popular in non-Western philosophy, and most of those writing about personal identity today either deny outright that we are animals or say things that are incompatible with it.«

63 Vgl. den Klassiker Derek Parfit: *Reasons and Persons.* New York 1986,

ein Buch, das voller Science-Fiction-Gedankenexperimente, vom Beamen bis hin zur Hirntransplantation, ist.

64 Gabriel: *Der Sinn des Denkens*, S. 249–253.

65 John Locke: *Ein Versuch über den menschlichen Verstand.* Berlin 1872, S. 280.

66 Meine Übersetzung von Parfit: »We Are Not Human Beings«, S. 41: »When Cruzan's cerebrum died, her parents came to believe, Cruzan the person departed from her body, though the human animal continued to exist with its heart beating and its lungs breathing until, after the feeding tube was removed, the heart stopped and the animal was at peace.«

67 Vgl. zum Themenfeld der Person Dieter Sturma: *Philosophie der Person. Die Selbstverhältnisse von Subjektivität und Moralität.* Paderborn / München / Wien / Zürich 1997, sowie Michael Quante: *Person.* Berlin / New York 2007.

68 Denis Noble: *The Music of Life. Biology beyond the Genome.* New York 2006, und ders.: *Dance to the Tune of Life. Biological Relativity.* Cambridge 2017.

69 Komplexität ist deswegen mindestens **epistemisch** (von griechisch *epistêmê* = Wissen), vielleicht aber auch **ontisch** (von griechisch *on* = Seiendes) wirklich, was für uns in den meisten Fällen ununterscheidbar ist, weil wir jedes komplexe System als solches verstehen müssen, was die Sachlage jeweils erschwert.

70 René Descartes: *Discours de la méthode pour bien conduire sa raison et chercher la verité dans les sciences / Von der Methode des richtigen Vernunftgebrauchs und der wissenschaftlichen Forschung.* Hamburg 1990, S. 93.

71 Ebd. Beiläufig gesagt folgt aus dieser Passage sowie aus vielen anderen Stellen und Überlegungen seines Werks, dass Descartes kein moderner Dualist ist. Er meint nicht, dass jedem mentalen Zustand ein neuronaler Zustand korreliert, sodass Körper und Seele eng zusammenhängen und dennoch verschieden sind. Wenn er Dualist wäre, behauptete er allenfalls, dass eine immaterielle Substanz (die berühmte *res cogitans*) mit unserem Körper auf eine bestimmte Weise interagiert, indem sie etwa auf die Zirbeldrüse einwirkt – eine Auffassung, die man ihm üblicherweise zuschreibt. Doch auch dieser metaphysische Dualismus kann so nicht bei Descartes gefunden werden. Denn zu den Tätigkeiten des Denkens, des *cogitare*, gehören für ihn neben dem Denken (*intelligere*) auch das Fühlen (*sentire*), die Einbildungen (*imaginari*) sowie das Wollen (*velle*). All dies gibt es aber nur im Zusammenspiel von Geist und

Körper, sodass Descartes die *res cogitans* nicht auf eine immaterielle Dimension reduziert. Diese historische Einsicht, die philosophisch bedeutsam für unser Verständnis der modernen Spaltung von Subjekt und Objekt ist, verdanke ich Jens Rometsch: *Freiheit zur Wahrheit. Grundlagen der Erkenntnis am Beispiel von Descartes und Locke.* Frankfurt / M. 2018.

72 Julien Offray de La Mettrie: *L'Homme Machine / Der Mensch eine Maschine.* Französisch / Deutsch. Stuttgart 2001.

73 Hans Driesch: *Die Maschine und der Organismus.* Leipzig 1935, hier vor allem S. 69–72.

74 Ebd., S. 71.

75 Ebd.

76 Ebd., S. 70.

77 Jane Bennett: *Lebhafte Materie. Eine politische Ökologie der Dinge.* Berlin 2020.

78 Bergson war auch in eine interessante Diskussion mit Einstein verstrickt. Er meinte gegen Einstein, unser Zeiterleben könne nicht auf die physikalische Zeit reduziert werden, über die der Physiker bahnbrechende neue Erkenntnisse im Rahmen der Relativitätstheorie vorgelegt hat. Vgl. die lesenswerte Darstellung des historischen Kontexts bei Jimena Canales: *The Physicist and the Philosopher. Einstein, Bergson, and the Debate That Changed Our Understanding of Time.* Princeton 2016.

79 Jan Voosholz / Markus Gabriel (Hrsg.): *Top-Down Causation and Emergence.* Cham 2021.

80 Vgl. zu diesem Thema Joachim Bauer: *Das empathische Gen. Humanität, das Gute und die Bestimmung des Menschen.* Freiburg 2021.

81 Christine M. Korsgaard: *Tiere wie wir. Warum wir moralische Pflichten gegenüber Tieren haben.* München 2021. Man beachte den auffälligen Bedeutungssprung in der Übersetzung des Originaltitels, in dem Menschen nicht den Tieren, sondern den »other animals« entgegengesetzt werden. Die Originalausgabe heißt *Fellow Creatures. Our Obgliations to the Other Animals.* Oxford 2018.

82 Corine Pelluchon: *Das Zeitalter des Lebendigen. Eine neue Philosophie der Aufklärung.* Darmstadt 2021, S. 80 (Übersetzung abgewandelt).

83 Korsgaard: *Tiere wie wir*, S. 25.

84 Ebd.

85 Ebd., S. 45.

86 Ebd., S. 37.

87 Ebd., S. 75.

88 Ebd.

89 Ebd.

90 Ebd., S. 76.

91 Ebd., S. 48–55.

92 Ebd., S. 164. Korsgaard beruft sich hierbei auf den Ansatz ihres Harvarder Kollegen Thomas M. Scanlon, der in der Tat eine ähnliche Überlegung anstellt in *What We Owe to Each other.* Cambridge, MA./London 1998. Doch Scanlon hat wie viele andere eine realistische Wende vollzogen, um die teils absurden Konsequenzen zu vermeiden, die sich ergeben, wenn man alle moralischen Wahrheiten, d.h. alle Antworten auf ethische Fragen, als Ausdruck der Konstruktionsregeln für einen menschlichen Konsens auffasst. Vgl. ders.: *Being Realistic about Reasons.* New York 2014.

93 Bruno Latour: *Das Parlament der Dinge.* Frankfurt/M. 2010.

94 Élisabeth de Fontenay: *Le silence des bêtes. La philosophie à l'épreuve de l'animalité.* Paris 1998.

95 Alice Crary: *Inside Ethics. On the Demands of Moral Thought.* Cambridge, MA./London 2016, S. 2.

96 Meine Übersetzung von Crary: *Inside Ethics*, S. 11: »an enormously widely accepted metaphysical worldview on which the real fabric of the world is in itself bereft of moral value«.

97 Meine Übersetzung von Crary: *Inside Ethics*, S. 88f.: »The world is filled with things that are endowed with objective moral values, human beings and animals. Hence we are right to take at face value a natural understanding of moral judgments as world-guided assessments of appropriate responsiveness to these values.«

98 Jakob Johann von Uexküll: *Umwelt und Innenwelt der Tiere.* Berlin/Heidelberg 2014, S. 19.

99 Vgl. Markus Gabriel: *Moralischer Fortschritt in dunklen Zeiten.* Berlin 2020, sowie ähnlich aus ökonomischer Perspektive Katharina Lima de Miranda/Dennis J. Snower: »Recoupling Economic and Social Prosperity«, in *Global Perspectives* (2020) 1 (1): 11867.

100 Lorraine Daston/Peter Galison: *Objektivität.* Frankfurt/M. 2017.

101 Vgl. Hans Blumenberg: *Wirklichkeiten, in denen wir leben.* Stuttgart 1981.

102 Vgl. Markus Gabriel (Hrsg.): *Der Neue Realismus.* Berlin 2019, S. 8–16.

103 Meine Übersetzung von Crary: *Inside Ethics*, S. 200: »we ›widen‹ our view of the objective realm so that it encompasses morally significant things«.

104 Pelluchon: *Das Zeitalter des Lebendigen.* S. 19f.

105 Vgl. dazu ausführlich Gabriel, *Moralischer Fortschritt in dunklen Zeiten*, sowie Markus Gabriel / Takahiro Nakajima: *Towards a New Enlightenment.* Tokio 2020 (auf Japanisch), und Markus Gabriel / Gert Scobel: *Zwischen Gut und Böse.*

106 Vgl. natürlich paradigmatisch den berühmten Bericht des Club of Rome, Dennis L. Meadows u. a.: *Die Grenzen des Wachstums. Bericht des Club of Rome zur Lage der Menschheit.* Stuttgart 1972.

107 Vgl. Theodor W. Adorno / Max Horkheimer: *Dialektik der Aufklärung. Philosophische Fragmente.* Frankfurt / M. 1969.

108 Pelluchon: *Das Zeitalter des Lebendigen.* S. 98.

109 Ebd., S. 99.

110 http://www.tagesspiegel.de/politik/angela-merkel-im-wortlaut-wenn-wir-nicht-gerade-aus-stein-sind/14576252.html.

111 Das ist historisch allerdings nicht richtig. Der Ausdruck »Aufklärung« sowie dasjenige, was wir dann als das Zeitalter der Aufklärung kennen, entstehen im 17. und 18. Jahrhundert in verschiedenen europäischen Kontexten. Die Sache der Aufklärung ist viel älter und tritt an verschiedenen Stellen jeweils lokal anders in Erscheinung. So weist der indische Wirtschaftswissenschaftler Amartya Sen zu Recht immer wieder darauf hin, dass auf dem indischen Subkontinent etwa zur Zeit Akbars im 16. Jahrhundert unserer Zeitrechnung die Religionsfreiheit eingeführt wurde, um dem religiösen Pluralismus des Subkontinents Rechnung zu tragen, worin Sen einen entscheidenden Aufklärungsschub sieht. Vgl. Amartya Sen: *The Argumentative Indian. Writings on Indian History, Culture and Identity.* London 2005. Für eine differenzierte Betrachtung der verschiedenen Aspekte der häufig als »europäisch« angesehenen Aufklärung vgl. Jonathan I. Israel: *Radical Enlightenment. Philosophy and the Making of Modernity 1650–1750.* Oxford 2002.

112 Zu Kants Rassismus vgl. nur Immanuel Kant: »Von den verschiedenen Rassen der Menschen«, in ders.: *Werke in sechs Bänden.* Band VI, Darmstadt 1964, S. 11–30. Die Frage ist nicht, ob Kant Rassist war (war er), sondern wie sein Rassismus in seine praktische Philosophie und Vernunfttheorie passt, d. h. ob und wie rassistisch seine Rationalitätstheorie ist. Aber das steht auf einem anderen Blatt.

113 Immanuel Kant: *Logik, Physische Geographie, Pädagogik.* Berlin 1968, S. 25.

114 Sophokles: *Antigone.* Stuttgart 2016, S. 19f.

115 Bruno Latour: *Kampf um Gaia.* Frankfurt / M. 2017.

116 Hans Jonas: *Das Prinzip Verantwortung. Versuch einer Ethik für die technologische Zivilisation.* Frankfurt / M. 1979.

117 Markus Gabriel. *Ich ist nicht Gehirn. Philosophie des Geistes für das 21. Jahrhundert.* Berlin 2017, und ders.: *Neo-Existenzialismus.*

118 So auch jüngst Christian List: *Warum der freie Wille existiert.* Darmstadt 2021.

119 Für diejenigen, die sich für die technischen Details der inzwischen logisch-mathematisch entwickelten Disziplin der Mereologie interessieren, sei empfohlen Aaron J. Cotnoir / Achille Varzi: *Mereology.* Oxford 2021. Für den Zusammenhang, der im Haupttext diskutiert wird, sei des Weiteren verwiesen auf Markus Gabriel / Graham Priest: *Everything and Nothing.* Cambridge 2022.

120 Gottlob Frege: »Der Gedanke. Eine logische Untersuchung«, in *Beiträge zur Philosophie des Deutschen Idealismus* 2 (1918–1919), S. 59 f.

121 Eugene Wigner: »The Unreasonable Effectiveness of Mathematics in the Natural Sciences«, in *Communications on Pure and Applied Mathematics* 13 (1960), S. 1–14.

122 Vgl. dazu auch David Deutsch: *The Beginning of Infinity. Explanations That Transform the World.* London 2011.

123 Ludwig Wittgenstein: *Philosophische Untersuchungen.* Oxford 1953, S. 496.

Zweiter Teil – Der Sinn des (Über-)Lebens

1 Arthur Schopenhauer: *Die Welt als Wille und Vorstellung.* Zweiter Band, welcher die Ergänzungen zu den vier Büchern des ersten Bandes enthält. Erster Teilband. Werke in 10 Bänden, Zürcher Ausgabe, Band III. Zürich 1977, S. 9.

2 Vgl. zu neueren Schätzungen der Artenvielfalt im Zusammenhang seiner Überlegungen zu ökologischen Netzwerken Dirk Brockmann: *Im Wald vor lauter Bäumen. Unsere komplexe Welt besser verstehen.* München 2021, S. 131–134.

3 Dabei sollte man den Begriff der Biopolitik nicht dadurch verkürzen, dass man jegliche Gesundheitspolitik als staatlichen Eingriff in die Selbstbestimmung interpretiert, wie es Giorgio Agamben in seinen Arbeiten tut. Dies hat bei ihm zu – gelinde gesagt – unausgewogenen zeitdiagnostischen Deutungen der politischen Maßnahmen zur Pandemiebewältigung geführt. Vgl. Giorgio Agamben: *An welchem Punkt stehen*

wir? Die Pandemie als Politik. Wien 2021. Die Übertreibung Agambens besteht darin, dass er jeden Ausnahmezustand für grundsätzlich unbeendbar hält, sodass er keinen theoretischen Raum für die einfache Option hat, dass es faktische Gesundheitsnotlagen gibt, auf die man nur biopolitisch reagieren kann, weil gerade dies und nur dies die soziale Freiheit wahrt, an der es Agamben gelegen ist. Daraus folgt natürlich keineswegs, dass im Kampf gegen Corona jede getroffene Maßnahme verhältnismäßig oder ethisch vertretbar war und ist.

4 Vgl. Markus Gabriel: *Ich ist nicht Gehirn. Philosophie des Geistes für das 21. Jahrhundert.* Berlin 2017.

5 Vgl. Francis Fukuyama: *Liberalism and its Discontents.* London 2022.

6 Vgl. etwa Charles Taylor: *Ein säkulares Zeitalter.* Frankfurt / M. 2009, und Markus Gabriel: *Warum es die Welt nicht gibt.* Berlin 2013, Kapitel V.

7 Vgl. dazu die Gespräche in Markus Gabriel / Gert Scobel: *Zwischen Gut und Böse.*

8 Daniel Kahneman / Olivier Sibony / Cass R. Sunstein: *Noise. Was unsere Entscheidungen verzerrt – und wie wir sie verbessern können.* München 2021.

9 Vgl. sein Spätwerk Humberto Maturana / Ximena Dávila Yañéz: *El árbol del vivir.* Santiago de Chile 2016.

10 Vgl. dazu die Spekulationen in Brian Greene: *Bis zum Ende der Zeit. Der Mensch, das Universum und unsere Suche nach dem Sinn des Lebens.* München 2020, Kapitel 3–5.

11 https://www.uni-bonn.de/de/universitaet/presse-kommunikation/presseservice/archiv-pressemitteilungen/2012/ 317-2012.

12 Vgl. den Bericht https://www.scientificamerican.com/article/hoyle-state-primordial-nucleus-behind-elements-life/. Eine gute Darstellung der technischen Argumentation, die dem zugrunde liegt, findet man hier: http://collaborations.fz-juelich.de/ikp/cgswhp/cgswhp18/program/talks/20.08/Session2/Ulf_Meissner_ lifepp4.pdf. Die Physiker John D. Barrow und Frank J. Tipler definieren in ihrem Buch *The Anthropic Cosmological Principle.* New York / Oxford 1986, S. 15, das schwache anthropische Prinzip folgendermaßen: »The observed values of all physical and cosmological quantities are not equally probable but they take on values restricted by the requirement that there exist sites where carbon-based life can evolve and by the requirement that the Universe be old enough for it to have already done so.«

13 Ebd.: »Again we should stress that this statement is in no way either

speculative or controversial. It expresses only the fact that those properties of the Universe we are able to discern are self-selected by the fact that they must be consistent with our own evolution and present existence. WAP [weak anthropic principle, M.G.] would not necessarily restrict the observations of non-carbon-based life but *our* observations are restricted by our very special nature.«

14 Vgl. etwa Josef M. Gaßner / Jörn Müller: *Können wir die Welt verstehen? Meilensteine der Physik von Aristoteles zur Stringtheorie.* Frankfurt / M. 2019.

15 Vgl. Michael Thompson: *Leben und Handeln. Grundstrukturen der Praxis und des praktischen Denkens.* Berlin 2011. Zur Vertiefung sei empfohlen Karen Ng: *Hegel's Concept of Life. Self-Consciousness, Freedom, Logic.* New York 2020, sowie Thomas Khurana: *Das Leben der Freiheit. Form und Wirklichkeit der Autonomie.* Berlin 2017.

16 Aristoteles: *Metaphysik. Schriften zur ersten Philosophie.* Stuttgart 1970, S. 314.

17 All dies ist manchen Leser:innen vermutlich aus der Systemtheorie bekannt, die ursprünglich aus den Lebenswissenschaften stammt und in Deutschland besonders prominent von Niklas Luhmann in die Soziologie übertragen wurde – womit diejenigen berühmten Biologen der sogenannten Santiago-Schule (also vor allem Humberto Maturana und Francisco Varela), auf die Luhmann sich stützt, ganz und gar nicht einverstanden waren, wie Maturana mir einmal bei einem Besuch bei ihm in Santiago im Frühjahr 2018 ausführlich erörtert hat. Der späte Maturana ist dabei viel weiter gegangen, als Leben und Erkenntnis zu verbinden, da er meinte, dass Leben doch weit unterhalb der Zelle und damit unterhalb dessen beginnt, was die Santiago-Schule als »Autopoiese« anhand der Zelle untersucht hatte. Vgl. sein Spätwerk Humberto Maturana / Ximena Dávila: *El árbol del vivir*, Santiago 2015.

18 Erwin Schrödinger: *Was ist Leben? Die lebende Zelle mit den Augen des Physikers betrachtet.* München 1989 (zum ersten Mal 1943 in Dublin vorgetragen).

19 Robert B. Brandom: *Im Geiste des Vertrauens. Eine Lektüre der »Phänomenologie des Geistes«.* Berlin 2021.

20 Hans Jonas: *Das Prinzip Leben. Ansätze zu einer philosophischen Biologie.* Frankfurt / M. 1997.

21 Vgl. zur Einführung Markus Gabriel: *Warum es die Welt nicht gibt.* Berlin 2013, sowie darauf aufbauend ders.: *Sinn und Existenz. Eine realistische Ontologie.* Berlin 2016, sowie ders.: *Fiktionen.* Berlin 2020.

22 Einige denken an dieser Stelle womöglich an das Thema der primären (physikalisch, d.h. in mathematischen Formeln erforschbaren) und sekundären Qualitäten (die von unserem Bewusstsein abhängen und daher bisher nicht physikalisch erfassbar sind), das in der neuzeitlichen Denktradition eine wichtige Rolle spielte (vor allem bei Galileo Galilei und dann in der empiristischen Erkenntnistheorie bei John Locke und David Hume). Diese Tradition wird manchmal so verstanden, als ob sie alle sinnlichen Qualitäten (wie Farben) auf mathematische, quantitative Strukturen (wie Wellenlängen) reduzieren wollte. Doch das stimmt offensichtlich nicht, was man bereits daran erkennt, dass auch die primären Qualitäten als *Qualitäten* bezeichnet wurden! Es würde an dieser Stelle zu weit führen, der Frage nachzugehen, ob Qualitäten aus irgendwelchen Gründen nicht mathematisch beschreibbar sind, was ich selbst derzeit verneinen würde – ein Thema, dem ich an anderer Stelle nachgehen werde. Kurzum: Es gibt gute Gründe dafür, zu glauben, dass die Mathematik qualitative Begriffe enthalten kann, woraus keineswegs folgt, dass der Physikalismus zutrifft, der alle Sinnfelder auf physikalisch erklärbare Prozesse und Strukturen zurückführt.

23 Ich danke Philipp Bohlen für den Hinweis auf die Forschung zu Biofilmen. Vgl. etwa Hans-Curt Flemming / Jost Wingender / Ulrich Szewzyk u.a.: »Biofilms: an emergent form of bacterial life«, in *Nature Review Microbiology* 14, 563–575 (2016).

24 Robert B. Brandom: *Expressive Vernunft. Begründung, Repräsentation und diskursive Festlegung.* Darmstadt 2000.

25 Vgl. dazu die §§ 189–208 seiner *Grundlinien der Philosophie des Rechts oder Naturrecht und Staatswissenschaft im Grundrisse*, in denen Hegel sich kritisch mit der seinerzeit aufkommenden Volkswirtschaftslehre, vor allem mit Adam Smith, Jean-Baptiste Say und David Ricardo, auseinandersetzt. Ihnen wirft er eine einseitige Vorstellung des Menschseins vor, die den Menschen als Tier verstehe, das von Naturnotwendigkeit regiert werde, die man allenfalls durch Ressourcenverteilung ökonomisch steuern könne. Hegel kritisiert damit bereits zu Beginn des 19. Jahrhunderts die Vorstellung, der Staat sei letztlich nur ein System der materiellen Ressourcenverteilung und damit letztlich nur ein Wirtschaftsinstrument. Vgl. dazu die Arbeiten der Sozialphilosophin Lisa Herzog: *Die Erfindung des Marktes. Smith, Hegel und die Politische Philosophie.* Darmstadt 2020, sowie dies.: *Das System zurückerobern. Moralische Verantwortung, Arbeitsteilung und die Rolle von Organisationen in der Gesellschaft.* Darmstadt 2021.

26 Wer diese Themen, die in den Bereich der sogenannten Sozialontologie fallen, vertiefen möchte, sei hiermit hingewiesen auf Stephan Zimmermann: *Vorgängige Gemeinsamkeit. Zur Ontologie des Sozialen.* Freiburg i. Br. 2021. Zimmermann vertritt die interessante These, dass ein Handlungstyp (wie spazieren zu gehen oder Fisch zu grillen) auch dann sozial ist, wenn er ohne jeglichen Kontakt zwischen den beteiligten Akteuren stattfindet. Wenn zwei einsame Robinson Crusoes unabhängig voneinander eine neue Praxis entwickeln, wäre diese Praxis demnach auch sozial. Für Zimmermann ist das Soziale eine Frage von Mustern, die in der Wirklichkeit vorkommen und an deren Vorliegen im Allgemeinen die mentalen Zustände der Akteure nur unwesentlich beteiligt sind. Das scheint mir nicht richtig zu sein, da die paradigmatischen Formen des Sozialen durch implizite und explizite Handlungskoordination entstehen, doch das führt bereits in die Details einer philosophischen Argumentation, die ich hier nur anreißen möchte.

27 Vgl. dazu ausführlich Gabriel: *Fiktionen*, §§ 12–17, worauf die im Haupttext angestellten Überlegungen aufbauen.

28 Ich danke der Boehringer Ingelheim Stiftung für die Organisation eines Podiums zum Thema des verwundbaren Menschen, das am 2. 11. 2021 stattgefunden hat. Bei dieser Gelegenheit hat der renommierte Immunologe Thomas Boehm in einige der Details der Individualität unserer Immunsysteme eingeführt, woran ich hier anknüpfe.

29 In der gegenwärtigen Philosophie knüpft der Begriff der Lebensform meistens an Ludwig Wittgensteins *Philosophische Untersuchungen* an. Leider entwickelt Wittgenstein diesen Begriff nicht annähernd präzise genug, um erkennen zu lassen, wie die von ihm postulierte »Naturgeschichte« des Menschen mit der Sozialität der Lebensform zusammenhängt. Für ein zeitgemäßes Konzept der Lebensformen, das in der Sozialphilosophie verankert ist (und dabei umgekehrt die naturwissenschaftliche Dimension des Lebens, den Menschen als Tier, nicht zentral untersucht), vgl. Rahel Jaeggi: *Kritik von Lebensformen.* Berlin 2013.

30 Johann Gottlieb Fichte: *Grundlage des Naturrechts nach Prinzipien der Wissenschaftslehre.* Hamburg 1960, S. 39.

31 Karel Čapek: *Die Sache Makropulos.* Dramen. Berlin 1976, und Bernard Williams: »The Makropulos Case. Reflections on the Tedium of Immortality«, in ders.: *Problems of the Self. Philosophical Papers 1956–1972.* Cambridge 1973, S. 82–100.

32 Martin Hägglund: *This Life. Secular Faith and Spiritual Freedom.* New York 2019.

33 Vgl. Martin Heidegger: *Sein und Zeit.* Tübingen 2006, S. 234.

34 Jean-Paul Sartre: *Geschlossene Gesellschaft.* Hamburg 1991, S. 51.

35 Vgl. Susan Wolf: *Meaning in Life and Why It Matters.* Princeton 2010. Für einen Überblick über die anglophone Diskussion, der allerdings einseitig ist, weil er die riesige globale Debattenlage außerhalb der anglophonen Philosophie-Institute schlichtweg ignoriert, vgl. den Eintrag »The Meaning of Life« in der *Stanford Encyclopedia of Philosophy*, den der südafrikanische Philosoph Thaddeusz Metz verfasst hat: https://plato.stanford.edu/entries/life-meaning/.

36 Lisa Herzog: *Freiheit gehört nicht nur den Reichen. Plädoyer für einen zeitgemäßen Liberalismus.* München 2014; Ute Frevert: *Kapitalismus, Märkte und Moral.* München 2020.

37 Meine Übersetzung von Wolf: *Meaning in Life*, S. 8 f.: »According to the conception of meaningfulness I wish to propose, meaning arises from loving objects worthy of love and engaging with them in a positive way. […] ›Love‹ is at least partly subjective, involving attitudes and feelings. In insisting that the requisite object must be ›worthy of love‹ however, this conception of meaning invokes an objective standard. […] according to my conception, meaning arises when subjective attraction meets objective attractiveness. Essentially, the idea is that a person's life can be meaningful only if she cares fairly deeply about some thing or things, only if she is gripped, excited, interested, engaged, or as I earlier put it, if she loves something–as opposed to being bored by or alienated from most or all that she does.«

38 Diese Unterscheidung geht zurück auf John R. Searle: *Wie wir die soziale Welt machen. Die Struktur der menschlichen Zivilisation.* Berlin 2012, S. 35 f. Zur Weiterentwicklung dieser Unterscheidung im Hinblick auf einen epistemologischen Begriff der Wirklichkeit vgl. Markus Gabriel: *Der Sinn des Denkens.* Berlin 2018, sowie ders. / Malte D. Krüger: *Was ist die Wirklichkeit? Neuer Realismus und Hermeneutische Theologie.* Tübingen 2018.

39 Susan Wolf: »Moral Saints«, in *The Journal of Philosophy* 79/8 (1982), S. 419–439.

40 Rudolf Carnap: »Überwindung der Metaphysik durch logische Analyse der Sprache«, in *Erkenntnis* 2 (1931), S. 219–241.

41 Ludwig Wittgenstein: *Logisch-philosophische Abhandlung. Tractatus logic-philosophicus.* Frankfurt / M. 1989, S. 176.

42 Ebd.

43 Ebd., S. 178.

44 Vgl. zu diesen Themen den Klassiker von Douglas R. Hofstadter: *Gödel, Escher, Bach. Ein endloses geflochtenes Band.* Stuttgart 1985, sowie ders.: *Ich bin eine seltsame Schleife.* Stuttgart 2008.

45 Vgl. Scarlett Thomas: *Troposphere.* Reinbek bei Hamburg 2008, S. 26–31.

46 Terry Eagleton: *Der Sinn des Lebens.* Berlin 2008, S. 46 f.

47 Evgeny Morozov: *To Save Everything, Click Here. Technology, Solutionism, and the Urge to Fix Problems that Don't Exist.* New York 2013.

48 Cornelius Castoriadis: *Gesellschaft als imaginäre Institution. Entwurf einer politischen Philosophie.* Frankfurt am Main 1990, S. 252.

49 Immanuel Kant: *Grundlegung zur Metaphysik der Sitten.* Frankfurt / M. 1977, S. 41.

50 Der existenzialistische Begriff für den »Entwurf eines solchen Lebensplans« findet sich wohl zum ersten Mal durchdacht bei Heinrich von Kleist. Vgl. seinen berühmten Brief an Ulrike von Kleist vom Mai 1799 in Heinrich von Kleist: *Sämtliche Briefe.* Stuttgart 1999, v. a. S. 38 f. »Ein freier, denkender Mensch bleibt da nicht stehen, wo der Zufall ihn hinstößt; oder wenn er bleibt, so bleibt er aus Gründen, aus Wahl des Bessern. Er fühlt, daß man sich über das Schicksal erheben könne, ja, daß es im richtigen Sinne selbst möglich sei, das Schicksal zu leiten. Er bestimmt nach seiner Vernunft, welches Glück für ihn das höchste sei, er entwirft sich seinen Lebensplan, und strebt seinem Ziele nach sicher aufgestellten Grundsätzen mit allen seinen Kräften entgegen.«

51 Dies hat der Münchener Philosoph Axel Hutter in seinem äußerst lesenswerten Buch *Narrative Ontologie.* Tübingen 2017, gezeigt.

52 Immanuel Kant: *Idee zu einer allgemeinen Geschichte in weltbürgerlicher Absicht.* Werkausgabe Band 11, hrsg. von Wilhelm Weischedel. Frankfurt / M. 1977, S. 37.

53 Georg Wilhelm Friedrich Hegel: *Grundlinien der Philosophie des Rechts oder Naturrecht und Staatswissenschaft im Grundrisse.* Frankfurt / M. 1989, S. 79.

54 Ebd., S. 83.

55 Vgl. dazu die Darstellung bei Frevert: *Kapitalismus, Märkte und Moral.* Wien / Salzburg 2019.

56 Vgl. den Überblick über ihren Ansatz in Lynn Margulis: *Der symbiotische Planet oder Wie die Evolution wirklich verlief.* Frankfurt / M. 2018.

57 Dirk Brockmann: *Im Wald vor lauter Bäumen. Unsere komplexe Welt besser verstehen.* München 2021, S. 210.

58 Ernst-Wolfgang Böckenförde: *Recht, Staat, Freiheit.* Frankfurt / M. 2013, S. 112.

59 Immanuel Kant: *Kritik der praktischen Vernunft.* Hamburg 1952, S. 149: »Daher ist auch die Moral nicht eigentlich die Lehre, wie wir uns glücklich *machen*, sondern wie wir der Glückseligkeit *würdig* werden sollen.«

60 Ebd., S. 25.

61 Ebd., S. 4.

62 Kant: *Grundlegung*, S. 19.

63 Ebd., S. 20.

64 Friedrich Nietzsche: *Die Geburt der Tragödie. Unzeitgemäße Betrachtungen I–IV Nachgelassene Schriften 1870–1873*, hrsg. von Giorgio Colli / Mazzino Montinari. München 1988, S. 875 f.

65 Vgl. Thomas Nagel: *Was bedeutet das alles? Eine ganz kurze Einführung in die Philosophie.* Stuttgart 1990, und ders.: *Letzte Fragen.* Darmstadt 1996.

66 Thomas Nagel: »What Is It Like to Be a Bat?«, in *The Philosophical Review* 83/4 (1974), S. 435–450.

67 Nagel: *Was bedeutet das alles?*, Kap. 10, »Der Sinn des Lebens«, S. 80–84.

68 Nagel: *Letzte Fragen*, S. 30.

69 Vgl. Karl Jaspers: *Von der Wahrheit.* München 1947, sowie Nagel: *Letzte Fragen*, S. 35: »Wer seinem Leben auf diesem Wege Sinn verleihen will, wird gewöhnlich eine Rolle oder Funktion im Gefüge eines größeren Ganzen vor Augen haben. Er sucht seine Erfüllung im Dienst an Gesellschaft oder Staat, an der Revolution oder dem Gang der Geschichte, am Fortschritt in den Wissenschaften – oder an der Religion und der Herrlichkeit Gottes.«

70 Nagel: *Letzte Fragen*, S. 35.

71 Ebd., S. 41.

72 Markus Gabriel: *Ich ist nicht Gehirn. Philosophie des Geistes für das 21. Jahrhundert.* Berlin 2017; ders.: *Fiktionen*. Berlin 2020; ders.: *Neo-Existenzialismus.* Freiburg / München 2020.

73 Vgl. Markus Gabriel: *Moralischer Fortschritt in dunklen Zeiten. Universale Werte für das 21. Jahrhundert.* Berlin 2020, S. 329–342.

74 Zur Verschränkung von Geist und Natur im Sinn vgl. neuerdings den beeindruckenden metaphysischen und physikalischen Entwurf von Harald Atmanspacher / Dean Rickles: *Dual-Aspect Monism and the Deep Structure of Meaning.* London / New York 2022. Ich danke Harald Atmanspacher für wegweisende Gespräche über den Zusammenhang von Quantenmechanik, Sinnfeldontologie, Psychologie und der Frage nach dem Sinn des Lebens während seines Besuchs am Center for Science

and Thought im Februar 2021 sowie während meines Aufenthalts am Walensee im Juni 2021.

75 Meine Übersetzung von Anaximander, siehe Hermann Diels / Walther Kranz (Hrsg.): Die Fragmente der Vorsokratiker. Griechisch und Deutsch. Band 1. Berlin 1961, S. 89 (DK 12 B 1). Für Interessierte, hier das Original, das über die Jahrtausende auf vielfältige Weise übersetzt und interpretiert wurde: ἐξ ὧν δὲ ἡ γένεσις ἐστὶ τοῖς οὖσι, καὶ τὴν φθορὰν εἰς ταῦτα γίνεσθαι κατὰ τὸ χρεών. διδόναι γὰρ αὐτὰ δίκην καὶ τίσιν ἀλλήλοις τῆς ἀδικίας κατὰ τὴν τοῦ χρόνου τάξιν.

76 Freilich ist es seit einiger Zeit en vogue, genau dies zu bezweifeln und einen Panpsychismus durchzudeklinieren, d. h. die Annahme, dass alles Wirkliche entweder psychisch oder zumindest proto-psychisch ist. Vgl. etwa Annaka Harris: *Conscious. A Brief Guide to the Fundamental Mystery of the Mind.* New York 2019, sowie Philip Goff: *Galileo's Error. Foundations for a New Science of Consciousness.* New York 2019.

77 Markus Gabriel: *Die Erkenntnis der Welt. Eine Einführung in die Erkenntnistheorie.* Freiburg im Breisgau 2016, und für Fortgeschrittene Graham Priest: *Beyond the Limits of Thought.* Oxford / New York 2002, sowie Markus Gabriel / Graham Priest: *Everything and Nothing.* Cambridge 2022.

78 Friedrich Schiller: »Die Freundschaft«, *Schillers Werke in fünf Bänden. Erster Band. Gedichte. Prosaschriften.* Weimar 1958, S. 107.

79 Gabriel: *Moralischer Fortschritt in dunklen Zeiten*, S. 344 f.

80 Vgl. Georg Franck: *Ökonomie der Aufmerksamkeit. Ein Entwurf.* München 1998, sowie ders.: *Mentaler Kapitalismus. Eine politische Ökonomie des Geistes.* München 2005.

Dritter Teil – Unterwegs zu einer Ethik des Nichtwissens

1 Max Weber: *Wissenschaft als Beruf*, Stuttgart 2006, S. 18.

2 Vgl. das Positionspapier von The New Institute, Markus Gabriel / Christoph Horn / Anna Katsman / Wilhelm Krull / Anna Luisa Lippold / Corine Pelluchon / Ingo Venzke: *Towards a New Enlightenment – Contextualizing the Humanities and Social Sciences in View of Nested Crises.* Discussion Paper No. 2, Hamburg 2022.

3 Vgl. sein viel diskutiertes Hauptwerk, Ludwik Fleck: *Entstehung und Entwicklung einer wissenschaftlichen Tatsache. Einführung in die Lehre vom Denkstil und Denkkollektiv.* Frankfurt / M. 1980.

4 Wolfram Hogrebe: *Echo des Nichtwissens.* Berlin 2006.

5 Dieser auf verschiedenen Wissenschaftsgebieten erarbeitete und als gesichert geltende Befund kann philosophisch verschieden gedeutet werden. Ich selbst habe ausführlich dafür argumentiert, dass die Wirklichkeit an sich zu reichhaltig ist, um in einer allumfassenden Theorie erfasst zu werden, was ich mit dem Slogan ausdrücke, dass es die Welt nicht gibt, was für unsere Zwecke so viel bedeutet wie, dass es gar keine allumfassende Wirklichkeit geben kann, zu der wir als diese erfassende, erkennende Lebewesen gehören. Vgl. Markus Gabriel: *Warum es die Welt nicht gibt.* Berlin 2013, sowie zum Diskussionsstand einiger der technischen Details Markus Gabriel / Graham Priest: *Everything and Nothing.* Cambridge 2022.

6 Zu den teils technischen Details vgl. den gelungenen Überblicksartikel in der *Stanford Encyclopedia of Philosophy*, der von James Woodward, einem der führenden Vertreter interventionistischer Auffassungen, verfasst wurde: https://plato.stanford.edu/entries/causation-mani/.

7 Christoph Möllers: *Die Möglichkeiten der Normen. Über eine Praxis jenseits von Moralität und Kausalität.* Berlin 2015. Zu den sozialontologischen Grenzen eines solchen Modells vgl. Markus Gabriel: *Fiktionen.* Berlin 2020, S. 501–545.

8 Vgl. in diesem Sinne etwa Holm Tetens: *Gott denken. Versuch über rationale Theologie.* Stuttgart 2015, Mark Johnston: *Saving God. Religion after Idolatry.* Princeton 2009, sowie ders.: *Surviving Death.* Princeton 2010.

9 Vgl. dazu Markus Gabriel: »Der blinde Fleck der Komplexität – Die Wissenschaften in der Krise«, in Jakob Augstein (Hrsg.): *Follow the Science – aber wohin? Wissenschaft, Macht und Demokratie im Zeitalter der Krisen.* Berlin 2022 (i. Ersch.).

10 Vgl. insbesondere Denis Noble: *Dance to the Tune of Life. Biological Relativity.* Cambridge 2017, sowie bereits ders.: »The Logic of Life. The Public Perception of Science and its Threat to the Values of Society«, in *Science and Public Policy* 20/3 (1993), S. 187–192, und ders.: *The Music of Life. Biology Beyond Genes.* New York / Oxford 2006.

11 Das stimmt genau genommen nicht ganz. Denn unser Denken erfasst Strukturen wie logisch-mathematische Gesetzmäßigkeiten, was in der hier eingenommenen Theorielage hinreichend dafür ist, das Erfassen abstrakter, d. h. nicht wandelbarer und nicht materiell-energetischer Systeme als sinnliche Wahrnehmung zu verstehen. Vgl. dazu Markus Gabriel: *Der Sinn des Denkens.* Berlin 2018. Das ist für die Ausführun-

gen im Haupttext an dieser Stelle allerdings insofern unerheblich, als die logisch-mathematischen Strukturen nicht eindeutig Teil der Natur bzw. jedenfalls nicht Teil der wandelbaren Natur sind, wenn sie deren Wandel auch durch Rahmenbedingungen begrenzen und deswegen in einem noch nicht abschließend geklärten Sinn kausal eingebettet sind. Vgl. zur Diskussionslage dieses Problemfelds Markus Gabriel / Jan Voosholz (Hrsg.): *Top-Down Causation and Emergence.* Cham 2021, sowie das Buch von George Ellis: *How Can Physics Underlie the Mind. Top-Down Causation in the Human Context.* Berlin / Heidelberg 2016, das den Anlass für den Sammelband darstellt.

12 Uexküll: *Umwelt und Innenwelt der Tiere*, S. 113f. Das ökologische Denken Uexkülls basiert darauf, die Vorstellung einer mechanischen »*Anpassung* des Tieres an seine Umgebung« durch den Begriff »einer unerhört feinen *Einpassung* in seine Umwelt« zu unterscheiden (ders.: »Wie sehen wir die Natur und wie sieht sie sich selber?«, in *Die Naturwissenschaften* 10/12 [1922], S. 265–271, hier S. 268). Wohlgemerkt argumentiert er auf der Basis seines Begriffs der Umwelt, den er von demjenigen einer bloß vorliegenden Umgebung unterscheidet, gegen den Darwinismus seiner Zeit. Diesen verwirft er unter Rekurs auf das ökologische Denken ausdrücklich, wenn er schreibt: »Wie ein dilettantischer Größenwahn nimmt sich demgegenüber die Lehre des *Darwinismus* aus, der die bis ins letzte durchziselierten Organe aller Lebewesen auf einen zufälligen Zusammenstoß sinnlos umeinander tanzender Teilchen zurückführen will.« (S. 271)

13 Vgl. etwa Josef M. Gaßner / Jörn Müller: *Können wir die Welt verstehen? Meilensteine der Physik von Aristoteles zur Stringtheorie.* Frankfurt / M. 2019. Die Geschichte kann man freilich auch ganz anders erzählen, d. h. ohne zu glauben, die moderne Physik hätte die klassische Naturphilosophie widerlegt. Vgl. etwa den Gegenentwurf von Ed Dellian: *Die Rehabilitierung des Galileo Galilei oder Kritik der Kantischen Vernunft.* Sank Augustin 2007. Vgl. auch Dellians Übersetzung von und vor allem seine Einleitung zu Galileo Galilei: *Discorsi. Unterredungen und mathematische Beweisführungen zu zwei neuen Wissensgebieten.* Übersetzt und herausgegeben von Ed Dellian, Hamburg 2015.

14 Dafür, dass es keine physikalische Einheitswissenschaft geben kann, argumentiert ein Großteil der sogenannten Stanford-Schule der Wissenschaftstheorie. Vgl. etwa Nancy Cartwright: *How the Laws of Physics Lie.* New York 1983, dies.: *The Dappled World. A Study of the Boundaries of Science.* Cambridge 1999, dies.: *A Philosopher Looks at Science.*

(i. Ersch.) Vgl. auch die Beiträge in Peter L. Galison / David J. Stump (Hrsg.): *The Disunity of Science. Boundaries, Contexts, and Power.* Stanford 1996.

15 Jakob Johann von Uexküll: »Wie sehen wir die Natur und wie sieht die Natur sich selber? Schluß«, in *Naturwissenschaften* 10/14 (1922), S. 316–322, hier S. 321.

16 Hermann Diels / Walther Kranz (Hrsg.): *Die Fragmente der Vorsokratiker.* Berlin 1960, Band 1, S. 178.

17 Vgl. etwa die Bemerkung Hegels zu diesem Begriff in seiner *Enzyklopädie der philosophischen Wissenschaften im Grundrisse. Dritter Teil: Die Philosophie des Geistes.* Frankfurt / M. 1970, S. 201 (§ 413): »Wie das Licht die Manifestation seiner selbst und seines Anderen, des *Dunklen*, ist und sich nur dadurch offenbaren kann, daß es jenes Andere offenbart, so ist auch das Ich nur insofern sich selber offenbar, als ihm sein Anderes in der Gestalt eines von ihm Unabhängigen offenbar wird.«

18 Das wirft natürlich die Frage auf, wie diese Verschränkung zu verstehen ist. Ist sie etwas Drittes, das zwischen Natur und Geist vermittelt, und wenn dem so ist, ist das Dritte dann jeweils mit einem der beiden Bezugspunkte verschränkt, was Folgeprobleme erzeugt, oder nicht? Zu einem umfassenden Entwurf einer Theorie der Verschränkung auf Augenhöhe mit der gegenwärtigen Philosophie des Geistes und der gegenwärtigen Physik vgl. Harald Atmanspacher / Dean Rickles: *Dual-Aspect Monism and the Deep Structure of Meaning.* New York 2022.

19 Karl Popper: *Vermutungen und Widerlegungen. Das Wachstum der wissenschaftlichen Erkenntnis.* Tübingen 1995. Vgl. Gaßner / Müller: *Können wir die Welt verstehen?*, S. 18–25.

20 Gaßner / Müller: *Können wir die Welt verstehen?*, S. 19. Der Falsifikationismus in dieser Form gilt wissenschaftstheoretisch wohlgemerkt als widerlegt. Vgl. dazu einführend Tim Lewens: *The Meaning of Science.* London 2015. Gegen die Vorstellung, wir seien epistemisch in Modellen gefangen, die wir leider niemals mit der Realität oder Wirklichkeit abgleichen können, vgl. Gabriel: *Der Sinn des Denkens*, S. 224–227 sowie S. 258–261.

21 Helen Beebee / Huw Price (Hrsg.): *Making a Difference. Essays on the Philosophy of Causation.* Oxford 2017.

22 Vgl. den Überblick in Bradley Armour-Garb / Frederick Kroon (Hrsg.): *Fictionalism in Philosophy.* Oxford 2020.

23 Hans Vaihinger: *Die Philosophie des Als Ob. System der theoretischen, praktischen und religiösen Fiktionen der Menschheit auf Grund eines*

idealistischen Positivismus. Leipzig 1922. Dagegen vgl. die realistische Theorie der Fiktionen in Gabriel: *Fiktionen.*

24 Wilfrid Sellars: *Der Empirismus und die Philosophie des Geistes.* Paderborn 1999.

25 Dabei wissen wir weder insgesamt, was wir über die Natur in ihrem An-sich-Sein alles nicht wissen, noch, wie weit unsere mathematischen Methoden der Vermessung des Universums reichen. Ein kleiner etwas technischer Hinweis für die Interessierten sei erlaubt: Es gibt heute keine umfassende analytische Lösungstheorie aller Differenzialgleichungen. Dies ist ein Forschungsfeld der Mathematik, das Auswirkungen auf die Naturwissenschaften hat, in denen Differenzialgleichungen eine zentrale Rolle spielen. Schon deswegen überschaut niemand den ganzen logischen Raum der Differenzialgleichungen und somit auch nicht die ganze Mathematik (was ohnehin aus Gründen der metamathematischen Unvollständigkeitssätze unmöglich sein dürfte), um Aussagen darüber zu treffen, wie das mathematische Universum insgesamt beschaffen ist. Da nun die mathematischen Strukturen, die das physikalische Universum realisiert, eine Teilmenge des mathematischen Universums sind (nicht alles, was die Mathematik erforscht, ist von physikalischer Bedeutung), wissen wir nicht, ob das mathematisch faktisch vermessene physikalische Universum mathematisch bereits hinreichend beschrieben ist, um letztlich das physikalisch vermessbare Universum insgesamt zu beschreiben. Aus diesen und anderen Gründen (wozu die derzeitige oder vielleicht sogar prinzipielle Unmöglichkeit gehört, bestimmte Theorien wie die Stringtheorien experimentell zu testen) ist die Physik, soweit wir wissen, nicht einmal annähernd eine allumfassende Theorie des Universums. Das schmälert ihre Errungenschaften nicht.

26 Willard Van Orman Quine: *Wort und Gegenstand.* Stuttgart 1980, S. 474.

27 Meine Übersetzung von: Scott F. Gilbert / Jan Sapp / Alfred I. Tauber: »A Symbiotic View of Life. We Have Never Been Individuals«, in *The Quarterly Review of Biology* 87/4 (2012), S. 325–341, hier S. 326: »We perceive only that part of nature that our technologies permit and, so too, our theories about nature are highly constrained by what our technologies enable us to observe.«

28 Ich danke meinen Bonner neurowissenschaftlichen Kollegen Heinz Beck und Andreas Zimmer für ihre Erläuterungen des Zusammenhangs von technologischem und neurowissenschaftlichem Fortschritt.

29 Vgl. den ganz ähnlichen Ansatz des ghanaischen Philosophen Martin Odei Ajei in »An African philosophical perspective on barriers to the

current discourse on sustainability«, vorgestellt im Rahmen eines Vortrags am The New Institute in Hamburg am 15. 12. 2021.

30 So auch neuerdings Jürgen Habermas: »Überlegungen und Hypothesen zu einem erneuten Strukturwandel der politischen Öffentlichkeit«, in Martin Seeliger / Sebastian Savignani (Hrsg.): *Ein neuer Strukturwandel der Öffentlichkeit? Leviathan, Berliner Zeitschrift für Sozialwissenschaft.* Sonderband 37/2021, Baden-Baden 2021, S. 470–500. Habermas fasst inzwischen den »Konsens« als »Hintergrund« auf, vor dem »der gesamte demokratische Prozess aus einer Flut von Dissensen« besteht, »die von der wahrheitsorientierten Suche der Bürger nach rational akzeptablen Entscheidungen immer von neuem aufgewühlt wird. […] Diese Dynamik eines *fortdauernden* Dissenses in der Öffentlichkeit prägt ebenso die Konkurrenz der Parteien und das Gegeneinander von Regierung und Opposition, wie auch die Meinungsverschiedenheiten von Experten« (S. 478).

31 Vgl. dazu ausführlicher Markus Gabriel: *Moralischer Fortschritt in dunklen Zeiten. Universale Werte für das 21. Jahrhundert.* Berlin 2020, Drittes Kapitel.

32 Meine Übersetzung von Jane Flint / Vincent R. Racaniello / Glenn F. Rall / Anna Marie Skalka / Lynn W. Enquist: *Principles of Virology.* Washington, D. C. 2015, S. 4: »Viruses are the most abundant entities in the biosphere.«

33 Meine Übersetzung von ebd., S. 4: »The average human body contains approximately 10^{13} cells, but these are outnumbered 10-fold by bacteria and as much as 100-fold by virus particles.«

34 Georg Wilhelm Friedrich Hegel: *Phänomenologie des Geistes.* Frankfurt am Main 1970, S. 68.

35 Des Grafen Laplace *Philosophischer Versuch über Wahrscheinlichkeiten.* Nach der dritten Pariser Auflage übersetzt von Friedrich Wilhelm Tönnies. Heidelberg, 1819, S. 3 f.

36 Ebd., S. 4.

37 Ebd.

38 Ebd.

39 Dirk Brockmann: *Im Wald vor lauter Bäumen. Unsere komplexe Welt besser verstehen.* München 2021, S. 24.

40 Ebd., S. 28.

41 Die Idee, ein drittes, neutrales Element einzuführen, um der Verwobenheit von Geist und Natur Rechnung zu tragen, führt insofern nicht zu einer vereinheitlichten Theoriesprache, als eben jenes Dritte nur

partiell erkennbar ist, sodass sich keine hinreichend bestimmte (etwa mathematische) Theorie formulieren lässt, in der sich die Komplexität der Verwobenheit von Geist und Natur abbilden ließe. Vgl. Atmanspacher / Rickles: *Dual-Aspect Monism.* Die von Atmanspacher / Rickles formulierte Theorie betrachtet Geist und Natur (bzw. das Physische und Psychische) als Aspekte einer neutralen Wirklichkeit, die weder Geist noch Natur ist. Allerdings wirft dies die bisher nicht beantwortete Frage auf, wie sich eine Theorie eben jenes Dritten artikulieren lässt, das weder Geist noch Natur ist, ohne implizit oder explizit in die Ausgangslage zurückzufallen und das Geist-Natur-Verhältnis wiederum einseitig von der Natur oder einseitig vom Geist aus zu charakterisieren. Der bisher ehrgeizigste Versuch, zwei Reihen auszubuchstabieren – eine, die von der Natur, und eine, die vom Geist ausgeht –, um in diesen Reihen die Manifestation des neutralen Dritten als eines Indifferenzpunkts zu erkennen, wurde von Friedrich Wilhelm Joseph Schelling in seiner Naturphilosophie vorgelegt. Allerdings wurde diese vor den Errungenschaften der modernen, nicht-klassischen Physik und der Entwicklung der Biologie zu einer modernen Wissenschaft (woran Schelling übrigens einen wichtigen Anteil hatte) formuliert, sodass unklar ist, inwiefern sich seine Idee einer Naturphilosophie unter zeitgenössischen Bedingungen aufrechterhalten ließe. Und selbst wenn eine Theorie eines neutralen Dritten formulierbar sein sollte, die allen relevanten wissenschaftlichen Standards entspricht, müsste diese Theorie überdies zeigen, dass sie nicht reduktionistisch vorgeht und alle Sinnfelder auf ein allumfassendes Sinnfeld zurückführt, das es nicht geben kann. Allerdings ist die mereologische Sachlage an dieser Stelle wiederum komplex, vgl. Gabriel / Priest: *Everything and Nothing.*

42 Vgl. die Analyse der anthropologischen Voraussetzungen der »Ausbeutung der Tierwelt«, in der sich eine Variante der im ersten Teil entwickelten Projektionsthese findet, Max Horkheimer / Theodor W. Adorno: *Dialektik der Aufklärung. Philosophische Fragmente.* Darmstadt 1997, S. 283–292. Allerdings entwickeln Horkheimer und Adorno dabei selbst eine eigene Mythologie des Tiers und der Tierseele, indem sie den Tieren dann doch die Vernunft absprechen und sogar behaupten: »Noch das stärkste Tier ist unendlich debil.« (S. 284) Freilich liegen sie mit ihrer Einsicht, dass das Verhältnis zum ›Tier‹ soziale Verhältnisse des Menschen widerspiegelt, völlig richtig.

43 Platon: *Apologie des Sokrates*, in Platon: *Sämtliche Dialoge.* Band I, Hamburg 1998, S. 29–32.

44 Ebd., S. 32: »Daß ich selbst nämlich so gut wie nichts wisse, das war mir völlig klar.« So die Übersetzung dieser Stelle von Otto Apelt. Sie findet sich im griechischen Text (nach der sogenannten Stephanus-Paginierung) bei 22c9-d1.

45 Thomas Sturm: »›Rituale sind wichtig‹. Hans-Georg Gadamer über Chancen und Grenzen der Philosophie«, in *Der Spiegel* 8/2000.

46 Zum Thema der Normativität gibt es eine umfangreiche philosophische und sozialwissenschaftliche Literatur. Einen gewichtigen Beitrag hat der Rechtswissenschaftler und Rechtsphilosoph Christoph Möllers vorgelegt in seinem Buch *Die Möglichkeit der Normen. Über eine Praxis jenseits von Moralität und Kausalität.* Berlin 2018.

47 Aristoteles: *Nikomachische Ethik.* Hamburg 1985, S. 26 f.

48 In seinem Buch *Vorgängige Gemeinsamkeit. Zur Ontologie des Sozialen*, Freiburg im Breisgau 2021, zeigt Stephan Zimmermann, dass dies tatsächlich selbst für Handlungen gilt, die man für ganz und gar nichtsozial halten könnte.

49 Platon: *Politeia. Der Staat.* Darmstadt 1990, S. 529 ff.

50 Vgl. dazu einführend aus zwei Perspektiven Markus Gabriel: *Die Erkenntnis der Welt. Eine Einführung in die Erkenntnistheorie.* Freiburg im Breisgau 2012, sowie Elke Brendel: *Wissen.* Berlin 2013.

51 An dieser Stelle kann man beliebig tief in die philosophische Theorie der Tatsachen einsteigen, was für unsere Zwecke aber unnötig ist. Insbesondere wäre zu diskutieren, ob es notwendige bestehende Tatsachen gibt und damit Aussagen, die unter allen Umständen wahr sind, und ob es umgekehrt auch notwendig nicht bestehende Tatsachen gibt und damit Aussagen, die unter keinen Umständen wahr sind. Die Tatsachenontologie, die sich mit solchen und damit zusammenhängenden Fragen beschäftigt, ist ein weit gefächertes Gebiet der theoretischen Philosophie. Einen Überblick über einige Aspekte der Tatsachenontologie findet man in der *Stanford Encyclopedia of Philosophy*: https://plato.stanford.edu/entries/facts/.

52 Immanuel Kant: *Grundlegung zur Metaphysik der Sitten.* Hamburg 2016, S. 8.

53 Ebd., S. 25.

54 Deswegen können wir keine eindeutigen Grenzen des Wissens ziehen, was mit Methoden der philosophischen Erkenntnis- und Wissenschaftstheorie in der Sprachphilosophie sowie in der Logik und Metamathematik gezeigt werden kann, wie es etwa der Logiker Graham Priest in *Beyond the Limits of Thought*, Cambridge 1995, im Detail getan

hat. Vgl. auch Gabriel: *Die Erkenntnis der Welt*, IV. Kapitel. Wer sich für weitere Details interessiert, sei verwiesen auf Gabriel / Priest: *Everything and Nothing.*

55 Philip N. Howard: *Lie Machines. How to Save Democracy from Troll Armies, Deceitful Robots, Junk News Operations and Political Operatives.* Yale 2020.

56 Vgl. etwa die maßgeblichen Beiträge von Quassim Cassam: *Vices of the Mind.* Oxford 2019, ders.: *Conspiracy Theories.* Cambridge 2019, sowie den Sammelband ders. / Ian James Kidd / Heather Battaly (Hrsg.): *Vice Epistemology.* London / New York 2020.

57 Emil Heinrich du Bois-Reymond: *Über die Grenzen des Naturerkennens.* Leipzig 1872, S. 26.

58 Ebd., S. 29.

Personenregister